Lady Colin Campbell wuchs in Jamaica und in den USA auf und lebt seit den siebziger Jahren in London. Durch ihre Heirat mit Lord Colin Campbell, Sohn des Duke of Argyll, ist sie mit den meisten europäischen Königshäusern wie auch mit der englischen Königsfamilie verbunden.

Seit ihrer Scheidung schreibt Georgia Campbell eine wöchentliche Kolumne »Out and About with Lady Colin Campbell« für das Magazin »Boardroom« und ist als Autorin eines Buches zur Etikette bekannt geworden.

Aktualisierte Ausgabe September 1997
Deutsche Erstausgabe Dezember 1992
Copyright © 1992, 1997 für die deutschsprachige Ausgabe
Droemersche Verlagsanstalt Th. Knaur Nachf., München
Das Werk einschließlich aller seiner Teile ist urheberrechtlich geschützt.
Jede Verwendung außerhalb der engen Grenzen des Urheberrechtsgesetzes
ist ohne Zustimmung des Verlages unzulässig und strafbar. Das gilt insbesondere für Vervielfältigungen, Übersetzungen, Mikroverfilmungen und
die Einspeicherung und Verarbeitung in elektronischen Systemen.
Titel der Originalausgabe »Diana in Private«
Copyright ©1992, 1997 Lady Colin Campbell
Originalverlag Smith Gryphon, London
Umschlaggestaltung: Adolf Bachmann, Reischach
Umschlagfoto: Sygma, Paris
Satz: Franzis-Druck, München
Druck und Bindung: Ebner Ulm
Printed in Germany
ISBN 3-426-75035-X

# LADY COLIN CAMPBELL

# DIANA - EIN LEBEN IM GOLDENEN KÄFIG

*Aus dem Englischen
von Inge Holm*

*Dieses Buch ist meiner geliebten Tante
Marjorie D. S. Panton gewidmet,
deren Beständigkeit, Großzügigkeit und Liebe
mir sowohl ein leuchtendes Beispiel
als auch ein Segen war.*

# INHALTSVERZEICHNIS

Das Vorleben einer Prinzessin
13

Eine Ehe zerbricht
35

Nach der Spencer-Scheidung
53

Raines Ankunft
70

Ein Wunsch nimmt Gestalt an
87

Das Ziel rückt näher
118

Charles' Liebschaften
131

Der Köder wird ausgeworfen
147

Der Fisch an der Angel
163

Die Verlobung wird verkündet
177

Die Hochzeit
210

Das Nest wird eingerichtet
227

Ein Riß im Kitt
239

Ein Prinz wird geboren
260

Das Image wird poliert
280

Einstellen und entlassen
294

Diana die Gute
315

Wohltaten für die Wohltätigen
339

Freunde und Verwandte
357

Geflüster in meinem Ohr
371

Schadensbegrenzung
387

Nachtrag: Diana heute
419

Die letzten Jahre
427

Register
443

# DANKSAGUNGEN

Diese Biographie wäre nie geschrieben worden, hätte ich nicht das Glück gehabt, mit Alan Frame Mittagessen zu gehen. Das Buch war seine Idee, und ihm gebührt mein erster Dank.

Die Biographie eines lebenden Menschen kann nicht ohne die Hilfe einer großen Zahl von Personen geschrieben werden, die mit ihm vertraut sind. Zwangsläufig haben eine Reihe von ihnen einiges zu verlieren, sollte ihre Mitarbeit bekannt werden. Deshalb überraschte mich die Freundlichkeit und Großzügigkeit vieler Freunde, Verwandten, Bekannten und sogar einiger Fremder, die mir mit manchmal erschreckender Offenheit Rede und Antwort standen. Natürlich war es nicht möglich, sie alle beim Namen zu nennen. Jenen, die unbesungen bleiben müssen, einschließlich der Freunde, die für mich Nachforschungen anstellten, möchte ich meine tiefempfundene Dankbarkeit ausdrücken. Ohne sie wäre dieses Buch nicht entstanden.

Ein ähnlicher Beitrag wurde von jenen Menschen beigesteuert, die ich namentlich erwähnen kann. Sie alle gewährten mir ihre unerschöpfliche Liebenswürdigkeit, als sie mit mir sprachen. Dafür möchte ich folgenden Personen danken: Dame Barbara Cartland, Ihrer Hoheit Margaret Herzogin von Argyll; Graf von Strathmore und Kinghorne; Katharine Viscountess Macmillan von Ovenden; Ihrer Exzellenz, der Jamaikanischen Hochkommissarin Mrs. Ellen Bogle; Jacqueline Lady Killearn; Richard Adeney; Dr. Gloria Litman; Nigel Dempster; Brodrick Haldane; Tristan Millington-Drake; Herzog Alexander di Carcaci; Baronin Izzy van Randwyck; Judy McGuire; Jonathan Dawson; Robyn Hall; Lord Montagu von Beaulieu; Clifford Henderson; Anne Hodson-Pressinger; David Williamson von Debretts; Lady Teresa Manners; Evrie, Lady Freyberg; The Honourable George Plumptre; Daniel Wiggin; David Hornsby; Ann Cameron-Webb; Lady Renwick; Liz Brewer; James Whitaker; Ihrer Königlichen Hoheit Prinzessin Katarina von Jugoslawien; Roy Miles; Israel Zohar; Terry Dixon; Prinzessin Helena Moutafian; Elke Hundertmark; Murray Arbeid; The Honourable Rupert Fairfax; Pida Ripley von WomanAid; Jamie Jeeves von der English Ballet Company; Bunty Lewis von Birthright; John Coblenz von CRUSAID; Beverly, Lady Annaly von SIGN; Oberst Patrick Reger von der »Soldier's, Sailor's & Airmen's Families' Association«; Alan Sievewright; Seiner Hoheit dem Grafen von Northumberland; Anthony Taylor; Lady Cleone Versen; James Buchanan-Jardine; Richard Szpiro; Janet, Marquise von Milford Haven; Mrs. Henry Ford II.; Philippa Gitlin; dem verstorbenen Humphrey Mews; dem verstorbenen James Dorset; dem Stellvertretenden Pressesekretär Ihrer Majestät Richard (Dickie) Arbiter und dem ehemaligen Privatsekretär der Prinzessin von Wales, Oliver Everett.

Dank gebührt auch den Hofangestellten Ihrer Königlichen Hoheit der Prinzessin von Wales; Ihrer Königlichen Hoheit Prinzessin Alice Herzogin von Gloucester und Ihren Königlichen Hoheiten Prinz und Prinzessin Michael von Kent sowie dem Pressebüro des Buckingham-Palastes für die unerschöpfliche Liebenswürdigkeit und Hilfsbereitschaft, mit der es meine zahllosen Fragen behandelte.

Schreiben ist oft eine recht mühsame Aufgabe. Ich möchte

meinem Bruder Michael Ziadie dafür danken, daß er mir die Arbeit leichter machte, indem er mir den Lebensretter eines jeden Autors schenkte: einen Computer.

Diese Danksagungen wären unvollständig, würde ich nicht erwähnen, wie froh ich bin, eine so wunderbare Agentin und einen so phantastischen Verleger zu haben – Sara Fisher von A. M. Heath & Co. Ltd. und Robert Smith von Smith Gryphon. Mit ihnen zu arbeiten war ein wahres Vergnügen, genauso wie die Zusammenarbeit mit meiner Lektorin Helen Armitage. Vielen, vielen Dank. Auf ein glückliches Projekt.

London
19. Januar 1992

# DAS VORLEBEN
# EINER PRINZESSIN

Begegnet man der Prinzessin von Wales, ist man augenblicklich davon beeindruckt, wie attraktiv sie ist. Wenn sie näher kommt, fällt einem als erstes ihre Größe auf: sie mißt mit Schuhen knapp einen Meter dreiundachtzig. Der schlanke, schmale Rumpf, die fast flache Brust, die jungenhaften Hüften, die langen Beine und Arme (die sie mit jener natürlichen Anmut versehen, die Menschen mit kürzeren Armen nie erreichen) und die siebeneinhalb Extrazentimeter durch das tadellos geschnittene und bewußt ungezwungen getragene Haar lassen sie noch größer und schlanker erscheinen, als sie ist.

Als nächstes fällt einem auf, wie lebhaft, aber dennoch ernsthaft sie ist. Sie besitzt eine für die Gesellschaft perfekte Persönlichkeit: Sie ist warmherzig, witzig und steht mit beiden Beinen auf der Erde. Lady Diana ist natürlich und hat die Leichtigkeit und Grazie eines Menschen, der Menschen mag und dem es gefällt, von ihnen gemocht zu werden. Wenn sie spricht – mit jener hellen, sanften Stimme, die nichts von dem Stahl unter der Oberfläche offenbart –, fällt einem ihr außergewöhnlich schöner Teint auf. Er ist sehr fein und durchsichtig und behält seine Schönheit auch dann, wenn sie errötet. Ich habe sie sowohl in der Hitze des Augenblicks als auch in der Hitze des Sommers erröten sehen. Aber es ist unfair zu sagen – wie manche Autoren es tun –, das sei ein Fehler, der ihrer Schönheit Abbruch tut. Dem ist nicht so.

Doch trotz all ihrer Eigenschaften ist die schmucklose Diana keine phantastische natürliche Schönheit, und ohne ihr ansprechendes Wesen hätte man sie nie als so attraktiv bezeichnet, wie man es tut. Am meisten fällt ihre Gesichtsfarbe auf. Wieweit sie der Natur nachhilft, wird offensichtlich, wenn sie aus dem Swimmingpool steigt, die Haare glatt nach hinten, das Make-up nicht vorhanden. Selbst in diesem Augenblick ist sie eine attraktive Frau. Das blonde Haar, die cremefarbene Haut mit dem Pfirsichschimmer verdankt sie der einen oder anderen Chemikalie. Ihr Gebrauch von Kosmetika ist ebenso geübt wie effektvoll.

Untätig ist Dianas Mund schwer zu beschreiben. Er hebt weder ihre Gesichtszüge noch beeinträchtigt er sie. Dennoch besitzt er eine Ausdruckskraft, die ihn über einen normalen Mund erhebt. Wenn ihre Lippen gefühlvoll beben oder wenn sie an ihnen nagt – wie sie es oft tut, wenn sie nervös ist oder nichts anderes zu tun hat –, gewinnen sie an Anziehungskraft, die Männer verführerisch und Frauen sympathisch finden.

Ihre Nase ist im herkömmlichen Sinn nicht schön zu nennen, es sei denn, man ist ein überaus schmeichlerischer Bewunderer. Sie ist in natura genauso auffallend, wie sie auf allen Fotos erscheint, außer auf den sehr schmeichelhaft ausgeleuchteten. Dennoch verbünden sich, wie bei Sophia Loren, die Minuspunkte zu Pluspunkten. Und nirgendwo zeigt sich dies deutlicher als bei diesem, dem meisterwähnten Teil ihres Gesichtes. Ohne ihre Nase würde ihr Gesicht viel von seiner Wirkung und alles von seiner Einzigartigkeit verlieren. Ohne sie würde sie von einer auffallenden aristokratischen Erscheinung auf irgendein Mädchen mit einer guten Haut und schönen Augen reduziert.

Ihre schönen großen blauen Augen sind zweifellos das Beste an ihrem Gesicht. Sie sprühen vor Wärme und Lebhaftigkeit.

Und mit der Besonnenheit, die so viel zu ihrem Erfolg beigetragen hat, spielt sie diese Augen geschickt aus. Sie benutzt sie mit dem geübten Nachdruck eines Menschen, der sich oft in Gesellschaft befindet, und läßt sie immer wieder für sich sprechen. Sie kann mit derselben Wirksamkeit einen irritierten oder warnenden Blick abschießen wie eher angenehme Gefühle äußern, obwohl sie noch nicht die Höhen der Einschüchterung erreicht hat, die die Königin bewirkt. Jeder, der Ihre Majestät kennt, fürchtet sich vor *dem Blick*. Aber anders als ihre Schwiegermutter wendet Diana die Tricks der Make-up-Industrie an. Barbara Daly hat ihr beigebracht, wie man das Beste aus seinem Gesicht macht. Von Elizabeth Taylor übernahm sie einen Tip, den sie glücklicherweise nicht mehr so regelmäßig anwendet wie früher: sie würdigte ihr Erscheinungsbild herab, indem sie die Farbkraft ihrer Augen mit einem blauen Eyeliner erhöhte, den sie am inneren Rand des unteren Lides anbrachte.

Aber die beiden Eigenschaften, die ihre natürlichen Vorzüge betonen und sehr viel zu ihrer Attraktivität beitragen, gründen sich nicht auf Tricks. Die erste, wenn auch weniger wichtige Eigenschaft ist ihr ungeheures Gespür für Mode. Die zweite ist eine gewinnende Persönlichkeit.

Diana ist keineswegs vollkommen: Sie kann manchmal richtig eigensinnig sein, hat ein fürchterliches Temperament, ist denen gegenüber fordernd, die ihr nahestehen, und kann sehr unbarmherzig sein, wenn sie Entscheidungen trifft. Und doch wird jeder, der sie kennt, der Behauptung zustimmen, daß sie ein liebenswürdiger und freundlicher Mensch ist. Wenn man sie trifft, ist sie einfach, unkompliziert und fürsorglich. Sie ist wirklich bezaubernd und herzlich. Sie berührt einen – nicht nur mit den Händen (ein verwirrend unkönigliches Verhalten und gerade deshalb so reizend), sondern auch mit ihrer Aufrichtigkeit. »Sie mag die Menschen wirklich. Sie ist sehr warmherzig, fürsorglich und zuvorkommend«, sagt Janet Marquise von Milford Haven, deren verstorbener Ehemann Prinz Philips Cousin ersten Grades und das Haupt der Mountbattens war.

Oberst Patrick Reger, der bei der SSAFA (Soldier's, Sailor's & Airmen's Families' Association) für die Beschaffung von Spendengeldern verantwortlich ist, stimmt zu: »Sie ist eine entzückende Person und sehr begabt für das, was sie tut. Ich weiß, daß einige Leute jetzt denken: ›Das sagt er nur, weil sie ist, was sie ist.‹ Aber dem ist nicht so. Ich gehöre nicht zu jenen Menschen, die sie für eine Schönheit halten. Sie ist zu groß, und ihre Nase ist meiner Meinung nach zu lang. Aber sie bringt es fertig, immer das Richtige zu der richtigen Person zu sagen, gerade die Kleinigkeit zu tun, die eine Begegnung aus dem Alltäglichen heraushebt und sie zu etwas Bedeutendem macht. Ich habe sie genau beobachtet und kann Ihnen sagen, daß das nicht gespielt ist. Man merkt, wenn Menschen einem etwas vormachen. Sie gehört nicht dazu. Sie kam vor nicht allzulanger Zeit zu uns nach Swinton und machte ihre Sache großartig.«

»Sie hat sich unglaublich verändert«, sagt Lady Cleone Versen, Tochter des Grafen von Erne und eine Freundin Dianas aus der Zeit vor ihrer Ehe, »aber sie war immer schon entzückend.« Selbst Menschen, die darauf vorbereitet sind, sie nicht zu mögen – wie ein gewisser wohlbekannter Architekt, der es sorgsam vermied, mit der Prinzessin von Wales im selben Raum zu sein –, müssen sich von ihren Vorurteilen trennen, wenn sie die Prinzessin kennengelernt haben. »Ich konnte nicht glauben, wie herzlich und witzig und bezaubernd und kokett sie ist«, sagt der bereits erwähnte Architekt. Diana ist wirklich sehr sexy. »Sie wackelt und zwinkert und errötet und schwärmt, und niemand kann ihr widerstehen«, fährt er fort. Er hätte sagen sollen, daß kein Mann ihr widerstehen kann. Denn viele Frauen, besonders die schönen, finden sie recht widerstehlich.

Ein ehemaliges Mitglied ihres Stabes sieht hinter diesem Charakterzug von Diana unterschiedliche Motive: »Ich wünschte, sie hätte nicht dieses scheußliche Konkurrenzdenken. Sie hat keine Zeit für Frauen, die ihr den Wind aus den Segeln nehmen könnten. Sie läßt weder privat noch in der Öffentlichkeit Konkurrenz gelten. Sie schenkt ihre Zeit und Aufmerksamkeit nur Menschen, die sie bewundern. Bei allen anderen zieht sie sich entweder völlig zurück und ist verschlossen oder, falls die Situation es erfordert, von minimaler Freundlichkeit.«

Ältere, etablierte Frauen, Damen, die Hochachtung vor Dianas Talenten haben, hegen aber auch Vorbehalte hinsichtlich der recht koketten Art, mit der die Prinzessin einigen ihrer Verpflichtungen nachkommt. Die berühmte Spendensammlerin für Wohltätigkeitsorganisationen und eine der oberen Zehntausend, Jacqueline Lady Killearn, Witwe des während des Krieges in Ägypten amtierenden Hochkommissars und Mutter der Gräfin von St. Germans und The Honourable Mrs. (Ian) Ross, spricht für viele andere Frauen, wenn sie sagt: »Ich bin ihr bei zahlreichen Gelegenheiten begegnet. Ich mag sie, und sie setzt ihren Einfluß an der richtigen Stelle ein. Aber ich wünschte mir, sie würde ihre Verpflichtungen nicht wie ein Model erfüllen.«

Daraus spricht nicht der Neid. Diana ist um einiges komplizierter und streitlustiger, als sie wirkt. Und jene, deren Wege die ihren kreuzen, sehen eine Frau, die mehr sie selbst ist, als es die Medien jemals wahrnehmen oder zeigen könnten. Unter der auf Hochglanz polierten und unbestreitbar glänzenden Oberfläche liegt etwas, das sowohl Wärme als auch Kälte hervorbringt, Liebe und Haß, Bewunderung und Kritik. Sie wird fast überall wegen ihrer wohltätigen Werke verehrt.

Dennoch existiert eine geschlossene, dem Kreis der königlichen Familie nahestehende oder zu ihm gehörende Phalanx von Menschen, die sagt, daß Diana die international aufsehenerregende Ehekrise zu ihrem zehnten Hochzeitstag selbst heraufbeschworen hat. Sie schieben ihr die Verantwortung dafür zu, daß ihre Ehe sowie ihr Privatleben und das des Prinzen von Wales ins Scheinwerferlicht gerieten. Sie beschuldigen sie, ihre privaten und öffentlichen Prioritäten durcheinandergebracht zu haben und vorsätzlich einen Kurs eingeschlagen zu haben, der das Potential hatte, dem Bild der königlichen Familie unermeßlichen Schaden zuzufügen. Sie haben wenig für den Mythos der Prinzessin aus Zuckerwatte übrig und weisen unermüdlich darauf hin, daß Diana sich große Mühe gibt, all ihre Eigenschaften bis auf die anziehendsten vor der Öffentlichkeit zu verbergen. Dennoch müssen sie zugeben, daß Diana eine enorme Persönlichkeit besitzt und daß sie ihren erstaunlichen Erfolg fast ausschließlich ihren eigenen Leistungen zu verdanken hat. Nicht jeder mag sie; aber alle müssen anerkennen, daß sie ein außergewöhnlicher Mensch ist, der Bewunderung und Respekt verdient.

Das Mädchen, das einmal zu dieser komplizierten Frau werden sollte, erblickte am Samstag, dem 1. Juli 1961, am frühen Abend in einem im ersten Stock gelegenen Schlafzimmer des Park House auf dem Sandringham Estate das Licht der Welt. Später sollte sie einmal die ihr sehr Nahestehenden und Liebsten stolz machen, aber zum Zeitpunkt der Geburt war Diana für die Eltern – welch Ironie des Schicksals – eine Enttäuschung. Ihre Eltern, Viscount und Viscountess Althorp, hatten auf einen Sohn und Erben gehofft. Er sollte den Jungen namens John ersetzen, der achtzehn Monate zuvor, am 12. Januar 1960, am Tag seiner Geburt gestorben war. Statt dessen bekamen sie ein weiteres Mädchen.

Es kommt ein Augenblick, wo der Unterschied zwischen einem Jungen und einem Mädchen für einen Adligen von Bedeutung ist. Und Johnnie und Frances Althorp hatten diesen Punkt erreicht. Zuerst kam ihre Tochter Sarah, zum Zeitpunkt von Dianas Geburt sechs Jahre alt. Zwei Jahre nach Sarah folgte Jane. So erwünscht Mädchen für einen Gefühlsmenschen wie den Viscount auch waren, so brauchten doch die meisten Angehörigen des Hochadels wenigstens einen Sohn, besser noch zwei. Johnnie Althorp bildete da keine Ausnahme.

Der »Erbe und Ersatz«, wie seine angeheiratete Cousine Consuelo Vanderbilt Herzogin von Marlborough, es kurz und bündig ausdrückte, war eine absolute Notwendigkeit. Denn ohne einen Erben werden die meisten englischen Titel – einschließlich dem der Spencerschen Grafenwürde – den näheren Angehörigen entzogen und gehen in die Hände der Cousins über. Und mit ihm schwinden Reichtum und Besitz, die dem Träger des Titels als Erblehen zustehen.

Das Wort »Erblehen« gehört zum Vokabular der Aristokratie wie das Wort »Geld« zum Grundwortschatz der Banker. Es bedeutet für einen Adligen, daß der gesamte Besitz von Generation zu Generation auf den Träger des Titels weitervererbt wird. Gleichzeitig stellt dies eine Möglichkeit dar, die Erb- und Steuergesetze zu umgehen sowie den Besitz und das Haus mitsamt seinem Inhalt vor dem habgierigen Zugriff der wechselnden Regierungen zu bewahren. Diese Art der Vererbung kann nur unter ganz besonderen Umständen unterbrochen werden, und dann ist es weder einfach noch billig.

Die Sehnsucht der Althorps nach einem Erben war also weit mehr als das übliche Verlangen nach einem Sohn. Ein Erbe bedeutete, nicht nur den Titel als Graf, Viscount, Lady und The Honourable in der engeren Familie zu halten, sondern auch das große imposante Althorp House mit seinen ungezählten Schätzen und dem ausgedehnten Besitz.

Der Verlust des Titels hätte bedeutet, daß die Spencer-Familie in der nächsten Generation die arme Verwandtschaft des Adligen gewesen wäre, welcher der nächste Graf Spencer geworden wäre. Und damit nicht genug: Nach Verlust des Titels würden sie alle zu mittellosen Misters und Misses, ohne Rang und Besitz.

Aber ein Baby in den Armen zu halten kann sehr reizvoll sein. Die Althorps trösteten sich rasch über die Enttäuschung hinweg. Johnnie betrachtete seine sechs Pfund und dreihundertsechzig Gramm schwere Tochter, die das Leben des Ehepaars bestimmte, während sie von ihrer Mutter gestillt wurde, als eine vollkommene, prächtige naturwissenschaftliche Spezies, und Frances liebte sie so zärtlich, wie sie ihre beiden anderen Mädchen geliebt hatte. Sie wurde als The Honourable Diana Frances Spencer eingetragen, nachdem ihre Eltern endlich einen Namen für das Kind gefunden hatten, von dem sie sicher gewesen waren, daß es ein Sohn sein würde. Selbst ihre Taufe am 30. August in der St. Mary's Church auf Sandringham deutet darauf hin, daß ihr aufgrund ihres untergeordneten Rangs weniger Beachtung geschenkt wurde. Anders als bei ihrer Schwester Sarah, deren Patin die Königinmutter, oder bei Jane, deren Pate der Herzog von Kent war, konnten ihre Paten kein königliches Geblüt vorweisen. Sie würde sich mit Lady Mary Colman, der Frau des Lord Lieutenant von Norfolk, den Nachbarinnen Sarah Pratt und Carol Fox, ihrem Cousin Sandy (Alexander) Gilmour, Bruder von Sir Ian Gilmour, dem Baronet und Abgeordneten des Unterhauses und späteren führenden Tory-Störenfried und dem Auktionator und Vorstandsvorsitzenden von Christie *Manson & Wood's*, John Floyd, durchs Leben schlagen müssen.

Es war kein günstiger Start. Schließlich weiß man nie, wann königliche Paten einem von Nutzen sein können, wann sie sich genötigt fühlen, ihre Pflicht zu tun und später einmal dem Kind helfen, die Erfolgsleiter hinaufzuklettern. Und falls sie es nicht tun, dann reicht oft allein schon die Tatsache, daß sich das Kind schrecklich vornehmer Menschen als Paten rühmen kann, aus, um ihm einen Vorteil zu verschaffen, wenn es ihn braucht.

Trotz des ungünstigen Anfangs war die kleine Diana ein glückliches Kind in einem glücklichen Haus. Sarah und Jane liebten ihre kleine Schwester und behandelten sie nach Aussage eines Dienstmädchens, »als wäre sie ihre lebende Puppe, bis sie (sechs Jahre später) aufs Internat geschickt wurde«. Im Gegensatz zu den Berichten, die später in der Boulevardpresse verbreitet wurden, steckte die Ehe der Althorps damals nicht in Schwierigkeiten, was mir von Menschen, mit denen Dianas Eltern befreundet waren, und von Verwandten bestätigt wurde.

Viscount und Viscountess Althorp lag die Welt zu Füßen. Sie waren jung und attraktiv, wohlhabend, von Rang und wohl gelitten. Er war der Erbe eines vornehmen Titels und eines großen Vermögens, siebenunddreißig Jahre alt und sehr begehrenswert. Sie war die Tochter des vierten Lord Fermoy, fünfundzwanzig Jahre alt und bemerkenswert attraktiv. Sie schienen wie füreinander geschaffen zu sein. Johnnie, hochgewachsen, stramm und stattlich, mit einer knisternden Sexualität ausgestattet, war inoffiziell mit der großen, blonden und schönen Lady Anne Coke verlobt gewesen. Frances war achtzehn, ebenfalls hochgewachsen und eine auffallende Erscheinung, aber mit einer Menge Geist und etwas, was eines ihrer Dienstmädchen später einmal als »gewisse irische Derbheit« bezeichnen würde. Mit anderen Worten: Sie hatte eine überwältigende sexuelle Anziehungskraft, während Lady Anne eine heitere Gemütsruhe ihr eigen nannte. Vom ersten Augenblick an, als sich bei Frances' Debütantinnenball ihre Blicke trafen, trieben Johnnie und Frances mit einer Leidenschaft aufeinander zu, der nichts widerstand. Innerhalb weniger Wochen hielt er um ihre Hand an.

Frances gehörte nicht zu den Frauen, die Ausflüchte machen, wenn sie »ja« meinen. Laut einem Freund der Familie war sie außerdem »erzogen worden, so gut wie möglich zu heiraten«, und so nahm sie den Antrag des zukünftigen Graf Spencer mit einer Geschwindigkeit an, die ihre Tochter später einmal – als sie an der Reihe war – nachahmen würde. Ihre Verbindung schien maßgeschneidert zu sein. Viscount Althorp, geboren 1924, war der Sohn des siebten Grafen Spencer und der Lady Cynthia Hamilton. Königin Mary war seine Patin. Seine Mutter, eine Tochter des Herzogs von Abercorn, war für den Prinzen von Wales die Liebe seines Lebens gewesen, bevor sie unklugerweise Spencers Heiratsantrag annahm. Aber Johnnie Althorp konnte nicht auf ein glückliches Familienleben zurückblicken. Das würde sich später auf seine Ehe mit Frances auswirken. Die Ehe seiner Eltern war eine sadomasochistische Übung, in der seine Mutter zermürbendes Elend ertragen mußte. Ihr Bruder, der Herzog von Abercorn, erzählte einem mir bekannten hervorragenden Aktienmakler: »Cynthia hatte mit Jack (Graf Spencer) auch nicht einen glücklichen Tag. Er war gemein, grausam und widerlich zu ihr. Es lag ihm fern, nett, freundlich, zuvorkommend oder rücksichtsvoll zu sein. Er war ein Monster, das alles tat, was in seiner Macht stand, um sie unglücklich zu machen – und er hatte Erfolg.« Der Menschenfeind, der sich lieber in seine Bibliothek mit ihren siebzigtausend Bänden einschloß, als sich um Menschen zu kümmern, war jedesmal, wenn er den Grafen herausließ, »ein Schwein«. Niemand mochte ihn, weder seine Frau – die er regelmäßig schlug und die bei ihm blieb, weil die Beständigkeit einer adligen Ehe weniger mit Glück als mit anderen, weltlichen Erwägungen zu tun hat –, noch sein Sohn, den er wegen dessen mangelnder Intelligenz verachtete und ebenso nett behandelte wie seine Mutter. Und auch die zahlreichen Bekannten, die ihn verachtet hätten, wären da nicht der große Reichtum und der hohe Stand gewesen, liebten ihn nicht; sie beklagten nichtsdestoweniger seine Schwächen.

Trotz der Qualen, denen er zu Hause ausgesetzt war, wurde aus Johnnie Althorp ein liebenswürdiger und beliebter Junge. Es ist schwierig für ein Kind, nicht wenigstens ein paar Augenblicke des Glücks zu genießen, wenn es in einem behaglichen Heim aufwächst, das von einem kompletten Stab an Personal geführt wird. Der kleine Johnnie bildete da keine Ausnahme. Er wurde in Eton und Sandhurst ausgebildet, bevor er während des Zweiten Weltkrieges bei den Royal Scots Greys diente. Und mit dem Ende des Krieges stellte sich unerwarteter Erfolg ein.

Für einen Sohn, dessen größte Talente in den üblichen Betätigungen eines Gentlemans wie Jagen, Schießen und Fischen lagen, hatte Johnnies Vater nichts als Verachtung übrig. König George VI. empfand jedoch anders. Mehr noch. Der König, der wenig für Menschen mit einem grausamen Geist übrig hatte, mochte Johnnie als Mensch. Man konnte sich stets darauf verlassen, daß er freundlich und charmant war. Er war liebenswert und besaß gute Manieren, ohne spitzfindig zu sein. Wahrscheinlich deshalb, weil er – wie eine adlige Dame aus der Spencer-Verwandtschaft sagte – »die Weisheit nicht gerade mit Löffeln gefressen hatte«. Was den König noch zu Johnnie hinzog, war, daß seine seit langem leidende Mutter Cynthia sowohl eine gute Freundin von Königin Elizabeth als auch eine königliche Hofdame war. Deshalb machte George VI. ihn zu seinem königlichen Oberstallmeister.

Während die Beziehung zwischen Vater und Sohn angespannt war, standen sich Johnnie und seine Mutter nahe, was sowohl für den König als auch für Königin Elizabeth noch von zusätzlichem Reiz war. Sie liebten es, sich mit Menschen zu umgeben, die eine Atmosphäre von Geistesverwandtschaft und Geborgenheit schafften. Die Tage im Palast waren glückliche Tage. Und Johnnie schaute zuversichtlich in eine befriedigende und ungetrübte Zukunft, in der er der königlichen Familie eng verbunden war.

Auch Frances' Eltern gehörten zum engeren Kreis am Hof. Ihr Vater, der vierte Baron Fermoy, war ein derart enger Freund von George VI., daß er einen Tag vor dem Tod Seiner Majestät im Jahre 1952 mit ihm an der Jagdgesellschaft teilnahm, die auf Sandringham stattfand. Ihre Mutter Ruth gehörte zu den engsten Freundinnen von Königin Elizabeth und war seit 1956 Hofdame. Lord Fermoy hatte auch mit dem verstorbenen König George V. auf so gutem Fuß gestanden, daß es ihm möglich gewesen war, das Park House auf dem Sandringham Estate von ihm zu pachten.

Dieses gemütliche Haus mit den zehn Schlafzimmern, das häufig von Menschen, die noch nie Zugang zu wirklich großen Häusern hatten, riesig und weitläufig genannt wird, war der Schauplatz, an dem zwei Generationen der Familie Fermoy eine glückliche Kindheit genießen sollten. Es war von Edward VII. erbaut worden, um die Gäste unterzubringen, die während der Jagdgesellschaften des schießwütigen Königs herbeiströmten und nicht mehr in das »Große Haus« von Sandringham paßten. Von hier aus konnte man die Parklandschaft des Besitzes übersehen, während es von der Straße durch Hecken und Bäume abgetrennt war. Es war ein Schauplatz, der eher hübsch als spektakulär zu nennen war und den man sich mehr als Gemälde von David Cox und weniger als Landschaft von Constable vorstellen muß. Hier zogen Maurice und Ruth Fermoy ihre drei Kinder groß.

Edmund, den Sohn und Erben, Mary und Frances. Später, als der Pachtvertrag von Ruth auf Frances und Johnnie überging, spielte sich hier das Familienleben der Althorps ab.

Es gibt zahlreiche Parallelen zwischen der Art und Weise, wie The Honourable Frances Burke Roche und ihre Geschwister erzogen wurden und wie sie wiederum ihre drei Mädchen und den Jungen aufzog. Sie alle wurden angehalten, sich gut zu benehmen, gute Manieren zu zeigen, selbstsicher und umgänglich, stark und bestimmt zu sein. »Sie dürfen nicht vergessen, daß die Familie Burkesches Blut in sich hat«, sagte ein anderes Mitglied der Familie Burke. »Und die Burkes waren immer schon eine beachtliche Familie. Die Roches sind immer stolz auf ihre Verbindung mit den Burkes gewesen. Das nahm ein solches Ausmaß an, daß alle Kinder zugleich die Namen Burke und Roche trugen. Ein typischer Burke hat immer eine starke Persönlichkeit – und mit stark meine ich mächtig. Es sind dominierende Persönlichkeiten. Sehr kraftvoll. Sehr anspruchsvoll. Sehr traditionell, doch gleichzeitig individualistisch. Eine Mischung, wie sie nur die Iren zustande zu bringen scheinen. Und diese besaßen sie gewiß.«

Wenn man diesem Cousin glaubt, so heiraten Männer aus der Familie Burke ausnahmslos starke Frauen. Und die Frau, die sich Maurice Fermoy erwählte, setzte diese Tradition zweifellos fort. Ruth Gill entstammt einem militärischen Hintergrund. Die Tochter eines Colonel aus Bielside in Aberdeen war über fünfundzwanzig Jahre jünger als ihr sechsundvierzig Jahre alter Bräutigam, als sie 1931 heirateten. Der berühmte schottische Fotograf und Angehörige der oberen Zehntausend, Brodrick Haldane, kannte sie bereits vor ihrer Hochzeit: »Sie hatte immer schon eine starke Persönlichkeit. Jetzt ist sie erschreckend korrekt. Nicht vornehm. Korrekt. Sie kennt die Regeln und spielt mit ihnen. Aber damals war sie unabhängiger, als sie es heute ist. Sie war herrlich talentiert, sowohl als Sängerin als auch als Pianistin. Sie war am Pariser Konservatorium, und man hielt sehr viel von ihr.«

Sie studierte am Pariser Konservatorium für Musik, als sie Maurice Fermoy kennenlernte. Sein Interesse schmeichelte ihr ungemein, denn er war ein wohlhabender und vornehmer Lord und Freund des Königs. Die Ehe mit ihm würde einen entscheidenden Schritt nach oben bedeuten. Die Gills, obgleich eine »nette« Familie, waren weder vornehm noch eindrucksvoll. Ihrem Stammbaum mangelte es an Lords, und verschiedene seiner Sprößlinge waren unehelich. Eliza Kewark, ein dunkelhäutiges indisches Mädchen aus Bombay, lebte mit Ruths Urgroßvater Theodore Forbes zusammen, als er für die East Indian Company arbeitete. Eliza heiratete ihren Beschützer nie, obgleich ihre Verbindung mit Nachkommen gesegnet war, einschließlich einer Tochter, Katherine, die man zur Erziehung nach Schottland schickte. Sie blieb dort, heiratete und wurde zur Ahnin von Ruth Gill und der Prinzessin von Wales. Damals unternahm die Familie große Anstrengungen, Katherines Vorleben zu vertuschen. Zum einen, weil eine uneheliche Geburt eine Schande war, aber vor allem, weil die Anerkennung von eingeborenem oder farbigem Blut, wie man es damals nannte, ihre Nachkommenschaft von der Heirat mit Weißen ausgeschlossen hätte. Ich werde später noch darauf zurückkommen.

Als Ruth ihren Lord heiratete, war sie aufgeweckt und ehrgeizig, talentiert und attraktiv. Sie widmete sich dem neuen Leben, wie Ivana Trump sich Manhattan widmete. Während sie sich darauf einstellte, innerhalb des königlichen engeren Kreises zu leben – und besonders mit dem Herzog und der Herzogin von York Freundschaft schloß –, verschwanden die Unabhängigkeit und die Großzügigkeit der Künstlerin. An ihre Stelle traten Geradheit und Autoritätsbewußtsein. Diese Eigenschaften sollten sie später mit ihrer

Tochter Frances in Konflikt bringen und dadurch das Schicksal ihrer Enkelin Diana gestalten. Doch bis dahin brachten ihr diese neuen Eigenschaften ein Haus auf dem Besitz des Königs und eine hinreichende Vertrautheit mit König George V. und Königin Mary ein. Die Königin versuchte ihren Gatten nur Stunden bevor er starb mit der Neuigkeit aufzuheitern, daß die »liebe Ruth Fermoy« einem kleinen Mädchen das Leben geschenkt hätte. Man schrieb den 19. Januar 1936, und das Kind war Dianas Mutter Frances.

Dianas Großmutter Ruth, Lady Fermoy, war eine strenge und pedantische Mutter. Doch das Burke-Roche-Blut, das durch die Adern ihrer Kinder strömte, versah diese mit genügend irischem Temperament, um leicht damit zurechtzukommen. Zum anderen bestand die Familie ihres Vaters aus Persönlichkeiten – im altmodischen Sinne des Wortes, das so vieles besagt, daß es nur schwer zu definieren ist. Sie besaßen reichlich irischen Charme, einen ausgezeichneten Geschmack – Cahirguillamore und Kilshanning, ihre Stammhäuser waren Kleinode – und sahen gut aus. Einst eine der reichsten Familien Irlands, hatten sie den größten Teil ihres Vermögens durch Leichtsinn, Unfähigkeit und Spiel verloren. Aber sie entgingen, wie so viele vornehme Familien, der Armut durch eine vom glücklichen Zufall gesteuerte amerikanische Heirat, deren Auswirkungen Diana, ihre Geschwister, Cousins und Cousinen noch bis zum heutigen Tage spüren. Sie alle verdanken die finanzielle Unabhängigkeit ihrer amerikanischen Urgroßmutter.

Diese Verbindung kam durch eine Erbin namens Frances, genannt Fanny, zustande, deren Vater Frank Work als Aktienmakler für viele der reichsten amerikanischen Familien des neunzehnten Jahrhunderts – einschließlich der Vanderbilts – ein Vermögen anhäufte. Frank und Fanny Work waren ebenso eigensinnig, wie es spätere Generationen ihrer Familie – besonders Frances und Diana – sein würden. Sie erbten nicht nur ein Vermögen, sondern auch Geist und Ungestüm. Frank Work war jedoch ein fanatischer Fremdenhasser. Als seine Tochter den dritten Baron Fermoy und damaligen The Honourable James Roche heiratete, vergab er ihr erst, als sie ihren Ehemann im Jahre 1891 verließ und nach Hause zurückkehrte.

Papa Work war ebenso unvernünftig wie bestimmt. Als die eigensinnige Fanny zurückkam, um mit ihm zu leben, setzte er Bedingungen für ihre Wiedereinsetzung als Erbin fest, die aufzeigen, weshalb spätere Generationen der Familie, die seine Eigenschaften erbten, gleichfalls Schwierigkeiten hatten, harmonische Familienbeziehungen aufrechtzuerhalten. Zu einer Zeit, als die Peerswürde mehr bedeutete als heute, bestand Frank Work munter darauf, daß Fanny auf den Gebrauch ihres Titels verzichtete und wieder ihren Mädchennamen annahm. Eine andere Bedingung, die nur ihm vernünftig schien, war, daß sie nie wieder nach Europa zurückkehren durfte. Um zu zeigen, wie weit seine Macht reichte, erstreckte er diese Bedingungen auch auf ihre Zwillingssöhne Maurice (dem Großvater der Prinzessin von Wales und vierter Baron Fermoy) und Francis, denen er einen Teil seines Vermögens nur unter der Bedingung vererbte, daß sie amerikanische Staatsbürger wurden und Großbritannien nie wieder betraten.

Angesichts eines derart unbeugsamen Willens und so vielen Geldes sah es so aus, als würden sich Frank Works Tochter und seine Enkel auf immer in Amerika niederlassen. Sie wurden in jeder Hinsicht aufrechte Yankees. Ihre Ausbildung bekam an der Harvard University den letzten Schliff. Aber nicht einmal die sechshunderttausend Pfund, die jeder von ihnen erbte, konnten den Zauber bannen, der von dem

Glanz der britischen Lebensart in der Blüte des britischen Empire, mit seiner Vornehmheit, seiner Raffinesse und seiner Pracht ausging. Sie wandten sich an die Gerichte, um das Testament ihres Großvaters anzufechten. Sie hatten Erfolg und kehrten nach Großbritannien zurück, wo Maurice sich daranmachte, ein seinem Rang und seiner Position geziemender Gentleman zu werden.

Inzwischen hatte sich durch die Schwierigkeiten in Irland die Lage für Menschen angloirischer Herkunft dermaßen gewandelt, daß Maurice, der im Jahre 1921 der vierte Lord Fermoy wurde, keine Neigung verspürte, in sein Geburtsland zurückzukehren. Er schlug in England Wurzeln und lebte – wie sich zeigen würde – ein herrliches und ereignisloses Leben im Schoß des königlichen Hofes. Ruth erwies sich als treue und hingebungsvolle Frau und als gewissenhafte Mutter ihrer drei Kinder. Die Tatsache, daß Frances das Muster ihrer eigenen Kindheit wiederholte, ist der Beweis für dessen Wirksamkeit und Wert.

Park House, das nun zum Hauptsitz der Familie wurde, war ein angenehmer Ort, um dort aufzuwachsen. Norfolk ist – wenn auch nicht gerade aufregend – der sonnigste und trockenste Teil des Vereinigten Königreichs. Und zu dem guten Wetter gesellte sich noch das Glück, auf dem Privatbesitz des Monarchen aufzuwachsen. Wenn der König und die Königin anwesend waren – was während des größten Teils der Jagdsaison der Fall war (vom ruhmvollen 12. August* bis Ende Februar) –, wurden Lord und Lady Fermoy und ihre Kinder mit jener Höflichkeit behandelt, wie sie Freunden und Nachbarn zukommt; was nicht heißen soll, daß man auf so vertrautem Fuße stand, um einander uneingeladen zu

---

\* Eröffnung der Saison mit der Jagd auf Waldhühner (»grouse shooting«)
  (Anm. d. Übers.)

besuchen. Die Höflichkeit erstreckte sich auf Einladungen zum Tee und zum Dinner, zum Schießen und Plaudern; was jedoch auch bedeutete, daß es so geschäftig zuging wie in einem Bienenschwarm. Denn wenn Ihre Majestäten anwesend waren, war auch der Hof nicht fern. Privatsekretäre, königliche Oberstallmeister, Gardeoffiziere, Höflinge, Herzöge, Herzoginnen, königliche Cousinen und Cousins sowie andere Bekannte und Verwandte schwärmten aus in diese ländliche Idylle, in der die Zeit stillzustehen schien. Sie erzeugten ein Summen, das sonst nicht zu hören gewesen wäre.

Für Frances und ihre' Brüder und Schwestern war diese Aufregung eine erste Lektion über die Arbeitsweise des Hofes. Die sollte sich auch bei ihren eigenen Kindern wiederholen, besonders bei Diana und Jane. Sie lernten schon früh, wie und warum die Menschen funktionierten, die den Hof bildeten. Später sollte ihnen dieses Wissen von Nutzen sein, besonders als das Interesse des Prinzen von Wales an Diana Spencer offensichtlich wurde und es so aussah, als würde der Ehrgeiz der Familien Fermoy und Spencer durch einen Erfolg gekrönt.

Aber zuerst mußten andere Lektionen gelernt werden. Die Kinder der Familien Fermoy und Althorp wurden im Park House eingeschult, wo man speziell für sie eine Schule eingerichtet hatte. Sie wurden von ihrer Erzieherin Gertrude Allen unterrichtet – von Frances Gert genannt und als Ally bekannt bei Diana und ihren Schulkameraden –, zu denen auch der Sohn des ortsansässigen Arztes und eine Reihe von Kindern aus der Umgebung gehörten. Die Kinder aus zwei Generationen wurden mit einigem mehr als der Tatsache konfrontiert, daß die Schlacht von Hastings im Jahre 1066 stattfand. Sie wurden ständig erzogen, und ein großer Teil von Dianas Persönlichkeit sowie viele ihrer Eigenschaften wurden außerhalb der Schule geformt. Ja, man könnte fast sagen, daß der größte Teil ihrer Erziehung außerhalb des Klassenzimmers stattfand. Man legte großen Wert darauf, das Verhalten und den Geschmack der Kinder zu entwickeln, damit sie zu kultivierten Erwachsenen würden. Man brachte ihnen ausgezeichnete Manieren bei, damit sie sich in jeder Art von Gesellschaft und bei jedem Anlaß richtig betrugen, lehrte sie, immer zu ihresgleichen zu halten und den Eltern immer Ehre zu machen. Man versuchte, aus ihnen Menschen zu machen, die zivilisiert und allseits beliebt sein würden, die sich in der Öffentlichkeit tadellos verhielten, ungeachtet aller Verführung und Herausforderung. Natürlich kann sich niemand immer tadellos verhalten, aber die Botschaft wurde verstanden, daß es nur eines gab, was nicht vergeben wurde: wenn man sich in der Öffentlichkeit schlecht benahm. Dies war eine unbezahlbare Lektion, die Diana weder vergessen noch anzuwenden versäumt hat.

Die Musik spielte eine große Rolle im Leben der Prinzessin von Wales. Anders als gemeinhin angenommen, hatte sie mehr Vergnügen an klassischer als an Popmusik. Den Geschmack daran erbte sie von ihrer Großmutter, für die Musik ein ganzes Leben lang eine verzehrende Leidenschaft gewesen war.

Obgleich Ruth Fermoy mit der Heirat die Vorstellung von einem Beruf als Musikerin aufgegeben hatte, hätte sie sich ebensowenig von ihrer Liebe zur Musik wie von ihrer Seele trennen können. Die Musik war ein wichtiger Teil ihres Lebens. Sie stellte sicher, daß ihre Kinder und später ihre Enkelkinder das Musikverständnis mit der Muttermilch einsogen – mit dem Ergebnis, daß ihre Leidenschaft sie alle in unerwarteter Weise bereicherte. Das traf besonders zu, nachdem sie im Jahre 1951 das King's Lynn Music Festival begründete, ein Ereignis, das jedes Jahr so berühmte Musiker wie Benjamin Britten und Peter Pears anzog. Ruth blieb das Leuchtfeuer dieses bedeutenden Festivals, bis sie vor einem oder zwei Jahren eine Meinungsverschiedenheit mit dem Organisator hatte.

Ruths Musikinteresse hatte eine starke Wirkung auf ihre Kinder und Enkelkinder. Dabei ging es nicht nur um das bloße Ausdehnen der engen aristokratischen Grenzen ihres Lebens. Sie konnten gewöhnliche Mitglieder eines Publikums sein, die auf die Bühne schauten, oder sie konnten sich unter die berühmten und beinahe berühmten Musiker und Künstler mischen, die ständig in ihrem Haus ein- und ausgingen und deren gelehrte und kultivierte Pfade ansonsten niemals die ihren gekreuzt hätte. Die Welt der Musik ist weitgehend klassenlos, und dies in Verbindung mit Maurice Fermoys amerikanischer Erziehung schuf eine Umgebung, in denen die Menschen miteinander verbunden waren, als gäbe es keine Klassen. Die Kinder und Enkelkinder waren somit mit einer Einstellung und einem Geschick gerüstet, die Frances gut zustatten kam. Fast jeder, der ihr einmal begegnet ist, mag sie, mit Ausnahme ihres ersten Mannes Johnnie, seiner Frau Raine und Raines Mutter Barbara Cartland. Auch Frances gab diese Begabung an ihre Kinder weiter, was zur Folge hatte, daß Diana allgemeines Lob für ihren klassischen, aber klassenlosen Stil erntete.

Dennoch wäre es den Spencers gegenüber nicht fair, zu sagen, Dianas gleichmacherischer Stil sei ausschließlich den Großeltern mütterlicherseits und deren Musikerfreunden zu verdanken. Viele der sehr alten adligen Familien sind fähig, einen Monarchen und einen Armen so anzureden, als verdienten beide gleichermaßen Respekt. Johnnie Spencer kann dies übrigens, was jene bestätigen, die ihn gut kennen. Er verändert sein Verhalten nicht, ob er nun auf einem Ball im

Buckingham-Palast mit einem Mitglied der königlichen Familie spricht oder mit einem Touristen aus Idaho, der ihn bei einem Rundgang durch das Althorpsche Haus mit Fragen löchert.

Obgleich den Sprößlingen des Adels ungezwungenes Benehmen eingeimpft wird, werden daraus nicht immer selbstsichere Erwachsene, die frei von innerer Unruhe sind. Da die Spencers und Fermoys in dieser Hinsicht typisch für ihresgleichen sind, wollen wir einen kurzen Blick auf die Auswirkungen der adligen Erziehung werfen.

Der Zwang, stets artig, immer freundlich und höflich zu sein, einen Gipfel an gesellschaftlicher Perfektion zu erlangen und aufrechtzuerhalten, kann sich als zweischneidiges Schwert erweisen. Dr. Gloria Litman, ehemalige Dozentin am Psychiatrischen Institut und Leiterin der Addiction Research Unit im Maudsley Hospital in London, bestätigte, daß die festen Maßgaben einer aristokratischen Erziehung einem heranwachsenden Kind Selbstvertrauen, Sicherheit und das Gefühl von Aufmerksamkeit liefern – Attribute, welche die Disziplin in ihrem Kielwasser mit sich bringt. Dies kann jedoch von einer unterschwelligen Frustration begleitet werden, einer unterdrückten Wut, dem Groll darüber, daß jeder Gedanke, jedes Wort und jede Tat ohne Beachtung der eigenen Neigungen im voraus festgelegt sind. Ist das Kind einmal erwachsen, kann die Abwesenheit einer äußeren Autorität verbunden mit dem natürlichen Verlangen nach dem Ausdruck der eigenen Persönlichkeit eine leicht entflammbare Mischung ergeben. Die Konflikte, die erzeugt werden durch ganz natürliche Regungen und die Unfähigkeit, diese positiv zu lösen, können zu Alkoholismus, Drogensucht, Depression und einer Reihe anderer seelischer Probleme führen, von denen sich viele in den verschiedenen Zweigen von Dianas Familie gezeigt haben. Solche Probleme sind und waren in der Oberklasse stets weit verbreitet. Der Preis, den man für Vorrechte zu zahlen hat, ist nicht immer schmerzlos. Laut seiner Schwester Lady Margaret Douglas-Home war Dianas Großonkel George »lange Jahre fort gewesen«. Diana ist vom Schreckgespenst der seelischen Störungen, auch von der mütterlichen Seite ihrer Familie her, nicht verschont geblieben. Ihr Onkel Edmund, der fünfte Lord Fermoy, neigte zeit seines Lebens zur Depression und verübte schließlich im August 1984 auf die entsetzlichste Art Selbstmord, indem er sich eine Kugel durch den Kopf jagte. Dianas Schwester Sarah leidet unter Magersucht, was an die Öffentlichkeit geriet und einige Verwirrung schaffte, als Diana sich mit Prinz Charles traf. Diana selbst hat »eindeutig ein echtes Problem mit dem Essen«, wie ein ehemaliger Butler des Walesschen Haushaltes meinte. Obwohl sie nicht an einer klassischen Anorexia nervosa leidet, war ihr Eßverhalten noch nie normal oder geregelt. Dies ist ein Punkt, auf den ich später ausführlicher eingehen werde.

Aber nicht nur in ihrer ungewöhnlichen Einstellung zum Essen kommt bei Diana das Familienerbe zutage. Sie besitzt eine Neigung zum Eigensinn, deren Ursache – wohlwollend ausgedrückt – die Selbsterhaltung ist. Dieser Eigensinn hat in ihrem Leben Verwüstungen angerichtet und sich gelegentlich als eindeutig zerstörerisch herausgestellt.

# EINE EHE
# ZERBRICHT

Die Mischung aus Privilegien und Problemen, die vielen anderen Adligen Probleme bereitete, zehrte auch an der Ehe der Althorps, als Frances dem verzweifelt ersehnten Sohn und Erben Charles am 20. Mai 1964 in der London Clinic das Leben schenkte. Inga Crane, die kurz nach Charles Geburt – als Diana drei Jahre alt war – ins Park House kam und dort vier Jahre lang blieb, bestätigte zwar einer Freundin von mir, daß Johnnie und Frances noch immer »sehr verliebt« waren und »sehr liebevoll« miteinander umgingen. Aber Johnnie Althorp war nicht mehr der gutaussehende Dreißigjährige, dem ein herrliches Leben bevorstand. Und Frances war nicht mehr die frohlockende und frisch verliebte Achtzehnjährige, die sie zum Zeitpunkt ihrer Heirat gewesen war. Zehn Jahre des Zusammenlebens hatten die Viscountess Althorp gelehrt, daß ihr Ehemann niemals großartige Höhen erklimmen würde. Johnnie besaß weder die Initiative noch den innovativen Geist, um den es ihr ging. Er war, um es mit den Worten einer Cousine zu sagen, »stinklangweilig«.
Aber es gab andere, größere Probleme als die Langeweile. Frances hatte feststellen müssen, daß Johnnie nicht nur das nette und freundliche Gesicht besaß, das er der Welt zeigte. In ihrer Scheidungsklage beschrieb sie sein sprunghaftes Verhalten ihr gegenüber mit dem Wort Grausamkeit. Die Ehe wurde in ihren Augen mehr und mehr zu einem Ödland, das sie mühsam durchqueren mußte. Obgleich er niemals

körperlich aggressiv wurde, gab es ihrer Meinung nach Zeiten, in denen Johnnie recht streitlustig war, wenn er seine Meinung vertrat. Sie kam sich ungerecht behandelt vor und hatte das Gefühl, in den Konflikten immer den kürzeren zu ziehen. Sie betrachtete sich in keiner Weise für diese Konflikte verantwortlich und fühlte sich gänzlich ungerecht behandelt. Dazu kam noch ihre immer stärker werdende Überzeugung, daß ihr Mann sie nicht schätzte. Doch da sie eine stolze Frau war, achtete sie darauf, ihre Meinung und die Schwierigkeiten in ihrer Ehe vor anderen zu verheimlichen.

Später klagte Frances natürlich auf Scheidung. Aber damals war sie bereit, sich mit der schwindenden Befriedigung abzufinden, die sie in der Ehe fand, und abzuwarten, bis sie einen akzeptablen Ausweg gefunden hatte. Mit dieser Taktik war sie derart erfolgreich, daß selbst Johnnie behauptete – wobei ihm kaum bewußt war, was für ein vernichtendes Eingeständnis er machte –, daß von Frances bis zu ihrem Weggang niemals auch nur eine Andeutung davon zu hören gewesen sei, daß ihre Ehe etwas anderes als glücklich gewesen war. Daraus folgerte er, daß sie eine gute und beherzte Frau gewesen sei, die die Unzulänglichkeiten ihrer Ehe stark und untadelig durchstand.

»Johnnie war unglaublich langweilig«, sagte eine Spencer-Cousine, »nett zu seinen Freunden, rührselig und sentimental bei seinen Kindern, aber so fade, daß es weh tat. Das Netteste, was man sagen kann, ist, daß er Frances als furchtbar selbstverständlich betrachtete. Sie hingegen war genau so, wie eine Frau sein sollte. Elegant, geistreich und ein wunderbarer Gast. Sehr amüsant und gescheit. Sie gaben eine Menge Einladungen und waren sehr gesellig. Aber sie wollte mehr vom Leben als einen Mann, dem es – abgesehen von ihren persönlichen Problemen – nicht gelang, sich zusammenzureißen und etwas auf die Beine zu stellen. Er ging nach Cirencester (auf das Royal Agricultural College), kaufte eine kleine Farm (250 Morgen, in Ingoldistorpe) und sagte, er würde das Land bewirtschaften. Nun, das war lächerlich, und sie wußte es. Ich meine, man verbringt nicht sein ganzes Leben damit, ein kleines Fleckchen Land zu bewirtschaften. Nicht, wenn man ein Viscount Althorp ist und so vieles mehr tun könnte.«

Nachdem Frances die Achtung vor Johnnie verloren hatte, hielt sie nach einer Lösung ihres Problems Ausschau. Für eine Frau mit vier kleinen Kindern in ihrer Lage waren die Auswahlmöglichkeiten begrenzt. Sie konnte einfach gehen und die Kinder mit sich nehmen. Aber wofür? Sie hatte weder einen Beruf noch wollte sie einen. Darin stand sie im Einklang mit den anderen Frauen ihrer Art. Einfach nur zu gehen kam nicht in Frage. Das war ein Weg, den nur völlig verzweifelte Frauen einschlugen. Zum Beispiel Frauen, die von ihren Männern geschlagen wurden. Welche Konflikte es auch in der Ehe der Althorps geben mochte, so weit war es noch nicht gekommen. Außerdem war und ist die vorherrschende Einstellung für Frauen in Frances' Lage, daß es ein gerechter Tausch ist, bei einem Mann zu bleiben, dessen Verhalten einiges zu wünschen übrigläßt, solange das Leben in anderer Hinsicht sicher und angenehm bleibt. Das war die Entscheidung, die Johnnies Mutter getroffen hatte. Und Frances, die keine Revolutionärin war, entschied sich für eine Variation des Themas.

Aber es gab noch einen anderen Reiz zu bleiben. Zwischen den Ehepartnern herrschte noch immer eine starke körperliche Anziehungskraft, obwohl auch sie schließlich unter dem Auf und Ab der ehelichen Auseinandersetzungen schwinden sollte. »Das Zähne-zusammenbeißen-und-hindurch-Verhalten vieler adliger und königlicher Personen, die wegen des

Standes und der Nachkommenschaft heirateten, war nichts für sie«, sagte ein bekanntes Mitglied einer herzoglichen Familie. »Sie waren beide Menschen, denen das Körperliche und der Sex sehr wichtig waren. Man sah es an der Art, wie sie miteinander umgingen. Sie waren sehr liebevoll, aber mehr auf die Ich-möchte-mit-dir-schlafen-Art als auf die romantische. Zwischen ihnen herrschte eine gewisse prickelnde Spannung.«

Trotz der Freuden des Ehebettes gab es für Außenstehende keine Zweifel daran, daß Frances und Johnnie sich auseinandergelebt hatten. Während sie sich nach einem belesenen und Geistesblitze versprühenden Partner sehnte, machte er sich auf die Suche nach geistlosen Vergnügungen. Er war ein jagender, fischender und schießender Landmann, der sich nicht in einen überschäumenden Gefährten verwandeln konnte. Besiegt von einem Leben, in dem es nur noch abwärts ging, brach Frances nach London auf. Sie ließ das Kindermädchen für die Kinder sorgen und Johnnie auf der Jagd nach dem Wild über Norfolks Felder streifen, während sie mit Freunden soupierte. Das alles war unschuldig, aber es legte den Grundstein zu einem bestimmten Verhalten.

In der Zwischenzeit genossen die Kinder eine zufriedene Kindheit. Park House war immer noch ein glückliches Haus. Frances' Hauptmerkmale waren nicht so sehr ihre vortrefflichen Beine, ihr hübsches Gesicht, ihre kulturellen Interessen oder ihre unbezweifelbare Intelligenz, sondern die Atmosphäre, die sie schuf. Sie brachte einen Humor in den Alltag, der die ganz normalen Dinge und sie selbst der Routine entriß. Frances gab den Ton im Park House an. Dort ging es lustig, ordentlich, erfreulich, praktisch, warm und herzlich zu. Die Grundstruktur war noch genauso wie früher, als Frances' Mutter Schloßherrin gewesen war und die Familie in Park House gelebt hatte, obwohl einiges an Förmlichkeit verlorengegangen und die Anzahl des Hauspersonals verringert worden war. Mit seinen sechs Dienern hätte es trotzdem noch ein edwardianischer Haushalt sein können, wenn man davon absah, daß ein großes Miteinander herrschte. Ein Mitglied des Hauspersonals, das während der vier letzten Jahre der Althorpschen Ehe dort beschäftigt gewesen war, sagte: »Lady Althorp war eine wunderbare Frau. Sie lachte ständig. Sie behandelte mich und die anderen eher wie Freunde als wie Personal, und sie verbrachte viel Zeit im Kinderzimmer. Es gab kein ›Kinder oben, Erwachsene unten‹. Am Abend war sie immer da, um die Kinder zu herzen und ihnen Gute-Nacht-Geschichten vorzulesen. Danach aßen sie und Lord Althorp um acht Uhr zu Abend. Sie gaben eine Menge Gesellschaften, und das Haus war abends immer voller Lichter und Wärme und Menschen. Tagsüber war es wegen der kleinen Schule erfüllt von Kinderstimmen.«

Die Erzieherin Gertrude Allen kam jeden Morgen aus dem Dorf, um die Kinder zu unterrichten. Bei Diana begann die Erziehung – ebenso wie bei Frances – mit vier Jahren. Sie wurde zusammen mit »zehn oder zwölf Kindern von den umliegenden Bauernhöfen und dem Sohn des Arztes« unterrichtet.

»Die Familie war«, nach Meinung der oben genannten Person aus dem Angestelltenkreis, die noch auf dem Sandringham Estate arbeitet und die Prinzessin immer noch trifft, »überhaupt nicht hochnäsig. Ehrlich gesagt, schienen sie ganz gewöhnlich zu sein. Diana war ein fröhliches Kind mit viel Humor und einer Menge Selbstvertrauen. Sie hatte schon damals die Angewohnheit, den Kopf zur Seite zu legen. Das hat nichts mit Schüchternheit zu tun. Dann begannen die Schwierigkeiten zwischen ihren Eltern. Die Dinge verschlechterten sich. Es kam zu Streitigkeiten.«

Eine Verwandte bemerkt: »Bis zu diesem Zeitpunkt hat Frances ihr Bestes getan, um die Dinge im Lot zu halten. Johnnie sagt, er dachte, die Ehe sei glücklich, aber es war offensichtlich, daß dem nicht so war. Offen gestanden, die Bemerkung sagt eine Menge darüber aus, was für eine Art Mensch er ist und weshalb die Ehe nicht glücklich war. Frances wünschte sich einen Gefährten, jemanden, mit dem sie das Leben teilen konnte; jemanden, mit dem sie sich amüsieren konnte; jemanden, der sie schätzte und so behandelte, wie sie es sich wünschte. Sie hat in all den Jahren wenig genug Dank dafür geerntet, daß sie die Dinge so lange so gut und so glücklich zusammengehalten hat, und hat eine Menge Tadel für etwas einstecken müssen, was Frauen mit weniger Persönlichkeit schon lange vorher getan hätten. Das ist ungerecht.«

Frances war eine selbstsichere und entschieden handelnde Frau, die es nicht zuließ, daß jemand oder etwas sie daran hinderte, ihren Kindern eine bezaubernde und verzaubernde Welt zu schaffen. Aber sie war auch zunehmend unglücklich und unausgefüllt. Trotz ihrer guten sexuellen Beziehung und der positiven Einstellung zu ihren Problemen begann sie, ihren Ehemann zu verachten. Und es war unvermeidlich, daß sie aus ihrer unbefriedigenden Ehe ausbrechen würde, sobald sich eine Möglichkeit zeigte.

Frances' Fluchthelfer erschien im Jahre 1966 in Gestalt von Peter Shand Kydd. Mit seinem Studium an der Marlborough and Edingburgh University war dieser ehemalige Marineoffizier und Tapetenerbe das genaue Gegenteil von Johnnie Althorp. Das einzige, was sie gemein hatten, waren die Größe, das gute Aussehen und das Geld. Wo der Viscount langweilig war, war Shand Kydd funkensprühend, abenteuerlustig und amüsant. Wo Johnnie wichtigtuerisch war, war Peter erfrischend unkonventionell, mit einer liberalen Einstellung den Menschen und dem Leben gegenüber. Er war jemand, der das Leben genoß und sich nicht scheute, neue Wege einzuschlagen und seine Phantasie zu gebrauchen. Er besaß Energie und Lebenskraft. Als Frances und Johnnie ihn und seine Frau Janet an jenem schicksalhaften Abend im Jahre 1966 auf der Dinnerparty eines Freundes kennenlernten, hätte es für die Außenstehenden offensichtlich sein müssen, daß der Funken zwischen Frances und Peter bald überspringen und den toten Wald der Althorpschen Ehe ebenso verschlingen würde wie die blühende Zufriedenheit im glücklichen Heim der Kydds.

Wie viele andere Paare, die sich anfangs nur deswegen treffen, weil Interesse zwischen der Frau des einen und dem Mann des anderen besteht, schlossen die Althorps und die Shand Kydds Freundschaft. Dadurch wuchs die Anziehungskraft zwischen Frances und Peter – und wie sie wuchs, besonders nach einem gemeinsam verbrachten Skiurlaub. Wieder einmal fand sich Frances in eine überwältigende Liebesgeschichte verstrickt. Hier war die Antwort auf ihre Gebete, der leibhaftig gewordene Traum. Hier war der Mann, der all die Leidenschaft, das Funkeln, das Interesse, das Verständnis und die Lebendigkeit besaß, die sie brauchte.

Peter hingegen befand sich in einem Zwiespalt. Er liebte seine Frau. Sie waren glücklich miteinander, wie sie Freunden bestätigte, bevor die Scheidung rechtskräftig wurde. »Es fällt mir immer noch schwer, es zu glauben«, sagte Janet Shand Kydd. Das Auseinanderbrechen ihrer Ehe nahm sie derart mit, daß sie nie wieder heiratete. Aber Peter war von einer Leidenschaft ergriffen, die er nicht kontrollieren konnte. Auf jenem Skiurlaub wechselte die Romanze zwischen Frances und Peter die Gangart. Janet war nicht blind für das, was sich da vor ihren Augen abspielte, aber Johnnie »in seiner selbstzufriedenen und wichtigtuerischen Art war es«, wie ein Freund es ausdrückte.

Die Althorps und die Shand Kydds hatten – wenn es auch anders aussah – nicht viel gemeinsam, abgesehen vom Reichtum und manchmal einem gemeinsamen Freund.

Peter und Janet Shand Kydd hatten 1952 geheiratet und in London das Leben eines wohlhabenden und privilegierten Paares geführt. Doch ein Kratzer an der Oberfläche hätte offenbart, daß ihre gesellschaftliche Position gelinde ausgedrückt bedenklich war. Man hielt sie allgemein für reich und liebenswürdig, aber gewöhnlich. Ein vernichtendes Urteil für ein Paar, das gesellschaftlich so aktiv war wie sie.

Aber ihr Licht sollte heller strahlen, als Peters Halbbruder Bill Christina Duncan heiratete, deren Schwester Veronica mit dem eleganten und geistreichen Earl of Lucan vermählt war. Bill und Christina veranstalteten für ihr Leben gern Partys. Und bald erschien der Name Shand Kydd auf den Kaminsimsen der Gesellschaft mit ihren gravierten Karten. Obwohl »gewöhnlich«, waren sie jetzt gefragt, und alle außer den snobistischen Mitgliedern der gesellschaftlichen Weltelite strömten herbei, um ihre Gastfreundschaft zu genießen.

In der Zwischenzeit bekamen Peter und Janet drei Kinder: Adam, Angela und John. Obgleich weniger »vornehm« als Bill und Christina, waren auch sie gefragt. Für einen Zuschauer sah es so aus, als würde ihr Leben für alle Zeiten auf diese elegante und ruhige Art weitergehen.

Aber 1963 wechselte Peter die Richtung um hundertachtzig Grad. Er zog sich aus dem Tapetengeschäft der Familie zurück und übergab es seinem Bruder Bill. Dann kaufte er eine tausend Morgen große Schaffarm in Australien und nahm seine Familie mit, um mitten im Nirgendwo zu leben. Ein Australier, der den Ort kennt, beschreibt das Zuhause der Kydds so: »Ein australisches Gehöft der üblichen Art: Blechdach, langweilige praktische Möbel, Veranden. In dieser Trockenheit gibt es nichts als Sträucher. Selbst die Schafe

sehen depressiv aus. Es ist nicht gerade der Mittelpunkt der
Erde. Der nächste Ort ist Canberra. Die Stadt hat zwei Pubs
und zwei Läden. Aber was ihr an Kultiviertheit mangelt, wird
durch einen Surfstrand in Mollymook wieder wettgemacht,
an den Diana gern ging.«
Nach drei Jahren hatte die Familie genug vom primitiven
Leben und zog nach Großbritannien zurück. Nach ihrer
Rückkehr war die Ehe von Peter und Janet binnen weniger
Monate durch Frances' aufreizende Gegenwart einer ernstli-
chen Belastung ausgesetzt.
Ebenso erging es der Ehe der Althorps. Frances ist gewöhnlich als die »Abtrünnige« dargestellt worden, als die ungestüme Frau, die in wahnsinniger Eile Heim und Kinder
verließ um in den Armen ihres Geliebten Befriedigung zu
finden. Das ist jedoch von der Wahrheit weit entfernt.
Obwohl Frances und Peter wußten, daß ihre Gefühle füreinander stark und tief waren, waren sich beide anfangs nicht
sicher, wohin ihre Herzen sie führen würden. Das ist nicht
ungewöhnlich. Die meisten verheirateten Männer und
Frauen, die feststellen müssen, daß sie jemand anderen als
ihre Gattin oder ihren Gatten lieben, gehen so behutsam vor.
Falls sie nicht gerade dumm oder verantwortungslos sind –
was man von Frances und Peter nun wirklich nicht sagen
kann –, achten sie darauf, daß sie ihr Lebensgebäude erst dann
niederreißen, wenn sie genau wissen, wodurch sie es ersetzen
wollen. So war es auch bei Frances und Peter. Von ihrer
ersten Begegnung im Jahre 1966 bis gut in das Jahr 1967 hinein
behielten sie den Status quo bei. Sie unterschieden sich nicht
von Tausenden von Männern und Frauen, die merkten, daß
sie sich verliebt hatten. Wie andere Frauen in der gleichen
Lage fragte sich Frances offenbar: »Wird er seine Frau
meinetwegen verlassen? Soll ich es wagen, meinen Mann zu
verlassen, und die Gelegenheit ergreifen? Was, wenn ich am

Ende ohne Mann und Liebhaber dastehe? Und was ist mit meinem Ruf? Soll ich alle Vorsicht außer acht lassen und die Gelegenheit ergreifen, glücklich zu werden, oder soll ich auf Nummer Sicher gehen und meinen Mann erst dann verlassen, wenn alles geklärt ist, oder wenn ich gehen muß?« Auch Peter fragte sich offensichtlich: »Wie kann ich meine Frau verlassen? Sie ist mir immer eine gute Frau gewesen. Sie hat mir nichts getan. Wie kann ich ihr weh tun? Wird diese Liebesgeschichte andauern? Liebe ich Frances wirklich? Was ist, wenn ich Janet verlasse und dann feststelle, daß ich einen Fehler gemacht habe? Wie kann ich mein Leben in Trümmer legen, bevor ich genau weiß, was ich tue?«

Über ein Jahr lang beobachteten und warteten Frances und Peter, während ihre Gefühle füreinander wuchsen. Es war trotz aller Leidenschaft, Aufregung und Belohnungen nicht die glücklichste Zeit, denn sie war von Ungewißheit und widerstreitenden Loyalitäten erfüllt. Dann wurden die beiden älteren Spencer-Mädchen, Sarah und Jane, im September 1967 nach West Heath aufs Internat geschickt. Diana ging noch immer im Erdgeschoß des Park House zur Schule und wurde von Gertrude Allen unterrichtet, während Charles gerade dem Krabbelalter entwachsen war.

Kurz nach Abreise der beiden Mädchen hatten Johnnie und Frances auf einer Party einen fürchterlichen Streit. Außer sich vor Wut und verletzt stürmte Frances aus dem Haus und machte deutlich, wie müde sie ihrer Ehe war. Am nächsten Tag packte sie ihre Sachen und verließ Park House. Diana und Charles folgten einen Tag später. Da sie nicht mehr in der Lage war, ihr eheliches Fegefeuer noch länger zu ertragen, hatte Frances sich auf etwas eingelassen, das sie und Johnnie eine »Trennung auf Probe« nannten.

Sie zog in eine Etagenwohnung am Cadogan Place, der nur einen Katzensprung vom Sloane Square entfernt und in einem der elegantesten Viertel Londons lag. Dann meldete sie Diana in einer Tagesschule und Charles im Kindergarten an. Violet Collinson, die als Hausmädchen im Park House gearbeitet hatte, fungierte als Köchin (sie arbeitete bis zu ihrem Ruhestand für Frances). Und bald ging alles seinen behaglichen und angenehmen Gang.

»Frances war eine leidenschaftliche und hingebungsvolle Mutter«, sagt eine bekannte Verwandte. »Die Idee, ihre Kinder wegen eines Mannes oder aus irgendeinem anderen Grund im Stich zu lassen, wäre ihr nie gekommen. Besonders quälend war für sie, daß die Welt bis zum heutigen Tag glaubt, sie sei einfach aufgestanden und gegangen und hätte die Kinder wie Kompost in einem Lagerschuppen abgeladen. Das hat sie nicht getan. Sie nahm sie mit und rechnete fest damit, sie für immer bei sich zu haben.«

Für den Rest des Jahres 1967 lebten Diana und Charles mit ihrer Mutter in London, während ihr Vater weiterhin im Park House auf dem Sandringham Estate wohnte. »Ihr Weggang schien ihn nicht besonders zu treffen«, bestätigte jemand, der sie beide noch aus dieser Zeit kennt. Auch die Kinder schienen über den Bruch in ihrem Leben nicht besonders unglücklich zu sein. »Diana war ein entzückendes und schelmisches kleines Mädchen; sehr selbstbewußt; immer lachend wie ihre Mutter. Natürlich war Charles noch sehr jung, aber auch er war ein ausgeglichener und glücklicher kleiner Junge«, bekräftigte dieselbe Verwandte.

Aber die Dinge bewegten sich rasch auf ein unerfreuliches und – wie jene meinen, die Frances kennen – ungerechtes Ende zu. »Frances ist im Grunde ihres Herzens sehr zivilisiert. Sie ist sehr fair und korrekt. Es kam ihr nie in den Sinn, daß es mit Johnnie Probleme geben könnte, solange sie so aufrichtig wie gewöhnlich war. Deshalb brachte sie die Kinder wegen des Weihnachtsfestes zurück zum Park House.

Das war ein furchtbarer Fehler. Damals wußte Johnnie, daß das Ende gekommen, daß die Ehe wirklich und wahrhaftig vorbei war. Frances verlangte die Scheidung. Sie wollte die Sache mit Peter gesetzlich regeln. Und selbst wenn ihre Romanze ein Ende haben sollte, wollte sie ihre Freiheit. Sie hatte genug vom Leben mit Johnnie. Das Ergebnis war, daß er sich quer stellte – ich glaube, er hoffte anfangs, daß sie zurückkommen würde. Als die Weihnachtsferien zu Ende waren, ließ er nicht zu, daß sie die Kinder wieder mit nach London nahm.«

Verblüfft über Johnnies Verhalten, versuchte sie alles, was in ihrer Macht stand, »um ihn umzustimmen«. Wie sich herausstellte, halfen weder Geduld noch Höflichkeit, weder die Zeit noch gute Argumente. Er blieb standhaft mit einem Starrsinn, dem seine jüngste Tochter später einmal nacheifern würde – manchmal mit ebenso verheerenden Ergebnissen. Johnnie meldete Diana und Charles in der Silfield School im nahegelegenen King's Lynn an. Es war eine kleine Schule, ähnlich der, die die Kinder unter Ally gekannt hatten. Sie wurde von Jean Lowe geleitet, und die Klassen umfaßten maximal fünfzehn Jungen und Mädchen. Diana wurde für die erste Klasse angemeldet, die Klasse der Fünf- und Sechsjährigen.

Ms. Lowe war angetan von der Erziehung, die Diana bisher genossen hatte. Sie konnte gut lesen und schreiben. Sie schien ein glückliches und ausgeglichenes kleines Mädchen zu sein. Intelligent, aber nicht unpraktisch, fröhlich und mit einem Sinn für Unfug, nahm sie mit Begeisterung an allen Spielen teil, die im Freien stattfanden: Schlagball, Netzball und all die anderen Aktivitäten auf dem Tennisplatz oder im Garten.

Obwohl es sie freute, daß die Kinder mit dem Leben ohne sie so gut zurechtkamen, litt Frances stark unter der Trennung. Aber zwischen ihr und Johnnie war zu viel vorgefallen, um eine Rückkehr auch nur in Erwägung zu ziehen. Also verfolgte sie den einzigen Weg, der ihr noch geblieben war. Sie beantragte das Sorgerecht für ihre Kinder und die Auflösung der Ehe.

Inzwischen wirkte sich die Trennung von ihrer Mutter auf die Kinder aus. Diese Auswirkungen sollten mit der Zeit noch zunehmen. Charles, der von Natur aus ein melancholischeres Wesen als seine ältere Schwester besaß, wurde eindeutig schweigsamer. Diana, die stets bereit gewesen war, jeden zufriedenzustellen, den sie mochte, zeigte hingegen Anzeichen von Flegelhaftigkeit und Rebellion. Ihr Kindermädchen Mary Clarke erinnerte sich, daß Diana damals ernsthaft unter der Situation litt. Sie schloß die Dienstmädchen ins Badezimmer ein, warf ihre Kleider aus dem Haus und plapperte zum ersten und einzigen Mal in ihrem Leben in einem fort.

Diana wurde auch auf recht rührende Weise zur Ersatzmutter für ihren kleinen Bruder. Eine Verwandte glaubt: »Ihre eindeutige Zuneigung zu kleinen Kindern und verwundbaren Menschen stammt aus dieser Zeit. Sie nahm Charles fest, aber liebevoll unter ihre Obhut, ließ ihn sein Zimmer aufräumen, seine Schulbücher einpacken und all die unzähligen Dinge erledigen, die kleine Jungen tun sollten, aber oft nicht tun. Sie wurde eine richtige kleine Glucke. Und Sie können das Ergebnis immer noch sehen, wenn sie sich vorbeugt, um mit einem Aids-Opfer zu sprechen oder den Stumpf eines Leprakranken zu drücken.«

Das Zusammenleben mit ihrem Vater war für die beiden Althorp-Kinder schrecklich. Fort war der Sonnenschein, den die Gegenwart ihrer Mutter ins Haus gebracht hatte. Fortan dominierte der Wunsch des Vaters, die Kontrolle über die Kinder zu haben. Das soll nicht heißen, daß Johnnie es nicht versucht hätte. Das Kindermädchen Mary Clarke erinnert sich, wie er sich zum Tee zu ihnen ins Kinderzimmer im obersten Stockwerk gesellte, der Ort, an dem sie die meiste Zeit verbrachten. Aber die besondere Beziehung, die zwischen ihnen und ihrer Mutter bestand, existierte mit ihrem Vater nicht, und alles war sehr harte Arbeit. Er ging nicht entspannt mit ihnen um, und sie fühlten sich in seiner Gegenwart unbehaglich. Er fragte sie über ihren Schultag aus. Sie gaben ihm eine genaue Antwort und schwiegen, bis er seine nächste Frage stellte. Diese Frage beantworteten sie gleichfalls präzise und verstummten wiederum. Sie begannen nie ein Gespräch mit ihm. Voller Verzweiflung schlug das Kindermädchen schließlich vor, die peinliche Prozedur zu einem Ende zu bringen, indem den Kindern mehr Spielraum gegeben wurde. Diana und Charles bekamen die Erlaubnis, sich zum Essen zu ihrem Vater im Erdgeschoß zu gesellen. Und als sich mit der Zeit die Regeln Frances' lockerten und neue Gewohnheiten eingeführt wurden, begannen sich alle mehr und mehr zu entspannen; aber die Fröhlichkeit, für die Frances gesorgt hatte, kehrte nie mehr ein. Und sosehr man sich auch an die neue Situation gewöhnte, sie war nur ein armseliger Ersatz für die alte.

Wenn das Leben Frances einerseits übel mitspielte – das, was mit ihren Kindern geschah, zerriß ihr das Herz –, so war es in anderer Hinsicht freundlicher zu ihr. Am 10. April 1968 reichte Janet Shand Kydd die Scheidung ein. Peter würde bald frei sein, aber der Preis war hoch. Als Grund wurde Ehebruch angegeben, und Janet benannte Frances als Mitbeklagte. Die Zeitungen stürzten sich gierig auf die neueste Episode, in der der Adel mit heruntergelassenen Hosen ertappt worden war. Aber man konnte es kaum einen großen Skandal nennen, eher eine kleine, aber recht peinliche Sensation, die sich jedoch bei der Anhörung über Frances' Sorgerecht nachteilig auswirkte.

Bei einer Scheidung, in die Minderjährige verwickelt sind, wird über das Sorgerecht für die Kinder gewöhnlich vor der Scheidungsverhandlung entschieden. So war es auch im Fall Althorp gegen Althorp. Die Anhörung fand hinter den verschlossenen Türen der Family Division des High Court* statt, wie es in solchen Fällen üblich ist. Der Schutz der Privatsphäre war keine Gunst, die man diesem adligen Paar gewährte, sondern ist eine gerichtliche Einrichtung, durch die alle Kinder Großbritanniens – seien sie von hoher oder niederer Geburt – vor den neugierigen Augen der Öffentlichkeit und dem Waschen der schmutzigen Wäsche ihrer Eltern geschützt werden.

Es ist nur gut, daß das Gesetz so umsichtig ist, denn der Fall Althorp gegen Althorp sollte sich als besonders schmutzig erweisen, wenn auch Frances sich nicht eine Sekunde vorstellen konnte, daß sie verlieren könnte. Im Jahr 1968 bekamen Frauen das Sorgerecht für ihre Kinder automatisch zugesprochen – es sei denn, das Gericht befand eine Mutter aufgrund außergewöhnlicher Umstände für derart untauglich, daß sie eine akute Bedrohung für das Wohlergehen der Kinder darstellte, was in den seltensten Fällen der Fall war. Offenbar bestand diese Gefahr bei Frances, Viscountess Althorp, nicht. Sie war eine gute, liebevolle Mutter und ein angesehenes und wohlbekanntes Mitglied der Gesellschaft. Der einzige Makel an ihrem Ruf war die Beziehung zu Shand Kydd. Es ist reizvoll, sich zu fragen, ob die Scheidung nicht anders verlaufen wäre, wenn Frances mit einem Herzog statt mit einem wenn auch wohlhabenden Tapetenhändler davongelaufen wäre. Da selbst Prostituierte normalerweise das Sorgerecht für ihre Kinder zugesprochen bekommen, solange sie ihre Kinder nicht mißhandelten, war es undenkbar, daß

---

* Entspricht etwa unserem Familiengericht (Anm. d. Übers.)

irgendein Gericht einen Grund dafür haben könnte, Frances desselben Rechts zu berauben.

Was als nächstes geschah, sollte die Familien Althorp und Fermoy auf ewig trennen. Ruth Lady Fermoy entschied sich, Johnnie und nicht ihre Tochter Frances zu unterstützen. Diese betrachtete die Handlungsweise ihrer Mutter als Verrat. Frances hat ihr nie vergeben, noch hat sie vergessen, daß Ruth dabei geholfen hat, sie ihrer Kinder zu berauben.

Obwohl Barbara Cartland später der Frau eines entthronten Staatsoberhaupts erzählte, daß »Lady Fermoy Johnnie mutig gegen Frances unterstützt hat«, löste Ruth Fermoys Standpunkt bei der Scheidung weithin Kritik aus. Richard Adeney, der berühmte Flötist, sagt: »Ich traf Lady Fermoy, als ich auf dem King's Lynn Festival spielte und danach zu Gast in ihrem Haus war. Sie war charmant und sehr gastfreundlich. Ich erwähnte dies später einem Freund gegenüber, der beruflich mit der Scheidung zu tun hatte. Er sagte, er verurteile ihren Standpunkt aufs äußerste.«

Wenn selbst Fremde so streng über das Verhalten einer Mutter gegenüber ihrer Tochter urteilen, kann man sich leicht vorstellen, daß Frances, Ruths leibliche Tochter und die Person, die durch das Vorgehen ihrer Mutter so sehr Schaden nahm, sie kaum nachsichtiger betrachten konnte. Frances tat dies natürlich nicht. »Sie ist eine großartige Briefeschreiberin, und sie schrieb ihrer Mutter einen bissigen Brief über den Gerichtsfall«, sagte Barbara Cartland. Sie enthüllte dadurch, daß Frances den Standpunkt ihrer Mutter nicht zu den Akten legte, sondern der Mutter die Wut der Tochter bewußt machte. Danach sprach Frances mehrere Jahre lang nicht mehr mit ihrer Mutter. Heute reden sie zwar wieder miteinander, aber ihre Beziehung besitzt die Wärme eines arktischen Winters.

Aber warum tat Ruth so etwas? Ein berühmter und adliger Bekannter der königlichen Familie erklärt: »Sie müssen verstehen, wie Menschen von Ruths Schlag denken. Sie hatte eine waschechte Höflingsmentalität, und viele dieser Höflinge – ich sage das ungern – werden von der Atmosphäre, die die (königliche) Familie umgibt, so eingefangen, daß sie sich in Pseudo-Könige verwandeln.

Damals war eine Scheidung für ein Mitglied der königlichen Familie undenkbar. Man darf nicht vergessen, daß dies noch vor der Heirat von Prinzessin Margaret und der Hochzeit von Prinz Michael geschah. Die Höflinge äfften die Mitglieder des Königshauses nach und betrachteten eine Scheidung auch für sich als unakzeptabel. Ich könnte noch weitere Punkte aufzählen, in denen sie den Mitgliedern des Königshauses nacheiferten, aber das hier ist der Punkt, der zählt.

Und Frances ging natürlich in die Falle, als Mrs. Shand Kydd sie bei ihrer Scheidung vorlud. Damit brach sie Grundregel Nummer eins: laß dich nie erwischen; mach niemals die Pferde scheu, laß deine privaten Angelegenheiten nie an die Öffentlichkeit dringen. Ich persönlich glaube nicht, daß man sie aus dem königlichen Kreis verbannt hätte, so wie Lord Harewood (den ersten Cousin der Königin) nach seiner Scheidung, als sich herausstellte, daß er mit Bambi Tuckwell, die nun seine Gräfin ist, ein uneheliches Kind hatte. Offen gesagt, Frances war für die Mitglieder des Königshauses nicht wichtig genug, um von ihnen verbannt zu werden.« Aber sie war ihrer Mutter wichtig genug. Und Ruth, die empört darüber war, daß eine ihrer Töchter sich in eine derart unangenehme Lage gebracht hat, unternahm Schritte, um sich zu distanzieren.

Ruth wurde von allen und jedem, von der Königinmutter abwärts, geschätzt, weil sie als Mitglied des verzauberten königlichen Kreises sich immer an die Regeln gehalten hatte und diese auch jetzt hochhielt. Ruth verbündete sich mit ihrem Schwiegersohn, dem Viscount, um ihrer Tochter das ständige Sorgerecht für ihre vier Kinder zu entreißen. Niemand fragte, warum sich eine Mutter bei einer Scheidung gegen ihre Tochter stellte und sich auf die Seite ihres Schwiegersohns schlug – es sei denn, die Tochter war moralisch so untragbar, daß sie eine wirkliche Bedrohung für die Sicherheit ihrer Enkelkinder darstellte. Dies traf in Frances Althorps Fall jedoch offensichtlich nicht zu. Die Verantwortung für Ruths Handlungen hätte logischerweise bei Ruth und nicht bei Frances liegen müssen. Aber das Leben war, wie Frances unter bitteren Opfern lernen mußte, nicht immer logisch oder gerecht, und die Last der Verantwortung fiel auf sie.

# NACH DER SCHEIDUNG
# DER SPENCERS

Der Verlust des Sorgerechtes für ihre Kinder wirkte sich auf Frances verheerend aus. Er brachte ihr eine Wunde bei, die sie mit ins Grab nehmen wird. Man braucht nicht viel Phantasie, um sich vorzustellen, wie wütend sie gewesen und wie betrogen sie sich vorgekommen sein muß. Aber Frances war nicht umsonst die Tochter ihrer Mutter. Auch sie besaß Geist und Rückgrat, Schwung und Unbeugsamkeit. Nachdem sie sich von dem Schock erholt hatte, fand sie ihr Gleichgewicht und ihren Optimismus wieder. Ihr Gesuch auf Scheidung wegen seelischer Grausamkeit sollte im Dezember 1968 gehört werden. Sie war überzeugt, daß sie bei einem Sieg das Sorgerecht für ihre Kinder bekäme.
Aber leider kam es anders. Frances hatte eine Lektion zu lernen, die adlige Frauen zu allen Zeiten erdulden mußten. Es war eine Lektion, die auch an ihre Kinder nicht verschwendet war, insbesondere nicht an Diana, die so wertvolle Einsichten in die Funktionsweise der Welt erhielt und damit verständiger wurde, als es ihrem Alter entsprach. Später einmal, als sie sich in den Prinzen von Wales verliebte, sollte Diana ihr Scharfsinn, der unter einer dünnen Schicht jugendlicher Sanftheit verborgen lag, von Vorteil sein.
Es gibt Menschen, deren Loyalität jenen gilt, bei denen sie die meisten Privilegien und das größte gesellschaftliche Ansehen vermuten. In adligen Kreisen schlagen sich diese Menschen deshalb bei einem geschiedenen Paar oft auf die Seite des

Mannes. Schließlich war Johnnie Althorp ein Viscount, der Erbe einer bedeutenden Grafenwürde und eines wunderschönen imposanten Heims mit zahllosen Schätzen. Er war derjenige mit dem höheren gesellschaftlichen Rang. Und dieser Rang würde noch zunehmen, sobald sein brutaler Vater ihm und allen anderen den Gefallen tat zu sterben. Danach würden seine Helfer die Belohnungen der Freundschaft genießen können, zu denen auch das Vergnügen gehörte, sich in einem der großartigsten und prächtigsten Häuser Englands aufzuhalten. Aus persönlicher Erfahrung weiß ich – so unbegreiflich das auch denen erscheinen mag, die nicht in einer solchen Welt leben –, daß viele Menschen von Rang und Namen alles dafür tun würden, übers Wochenende in ein bedeutendes Haus eingeladen zu werden. Das ist eine der erstaunlichsten Besonderheiten einer privilegierten Existenz, eine Besonderheit, die ich noch immer nicht verstehen kann. Man sollte annehmen, daß wahre Freundschaft, wirklicher Anstand und Loyalität wichtiger sind als der Schmuck des adligen Namens. Aber das gilt nicht für die gewöhnlichen feinen Damen und Herren, wie Erfahrung und Beobachtung mich gelehrt haben.

Die Welt der feinen Gesellschaft kann genauso rauh und herzlos sein wie das Herz eines Höflings. Ihre Regeln, obgleich komplizierter und manchmal toleranter als die des Höflings, sind genauso einfach. Der Name des Spiels ist Rang, um es direkt auszudrücken. Entweder hat man einen Rang oder nicht. Gemäß der Position in der Hackordnung ist man entweder eine Menge, ein wenig oder überhaupt nichts wert. Auf der Spitze des Haufens steht in der Rangordnung die königliche Familie. Jüngere Mitglieder des Königshauses wie der Prinz und die Prinzessin von Wales zählen mehr als ältere wie der Herzog von Edinburgh oder die Königinmutter, obgleich der Königin ohne Wenn und Aber der höchste

Rang gebührt. Auch Glamour zählt mehr als Rang. Deshalb zieht die Prinzessin Michael von Kent mehr Menschen an als die Herzogin von Gloucester. Kommt es zwischen zwei Mitgliedern des Königshauses zum Patt, dann wird der Beliebteste immer vorgezogen, ungeachtet welchen Rang er einnimmt.

Direkt nach der königlichen Familie kommen die herzoglichen Familien. Die wohlhabenderen und bekannteren Herzogtümer wie Westminster und Beaufort haben größere Bedeutung als die ärmeren oder unbedeutenderen wie Manchester und Somerset. Aber die Herzöge sind in einem den Mitgliedern des Königshauses ähnlich: Sie alle zählen auf dem gesellschaftlichen Parkett, was immer auch geschieht. Unterhalb von ihnen – in zwei Lager geteilt – befindet sich etwas, was man den höheren und den niederen Adel nennen kann. Der erstgenannte umfaßt Familien wie die Spencers, die Pembrokes, die Howard de Waldens und die Baths. Der niedere Adel weist Familien auf, deren Namen nur denen bekannt sind, die alte Ausgaben des *Tatler* oder Jennifers Tagebuch in *Harper's & Queen* lesen. Während der höhere Adel gesellschaftlich eine Menge zählt, steht der niedere Adel, der so drittklassige Titel wie Gräfin Alexander von Tunis trägt, auf der gleichen Stufe mit Ersatzberühmtheiten wie dem Filmregisseur Michael Winner. In der grausam hierarchischen Welt, die von der Regenbogenpresse »High-Society« genannt wird, ist das nur eine Stufe besser, als überhaupt keine Stellung zu haben. Und während jeder Rang, egal wie schmählich er auch sein mag, immer noch besser ist als gar keiner, endet es für Mitglieder des niederen Adels ausnahmslos damit, daß man sie auf großen Dinnerpartys irgendwo zwischen dem Salz und Sibirien plaziert.

Sie sind anwesend, weil sie sind, wer sie sind; sie werden ignoriert, weil sie nicht sind, was sie sein sollten.

Natürlich kümmert sich nicht jeder darum, wer welchen Rang in der gesellschaftlichen Hackordnung einnimmt. Viele Menschen, die in der Gesellschaft einen bestimmten Rang haben, wählen ihre Freunde danach aus, was für Menschen sie sind. Andere wiederum besitzen einen sehr ausgeprägten Herdentrieb. Sie mögen die eigene Art. Sie fühlen sich unbehaglich bei unpassenden Gesichtern. Und da sie wissen, daß die anderen sie nach der Gesellschaft beurteilen, in der sie sich befinden, versuchen sie, um es offen zu sagen, sich mit der besten Gesellschaft zu umgeben. Deshalb schmücken sie ihre spätnachmittäglichen Einladungen zum Drink und ihre Dinnerpartys, die Geselligkeiten übers Wochenende und die Bälle im eigenen Haus mit so vielen gesellschaftlichen Glanzlichtern, wie sie bekommen können. Und wenn sie statt eines Mitglieds des niederen Adels ein Mitglied des Königshauses oder jemandem von herzoglichem Geblüt haben können, dann nehmen sie mit größter Wahrscheinlichkeit ihn oder sie. Frances war im Begriff zu lernen, wie entbehrlich die niederen Ränge der gesellschaftlichen Leiter sind, wenn die Gesellschaftsbewußten die Wahl zwischen einem niederen und einem höheren Rang haben. Die Lektion fand am 12. Dezember 1968 statt, als ihre Scheidungsklage zur Anhörung kam. Die Grausamkeit einer Welt, in der sie gelebt und der sie so viel Licht verliehen hatte, versetzte ihr einen ziemlichen Schock. Im Vergleich dazu schien das Gesetz des Dschungels, wo die Tiere nur töten, um zu überleben, harmlos. Die Schläge, die Frances einstecken mußte, hinterließen tiefe und bleibende Narben bei dieser Frau, deren Verbrechen hauptsächlich darin bestand, es zu lange in einer unglücklichen Ehe ausgehalten zu haben.

Johnnie legte den Grundstein, indem er ihr Gesuch mit einer Energie und einem Geschick angriff, das viele überraschte, die ihn kannten. Er rief mehrere Hauptzeugen auf, von denen einige zu den vornehmsten Namen des Landes gehörten, damit sie ihn vor Frances' Beschuldigungen in Schutz nahmen. Frances war natürlich sehr verbittert darüber, daß so viele ihrer Freunde gegen ihr Interesse handelten. Es besteht kein Zweifel daran, daß die Motive einiger von ihnen fraglich waren. Andere waren zweifellos durch eine echte Freundschaft zu Johnnie und einer aufrichtigen Mißbilligung des Weggangs von Frances motiviert.

Natürlich findet die Realität der meisten Ehen hinter geschlossenen Türen statt. Das war bei der Ehe der Althorps genauso wie in jeder anderen unglücklichen Beziehung. Niemand wußte genau, was zwischen dem Paar vorgefallen war, außer den beiden selbst. Das hielt jedoch einige der Hauptgewährsleute nicht davon ab, diese Überlegungen zusammen mit der Loyalität, die sie Frances schuldeten, beiseite zu schieben und zugunsten des nächsten Graf Spencer und zum Schaden der zukünftigen Mrs. Peter »gesellschaftliches Nichts« Shand Kydd auszusagen. Wieder einmal merkte Frances, wie sie aus dem vergifteten Becher des Verrats trank. Aber diesmal tat sie den Schluck öffentlich, sehr öffentlich. Johnnie reichte ebenfalls die Scheidung ein und führte Ehebruch seiner Frau mit Peter Shand Kydd in Queen's Gate als Grund an. Dem konnte Frances natürlich nichts entgegensetzen, da Peter bei seiner Scheidung einen Ehebruch so gut wie zugegeben hatte, indem er Janets Klage nicht bestritt.

Alle Blätter der Regenbogenpresse brachten Geschichten über die Scheidung der Althorps und ließen ihre Leser beim Morgenkaffee an Frances' Kummer teilhaben. Eine adlige Schulkameradin Dianas erinnert sich: »Die Scheidung ihrer Eltern war eine große Sache. Alle wußten darüber Bescheid. Es war alles unglaublich schmutzig, eine ganz schreckliche Sache. Diana und die anderen (Sarah und Jane) wußten, daß alle es wußten. Sie litten noch jahrelang unter den Folgen, wie es bei solchen Sachen üblich ist.«

Sarah, Jane und Diana fanden die Verleumdungen und das Herumwühlen im Schmutz peinlich und bestürzend. Charles war noch zu klein, um zu begreifen, was los war. Aber der Kummer der Kinder war nichts, verglichen mit dem ihrer Mutter. Frances' Scheidungsgesuch, durch das sie sich das Sorgerecht für ihre Kinder erhofft hatte, wurde wegen der Haltung von Ruth und einiger ihrer Freunde abgelehnt. Johnnies Gesuch hingegen wurde stattgegeben, was angesichts des De-facto-Eingeständnisses des Ehebruchs bei der Shand-Kydd-Scheidung nicht verwunderlich war. In den Augen der Welt war Viscount Althorp durch den Richterspruch in Schutz genommen. Er wurde als Opfer, seine Frau als Missetäterin betrachtet. Plötzlich sah es so aus, als hätte er unter seiner Frau gelitten, nicht umgekehrt. Der Mythos von Frances der Abtrünnigen und Johnnie dem Opfer war geboren. Was von ihrem Standpunkt aus noch schlimmer war, war die Tatsache, daß das Sorgerecht für die Kinder bei Johnnie verblieb.

»Obwohl die Kinder nicht Partei zu ergreifen schienen, taten sie es in Wirklichkeit doch«, sagte eine Verwandte. »Sie ergriffen eindeutig Partei für ihre Mutter.« Ein weiterer Lichtblick erhellte diese freudlose Zeit in Frances' Leben. Am 2. Mai 1969 – einen Monat, nachdem die Scheidung rechtskräftig geworden war – heiratete sie Peter Shand Kydd. Sie zogen nach Sussex und richteten sich auf ein glückliches Eheleben ein. Anonymität wurde zur Grundlage ihres Daseins, aber sie versteckten sich nicht vor der Welt, selbst dann nicht, wenn sie für Monate nach Australien gingen, wie sie es jedes Jahr taten.

»Sie waren zu sehr zufrieden. Und Peter war immer schon ein zu großer Individualist, um sich darum zu sorgen, was die

›Gesellschaft‹ über sie dachte«, sagt ein Freund der Familie. »Aber Frances war über das Geschehene verbittert. Sie hielt es für eine Schande.«

In der Zwischenzeit fanden der siegreiche Vater und die Großmutter heraus, wie schrecklich es sein kann, die Verantwortung für Kinder in einem mutterlosen Haushalt zu übernehmen. Sarah war häufig praktisch unbezähmbar. Einmal brachte sie sogar ihr Pferd mit in den Salon. Jane war zwar fügsam, aber sie spürte die Abwesenheit ihrer Mutter sehr, genauso wie die rebellische Diana, die sich immer mehr weigerte, zu Hause zu gehorchen. Charles, der noch keine fünf Jahre alt war, war das einzige Kind, dessen Verhalten und Einstellung verhältnismäßig störungsfrei blieben. Johnnie und Ruth, die soviel Zeit mit den Kindern verbrachte, wie sie konnte, übten sich in Toleranz und Nachsicht. Ein Mitglied ihres Hauspersonals bemerkte: »Sie übersahen die meisten ihrer Streiche, selbst als Sarah das Pferd mit hereinbrachte. Man sah ihnen an, daß sie dachten: ›Wenn ich es ignoriere, wird es verschwinden.‹ Sie taten so, als sei alles normal, selbst wenn es nicht so war. Und für gewöhnlich war es nicht normal.«

Frances, die verständlicherweise wieder an mütterlichem Einfluß gewinnen wollte, den sie als Folge der Scheidung möglicherweise verloren hatte, half dadurch natürlich nicht gerade, den Mangel an Disziplin in Park House zu beseitigen. »Obwohl sie nicht gewollt hatte, daß die Kinder zu einem Streitpunkt zwischen ihr und Johnnie würden, war sie jetzt, wo sie genau das geworden waren, nicht bereit, dabeizustehen und zuzusehen, wie sie sich ihrem Griff entzogen«, sagt eine Cousine. »Also hielt sie durch.« Die Kinder wiederum spürten ihren Einfluß und übernahmen Frances' Meinung über ihren Vater.

Alt genug, um mehr als Charles zu verstehen, aber jung genug, um noch zu Hause zu wohnen, sah Diana mehr von ihrer Mutter als ihre älteren Schwestern, die sicher in einem Internat untergebracht waren. Nach jedem Besuch bei Frances brauchte Diana Tage, um sich zu beruhigen und ihrem Vater mit Liebe und Zuneigung entgegenzutreten. Das Band zwischen Mutter und Tochter blieb so stark, wie es immer schon gewesen war, und Frances übte weiterhin einen dominierenden Einfluß auf ihre vier Kinder aus.

Aber Mädchen und Jungen aus der Oberklasse werden zwangsläufig auf ein Internat geschickt, und so wurde im September 1970, anderthalb Jahre nach der Scheidung ihrer Eltern, Diana nach Riddlesworth Hall in Norfolk geschickt. Riddlesworth liegt über eine Autostunde von Park House entfernt. Es ist ein weitläufiger, neoklassizistischer Bau im Landesinneren. Wie Sandringham Estate wirkt es licht und sonnig, aber das Gelände ist weder hügelig noch interessant.

Riddlesworth war für Diana ein tröstlicher Ort, eine Erweiterung der Welt, die sie seit ihrer frühen Kindheit gekannt hatte: Es lag in einer entzückenden Gegend, war gut gepflegt, hatte gute Lehrer und war angenehm. Das Haus selbst wies hohe Decken, komplizierte Stuckarbeiten und eindrucksvolles Tafelwerk auf, ebenso wie zahllose andere Häuser, die von Mitgliedern des Adels besessen und besucht werden. Der Umgangston der Schule ähnelte dem von Silfield und Park House vor und nach Frances: Man erwartete gute Manieren und achtete darauf, daß man an andere dachte sowie sich der adligen Tradition gemäß benahm. Zugegeben, Diana hatte einen Blick auf die Grausamkeit unter der glänzenden Oberfläche geworfen, aber man erwartete noch immer von ihr, daß sie sich charmant und anmutig, freundlich und rücksichtsvoll verhielt. Normalerweise tat sie dies auch, was man ihr hoch anrechnen muß.

Riddlesworth besitzt auch einen guten akademischen Ruf. Elizabeth Ridsdale (von den Mädchen Riddy gerufen) war eine treue Verfechterin der traditionellen Erziehung. Man lernte auswendig. Man wurde in der Bedeutung der Geschichte unterrichtet, so wie sie stets überliefert worden war: Man lernte Daten auswendig und mußte wissen, weshalb sie wichtig waren. Auch englische Literatur und die englische Sprache waren Fächer, in denen man von den Mädchen gute Kenntnisse erwartete. Sie verließen Riddlesworth nicht, ohne zu wissen, wer Wordsworth war, ebensowenig wie sie abgingen, ohne den Konjunktiv zu würdigen. Gleichzeitig wurden sie in Mathematik, Geographie · und allen anderen Fächern gedrillt, in denen sie sich nach drei Jahren auskennen mußten, wenn sie ihre Common Entrance Examinations* für öffentliche Schulen wie Benenden – wo Prinzessin Anne von 1963 bis 1968 Schülerin war – oder Felixstowe ablegten.

Aber es zeigte sich rasch, daß The Honourable Diana Spencer, trotz ihrer raschen Auffassungsgabe nie akademisch glänzen würde. Außerdem brauchte sie eine Weile – wie alle Kinder, die außergewöhnlichen ausgenommen –, um sich an das Leben fern von zu Hause zu gewöhnen. Anfangs hatte sie schreckliches Heimweh. Aber sobald sie sich eingewöhnt hatte, leuchtete Dianas Stern auf dem Gebiet zwischenmenschlicher Beziehungen, so wie später, als sie Prinzessin von Wales und der Liebling fast aller wurde, die ihr begegneten. Diana sprühte vor Leben, war enthusiastisch und energisch, sie war freundlich und begierig, zu gefallen. Und bevor ihr erstes Schuljahr beendet war, hatte sie schon mehrere Freundinnen. Bezeichnenderweise hatte sie keine »beste« Freundin. Sie zog es vor, sich bedeckt zu halten – ein

* Allgemeine Aufnahmeprüfungen (Anm. d. Übers.)

Verhalten, das sie beibehalten sollte, und ein frühes Anzeichen für Selbstvertrauen und Vorsicht.

Eine ihrer Schulfreundinnen erinnert sich: »Sie war sehr selbstbewußt und immer zu Späßen aufgelegt. Sie lachte viel und kam mit allen Arten von Menschen zurecht. Aber sie wagte sich nie auf Neuland. Sie übernahm nie die Initiative. Sie war jemand, der folgte; jemand, der in eine Situation gerät, sich ihr anpaßt und die Lage dann zum eigenen Vorteil nutzt. Sie ist noch immer so. Eigentlich ähnelt ihre Anpassung an das Dasein als Prinzessin von Wales in vielem ihrer Anpassung an Riddlesworth. Bei beiden hatte sie einen durchwachsenen Start, ertastete sich vorsichtig ihren Weg, faßte Fuß, dann schnappte sie sich den Ball und rannte mit ihm davon.«

Diana lief so gut mit dem Ball davon, daß sie am Ende ihres ersten Jahres mit dem Legatt Cup für Hilfsbereitschaft belohnt wurde. Als jemand, der »immer gefallen wollte«, wie eines ihrer Kindermädchen sagte, hatte sie den Wert und die Belohnungen des Gefälligseins erfahren.

Riddlesworth war typisch für Schulen dieser Art. Es wurde dort gebührend darauf geachtet, was die Mädchen außerhalb des Klassenzimmers machten, nicht nur in bezug auf ihr allgemeines Verhalten, sondern besonders, was den Sport anging. Und das war etwas, bei dem Diana herausragte. Als eine begabte und leidenschaftliche Tänzerin, verliebte sie sich nach ihrem eigenen Eingeständnis ins Ballett, und das in einem solchen Ausmaß, daß sie in diesem Fach zusätzlichen Unterricht nahm. Im Winter spielten die Mädchen Hockey und Netzball. Im Sommer spielten sie Tennis oder schwammen. Diana spielte gerne Tennis, aber es war das Schwimmen, dem sie sich wie besessen widmete. Eine geborene Sportlerin, mit der entschlossenen, wettbewerbsfreudigen Persönlichkeit eines Siegers, scheute sich Diana nicht vor harter Arbeit, wenn sie etwas wollte. Das Schwimmen wurde ihre wichtigste sportliche Leidenschaft. Sie verbrachte viele Stunden damit, ihren Stil zu verbessern und ihre Sprünge zu vervollkommnen, bis sich das Wasser nicht mehr kräuselte. Im letzten Jahr zahlten sich alle Übungsstunden und die ganze Energie, die sie in Wettbewerbe innerhalb und außerhalb der Schule gesteckt hatte, aus, als sie und die anderen Mitglieder der Riddlesworther Schwimmannschaft den Parker Cup gewannen. Sie hat nie einen Preis im Tennis gewonnen, was sie nicht davon abhielt, das Spiel zu genießen und ihre Liebe zu diesem Sport ins Erwachsenenleben hinüberzuretten.

Ihr Sportverhalten ist ein Zeichen dafür, wie sich ihre Persönlichkeit entwickelte. »Sie ist nicht nur sehr wettbewerbsfreudig, sondern auch extrem entschlossen, nimmt große Schmerzen auf sich und geht so weit wie möglich, um zu bekommen, was sie will«, sagt jemand, der sie mit den Jahren gut kennengelernt hat. Bevor ihre Verpflichtungen beginnen, schwimmt sie jeden Morgen. Sie fährt um sieben Uhr zum Buckingham-Palast und schwimmt zwanzig Längen im Pool, bevor sie zum Frühstück in den Kensington-Palast zurückkehrt. Sie spielt auch Tennis, wann immer sie kann, normalerweise im Vanderbilt Racquet Club in London.

Nachdem sie sich in Riddlesworth eingewöhnt hatte, war Diana froh, daß ihre Eltern die Harmonie nicht störten. Wie wir wissen, hatten alle vom Skandal der Althorp-Scheidung gehört. Aber keiner, nicht einmal die Lehrer (die nach solchen Dingen Ausschau hielten) konnten einen Fehler darin finden, wie Frances und Johnnie sich jetzt betrugen. Sie kamen stets getrennt und an verschiedenen Wochenenden zu Besuch und sorgten dafür, daß es keinen weiteren Grund für Auseinandersetzungen gab. Schließlich hielten sie sich treu an das Gebot des Adels, ihre Probleme nicht in der Öffentlichkeit auszutragen.

Diana wiederum entwickelte wie viele Kinder geschiedener Eltern eine Würde, die für jemanden ihres Alters erstaunlich war. Sie verhielt sich stets so, als sei alles in Ordnung. Sehr wahrscheinlich liegt das, wie eine ihrer Schulkameradinnen sagte, »daran, daß für sie alles in Ordnung war. Das war unendlich besser, als gebeutelt und umkämpft zu werden und dies dann alles in der Boulevardpresse zu lesen.« Auch ihre Lehrer bemerkten es, aber sie spürten, daß sie nie enthüllen würde, was hinter ihrem liebenswürdigen Äußeren vor sich ging, selbst wenn sie verärgert war. »Selbst dann verlor Diana nie die Kontrolle«, bemerkte jemand.

Im Jahre 1973 legte Diana ihre Common Entrance Examination ab. Es war keine von diesen Prüfungen, in denen man nur bestehen oder versagen konnte. Als sie ihrer Zulassung nach West Heath, der Alma mater ihrer Mutter, sicher war, bereitete sie sich darauf vor, Riddlesworth zu verlassen und südwärts zu ziehen, nach Sevenoaks in Kent.

West Heath liegt in einer noch entzückenderen Umgebung. Auch diese Schule ist hübsch und gut geführt, gut gepflegt und gut gelegen. Als Hauptgebäude dient ein großes georgianisches Haus, umgeben von einer grünen und hügeligen Landschaft. West Heath ist eine kleine Schule mit ungefähr einhundertzwanzig Schülern mit unterschiedlichen, aber privilegierten Hintergründen. Königin Mary ist hier zur Schule gegangen, als sie noch Prinzessin May von Teck war. Aber sie erreichte nicht die Spitzenleistungen von Dianas Mutter, Frances Burke Roche, die in allen Fächern Beste war. Auch Dianas Schwestern besuchten West Heath. Beide gaben ein Beispiel für ausgezeichnete akademische Leistungen, denen sie nacheifern konnte. Sarah, eine bekannte Reiterin, die das großmütterliche Talent fürs Klavierspielen geerbt hatte, bestand sechs O-Levels.*

---

* Prüfungen, die zum Besuch eines Colleges berechtigen (Anm. d. Übers.)

Jane, die bei Dianas Ankunft im letzten Schuljahr und Vertrauensschülerin war, schaffte mühelos elf O-Levels. Diana war kein Dummkopf, aber die Schule beobachtete, ob sie ein größeres Interesse an der akademischen Arbeit zeigen würde, als dies bislang der Fall gewesen war.

Die Direktorin in West Heath war Ruth Rudge, eine Australierin, deren erklärtes Ziel es war, Persönlichkeit und Selbstvertrauen zu fördern. Sie ließ alle Mädchen in West Heath Gemeindearbeit tun. Dianas unbestrittenes Talent, mit den Betagten und Gebrechlichen zu reden, entwickelte sich in jener Zeit, als sie in Sevenoaks jede Woche eine alte Lady besuchen und leichte Arbeiten wie Einkaufen und Saubermachen für sie erledigen mußte. Sie schaute auch nach behinderten Kindern, die in einem nahe gelegenen Heim untergebracht waren. Miss Rudge erinnert sich, daß Dianas Verhalten nicht immer gleich war. Manchmal benahm sie sich gut, manchmal nicht. Kurz gesagt, sie hatte ein vollkommen normales Verhaltensregister, obwohl sich ein anderes Mädchen von West Heath erinnert: »Sie konnte richtig gemein sein. Dieser Blick, den alle jetzt für sanft halten! Wären Sie in West Heath gewesen, würden Sie wissen, daß er nicht sanft ist. Sie brachte die jüngeren Mädchen mit diesem Blick zum Zittern. Er bedeutete: ›Paß auf, du bist in großen Schwierigkeiten.‹ Er bedeutete immer, daß sie über etwas, das jemand getan hatte, wirklich wütend war. Sie hatte ein ziemliches Temperament, das können Sie mir glauben, und sie stellte sicher, daß sie immer das bekam, was sie wollte.«

Ebenso früh wie ihre Entschlossenheit manifestierte sich auch ihr Eßverhalten, das zwischen Enthaltung und Befriedigung schwankte. Sie neigte dazu, Gewicht anzusetzen, aber sie aß auch gern. Wie sie selbst zugab: »Ich habe einen großen Appetit.« Jeden Morgen beim Frühstück, das die Mädchen Punkt acht einnahmen, nahm Diana sich dreimal vom All

Bran. Sie konnte auch gebackenen Bohnen nicht widerstehen und hörte erst zu essen auf, wenn der Teller leer war. Auch Dianas Schwester Sarah neigte zum übermäßigen Genuß, wenn es ihr auch nach etwas Stärkerem als nach Essen gelüstete – mit dem Ergebnis, daß sie in Ungnade fiel und West Heath verlassen mußte. Sarah, die jetzt enthaltsam lebt, besaß nämlich damals einen hochentwickelten Geschmack für Alkohol. Nach eigenem Eingeständnis trank sie alles, was sie in die Hände bekam: Whisky, Cointreau, Sherry, aber meistens Wodka, weil dieser sich nicht durch eine Fahne verriet. Sie führt dieses Verhalten, das sie mit ihren Vorfahren gemeinsam hatte, auf Langeweile zurück. Eines Tages wurde die Alkoholfahne, die sie für so gut verborgen gehalten hatte, aufgespürt. Sarah wurde ordnungsgemäß von der Schule verwiesen, und zwar mit einer Hast, die ebenso ungehörig wie endgültig war.

Sportlichkeit war etwas, das alle Kinder von der Mutter geerbt hatten. Wie ihre Schwester Diana war Sarah eine ausgezeichnete Tennisspielerin und Taucherin. In diesen Disziplinen war sie noch besser als ihre jüngste Schwester, deren größte Leidenschaft das Tanzen war und ist. Damals in West Heath lernte Diana die erste bittere Lektion in Sachen Enttäuschung. Sie wollte Balletttänzerin werden. Aber als sie derart wuchs, daß sie zu einem echten Aktivposten beim Netzball wurde, wurde ihr klar, daß ihr Wunsch nie in Erfüllung gehen würde. Sie war für eine Karriere als Tänzerin zu groß, aber das hielt sie nicht davon ab, Ballett- und Steptanzkurse zu besuchen. Daraus ist eine Liebe geworden, die sie bis zum heutigen Tag beibehalten hat.

Sie zeichnete sich in West Heath im akademischen Bereich nicht so aus wie in Riddlesworth. »Das schlimme war«, bemerkte eine Schulfreundin, »daß sie die Zeit, in der sie eigentlich ihre Aufgaben hätte machen müssen, mit der

Lektüre von Barbara Cartlands Liebesromanen verbrachte. In West Heath gab es eine Menge von ihren Romanen, und Diana war eine der größten Abnehmerinnen. Die Mädchen kauften die Bücher stapelweise und ließen sie reihum gehen. Sie verschlangen sie, so schnell sie konnten, ehe sie sie weitergaben. Wir hofften alle, als Erwachsene wie eine von Cartlands Heldinnen zu leben. Sie bekam oft Schwierigkeiten, weil sie noch las, nachdem das Licht ausgeschaltet worden war. Das machten wir alle so.

Nicht, daß sie dumm war. Jeder, der Diana kennt, weiß, wie aufgeweckt sie ist. Aber sie hatte dieses emotionale Verlangen nach Leidenschaft und Romantik, danach, gesucht und gebraucht zu werden. Sie interessierte sich nicht dafür, Prüfungen zu bestehen oder mit dem Lehrplan Schritt zu halten. Sie besaß überhaupt keine intellektuelle Neugierde, kein Interesse daran, ihren Verstand zu schärfen oder etwas zu lernen. Alles, was sie wollte, alles, was sie jemals wollte, war, gemocht und geliebt zu werden. So ist sie noch immer. Die Tatsache, daß sie jetzt dabei ist, ihren Geist zu entwikkeln, ist darauf zurückzuführen, daß sie jetzt eine Arbeit hat, die ihr gibt, was sie emotional braucht: öffentliche Anerkennung; die Liebe und Zuneigung der anderen. Das motiviert sie. Das hat sie immer schon motiviert. Aber jetzt, wo ihr Verstand erwacht ist, lernt sie, daß es Spaß machen kann, klug zu sein. Das soll nicht heißen, daß sie eine Intellektuelle ist oder je eine sein wird. Das will sie nicht. Sie ist ein Geschöpf des Herzens, nicht des Verstandes.«

Auch die Direktorin konnte sich bei Diana nicht an einen Hang zum Intellektuellen erinnern, wenn sie ihr auch eine durchschnittliche Intelligenz bescheinigte. An was sie sich jedoch erinnerte, war, daß Diana außergewöhnlich beschlagen war, wenn es um Kleiderfragen ging. Diana verfügte schon im frühen Alter über einen ausgezeichneten Farbsinn und das Geschick, nur Kleider zu tragen, die ihr schmeichelten. Sie achtete instinktiv peinlich genau auf ihre äußere Erscheinung. Das gehörte zu ihrer Persönlichkeit und betraf auch andere Lebensbereiche, ebenso wie die Mühelosigkeit, mit der sie auffallende Kleider auswählte. Die Direktorin erinnert sich, daß Diana selbst beim Unkrautjäten – Rudges Strafe für kleinere Verstöße gegen die Regeln in West Heath – bezaubernd aussah.

West Heath war eine Schule mit klar definierten Regeln. Die elegante Sängerin Baronin Izzy van Randwyck, die zur gleichen Zeit wie Diana dort war, erinnert sich: »Jüngere Mädchen sprachen mit älteren Mädchen nur, wenn sie angesprochen wurden. Ich war drei Jahre jünger als Diana, also waren wir keine Freundinnen. Das ist bei einem großen Altersunterschied nie der Fall. Aber es war eine kleine Schule, also kannte jeder jeden. Sie war lieb, aber kein Engel. Sie konnte genauso über Dinge in Wut geraten wie jeder andere.«

Zur gleichen Zeit wie Diana besuchten so verschiedenartige Mädchen wie der ehemalige Tennisstar Annabel Croft und Lord Ampthills Tochter Vanessa Russell die Schule. Vanessa und Diana, die im gleichen Alter waren, schlossen Freundschaft. Aber zwischen ihnen bestand noch ein anderes Band. Vanessas Vater war als Baby Gegenstand einer skandalösen Scheidung gewesen, in welcher sein Vater erfolglos versucht hatte, die Vaterschaft zu leugnen. Während der Schuljahre, die die beiden Mädchen miteinander verbrachten, kam die häßliche Frage nach Lord Ampthills Vaterschaft noch einmal aufs Tapet. Sein jüngerer Halbbruder zerrte ihn vor Gericht, um zu beweisen, daß er – und nicht Vanessas Vater – der rechtmäßige Baron Ampthill sei. Er sorgte damit für entsetzliche Verleumdungen und Gerüchte. Der Fall Ampthill erregte die Briten und den größten Teil der Aristokratie in der gleichen Weise wie die Scheidung der Althorps. Der einzige

Mensch, der verstand, was Vanessa Russell durchmachte, war ihre gute Freundin Diana Spencer. Aber während Vanessa eine Abneigung dagegen entwickelte, im Mittelpunkt der Aufmerksamkeit zu stehen, und deshalb nie Gefallen an der Publicity fand, hatte Diana, die nur zu gut die verflochtenen Fäden der Publicity – Aufmerksamkeit und Schmerz, Abenteuer und Verwundbarkeit – verstand, einen Vorgeschmack davon bekommen, wie es ist, im Mittelpunkt zu stehen. Sie fürchtete Publicity nicht im geringsten.

# RAINES
# ANKUNFT

Diana verbrachte ihre Teenagerjahre in West Heath. Ihr Leben verlief wieder in einem bestimmten Rhythmus. Sie teilte die Schulferien zwischen ihren Eltern auf. Ihre Stiefschwester Angela Shand Kydd erinnert sich an ihre glückliche gemeinsame Erziehung. Sie sagt: »Mein Vater und meine Mutter lebten vier oder fünf Jahre in Sussex, bevor sie nach Schottland gingen, wo mein Vater einen Bauernhof hat.« Dieser Bauernhof liegt in Perth, aber es gibt noch ein Haus tief im Inneren des Campbell Country in den schottischen Highlands in der Nähe von Oban auf der Isle of Seil. Diese Insel ist durch einen schmalen Wasserstreifen vom Festland getrennt, den man faktisch als den Atlantischen Ozean bezeichnen kann. Eine kurze, schmale und bucklige Brücke verbindet die beiden Landstücke miteinander. Sie wird oft ironisch als »die einzige Brücke über den Atlantik« bezeichnet. Obwohl diese Bezeichnung im Grunde zutrifft, ist diese Brücke nicht gerade die Golden Gate Bridge und wäre auch nicht von jedermann kommentiert worden, wenn Frances Shand Kydds Tochter nicht den Prinzen von Wales geheiratet hätte. Wie es so oft der Fall ist, wenn das Königshaus ins Spiel kommt, konkurrieren Desillusion und Illusion mit Tatsachen und gesundem Menschenverstand.
Aber hören wir Angela: »Diana und ich wuchsen gemeinsam mit allen anderen auf. Wir verbrachten bis Anfang Zwanzig unsere Ferien miteinander. Beide Kinderhorden verbrachten

die gleiche Zeit mit beiden Elternteilen, wobei ich glaube, daß die Spencer-Kinder ein ganz klein wenig mehr Zeit mit ihrer Mutter verbrachten. Vielleicht betrug das Verhältnis eher sechzig zu vierzig. Wie dem auch sei, sie standen ihr alle sehr nahe, und wir kamen sehr gut miteinander aus. Frances kann sehr gut mit Menschen umgehen. Alle lieben sie, und Diana kommt in dieser Hinsicht bestimmt auf sie.«

Das Leben hatte sich beruhigt. Aber nicht für lange. Im Juni 1975, knapp vor Dianas vierzehntem Geburtstag, starb ihr Großvater. Ihr Vater wurde der achte Graf Spencer, ihr Bruder Charles Viscount Althorp und sie und ihre beiden Schwestern wurden Ladys. Als die Schule zu Ende war, ging Diana nach Park House zurück, wo sie ein Chaos antraf. Der ganze Familienbesitz war für den Umzug nach Althorp in große Kästen und Kisten verpackt worden. Diana, die seit der Scheidung ihrer Eltern vor acht Jahren nicht mehr im Haus ihrer Vorfahren gewesen war, machte die Aussicht angst, an einen fremden Ort ziehen zu müssen. Sie war so bekümmert, daß sie zu ihrer Freundin Alexandra Loyd floh, deren Vater der Landverwalter der Königin auf Sandringham war. Auf der Suche nach Trost sammelten sie alle im Haus befindlichen Pfirsiche ein und eilten nach Brancaster, zur Strandhütte der Familie, die in den letzten Jahren das Ziel so vieler glücklicher Ausflüge gewesen war. Dann verschlangen sie die Pfirsiche, wobei Diana mehr als den ihr zustehenden Anteil aß.

Althorp, wohin die Familie zog, war ein großartiges Gebäude in einem 600 Morgen großen Park auf einem 13 000 Morgen großen Besitz knapp zehn Kilometer nordwestlich von Northampton. Wie im Internat gewöhnte sich Diana auch hier in kurzer Zeit ein. Die Diener erinnern sich an sie als einen glücklichen und wohlerzogenen Teenager ohne Vornehmtuerei. Sie kam oft in die Küche, um sich mit ihnen zu unterhalten, und übte Stunde um Stunde auf dem schwarz und weiß gemusterten Marmorboden von Wootton Hall tanzen. Sie »lebte in Jeans, trug selten Make-up, und im Sommer schwamm sie, wenn sie nicht gerade tanzte«. Diana hatte ihr eigenes Schlafzimmer mit Bad, in dem einst das Kindermädchen für die Nacht untergebracht gewesen war. Es lag auf dem ersten Stock in der Nähe der Zimmer ihres Vaters. Ihre Unterkunft war eher einfach und gemütlich als luxuriös, wie es sich für jeden adligen Teenager ziemt. In ihrem Schlafzimmer befanden sich ein Doppelbett, ein Sofa und Bücherregale, in denen ihre riesige Sammlung von Barbara Cartlands Liebesgeschichten stand. Das Badezimmer stammte noch aus der Zeit von König Edward.

Dianas Schlafzimmer war, im Gegensatz zu den meisten anderen Räumen im Haus, sparsam eingerichtet. Seien es die größeren Gästezimmer, die Prunkzimmer oder die Privaträume der Familie – alles war unverschämt luxuriös. Althorp besaß eine der großartigsten Sammlungen von Möbeln aus dem achtzehnten Jahrhundert in ganz Großbritannien. Es fiel schwer, auf etwas zu sitzen oder zu schlafen, das nicht mehrere tausend Pfund wert war. Auch die Gemälde waren aufsehenerregend. Porträts und Landschaften von den besten Künstlern ihrer Zeit: Reynolds, Gainsborough, Kneller, Van Dyck, Rubens. Die meisten dieser Schätze hatte Dianas Ahnin, Sarah, die erste Herzogin von Marlborough, ihrem Lieblingsenkel, John Spencer, vermacht. Sie waren ideal untergebracht, denn Althorp gibt einen wunderschönen Hintergrund dafür ab. Es wurde im Jahre 1508 von Sir John Spencer errichtet, der mit der Schafzucht ein Vermögen verdiente. Zwischen 1787 und 1790 wurde das Haus von Henry Holland, dem Architekten des Prinzregenten, gründlich verändert. Henry Holland zeichnet für viele der Bauten verantwortlich, die mit dem Namen seines Schutzherrn in Verbindung gebracht werden. Er fügte die weiße Ziegelsteinfassade hinzu, die, obgleich im Laufe der Jahre verwittert, Althorp jene heitere und charakteristische Atmosphäre verleiht.

Das Innere des Hauses war noch schöner als das Äußere. Die Zimmer waren groß und wohlproportioniert. Sie hatten hohe, wunderschöne Stuckdecken, von denen überwältigende Kronleuchter hingen, deren Lichter sich im Marmorfußboden spiegelten. Mit seinen erlesenen Gobelins, den Seidenvorhängen aus dem achtzehnten Jahrhundert, den Gemälden, Möbeln, dem Porzellan, den Teppichen, Büchern und dem Silber war Althorp ein einzigartiger Schatz. Alle, die es kannten, sagen, daß es wahrhaft prächtig war.

In diese wonnige Laube des achtzehnten Jahrhunderts drang Raine, Gräfin von Dartmouth, die eine Affäre mit dem frischgebackenen Graf Spencer hatte. Raine war die Frau des Grafen von Dartmouth, ältestes Kind und einzige Tochter von Barbara Cartland und seit Jahren eine wohlbekannte, wenn auch umstrittene Gestalt. Als lautstarke Tory-Stadträtin für Westminster und Mitglied des GLC's Historic Buildings Board* hatte sie den Ruf eines »Kraftwerks« erworben. Sie tat das, woran sie glaubte, und duldete keinen Widerspruch von denen, die ihr im Weg standen. Ein bekannter Vorfall ereignete sich in Heathrow, als sie die British Airports Authority** wegen der Sauberkeit der Teebecher auf dem Flughafen nervös machte. Sie veranstaltete ein Gezeter, das immer und immer wieder durch die Regenbogenpresse ging. Raine war und ist eine hochgewachsene, eindrucksvolle Frau. Sie hat eine klare, alabasterfarbene Haut und kastanienbraune Haare. Sie ist stets tadellos gekleidet – übertrieben, würden ihre Verleumder sagen. Aber um der Gerechtigkeit willen

---

\* Greater London Council Historic Buildings Board: Ausschuß für historische Gebäude des Groß-Londoner Stadtrates (Anm. d. Übers.)
\*\* Britische Flughafenbehörde (Anm. d. Übers.)

muß man zugeben, daß sie auch nicht übertriebener als andere gutaussehende und adlige Frauen ihres Alters gekleidet ist.

Die Stiefmutter meines Mannes, Margaret Herzogin von Argyll, kennt Raine, seit diese ein kleines Mädchen war. »Barbara und ich sind befreundet, seit ich Debütantin bei Hofe war (1930). Sie ist eine gute Freundin; sehr loyal. Sie ist immer da, wenn man Schwierigkeiten hat. Alle mögen Barbara, während Raine nie beliebt gewesen ist.«

Wie ein enger Freund der Familie sagt: »Sie wissen, wie brillant Barbara ist, wo es um Publicity geht. Und ich glaube, daß sie Raine immer bei ihrer Publicity berät. Immer, wenn etwas über sie geschrieben wird, läuft sie zu Barbara und fragt: ›Was soll ich tun, Mama?‹ Barbara berät sie dann. Dartmouth ist ein netter Mann. Man kann ihn vergessen, aber er ist nett. Und Spencer, nun, wir alle wissen über Spencer Bescheid.«

Mehr als eine Person sagte zu mir, daß Raine sich Johnnie geangelt hat. Aber was immer auch ihre Motive waren, Raine stürmte geradewegs auf ihn los. Und ihr Ehemann ließ sich nach einer tragikomischen Szene im Dorchester Hotel wegen Ehebruchs scheiden.

»Raine und Johnnie hatten gerade etwas beendet, was man höflich als Tête-à-tête beschreiben kann«, sagte ein Mitglied einer der Familien Großbritanniens, die am stärksten von Skandalen erschüttert werden. Und während sie tief in ihre private Unterhaltung verstrickt waren, »bekam er seinen ersten Schlaganfall – keinen großen, aber eine Warnung. Sie mußten einen Krankenwagen rufen und ihn ins Krankenhaus bringen lassen. Raine stand daneben. Sie sah wie ein begossener Pudel aus und schien hilflos. Es war offensichtlich, was sie gerade getan hatten. Danach war eine Scheidung unvermeidlich.« Trotz ihres Bekenntnisses zur Unverletzlichkeit der Ehe unterstützte Barbara Cartland ihre Tochter während der nachfolgenden Scheidung – eine bewundernswürdige Lektion in Loyalität, die sich Ruth Lady Fermoy gut hätte merken sollen.

Nachdem sie einen Grafen verloren hatte, mußte Raine verwirrt feststellen, daß der andere sich dagegen sträubte, ihr einen Ehering über den Finger zu streifen. Ganz gleich, was sie sagte oder tat, Johnnie war, wie Frances es ihr hätte sagen können, nicht so leicht zu einer Entscheidung zu bringen.

Raine wandte sich an ihren ältesten Sohn, den Viscount Lewisham. William Lewisham hat nie einen hohen Rang auf meiner Liste britischer Intelligenz eingenommen. Noch hielt ich Scharfblick für eine seiner Eigenschaften, bis er eines abends bei einem Dinner erzählte, wie er seiner Mutter durch seinen Rat geholfen hat, Graf Spencer zu locken. »Laß dich von jemandem auf seine Yacht einladen und gehe zwei Wochen auf Kreuzfahrt«, empfahl er. »Stell sicher, daß er dich nicht erreichen kann.«

»Aber William, das kann ich nicht machen«, protestierte Raine. »Es wird erst wieder gut, wenn er mit mir sprechen kann.«

»Es wird nicht gut, wenn er es kann«, antwortete William. Raine befolgte seinen Rat. Und kurz nach ihrer Kreuzfahrt, im Juli 1976, heiratete Johnnie Spencer Raine auf dem Standesamt von Caxton Hall in Victoria. Weder seine drei Töchter und sein Sohn noch ihre Söhne und ihre Tochter – William, einunddreißig, Rupert, neunundzwanzig, Charlotte, achtzehn, und Henry, zwölf – waren anwesend.

Raines Herrschaft ist eine unendliche Geschichte, durch die der Adel regelmäßig mit Klatsch und die Massen periodisch mit Unterhaltung versorgt werden. Sarah, Jane und Diana mochten ihre Stiefmutter ganz und gar nicht. »Eher würde ich mich in Lenins Mausoleum niederlassen und mich an seinen Leichnam kuscheln, um etwas Wärme zu spüren, als Raine Dartmouth zur Stiefmutter haben«, sagte Sarah vor der Hochzeit.

Barbara Cartland behauptet, die Mädchen hätten ihrem Vater immer gesagt: »Du kannst jede heiraten außer Lady Dartmouth«, wenn von Heirat die Rede war. »Aber Johnnie und Raine verband eine Leidenschaft, gegen die er am Ende machtlos war«, erklärte ein berühmter Angehöriger der oberen Zehntausend, der die Familie kennt. »Sie waren so wild aufeinander, daß sie einmal, als sie – ich glaube von London nach Althorp – unterwegs waren, an einem Gasthaus halten und es hinter sich bringen mußten, bevor sie die Reise fortsetzen konnten. Sie sind immer noch stark voneinander angezogen, und das nach all den Ehejahren.«

Eine Stiefmutter zu sein ist niemals leicht. Raine hätte auch dann eine schwierige Zeit mit ihren Stiefkindern gehabt, wenn sie eine andere Art von Mensch gewesen wäre. Da war zum Beispiel der vierzigste Geburtstag ihres Sohnes. Ein Freund von William Lewisham erinnerte sich: »William erzählte mir, seine Mutter hätte ihm noch nicht einmal eine Geburtstagskarte geschickt. Sie hatte seinen Geburtstag einfach vergessen. Er tat mir so leid. Können Sie sich vorstellen, daß eine Mutter den vierzigsten Geburtstag ihres Sohnes vergißt? Auch zwischen seiner Schwester Charlotte und Raine spielt sich nichts ab, was man als Liebe bezeichnen könnte.« Aber weder Raine noch ihre stets loyale Mutter konnten sich vorstellen, daß das Verhalten und die Eigenschaften von Raine in irgendeiner Weise für die Abneigung verantwortlich waren, die Sarah, Jane und Diana ihr gegenüber an den Tag legten.

Laut Raine ließ Sarah sie in dieser Zeit bei jedem Anlaß abblitzen. Sie gab den Dienern über ihren Kopf hinweg Anweisungen, war feindselig und betont grob, während Jane sich für einen anderen Kurs entschied. Sie weigerte sich, Raines Existenz anzuerkennen, selbst wenn sie auf der Treppe an ihr vorbeilief. Zwei Jahre lang sprach sie nicht ein Wort mit Raine. Diana war freundlicher – wie Raine jetzt behauptet. Aber man kann nur von Charles, der immer noch sehr jung war, sagen, daß er wirklich freundlich gewesen ist. Doch die Zeit sollte diesen glücklichen Zustand schon ändern.

Es gibt noch eine andere Meinung darüber, weshalb sich die Mädchen so betrugen. Sie wird von einer anderen bekannten Person geteilt: »Es ist möglich, daß Raine hereinstürmte, so wie sie es immer macht, und alles und jedes nach ihrem Geschmack neu ordnete. Die Mädchen, besonders die älteren, hatten starke Einwände dagegen, daß eine solche Frau das Regime übernahm. Wenn Sie Raine noch nie in Aktion erlebt haben, würden Sie es nicht glauben. Sie ist wie ein Panzer, der über Ameisen rollt. Wie viele starke Menschen sieht sie nicht, welche Auswirkungen ihre Charakterstärke hat. Natürlich hatte die Mutter der Kinder ihnen gesagt, sie sollten für sich selbst eintreten. Das würde jede Mutter tun. Doch es hat ihnen herzlich wenig geholfen.«

Barbara Cartland läßt uns einen Blick auf das Familienleben in jenen Tagen werfen. »Ich sah Diana, wenn ich sonntags zum Lunch nach Althorp fuhr. Sie war damals ein kleines Mädchen von sechzehn Jahren. Sie schnappte sich den Stapel Bücher, den ich mitgebracht hatte, lief fort und las sie. Natürlich hatte Raine ebenfalls vier Kinder. Man richtete es so ein, daß sie zu anderen Zeiten kamen als Johnnies Kinder. Deshalb wurden sie auch nie besonders gute Freunde.«

Was Barbara Cartland jedoch nicht sagt, ist, daß die Differenzen innerhalb der Familie weitergingen. Noch heilte die Zeit den Riß, der rasch entstand. Sarah und Jane sahen so wenig von Raine wie möglich. Ebenso hielt es Diana, die bei

Besuchen in Althorp im Haus ihrer Schwester, das sich auf dem Besitz befand, statt in ihrem Zimmer in dem großen Haus wohnte. Bald schon kamen die Mädchen nur noch nach Althorp, wenn es absolut unumgänglich war. Wenn Diana einmal das Wochenende außerhalb der Schule verbrachte, fuhr sie oft nach London, zu Jane oder Sarah, statt den Zug nach Norden zu nehmen. »Die Mädchen liebten ihren Vater noch immer, aber sie versuchten, ihn nur dann zu sehen, wenn sie Raine nicht begegnen mußten«, sagte ein Freund der Familie.

Raine jedoch fuhr fort, sich durchzusetzen. »Man sollte sie für das, was sie dem Haus angetan hat, in heißem Öl sieden«, sagte ein Cousin aus der Familie Spencer. »Und wenn sie (die vier Spencer-Kinder) wegen der Verwüstung, die Raine dem Haus angetan hat, und der Zersplitterung ihres Erbes verbittert sind, haben sie jedes Recht dazu.«

Raines Bewunderer behaupten, daß Johnnie dem Staat über zwei Millionen Pfund Erbschaftssteuer schuldete, als sie ihn heiratete. »Sie (die Spencer-Kinder) sollten Raine dankbar sein, denn sie rettete ihnen Millionen von Pfund«, sagt Barbara Cartland. Lord Montagu of Beaulieu, der Vorsitzende von »English Heritage«, ist da anderer Meinung. »Die Regierung hat ein Programm, nachdem sie hochwertige Kunstwerke anstelle der Erbschaftssteuer akzeptiert. Ich habe keinen Zweifel daran, daß sie Gemälde von Künstlern wie Van Dyck bis zur Höhe der Erbschaftssteuer akzeptiert hätten. Und die Gemälde hätten in Althorp bleiben und an der Wand hängen bleiben können.«

Ob das Geld, das Raine beschaffte, um die Erbschaftssteuer zu bezahlen, gut angelegt war oder nicht, unbestreitbare Tatsache ist, daß ihre beachtliche Energie mit all dem Ungestüm zum Vorschein kam, das sie schon als Groß-Londoner Stadträtin gezeigt hatte. Um die Einnahmen zu erhöhen, eröffnete sie einen Geschenkartikelladen, um Souvenirs an Touristen zu verkaufen; sie entwarf Pläne, das Einkommen durch Besichtigungen des Hauses zu steigern; und sie ging sogar so weit, Dinner für zahlende Gäste zu organisieren. Aber da ihr klar war, daß diese Maßnahmen nicht ausreichen würden, um ihr ehrgeiziges Ziel zu erreichen, Althorp House ihren Stempel aufzudrücken, sah sie sich nach anderen Einkommensquellen um.

Raine brauchte nur bis zu den Wänden zu schauen. Althorps herrliche Kunstsammlung würde ihre Rettung sein und sie mit den Mitteln versorgen, um das Haus so zu schmücken, wie sie es für richtig hielt. Also machte sie sich daran, eine der besten Van-Dyck-Sammlungen auseinanderzureißen und die einzelnen Gemälde entweder in private Hände oder an Museen zu geben. Auf diese Weise trennte sie sich von elf der zwölf hochgeschätzten Gemälde. Ferner vereinbarte sie mit den Kunsthändlern Wildenstein, Andrea Sacchis *Apollo Crowning the Musican Pasqualini* für vierzigtausend Pfund zu kaufen. Das Gemälde, das der erste Graf im Jahre 1758 erworben hatte, wurde sofort für zweihundertsiebzigtausend Pfund an das Metropolitan Museum of Art in New York weiterverkauft – was ernstliche Zweifel an Raines finanziellem Scharfsinn aufwirft.

Während die Spencer-Kinder in Harnisch waren und Raine beschuldigten, sie verschachere ihr Geburtsrecht für einen äußerst niedrigen Preis, stand Johnnie stark unter Raines Fuchtel. Er konnte nur ihr Lob singen. Tristan Millington-Drake, dessen Cousin ersten Grades Herzog Alexander di Carcaci, mit Raines Tochter Lady Charlotte Legge verheiratet ist, gibt die Familienmeinung über Raines Fähigkeiten wieder. »Sie ist eine sehr kluge Geschäftsfrau. Es besteht kein Zweifel daran, daß sie dem alten Knaben, der ein wirklicher Schatz ist und sie anbetet, eine enorme Hilfe war. Wenn sie nicht gewesen wäre, würde das Haus jetzt schon um ihn herum zusammenfallen. Ich bewundere Raine. Sie besitzt Mut und Verstand. Wissen Sie, sie spricht fließend Japanisch. Sie beschloß, daß man die Japaner umwerben müsse, und machte sich daran, ihre Sprache zu lernen, um mit ihnen auf ihrem Niveau verhandeln zu können. Das zeigt meiner Meinung nach einen erstaunlichen Schneid.«

Johnnie Spencer blies in das gleiche Horn, als eine Cousine auf das Thema schwindende Schätze zu sprechen kam: »Sie hat wunderbare Arbeit geleistet«, antwortete er. Allein die Höflichkeit hielt diese Cousine davon ab, zu fragen: »Dabei, das Haus seiner Schätze zu berauben oder dein Vermögen zu vergrößern?«

Als Gemälde nach Gemälde, Zeichnung um Zeichnung alter Meister, unersetzliches Porzellan und Mobiliar aus dem achtzehnten Jahrhundert, ja selbst Bücher aus Althorp herausströmten, fragten sich Johnnies Erben, zu welchem Nutzen das Geld investiert werden sollte. Zugegeben, die Kontoüberziehung war geklärt, aber war es wirklich nötig, damit fortzufahren, Althorp über dreihundert unschätzbarer Kunstwerke zu berauben, damit Raine jedes Stückchen Blattgold im Haus erneuern lassen und Bungalows auf Bognor Regis kaufen konnte?

»Sie wurden krank, als sie sahen, daß Raine einen alten Meister verhökert und ihn durch ein wahrhaft abstoßendes Porträt ihrer selbst ersetzt hatte, alles pappsüße Zuckerwatte, bonbonrosa und klebrig wie Honig. Ich kann Ihnen sagen, ihr Geschmack läßt einiges zu wünschen übrig«, sagte ein in Geschmacksfragen bewanderter und berühmter Mensch. »In dieser Hinsicht kommt sie genau auf ihre Mutter. Sie wissen schon – riesige Plastikblumenarrangements und so was. Alles schrecklich gewöhnlich. Eine modische Version von Enten an den Wänden.«

Die Spencers rechtfertigten die Kosten, die in die Millionen Pfund gingen. Sie behaupteten, das Haus sei heruntergekommen gewesen, es habe Reparaturen an der Bausubstanz nötig gehabt und wäre zusammengefallen, wenn sie es nicht verhindert hätten. »Ich kann nicht bestätigen, daß Althorp heruntergekommen war oder bauliche Reparaturen brauchte«, sagte ein Cousin aus der Familie Spencer. »Black Jack (Johnnies Vater) mag ein Ungeheuer gewesen sein, das sich nur um wenig sorgte, aber um Althorp hat er sich gekümmert. Er hielt das Haus in Schuß und hatte einen ausgezeichneten Geschmack. Er besaß auch genug Verstand, um fähige Leute heranzuholen, die nötige Arbeiten in Althorp ausführten. In den sechziger Jahren holte er Stephen Dykes-Bower, den Sachverständigen der Westminster Abbey, der das ganze Gebäude generalüberholte. Als Johnnie erbte, befand sich alles im ursprünglichen Zustand. Es funkelte wie das wohlgepflegte Kleinod, das es ja auch war.

Aber Raine war mit Althorp unzufrieden. Es war zu gedämpft, zu zart für sie. Sie wollte etwas, das einem sofort sagt: ›Ich habe Geld. Ich habe Erfolg. Ich bin die vornehme Besitzerin eines prächtigen Hauses.‹ Sie wissen schon – der Geschmack der ›nouveau aristos‹. Also verschwanden die alten Holzfeuer, die in den eleganten Kaminen knisterten und ihren Duft verbreiteten. Sie wurden durch die Nachbildungen ersetzt, die Raine so wohltuend fand. Alles wurde mit Teppichboden ausgelegt, der den wunderschönen Fußboden verdeckte und die feinen Teppiche ersetzte. Die Wände wurden im Barbara-Cartland-Rosa gestrichen oder hellblau und in einem auffallenden Grün. Statt Wände waren es jetzt Attraktionen, die einen ansprangen.« Raine war von der Dekorationswanze gebissen worden. Sie behauptet, sie sei fähig, die Augen zu schließen und sich vorzustellen, wie ein undekorierter Raum bis in die letzte Einzelheit aussehen sollte. Sie bekam einen zusätzlichen Anstoß zum Aufpolieren von Althorp, als Diana Prinz Charles heiratete und Raine und Johnnie Pseudo-Mitglieder des Königshauses wurden. Sie entschied, daß Althorp, das sich durch einen heiteren Handel mit Besuchern eines Wiederauflebens seines Wohlstandes erfreute, wie noch nie strahlen mußte. Also ließ sie Partridge (Fine Arts) Limited kommen – die berühmten Händler der Schönen Künste aus der New Bond Street –, um das ganze Haus nochmals einzurichten.

Clifford Henderson, der Direktor von Partridge, ist mein Nachbar. Er war so freundlich, das langanhaltende Schweigen darüber zu brechen, welche Rolle genau Partridge bei der Einrichtung von Althorp gespielt hatte. »Wir waren für die gesamte Instandsetzung Althorps verantwortlich, mit anderen Worten: für Möbel, Goldbronzen, Bilderrahmen, Porzellan – Dinge dieser Art. Das Ganze nahm acht Jahre in Anspruch. Es war ein wunderbarer Auftrag für uns.«

»Es ist sehr einfach, mit Raine Geschäfte zu machen. Sie ist sehr professionell. Meistens weiß sie, was sie will.«

»Was die Presse nie gesagt hat und auch nicht weiß, ist, daß sie von Peter Thornton beraten wurde, dem damaligen Leiter der Abteilung Dekorative Künste im V&A (Victoria & Albert Museum), und von David Laws von Colefax und Fowler. Ein Großteil der Kritik war ungerechtfertigt. Die Presse weiß nicht, wovon sie spricht. Sie kritisiert sie nur gern.«

Während der langen und glücklichen Verbindung wurde Clifford Henderson ein guter Freund von Lord und Lady Spencer. »Ja, ich stehe mit Raine und Johnnie auf sehr gutem Fuß. Ja, ich habe meinen fünfzigsten Geburtstag in Althorp gefeiert. Es waren hundert Gäste dort. Ursprünglich war es ihre Idee. Ich bezahlte, aber sie organisierte das Ganze von Anfang bis Ende. Es war wunderschön, tadellos, und das sage ich nicht nur so – es stimmt wirklich. Sie hätten nicht netter sein können. Johnnie empfing alle meine Gäste und wünschte ihnen an der Tür einen guten Abend. Das hätte er nicht tun müssen. Es war eine kalte Februarnacht, und die Party war erst eine Viertelstunde nach Mitternacht zu Ende. Sie haben es mir wirklich gezeigt.«

Um die Wiederherstellung von Althorp zu finanzieren, die von den Spencer-Kindern und vielen anderen Menschen, die das Haus kannten, als völlig unnötig empfunden wurde, verkauften Raine und Johnnie noch mehr unschätzbare Kunstwerke, noch weitere unersetzliche Möbelstücke. »Ich pflegte mit Anton Kristensen (einem beliebten Antiquitäten-händler der Gesellschaft) nach Althorp zu gehen und mich dort aufzuhalten«, sagt die prominente Public-Relations-Beraterin Liz Brewer, die darauf spezialisiert ist, Menschen und Produkte in die Gesellschaft zu lancieren. »Er mietete sich ein Haus auf dem Besitz und half Raine beim Verkaufen von dem Zeug.«

Genau dasselbe tat Clifford Henderson, obwohl er be-hauptet: »Bei uns gibt es eine goldene Regel. Wir sagen nie, wer bei uns kauft oder verkauft. Es liegt auf der Hand, daß Sie nicht möchten, daß es jemand erfährt, wenn wir etwas für Sie verkaufen. Sie verstehen also, weshalb wir diese Regel haben.« Nichtsdestoweniger enthüllen Angaben in den Par-tridge-Katalogen ein unersetzliches Stück nach dem anderen – Stücke, die unbestreitbar von Graf Spencer, Althorp, stammten.

»Die Stücke erzielten niemals ihren vollen Wert«, behauptet eine adlige Lady, deren verstorbener Ehemann mit Johnnie Spencer befreundet war. »Sie haben die falsche Strategie verfolgt.« Diese Einschätzung wird von Christie's, den Ver-steigerern, geteilt. Dort erzählte man mir, die sicherste Methode, den Wert zu maximieren – besonders wenn man einen bekannten Namen und verschiedene Stücke zu verkaufen hat –, sei, eine Auktion abzuhalten und die zu verkaufenden Stücke als Sammlung anzubieten. Wäre Raine so vorgegangen, hätte sie nur einen Bruchteil der Schätze verkaufen müssen, von denen sie sich schließlich trennte. So gesehen war sie keine gute Geschäftsfrau, obwohl die Familie das Gegenteil behauptet, und die Spencer-Kinder betrauern zu Recht den Ausverkauf ihres Erbes.

Trotzdem wurde dem neu ausgestatteten Althorp von unerwarteter Seite Bewunderung gezollt. Die Tochter der Dowager Lady Torphichen, die Kunstrestauratorin und Innenarchitektin Anne Hodson-Pressinger, sagte: »Da ich so viel davon gehört hatte, erwartete ich einen Alptraum. Aber es ist wirklich wunderschön gemacht.«

Tristan Millington-Drake war der gleichen Meinung. »Raine gab im Mai 1991 einen Ball, um Charlottes Heirat mit Alex zu feiern. Sie öffneten alle Räume Althorps. Es war ein bezaubernder Abend. Ich war erstaunt zu sehen, daß das Haus wirklich großartig aussieht. Es war überhaupt nicht so, wie man uns glauben gemacht hatte. Der Hauptkritikpunkt war gewesen, das Blattgold sei zu hell. Aber Raine ist eine sehr praktische Frau und eine gute Geschäftsfrau. Man kann den Glanz dämpfen, aber das verkürzt die Lebensdauer des Blattgolds. Sie faßte den klugen Entschluß, die Zeit für sich arbeiten zu lassen, weil es dann auch länger dauerte, bis es wieder gemacht werden mußte, und weil es damals, als das Haus gebaut wurde, genauso hell gewesen war wie heute. Aber es sieht überhaupt nicht grell, es sieht sehr schön aus. Raines Verbesserungen waren ein voller Erfolg.«

Sobald sie mit der Renovierung von Althorp fertig waren, begannen Raine und Johnnie, die Cottages*, die sich auf dem

---

* Land(arbeiter)häuschen (Anm. d. Übers.)

Besitz befinden, zu verkaufen, um noch mehr Kapital heranzuschaffen. Damit brachen sie auch die Regel, seinen Besitz zu wahren, nach der die meisten verantwortungsbewußten Aristokraten leben. Man verkauft nie etwas, was man nicht ersetzen kann, es sei denn, die Zahlungsfähigkeit hinge davon ab. Und man verkauft auf keinen, aber auch gar keinen Fall etwas Unersetzliches, um mit dem Geld etwas Vergängliches oder weniger Wertvolles zu kaufen. Zum Beispiel verkauft man keinen alten Meister, um Bilderrahmen erneut mit Blattgold zu vergolden. Man verkauft auch keine Cottages, um einen Lebensstil zu finanzieren, der dem der dreißiger Jahre entspricht.

Die Spencer-Kinder verloren die Geduld. Der Kreis der Landhausbesitzer verfügt über sein eigenes Buschtelefon, und alle waren gespannt, wie es weitergehen würde. Es war faktisch unmöglich, sich in einem bedeutenden Haus aufzuhalten, ohne daß das Thema der Vergewaltigung Althorps angesprochen wurde. So kam der Gesellschaftsjournalist und Enkel des berühmten Architekten der Jahrhundertwende, Detmar Blow, dazu, den Artikel im *Connoisseur* zu schreiben, der einmal mehr die Feindseligkeit innerhalb der Familie Spencer aufzeigte. Er hatte von keinem Mitglied des engsten Familienkreises einen Wink bekommen, und sie haben ihren Angaben zufolge auch keine Familienkonferenz abgehalten, auf der sie darüber diskutierten, die Geschichte der Presse gegenüber durchsickern zu lassen.

»Aber als die Geschichte heraus war, freuten sich alle«, sagte ein Cousin aus der Familie Spencer. »Sie hofften, damit würde die Flut gestoppt.« Die andere Seite der Familie hingegen empfand die Publicity als schmerzhaft und entsetzlich. Ich sprach mit Raines Schwiegersohn Alex. Während er mir über die Gefühle der Familie bereitwillig Auskunft gab, bat er mich, ihn nicht zu zitieren, weil es ihm das Leben erschweren würde. Da der einzige Grund für sein Gespräch mit mir darin bestand, daß ich eine Freundin seines Vaters, des Herzogs von Carcaci war, versprach ich ihm, seine Privatsphäre zu respektieren. Aber sein Cousin Tristan Millington-Drake faßte jedermanns Gefühle mit dem Satz zusammen: »Es ist eine richtig wunde Stelle bei ihnen. Sie möchten nur, daß die Presse Raine in Ruhe läßt. Sie finden das Ganze sehr ärgerlich.«

Johnnie hingegen war wütend auf Diana und seinen Sohn Charles, und es heißt, er habe sie als undankbar bezeichnet. Diana – so behauptete er – sei zu jung, um etwas von Geld zu verstehen. Eine Bemerkung, die mehr über seine Verbindung zu den Realitäten des Lebens als über ihren finanziellen Scharfsinn aussagt.

Johnnie Spencer ist immer noch glücklich mit seiner Frau. Und selbst wenn sie – wie seine Kinder anzunehmen scheinen – für die Verstreuung eines Großteils des Spencerschen Erbes verantwortlich ist – sie ist genau das, was er braucht. Sie kann ihn lenken. Und sie tut es.

# EIN WUNSCH NIMMT
# GESTALT AN

Innerhalb eines Jahres nach der Wiederverheiratung ihres Vaters näherte sich Diana – die geschickt darin geworden war, ihr Dasein ungeachtet der Schwierigkeiten in ihrer Familie glücklich zu gestalten – dem nächsten Meilenstein ihres Lebens: Ihre O-Levels standen bevor. Aber im Juni 1977, als sie gerade dabei war, die Prüfungen zu machen und durchzufallen, geschah noch etwas viel Bedeutenderes. Der glückliche Teenager mit dem großen Freundeskreis konnte sich eine neue Feder an den Hut stecken: Ihre Schwester Sarah wurde Prinz Charles' Freundin.

Alles begann damit, daß Prinz Charles beim Royal Ascot erneut mit Sarah bekannt gemacht wurde. Sarah, Jane, Prinz Charles und Prinzessin Anne waren als Kinder befreundet gewesen. Sie feierten ihre Geburtstage gemeinsam. Wann immer die Königsfamilie Sandringham besuchte, spielten die Kinder miteinander. Frances kümmerte sich bei den Partys um Charles und Anne, während die Königin für die Spencer-Kinder Tante Lilibet war. Und obwohl sich Charles und Anne, Sarah und Jane mit den Jahren aus den Augen verloren hatten, stellten Charles und Sarah in Ascot fest, daß sie sich gut verstanden. Schon bald war sie die neueste in der langen Reihe seiner Freundinnen. Die Spencers und Fermoys froh-lockten. Eine Adlige, deren Schwager einen der ranghöchsten Posten bei Hofe bekleidet, sagte: »Sie sind wie alle Höflinge auf den königlichen Hof fixiert. Das Nirwana liegt in einer

Verbindung zum Königshaus. Selbst die Arbeit für ein Mitglied des Königshauses bewirkt ein Hochgefühl, das alles andere auf Erden in den Schatten stellt. Um wieviel himmlischer ist dann eine persönliche Verbindung, besonders eine eheliche?«

Es sah so aus, als würden die Spencers nun endlich legitimiert. Im Laufe der Jahrhunderte hatte die Familie viele geachtete, aber illegitime persönliche Beziehungen zur königlichen Familie gehabt. Drei Vorfahrinnen Dianas waren Mätressen von König Charles II. gewesen: Die Herzoginnen von Portsmouth und Cleveland sowie Lucy Palmer. Eine andere, Arabella Churchill, war die Mätresse seines jüngeren Bruders, James II., und eine weitere, Frances Gräfin von Jersey, war die Geliebte von George IV. Alle außer Lady Jersey brachten königliche Bastarde zur Welt. Das hatte zur Folge, daß Dianas Kinder die ersten Mitglieder des Königshauses wurden, in denen sich die unvereinbaren Fäden der Stuartschen und der Hannoverschen Linie verbanden und dadurch die alten und die neuen königlichen Familien vereinigten.

Aber die Besessenheit der Familie Dianas, was die königliche Familie betraf, hörte damit nicht auf. Von ihrer Ahnin Sarah Herzogin von Marlborough wurde allgemein angenommen, sie sei Königin Annes lesbische Geliebte gewesen. Während der Herrschaft von George II. bot Sarah dem Prinzen von Wales, Frederick, hunderttausend Pfund – damals eine ungeheure Summe –, damit er ihre Lieblingsenkelin, Lady Diana Spencer, heiratete. George II. und sein Erbe, allgemein als der Arme Fred bekannt, waren nicht abgeneigt, denn im achtzehnten Jahrhundert war die britische Monarchie keine so wohlhabende Institution wie heute. Aber der Premierminister verbot die Heirat. Statt dessen wurde Frederick, der Prinz von Wales, mit der siebzehnjährigen Prinzessin Augusta von Sachsen-Coburg verheiratet, und Lady Diana Spencer bekam den Herzog von Bedford. Die Spencers mußten fast zweihundertfünfzig Jahre warten, bis eine andere Lady Diana Spencer ihre hochfliegenden Wünsche erfüllte.

In der Zwischenzeit hielten die Spencers ihre Verbindungen zur königlichen Familie aufrecht. Lady Georgiana Spencer, die schöne und exotische Herzogin von Devonshire, die sich zu gleichen Teilen dem Gebären unehelicher Kinder und der Anhäufung phantastischer Spielschulden widmete, segnete ihre verbotene Verbindung zu dem damaligen Prinzen von Wales (Prinny, dem Prinzregenten, dem späteren George IV.), sehr zum Verdruß ihres Ehemannes, mit einem kleinen Wonnebündel. Später kamen die Spencers dem Thron nur insofern nahe, als sie dem Hof dienten und dafür mit königlichen Paten wie König Edward VII. geehrt wurden.

»Als Lady Sarah Spencer mit dem Prinzen von Wales auszugehen begann«, sagte eine Adlige mit alten Verbindungen zum Hof, »konnte man sehen, wie stolz ihre Familie war. Das war ihre Chance, schließlich doch noch zu einer legitimen königlichen Verbindung zu gelangen.«

Aber Lady Sarah Spencer war niemand, der anderer Leute Erwartungen erfüllte. Obwohl sich seit dem Debakel in West Heath einiges getan und sie das Trinken aufgegeben hatte, war es offensichtlich schwierig für Sarah, ihr Leben so zu führen, wie es von ihr erwartet wurde. Sie befand sich mitten in einem Kampf gegen die Magersucht. Diese Krankheit wird meist durch extreme äußere Zwänge verursacht. Es war also nicht sehr wahrscheinlich, daß jemand, der bereits um ein gesundes Gleichgewicht kämpfte, die innere Stärke besaß, mit dem Druck fertig zu werden, der bei jeder königlichen Romanze zwangsläufig entsteht.

»Sarah sagt jetzt im Rückblick, daß sie Prinz Charles nicht geneigt gewesen und an ihm nicht interessiert gewesen sei, es sei denn als Freund«, meint ein Mitglied einer der bedeutendsten adligen Familien mit Verbindungen zur königlichen Familie. »Wenn man das glaubt, glaubt man alles. Natürlich war sie interessiert. Und sie hätte es so lange ausgehalten, wie es nötig war, um ihn zu bekommen, wenn ihre Gefühle nicht stärker gewesen wären. Sie war nicht so willensstark wie Diana und Jane. Sie war unsicher und sensibel, und der Druck traf sie.«

»Sie müssen verstehen, wie der Prinz seine Freundinnen behandelte, um zu sehen, weshalb sie nicht die Richtigen für den Job waren – den Job zu warten, meine ich. Er war einmal nett, dann wieder abweisend. Nicht nur bei ihr, sondern bei all seinen Freundinnen. Einmal ist er sehr charmant und aufmerksam, und im nächsten Augenblick ist es so, als existiere man nicht. Es kann sein, daß man wochenlang nichts von ihm hört, nachdem man ihn tagelang getroffen hat. Das ist schrecklich anstrengend, egal wie zäh man sein mag. Und Sarah Spencer war nicht zäh.«

Als die Liebesgeschichte ins Stocken geriet, schwankte Sarah zwischen Hoffnung und vorgetäuschtem Desinteresse. Im November 1977, als sie beide noch Hoffnungen für ihre Romanze hegten, lud sie Prinz Charles zu einer Jagdgesellschaft nach Althorp ein. Er verbrachte die Nacht dort und stand am nächsten Morgen früh auf, um sich der Jagdgesellschaft anzuschließen.

Jagen ist hauptsächlich ein männlicher Sport. Die Ladys gesellen sich beim Lunch zu den »Gewehren«, wie die Männer genannt werden. Wenn sie besonders enthusiastisch sind, folgen die Frauen den Jägern, sammeln das Wild ein, das die Männer geschossen haben, und bemühen sich im allgemeinen nach Kräften, aus der Schußlinie zu bleiben. »Eine gute Frau ist still und unsichtbar«, sagte ein schottischer Freund zu mir. »Ein Schütze sollte sie erst bemerken, wenn er die Ablenkung wünscht.«

Die sechzehnjährige Diana Spencer, die ein schulfreies Wochenende hatte, war in dieser Welt aufgewachsen. Sie lebte und lebt nach den Regeln dieser Welt. Deshalb war an jenem Montagmorgen, als Sarah dem Prinzen von Wales mitten auf dem Nobottlefeld ihre jüngste Schwester vorstellte – ihr erstes Treffen, seit sie ein Baby gewesen war –, nichts Auffallendes an Diana, außer ihrer natürlichen Anmut und ihrer Größe. Sie war so schlicht gekleidet wie die anderen Frauen der Jagdgesellschaft. Obwohl Prinz Charles bemerkte, daß sie ein nettes und attraktives Mädchen war, hatten ihn ihre Schönheit oder ihr Charme nicht überwältigt. »Sie müssen immer bedenken, daß in seinem ganzen Erwachsenenleben die Menschen für ihn stets die besten Kleider und die besten Manieren anlegen. Er weiß nicht, wie es ist, dem ganzen Spektrum der durchschnittlichen Persönlichkeit zu begegnen. Das ist nicht seine Schuld. Er wurde damit einfach nicht konfrontiert. Alle – seine Privatsekretäre, sein Stab, die Menschen, mit denen er privat oder offiziell zu tun hat, seine Freunde, selbst seine Cousins – zeigten sich von ihrer besten Seite«, bemerkte ein Cousin.

Diana wiederum fand die Begegnung mit Charles richtig aufregend, aber das überrascht kaum. Er war der begehrenswerteste Junggeselle der Welt, der Thronerbe, und er wirkte in natura noch sehr viel anziehender als auf Fotos oder im Fernsehen. Er sprüht vor Leben, ist warmherzig und charmant und von einem sehr verführerischen Reiz, der sicher ein wenig auf seinen Ernst und seine Intensität zurückzuführen ist. Die Tochter des Herzogs von Rutland, Lady Teresa Manners, spricht für viele von Charles' Bewunderern, wenn sie sagt: »Ich kann verstehen, weshalb alle Mädchen sich in ihn verlieben. Er ist der netteste, liebenswürdigste, entzückendste Mann.«

Und er war der Freund von Dianas Schwester, was bedeutete,

daß sie nicht einmal unbeschwert davon träumen konnte, wie es wäre, die Freundin des Prinzen von Wales zu sein. »Als Diana den Prinzen heiratete, sagte Sarah, daß es auf dem gepflügten Feld zwischen den beiden gefunkt hätte, daß der Richtige die Richtige getroffen hätte. Im nachhinein kann man die Wahrheit ein wenig beschönigen und es so darstellen, aber es war nicht so«, sagt eine Freundin Sarahs. »Die Familie (die Spencers und die Fermoys) hatten Diana schon immer für Prinz Andrew vorgesehen. Sie waren in diesem Punkt ganz offen, und das Unternehmen schien nicht gerade unwahrscheinlich. Sie kannten sich seit ihrer Kindheit. Diana wurde in Vorwegnahme des Tages, an dem sie Herzogin von York würde, sogar Herzogin genannt, denn der Herzogtitel – wie jedermann in königlichen Kreisen weiß – wird üblicherweise dem zweiten Sohn der Monarchin verliehen. Andrew und Edward kamen immer zum Park House, um in dem Pool zu schwimmen, den Lord Spencer dort hatte anlegen lassen. Sie waren alle dicke Freunde. Aber niemand faßte sie für den Prinzen von Wales ins Auge. Niemand. Es war einfach, nun, undenkbar.«

Und so ging die Jagd nach diesem kurzen und folgenlosen Treffen, dessen Bedeutung im Laufe der Zeit so aufgebauscht worden ist, bis zum Lunch weiter. Danach begaben sich alle zu den Ställen von Althorp, um dort zu essen. Es wurde Stew mit Kartoffelbrei und Rosenkohl serviert. Als Nachtisch folgte das Lieblingsgericht eines jeden Schulkindes, treacle sponge*. Am Abend gab es eine Dinnerparty, an der auch Lord und Lady Freyberg teilnahmen, die mit Lord Spencer befreundet waren. Sie erinnern sich noch gut daran. »Mein Mann und ich waren an dem Abend anwesend, an dem Charles Diana kennenlernte. Wir waren nicht bei der Jagdge-

* Sandkuchen mit einem melasseähnlichen Sirup (Anm. d. Übers.)

sellschaft, aber auf dem anschließenden Dinner. Sie war richtig süß. Lord Spencer war sehr stolz auf sie. Er sagte, es sei ihr erster Auftritt als Erwachsene. Mir ist nicht bewußt, daß sie Prinz Charles irgendwie besonders aufgefallen ist.« Die große Romanze hatte noch nicht begonnen.

Im Dezember 1977 wiederholte Diana ihre O-Levels. Wieder versagte sie. Eine weitere Ausbildung kam nicht mehr in Frage. Sie würde die Schule verlassen müssen. Das war kein so großes Unglück, wie es das für ein Mädchen mit einem weniger privilegierten Hintergrund gewesen wäre. Wenn Diana auch keine Qualifikationen besaß, so hatte sie doch Vermögen, das ihr zustatten kommen würde, was immer die Zukunft ihr auch brachte. Sie besaß dank ihrer eigensinnigen amerikanischen Vorfahrin Fanny Work einen beträchtlichen Treuhandfonds. Und sie sah gut aus. Wenn Prinz Andrew sie nicht heiratete, dann würde dies irgendein anderer wohlgeborener junger Mann tun, und das würde ihre Zukunft sichern. Vor die Frage gestellt, was sie mit ihrer Tochter anstellen sollten, bis sie alt genug war, um sich endgültig festzulegen, entschieden sich Johnnie Spencer und Frances Shand Kydd für ein Mädchenpensionat. Dort war sie keinem akademischen Streß ausgesetzt und konnte nicht in Schwierigkeiten geraten, während sie in so nützlichen Fächern wie Französisch, Skifahren und Kochen unterrichtet wurde – Dinge, die ihre Zukunft noch angenehmer gestalten würden. Genau das hatten sie auch mit Sarah gemacht, nachdem sie überstürzt vom West Heath abgegangen war, und es hatte funktioniert. Also wurde Diana im Janaur 1978, als das Schuljahr schon halb vorüber war, ins Institut Alpin Videmanette in der Nähe von Gstaad in der Schweiz geschickt. Sie war noch nie zuvor im Ausland gewesen und noch nie mit einem Flugzeug geflogen.

Im Laufe der Jahre sind viele Gerüchte über ihren Aufenthalt dort entstanden. Aber Heidi Yersin, die Leiterin, setzt einigen von ihnen ein Ende. »Die Leute sagen, sie hätte unter Heimweh gelitten und sei deshalb schon so früh wieder gegangen, aber so war es nicht. Diana war nur für ein Semester eingetragen. Sie hatte eine schöne Zeit und überhaupt kein Heimweh. Auf allen Fotos von ihr, die wir hier in der Schule haben, sieht sie sehr glücklich aus. Sie belegte Französisch in der Mittelstufe und machte gute Fortschritte. Wegen ihres Humors war sie sehr beliebt. Sie hatte eine Menge Freundinnen. Sie war überhaupt nicht schüchtern, eher bescheiden. Und obwohl sie bescheiden war, kam sie mit jedem gut zurecht.«

»Diana ging mit den anderen Mädchen nur ins Kino. Sie durften auch nach Gstaad gehen und sich dort mit den Jungen aus einer Knabenschule treffen, aber Diana ging nie mit. Wir wissen das, weil wir die Aufzeichnungen überprüft haben.«

Unter den sechzig Schülerinnen befanden sich neun, die englisch sprachen. Diana schloß sich dieser Gruppe umgehend an und befreundete sich vor allem mit Sophie Kimball. Es wurde eine enge Freundschaft daraus, die noch immer andauert. Sophie erinnert sich: »Diana war kein bißchen scheu. Es machte sogar sehr viel Spaß, mit ihr zusammenzusein. Die Schule besaß ein Chalet in den Bergen, und wir konnten den ganzen Tag lang Ski fahren, aber dann mußten wir am nächsten Tag hart an unserem Französisch arbeiten.« Sie lernte auch andere praktische Dinge wie Nähen, Schreibmaschineschreiben und Stenografie.

Sophie Kimball liefert auch einen der Gründe für Dianas offensichtliche Zurückgezogenheit. »In Rougemont gab es kein Gesellschaftsleben. Es war kein großes Dorf. Wir konnten zwar nach Gstaad gehen, aber das hätte nur bedeutet, in einem der großen Après-Ski-Orte umherzustreifen.«

Diese Art Aktivität reizte die wohlerzogenen Mädchen ebensowenig wie die Aussicht, sich mit einem Haufen Jungen zu treffen, die sie nicht kannten. Die aristokratische Tradition, nur mit Menschen der eigenen Klasse Umgang zu pflegen und keine Freundschaft mit anderen anzustreben – nicht einmal mit Fremden, die ähnlich privilegiert waren –, war zu stark, um in ein paar Monaten durchbrochen zu werden. Das hätte anders sein können, hätten die Mädchen einen mehrjährigen Aufenthalt vor sich gehabt. Aber so wie die Dinge standen, waren sie glücklich, sich für die kurze Zeit aneinanderzuklammern, die sie sich in diesem fremden Land aufhielten.

Gegen Ende des Semesters fuhr Sarah in das nahe gelegene Klosters, um mit dem Prinzen von Wales und dem Herzog und der Herzogin von Gloucester Skiurlaub zu machen. Ihre Liebesgeschichte verlief noch so gut, daß sie zusammen waren, aber nicht so gut, daß die ungestüme Sarah sich sicher fühlte oder sich veranlaßt sah, noch mehr Geduld aufzubringen. »Wenn Prinz Charles mir einen Heiratsantrag machte, würde ich ihm einen Korb geben«, erklärte sie einem Reporter. »Ich würde keinen Mann heiraten, den ich nicht liebe, sei er nun ein Müllmann oder der König von England.«

Eine Freundin hat Sinn in dieses ungewöhnliche Verhalten gebracht. »Ich glaube, sie hoffte, er würde in die Knie gehen und Männchen machen. Es funktionierte nicht. Er war sehr verletzt – er ist sehr leicht zu verletzen – und kehrte zu seiner alten Quelle des Trostes zurück. Aber er war an ihr interessiert. Er hielt rege nach einer Ehefrau Ausschau, und sie kam zweifellos in Betracht. Sie wissen schon: nettes Mädchen, gute Familie und so.«

Sarah hatte es wirklich und wahrhaftig vermasselt. Sie hatte den Prinzen gedemütigt und mit einem Schlag eine ganze Reihe Oberklassentabus gebrochen. Mache nie die Pferde scheu. Behalte die Dinge für dich. Halte in der Öffentlichkeit den Mund. Und sprich nie, aber auch nie, mit der Presse. Obwohl sie mit Charles befreundet blieb, bestand für sie danach keine Chance mehr, Prinzessin von Wales zu werden. Wieder einmal hatte sich der Traum der Spencers von einer legitimen ehelichen Verbindung mit der königlichen Familie zerschlagen.

Bald danach fuhr Diana nach Hause, um dort die Ferien zu verbringen. Sie kehrte nicht mehr ins Institut Alpin Videmanette zurück. Sophie Kimball liefert eine nüchternere Erklärung als die späteren phantasievollen Pressespekulationen über schlimmes Heimweh und ähnliche ergreifende Gründe: »Die meisten englischen Mädchen blieben nur wenige Monate, weil der Wechselkurs fürchterlich und es sehr teuer war.« Diana kehrte nicht zu ihrem Vater zurück. Trotz Lord Spencers schwererkämpften Sorgerechts eilte Diana zu Frances' Haus am Cadogan Place. Später sollte sie in erster Linie dort wohnen, bis sie ein eigenes Heim hatte.

Wieder einmal standen Dianas Eltern vor der Frage, was sie mit ihrer sechzehnjährigen Tochter machen sollten, bis sie alt genug war, um auf eigenen Füßen zu stehen. Sie hatte gerade erst angefangen, sich zurechtzufinden und sich Gedanken darüber zu machen, was sie mit ihrem Leben anfangen sollte. Aber sie hatte die Hilfe und Unterstützung ihrer Familie. Ohne ihre Familie hätte sie nichts von dem gemacht, was sie dann tat, noch hätte sie die Höhen erreicht, die sie später erklomm. »Diana war nie ein unabhängiger Mensch. Sie ist eigensinnig und heftig. Sie ist starrköpfig und störrisch. Aber sie hat niemals, nicht ein einziges Mal in ihrem Leben etwas ohne die Hilfe und die Bemühungen anderer erreicht«, bemerkte ein Höfling.

Ihre erste Arbeit bekam sie bei Freunden der Familie. Im Land Nod, einem Haus in Hampshire, half sie bei der Erziehung der sechsjährigen Alexandra Whitaker, Tochter von Major Jeremy Whitaker, einem Fotografen, und seiner Frau Philippa, mit deren Bruder Willy von Straubenzee Diana immer noch befreundet ist. Sie blieb drei Monate lang, und die Whitakers singen bis zum heutigen Tag ihr Loblied.

Nach den Sommerferien und Gelegenheitsjobs als Putzfrau beschloß Diana, sich zu einem Kochkurs anzumelden, weil sie vernünftigerweise dachte, daß sie genausogut lernen könnte, wie man richtig kocht. Das war etwas, was sie für die Zukunft immer gut gebrauchen könnte. »Sie war immer phantastisch häuslich«, sagt eine Freundin, »und das bis zu einem Grad, den man nicht mehr übertreiben kann.« Also meldete sie sich bei der Kochlehrerin Elizabeth Russell an, die sagte: »Sie kam im September 1978. Wir liebten sie. Sie war eine sehr gute Schülerin. Der Kurs dauert zehn Wochen und ist so angelegt, daß jeder, der ihn absolviert, später damit seinen Lebensunterhalt verdienen kann.«

Aber ihre Sehnsucht war Tanzen und nicht Kochen. Also trat sie nach dem Kochkurs an Madame Betty Vacani heran, Nichte des berühmten Gründers der Vacani Dance School in South Kensington, die früher einmal bei einem Tanzwettbewerb in West Heath als Schiedsrichterin fungiert hatte. Diesen Wettbewerb hatte Diana damals gewonnen. »Diana schrieb mir, daß sie in West Heath gewesen sei und zur Tanzlehrerin ausgebildet werden wolle. Bei ihrer Größe hätte sie nie eine Tänzerin werden können. Sie war damals ungefähr siebzehn, ein scheues, ruhiges, nettes Mädchen. Aber sie blieb nur einen Monat lang. Sie fuhr zum Skifahren und kam nie mehr zurück. Ich glaube, sie spürte, daß die Ausbildung – drei Jahre lang bis halb sieben Uhr abends – zu anspruchsvoll war. Sie hat nie einen Grund für ihr Fernbleiben angegeben. Ich kann mir vorstellen, daß sie spürte, daß das Unterrichten im Kindergarten sie nicht so beanspruchen würde.« Bezeichnenderweise lud Diana diese ehrwürdige alte Lady, die jetzt im Ruhestand in Sussex lebt und die Königin, Prinzessin Margaret, den Prinzen von Wales und Prinzessin Anne unterrichtet hat, nicht zur Hochzeit ein.

»Diana toleriert weder Schuld noch Versagen. Nicht bei sich selbst und nicht bei anderen«, sagt jemand, der sie gut kennt und ihr Verhalten gegenüber einer Frau erklärt, die so freundlich war, der jungen, unerfahrenen Diana eine Chance zu geben. Es war nicht das einzige Mal, daß dieses Syndrom zum Vorschein kam. Diana war und ist eine Reinlichkeits- und Ordnungsfanatikerin. Die meisten Psychologen behaupten, eines der klassischen Symptome von Menschen die nicht möchten, daß die Welt ihre Fehler sieht, sei eine Reinlichkeits- oder Ordnungsmanie. Das war kein Charakterzug, den Diana erst mit zunehmendem Alter entwickelte. In Riddlesworth mußte sie »die Qual ertragen, nur jeden zweiten Tag baden zu können«, erzählte sie einmal einer Freundin. Aber als sie nach West Heath kam, in dem nur drei Bäder pro Woche nach dem Rotationsprinzip erlaubt waren, war sie selbstbewußt genug, um die Regeln zu brechen. Sie weigerte sich, zu tolerieren, was sie, wie jene Freundin sich erinnert, als »den Schmutz« beschrieb, und badete nachts, nachdem das Licht ausgeschaltet worden war. Sie ging oft mit nassen Haaren ins Bett, weil sie sich ebenfalls weigerte, sich auf die vorgeschriebene wöchentliche Haarwäsche einzulassen. Sie wusch ihre Haare, während sie badete. »Selbst heute wirkt sie zugeknöpft, wenn etwas nicht makellos ist. Das erstreckt sich auf alle Lebensbereiche. Alles muß genau so gemacht werden, wie sie es verlangt. Im Haus muß so Staub geputzt werden, wie sie es will. Der Zierat muß genau so hingestellt werden. Ihre Kleider müssen genau so gebügelt werden. Und falls das nicht der Fall ist, bekommt man ihren Unwillen zu spüren. Sehr deutlich. Sehr.«

Aber mit sechzehn und siebzehn Jahren hatte sie niemanden, den sie zusammenstauchen konnte. Da war sie selbst das Dienstmädchen. Eine gesellschaftlich akzeptable Art, Geld zu verdienen und ein wirkungsvoller Kanal für ihre Veranlagung. Ihre Schwester Sarah teilte sich eine Etagenwohnung mit Lucinda Craig-Harvey, Tochter eines Grundbesitzers aus Hampshire, die später Theaterproduzentin wurde. Diana arbeitete an drei Tagen in der Woche für die beiden. Sie mußte alles tun: saubermachen, staubwischen, das schmutzige Geschirr spülen, das Bad und die Toilette schrubben. »Und wenn sie nicht gut gewesen wäre, hätte Sarah sie fortgeschickt«, bemerkte eine Freundin Sarahs.

Aber das reichte nicht aus, um ihre Zeit auszufüllen oder um das Einkommen zu erzielen, mit dem man in London einen anständigen Lebensstandard halten konnte. Also half ihre Schwester Jane, Diana eine andere Arbeit zu besorgen. Kay Seth-Smith, ebenfalls ehemalige West-Heath-Schülerin, deren Schwester Janie zur selben Zeit wie Jane dort gewesen war, führte den Young-England-Kindergarten in einem Kirchensaal Ecke St. George's Square und Lupus Street in Pimlico. Als sie hörte, daß Diana Arbeit brauchte und gut mit Kindern umgehen konnte, bot sie ihr an, bei einer neuen Gruppe mitzuhelfen. Es war eine Gruppe für jüngere Kinder, die erst kürzlich ins Leben gerufen worden war und sich an drei Nachmittagen in der Woche traf. Dianas Pflichten bestanden darin, den Kindern beim Malen, Bauen und anderen Spielen zu helfen, ihnen die Anfänge des Tanzens beizubringen, ihre Kleider zu wechseln, wenn sie sich schmutzig gemacht oder eingenäßt hatten, und sie zu umarmen, wenn sie weinten. Eine Mutter sagt: »Sie ging wirklich wunderbar mit den Kleinen um. Sie konnte sich richtig in sie einfühlen. Das ist eine Gabe.« Aber Diana brauchte mehr Geld. Also brachte sie ihr Geschick für körperliche Betätigung ins Spiel und meldete sich bei verschiedenen Zeitarbeitsfirmen einschließlich *Solve Your Problems, Universal Aunts* und *Occasional Nannies.* »Sie kam mit den Empfehlungen von Whitakers und Young England zu uns«, sagte Jan Govett, der früher bei *Occasional Nannies* gearbeitet hatte. »Sie waren beide sehr gut. Sie kam im Oktober 1979 zu uns. Als sie das Bewerbungsformular ausfüllte, strich sie ›Mrs.‹ durch und ließ ›Miss‹ stehen. Die Lady ließ sie fort. Sie sagte, sie könne schwimmen, Tennis spielen und tanzen. Und sie könne Auto fahren und besitze einen eigenen Wagen. Sie sagte, sie könnte auf Kinder zwischen einem Jahr und zehn Jahren aufpassen. Natürlich hatte sie nicht die vorschriftsmäßige Ausbildung, und das machte es schwer, sie zu vermitteln. In einer der Empfehlungen stand, sie sei bereit, bei allem zu helfen – vor allem beim Spülen. Da sie keine Ausbildung hatte, war sie eher eine Hilfe für die Mutter als ein Kindermädchen.

Sie bat um ein Pfund Sterling pro Stunde. Im November 1979 vermittelten wir ihr die erste Arbeit, bei den Jarmans am Prince of Wales Drive (in Battersea). Im Januar 1980 bekam sie den zweiten Job bei Mrs. Patrick Robinson am Belgrave Square, der amerikanischen Frau eines Geschäftsführers in der Ölbranche. Sie mußte dem Kind das Mittagessen geben, mit ihm im Park spazierengehen und es am Nachmittag ein Nickerchen machen lassen. Sie wollte nur zwei Tage die Woche arbeiten.

Eines der Mädchen erinnert sich noch daran, wie sie das erste Mal ins Büro kam. Sie trug eine hellrote Strickjacke, ein weißes Hemd und Jeans. Sie errötete sehr leicht und lächelte zu viel.«

Aber das Leben besteht nicht nur aus Arbeit. Diana stellte – wie die meisten wohlerzogenen jungen Damen – sicher, daß die Arbeit um ihr gesellschaftliches Leben kreiste. »Diana war ein vollkommen normales junges Mädchen«, sagt eine Verwandte. »Sie machte alles, was Mädchen ihres Alters taten. Sie hatte Verehrer. Sie ging tanzen. Sie ging mit Freunden ins Kino; gab und besuchte Dinnerpartys. Sie war extrem sauber und bekannt dafür, daß sie aufsprang und das Geschirr spülte, sobald das Dinner vorüber war. Sie hätte das Geschirr nach jedem Gang gespült, wenn man es zugelassen hätte. Aber sie war nicht zimperlich. Sie hatte einen ausgezeichneten Sinn für Humor, war sehr witzig und konnte manchmal recht ironisch sein. Es war angenehm, mit ihr zusammenzusein. Sie war völlig normal, mit allem, was dazugehörte, obwohl sie nie viel trank und überhaupt nicht rauchte.«

»Man sprach gelegentlich von der Möglichkeit einer Heirat mit Prinz Andrew, aber zu diesem Zeitpunkt war es einfach nur Gerede. Er ging noch zur Schule oder hatte sie gerade verlassen – nein, er ging noch zur Schule –, und sie waren wirklich zu jung, als daß man ernsthaft erwarten konnte, daß sie sich häuslich niederließen.«

Dianas erster wirklicher Freund war The Honourable George Plumptre, der dritte Sohn eines unbedeutenden Mitglieds des Oberhauses mit Namen Lord Fitz Walter. Er war acht Jahre älter als sie und entschieden der erfahrene Mann von Welt, mit dem Geschmack und den Ansprüchen, die seiner Herkunft entsprachen. Dies war die bedeutsamste Beziehung, die Diana vor ihrer Heirat gehabt hatte. Aber es war nicht die einzige.

»Daniel Wiggin ist der Sohn des Baronet Sir John Wiggin. Er arbeitet bei W. A. Ellis, den Grundstücksmaklern in der Brompton Road. Er teilte sich eine Zeitlang eine Wohnung mit ihrem Bruder Charles«, sagt einer meiner Freunde, der ihn kennt. »Er ist der Pate des Babys Kitty (Dianas Nichte, Tochter von Charles Althorp und seiner Frau Victoria). Er ist sehr attraktiv: dunkel, kräftig, nicht zu groß und nicht zu klein und sexy. Die Mädchen finden ihn phantastisch. Er

erzählte mir, er sei definitiv ihr Freund gewesen, obwohl er
ein wenig jünger ist als sie. Er sagte sogar, er sei *Der Erste*
gewesen.« Simon Berry aus der Weinhändlerfamilie St. James
hat stets öffentlich abgestritten, auch nur mit ihr befreundet
gewesen zu sein, aber man sagte mir, er sei kurzzeitig ihr
»Kavalier« gewesen. »Sie haben auf dem Gebiet der intimen
Beziehung nichts vorzuweisen, aber sie mochten einander,
und so wurden sie Freunde«, erzählte ein Freund.

Zu diesem Zeitpunkt lebte Diana das Leben eines durchschnittlichen, privilegierten Teenagers. Sie verbrachte die
meisten Wochenenden auf dem Land, wo sie sich entweder
bei ihren Freunden oder, nur sehr selten, auf dem Besitz ihres
Vaters in Northamptonshire aufhielt. Sie fuhr nie allein und
wurde ständig von ihrem Freund George Plumptre begleitet,
und manchmal hatte sie eine oder zwei Freundinnen im
Schlepptau.

Die Eckpfeiler von Dianas Leben während der kurzen Zeit
zwischen dem Verlassen der Schule und der Heirat offenbaren den typischen Lebensstil einer jungen Adligen. Ihr erstes
Auto war der blaue Renault 5 ihrer Mutter. Nachdem sie die
Führerscheinprüfung beim zweiten Versuch bestanden hatte,
schenkte Frances ihr einen Honda Civic, der bald schon
gegen einen blauen Volkswagen Polo ausgetauscht wurde.
Und als sie diesen im Jahre 1980 auf dem Höhepunkt der
Belagerung durch die Presse zu Schrott fuhr, sorgte Charles
ordnungsgemäß dafür, daß das Herzogtum von Cornwall ihn
durch den bekannten roten Mini Metro ersetzte.

Das erste Jahr in London lebte Diana im Haus ihrer Mutter.
Als es verkauft wurde, legte sie sich eine eigene Wohnung zu.
Sie lag am Coleherne Court Nummer 60. Es war eine
geräumige Wohnung mit drei Schlafzimmern. Die Badezim-
mereinrichtung mag nicht den hohen amerikanischen Anfor-

derungen entsprochen haben – obwohl man den Versuch unternommen hatte, es mit einer hellroten Tapete aufzulokkern. Aber die Wohnung besaß ein gemütliches Wohnzimmer und, wie sich Charles Stonehill, ein Freund, erinnert, »eine wunderbare, vollkommen modernisierte Küche, in der Diana für ihre sehr raffinierten Dinnerpartys kochte«.

Die Wohnung kostete Diana im Jahre 1979 fünfzigtausend Pfund. Sie hatte sie sich von dem Geld gekauft, das sie an ihrem achtzehnten Geburtstag von ihrer amerikanischen Urgroßmutter Fanny Work geerbt hatte. Sie verbrachte die folgenden Wochen damit, sie mit Hilfe ihrer Mutter zu renovieren und Möbel, Tapeten und Stoffe auszusuchen. »Es war eine hübsche Wohnung«, sagt jemand, der sie gut kennt. »Geschmackvoll eingerichtet und bezaubernd.« Während Diana sie renovierte, entdeckte sie etwas, was sie nie vergessen würde: Einkaufen war wie ein Rausch und vermittelte ihr ein Gefühl der Befreiung, und wenn sie ihre Errungenschaften später in Augenschein nahm – spürte sie eine Art von Erfüllung.

Sophie Kimball und Laura Greig waren Dianas erste Mitbewohnerinnen. Sie wurden abgelöst durch Carolyn Pride, die am Royal College of Music studierte; Virginia Pitman, die Verkäuferin bei Asprey war, und Anne Bolton, die für die Grundstücksmakler Savills arbeitete. Sie alle waren darauf erpicht, sich eine schöne Zeit zu machen. Es war Ende der siebziger Jahre, als junge Damen das Wasser prüften, bevor sie in den Ehepool sprangen. Man übte keinen Druck auf sie aus, früh zu heiraten, so wie er auf die Generation ihrer Mütter ausgeübt worden war. Der Zeitgeist war, sich seiner Jugend und seiner Freiheit zu erfreuen und die Sexualität sanft und diskret zu erforschen. Die Hysterie um Jungfräulichkeit und die Angst vor einer Schwangerschaft existierten für diese Generation nicht mehr. Und da man von Aids noch nichts gehört hatte, war die Angst vor einem Tod durch sexuell übertragene Krankheiten auch kein Thema. Man erwartete von den jungen Ladys, daß sie sich mit anspruchslosen Jobs und wünschenswerten jungen Männern abgaben, bis sie weit in den Zwanzigern waren. Man hoffte, daß sie zu diesem Zeitpunkt einen geeigneten, drei bis vier Jahre älteren Mann finden würden, der ihnen die Ehe und den Schutz der Grafschaften oder der Stadt anbieten würde.

Danach würde ihr Leben ähnlich wie das ihrer Eltern verlaufen: eine bestimmte Anzahl von Dinnerpartys jede Woche, drei Kinder und ein Kindermädchen, Wochenenden auf dem Lande für die Städter, Nächte in London für die, die auf dem Land lebten, Einkäufe bei Peter Jones am Sloane Square oder bei der benachbarten General Trading Company, bei Harrods oder Harvey Nichols, wenn man richtig zulangen wollte. Vielleicht würden sie ein- oder zweimal in ihrem Leben im *Tattler* erscheinen. Aber nur wenn sie das große Los zögen – indem sie zum Beispiel einen Herzog, einen Marquis oder, so Gott will, ein Mitglied des Königshauses heirateten –, würden sie aus der Anonymität der britischen Gesellschaft in die Stratosphäre der Prominenten katapultiert. Dianas Mitbewohnerinnen waren in der Hinsicht nicht besonders ehrgeizig, aber Diana war es. »Sie machte kein Hehl aus der Tatsache, daß sie ein Mitglied der königlichen Familie werden wollte«, sagte eine Freundin. »Sie ließ die ganzen Jahre über ziemlich regelmäßig kleine Bemerkungen darüber fallen.«

Diana wollte so schnell wie möglich heiraten, was für ein Geschöpf der späten siebziger Jahre recht ungewöhnlich war. Durch Neigung und Begabung war sie für nichts ausgerüstet. »Sie wußte, daß ihr ein langweiliges Leben bevorstand, wenn sie nicht gut heiratete. Und sie war darauf erpicht, das Beste zu tun, was sie konnte, und das so schnell wie möglich.«

Zwar hatte Sarah ihre Chance bei Charles verspielt, aber Jane erwies sich nicht nur als erfolgreiches Vorbild, sondern auch als potentiell nützlicher Tunnel, durch den das Leuchtfeuer der Hoffnung schien. Obwohl sie, wie ein Aristokrat es einmal beschrieb, »so nichtssagend war, daß selbst eine Maus neben ihr wie Joan Collins ausgesehen hätte«, heiratete die einundzwanzigjährige Jane den sechsunddreißigjährigen Sohn von Sir William Fellowes, Robert Fellowes. »Sein Vater war Gutsverwalter der Queen auf Sandringham gewesen, und er war Assistent des Privatsekretärs Ihrer Majestät, mit allem, was dazu gehört«, berichtet eine Adlige mit einem gut plazierten Schwager. »Durch diese Heirat brannte die königliche Flamme der Familie hell. Sie wissen schon: Zugang zur Königin, Einladungen nach Balmoral und Sandringham und so. Es war für gesellschaftliche Begriffe eine sehr gute Partie. Wenn man kein Mitglied des Königshauses oder einen Herzog bekommen kann – von denen es nicht viele gibt –, war das Nächstbeste natürlich ein ständiges Mitglied des Stabes der Queen. Und genau so jemanden brachte Jane zur Strecke. Später wurde Robert stellvertretender Privatsekretär, und als Sir William Heseltine 1990 ging, stieg er zum Privatsekretär auf. Die beiden heirateten mit großem Aufwand in der Guard's Chapel. Der Empfang fand im St. James's Palace statt, und er und Jane zogen in den Kensington Palace.«

Jane war immer Dianas Lieblingsschwester gewesen. Sie sagte nach einem Besuch bei ihrer Schwester zu einer Freundin: »Es wäre wunderbar, im KP zu leben.«

Aber Dianas berauschende Vorstellungen davon, wie es wäre, im Kensington Palace zu leben, mußten für eine Weile beiseite geschoben werden, als Graf Spencer im September 1978 eine ernsthafte Gehirnblutung erlitt. Johnnie schien mit seinen fünfundfünfzig Jahren bei unverschämt guter Gesundheit zu sein. Überaus glücklich, unter der Obhut und Kontrolle seiner unbezwingbaren Frau zu stehen, wollte er gerade das Herauskommen Althorps aus den roten Zahlen feiern, als er krank wurde. Er wurde in das Ortskrankenhaus in Northampton gebracht.

»Ich weiß sicher, daß Raine einen regelrechten Streit mit den Ärzten in Northampton hatte«, erzählte mir einer der Ärzte des Krankenhauses, in das man ihn später brachte. »Sie hatte unrecht. Sie hätten ihn in ein Krankenhaus verlegt, wo er die Behandlung bekommen konnte, die er brauchte.« Daß Raine mit den Ärzten einen Kampf bis aufs Messer ausfocht, ist inzwischen zu einem öffentlichen Mythos geworden. Und was immer auch die Wahrheit sein mag, es gibt keine Debatte über die Geschwindigkeit, mit der der lebensgefährlich erkrankte Graf, der von den Ärzten in Northampton aufgegeben worden war, nach London verlegt wurde. »Ich muß sagen«, fuhr der Arzt fort, »daß er nicht überlebt hätte, wenn er nicht verlegt worden wäre. Was immer die Leute an Raine auszusetzen haben – wenn sie wirklich dazu beigetragen hat, daß er verlegt wurde – wobei ich nicht überzeugt davon bin, daß ihr Kampf nötig war –, dann hat sie ihm wahrscheinlich das Leben gerettet.«

»Johnnie lag fast vier Monate lang im Krankenhaus. Er war ein sehr, sehr kranker Mann. Die meiste Zeit über war er bis zum Stehkragen mit Medikamenten vollgepumpt. Als er aus dem Koma erwachte, konnte er nur sehr undeutlich sprechen. Anfangs war ihm nicht klar, was am Rande (mit der Familie) vor sich ging. Erst später erlangte er das Bewußtsein wieder. Damals hatten Raine und der Rest der Familie, mit dem sie auf dem Kriegsfuß stand, bereits unterschiedliche Besuchszeiten ausgemacht.«

»Raine stellte sich schützend vor Johnnie. Sie wollte nicht einmal, daß seine erste Familie ihn zur gleichen Zeit besuchte wie sie. Aber sie brachte immer ihren jüngsten Sohn mit, der damals noch ein junger Bursche von zwölf Jahren oder so war. Also besuchten die Spencers ihn, wenn sie nicht da war. Alle kamen. Ich habe Jane ein paarmal gesehen. Robert Fellowes war bei ihr. Sarah besuchte ihn häufig, ebenso Diana. Ich sah Charles (Althorp) einige Male. Aber nur, wenn Raine nicht da war. Er und Diana waren sich einig – sie waren beide gegen Raine.«

»Diana regte die ganze Geschichte verständlicherweise auf. Man hatte ihr geschrieben, ihr Vater schwebe in Lebensgefahr, und sie war sehr besorgt deswegen. Sie fiel mir als sehr nettes Mädchen auf. Nicht überdreht, aber lebenslustig.«

Was immer auch ihre Motive gewesen sein mögen, Raine ging sehr weit, um ihren Johnikins zu retten, wie sie ihren Ehemann nannte. Ein Cousin der Königinmutter bestätigt: »Der Herzog von Portland erzählte mir, sie habe ihn gebeten, ein Medikament aus Deutschland mit Namen Aslocillin zu besorgen, das sich noch im Versuchsstadium befand, um es bei ihm anzuwenden. Ich glaube, sie machten in Surrey gerade Versuche damit, ansonsten hätte es sicher nicht eingeführt werden dürfen. Der Herzog von Portland sagte, daß Johnnie Spencer ohne dieses Medikament fast mit Sicherheit gestorben wäre.«

Johnnie selbst lobt Raines Energie und Mut überschwenglich. Ein Freund sagte: »Er verdankt ihr sein Leben. Sie zwang ihn buchstäblich zum Leben. Als er im Koma lag, spielte sie immer wieder seine Lieblingsoper *Madame Butterfly* vor. Sie hielt stundenlang seine Hand, sprach mit ihm und erzählte ihm, daß er nicht sterben müsse, nicht sterben könne. Alle McCorquodales besitzen Energie: Raine, Barbara (Cartland), Ian (Raines Halbbruder). Sie drehte den Energiehahn auf und ließ ihn laufen, bis er die Augen aufmachte.«

Der Graf selbst erzählte einem Verwandten: »Sie ist ein Wunder. Ich verdanke ihr mein Leben. Wäre sie nicht gewesen, wäre ich gestorben.« Er sagt, sie seien »immer noch sehr verliebt. Ich habe sie in ihren schlimmsten und besten Zeiten gesehen, und ich liebe sie bedingungslos. Solange ich bei ihr sein kann, bin ich glücklich.«

Worin die Verdienste der Rolle, die Raine spielte, auch bestehen mögen – und die Beweise weisen auf eine nicht zu unterschätzende und entscheidende Rolle hin –, Johnnie erholte sich wieder. »Alle denken, der Schlaganfall habe ihn beeinträchtigt und er sei früher ganz anders gewesen. Aber das stimmt nicht. Er ist schon immer herumgetapst und war tatterig und langsam. Man sieht kaum einen Unterschied«, sagt jemand, der ihn seit Jahrzehnten kennt.

An dem Tag im Januar 1979, als Johnnie aus dem Krankenhaus entlassen wurde, waren Diana und Sarah zu einem Jagdwochenende auf Sandringham. »Es wurde eine Menge Unsinn darüber geschrieben, daß die Königin die beiden seit ihrer Kindheit mochte, daß sie die beiden aus eigenem Antrieb zu einem Wochenende eingeladen habe. Das stimmt nicht. Hätte Jane nicht Robert Fellowes geheiratet, wäre die Königin nicht auf den Gedanken gekommen, sie einzuladen. Sie wurden eingeladen, weil sie Schwägerinnen des Assistenten des Privatsekretärs, nicht weil sie Töchter des kranken Johnnie Spencer waren.«

Die Heirat ihrer Schwester Jane kam ihnen zupaß. »Sie war ganz aufgeregt über ihren ersten Besuch auf Sandringham. Es war, als sei man in den Himmel eingeladen worden«, erzählte eine Freundin. Außerdem war Diana nicht Sarah. Sie hatte bereits einer Freundin anvertraut: »Wenn ich die Chance gehabt hätte, die Sarah (bei Charles) hatte, hätte ich es nicht vermasselt.« Es mußte sich nur noch herausstellen, ob sie diese Chance bekommen würde und ob sie dieser Chance nachhelfen könnte, wenn sie sich nicht von selbst einstellte.

Die Liebesgeschichte zwischen dem Prinzen von Wales und Lady Diana Spencer war nicht unkompliziert. Anfangs bestand noch nicht einmal eine Freundschaft. Bei ihrem ersten Aufenthalt auf Sandringham entsprang Dianas Hochgefühl eher der Freude darüber, einfach dort zu sein, als der Möglichkeit einer Liebesbeziehung. Der Aufenthalt auf Sandringham ist laut einer meiner Freundinnen, die eng mit der königlichen Familie verwandt ist, ein Vergnügen. »Die Königin ist immer sehr entspannt, wenn sie dort ist. Ich weiß, daß Sie gehört haben müssen, wie sehr sie im Grunde ihres Herzens eine Bauersfrau ist, und das stimmt. Sie beteiligt sich an allen einfachen Landarbeiten wie Äpfel auflesen, und sie ist nie glücklicher als während der langen Spaziergänge mit Freunden oder Verwandten, wenn die Welsh Corgis und Dorgis um sie herumwieseln und ihr Haar sich unter einem von diesen Kopftüchern versteckt, die sie so liebt, oder wenn sie reitet. Sie unternimmt eine Menge solcher Dinge auf Sandringham, ganz gleich, was für ein Wetter herrscht.
Sie verliert nie ihre Würde, nicht einmal unter ihren engsten Verwandten. Aber das heißt nicht, daß sie spießig ist oder keinen Spaß vertragen kann. Sie hat einen wunderbaren Humor und lacht gerne. Sie hat auch nichts gegen einen kultivierten Witz. Man kann über alles mit ihr sprechen. Solange der gute Geschmack nicht angetastet wird, gibt es keine verbotenen Gesprächsthemen, und das ist wirklich gut so, denn wir alle wissen, wie gepfeffert die Bemerkungen des Herzogs von Edinburgh und des Herzogs von York sein können.
Die Königin schafft eine Atmosphäre, in der sich alle wohl fühlen. Die Vorstellung der Öffentlichkeit, daß alle in ihrer

Gegenwart wie auf heißen Kohlen sitzen, hat nichts mit der Wirklichkeit zu tun. Sie ist ein sehr herzlicher Mensch, fast gemütlich, aber natürlich auch majestätisch.

Wenn sie auf Sandringham ist, sind Menschen um sie, an denen ihr sehr viel liegt. Es ist ein richtiges Zuhause, und ihre Partys dort spiegeln das wider. Bevor Prinz Charles heiratete, war er oft mit einer ›Angebeteten‹ da, ebenso Prinz Andrew. Die Königin ist keine intolerante Mutter – im Gegenteil. Sie hat ihren Kindern stets freien Lauf gelassen. Ich glaube, sie spürt, daß deren Leben so eingeschränkt und pflichtgebunden ist, daß sie diesen Beschränkungen nichts mehr hinzufügen sollte.

Durch die Atmosphäre, die sie schafft, kann man etwas über die Gastgeberin erfahren. Die Königin möchte, daß die Partys in ihrem Haus harmonisch, glücklich, voller Lachen und Spaß verlaufen. Privat ist sie bemerkenswert unbeschwert und amüsant. Sie hat nichts mit der Miss Piggy gemein, als die sie gemeinhin dargestellt wird.«

In eine solche Umgebung kam die siebzehnjährige Lady Diana Spencer an jenem Januar des Jahres 1979, als sie und Sarah sich zu ihrer Schwester und ihrem Schwager gesellten, die bei der Königin wohnten. Natürlich hatte Diana sich im Laufe der Zeit einiges Wissen über den Hof angeeignet. Sie hatte ihre frühe Kindheit auf dem Sandringham Estate verbracht. Deshalb konnte sie sich noch an die Aufregung erinnern, die einen Monarchen zwangsläufig begleitet. Sie erwartete den Himmel, und sie bekam ihn.

Die meisten Menschen, selbst so etablierte und über alles erhabene Persönlichkeiten wie Präsidenten, Staatsoberhäupter und andere Würdenträger, finden die Erfahrung, als Hausgäste in einer der Residenzen der Königin zu logieren, aufregend. Wenn man sie später fragt, wird man unweigerlich zu hören bekommen, daß dieser Besuch einer der Höhepunkte ihres Lebens bleiben wird. Selbst Jahre danach erinnern sie sich noch an jede Einzelheit; und ihre Erinnerungen sind noch so deutlich, als wären sie erst gestern dort zu Gast gewesen.

»Dieser erste Aufenthalt auf Sandringham zeigte Diana nur, wie berauschend und angenehm das Leben im königlichen Kreis sein kann«, sagte eine Freundin. »Sie war beeindruckt. Es ist wohl richtig, wenn man feststellt, daß die Erfahrung ihre Erwartungen übertraf. Aber im Gegensatz zu dem, was manche Journalisten und Autoren von sich gegeben haben, war es nicht der Beginn ihrer Romanze mit Prinz Charles. Für ihn war sie nur wenig mehr als ein kleines Kind. Gewiß hatte er schon damals eine Vorliebe für junge Leute, aber sein Interesse erschöpfte sich darin, daß er nett und väterlich war.«

Diana kehrte offensichtlich mit einer Menge widersprüchlicher Gefühle nach London und zur Vacani Dance School zurück. Der oben erwähnten Freundin zufolge war sie vom Prinzen ziemlich angetan: Die kleinen Freundlichkeiten, die er ihr erwies, hatten ihre Phantasie entflammt. Da war er nun leibhaftig, der Held aus einem der Romane, deren Geschichte sie in ihr Leben zu übertragen hoffte. Charles war der begehrenswerteste Junggeselle der Welt. Jede Frau, die das Glück hatte, seine Frau zu werden, würde danach eines der großartigsten Ämter auf Erden bekleiden – mit Aussichten auf Beförderung. Und er war körperlich attraktiv und ein wirklich freundlicher Mensch. Und zwar so freundlich, daß er der jugendlichen Schwägerin des Assistenten des mütterlichen Privatsekretärs eine gewisse unerwartete Aufmerksamkeit zollte. Aber obgleich Dianas Kopf in den Wolken schwebte, stand sie mit beiden Beinen fest auf der Erde. Sie wußte, daß es sich nicht lohnte zu träumen. Der Prinz hätte sie nicht als Objekt der Begierde betrachtet. Es stand auch nicht zu erwarten, daß sich daran jemals etwas ändern würde.

Der Altersunterschied schien eine unüberwindliche Hürde zu sein – nicht weil die Kluft von zwölfeinhalb Jahren zu groß gewesen wäre, sondern weil er einzig an witzigen und intellektuellen Frauen von Welt interessiert war. Und Diana war zwar witzig, nicht aber intellektuell und ein Mädchen, dem der Geruch des Klassenzimmers noch anhaftete. Also schob sie ihre Träume beiseite und stürzte sich ins Leben – ein armseliger Ersatz für das Nirwana, das sie auf Sandringham erblickt hatte. Sie erzählte Simon Berry, mit dem sie in Skiurlaub fuhr: »Es wäre schön, wenn ich Tänzerin werden könnte – oder Prinzessin von Wales.«

Wie alle Teenager, deren Talente nicht ihrem Ehrgeiz entsprechen, hatte Diana Probleme, eine Rolle zu finden, die ihr die Aufmerksamkeit, Beschäftigung und Befriedigung geben konnte, nach der sie suchte. Besonders die Ausbildung zur Tanzlehrerin war ihren Erwartungen nicht gerecht geworden. Sie war demütigend und anstrengend gewesen. Nachdem sie diese Ausbildung aufgegeben hatte, ohne sich auch nur die Mühe zu machen, Madame Vacani eine Erklärung zu liefern, und zum Putzen zurückkehrte, drückten viele Menschen, darunter auch die Königin, Zweifel an ihrem Durchhaltevermögen aus. Aber was auch immer Dianas Fehler sein möge, Faulheit und mangelnder Einfallsreichtum gehören nicht dazu. Wenn sie nicht gerade Wohnungen putzte oder auf Babys aufpaßte, machte sie alles, was sie beschäftigt hielt und ein wenig Extrageld einbrachte. Einmal arbeitete sie für William Worsley, den Sohn und Erben des Grundbesitzers Sir Marcus Worsley, Baronet, Lord Lieutenant of Yorkshire, den Bruder der Herzogin von Kent. Diana strich das Erdgeschoß seines Hauses in der Bourne Street und »leistete ziemlich gute Arbeit«.

Glücklicherweise war ihr gesellschaftliches Leben erfolgreicher als ihr berufliches, wenn auch der Kreis, in dem sie jetzt verkehrte, nicht der glänzendste war. Ihr Freundeskreis war sicher nicht die elegante Welt, obwohl er aus wohlgeborenen Mitgliedern bestand und nett genug war, daß sie bis zum heutigen Tag mit ihm in Kontakt steht. Zu diesem Kreis gehörten die Brüder Hay, die Tochter des Grafen von Erne, Lady Cleone Crichton, Rory Scott, Sophie Kimball und Laura Greig. Sie hatten wie sie weder einen hohen Rang, noch waren sie berühmt. Diana war einfach nur noch ein hübsches Mädchen mit guten Beziehungen wie tausend andere, die die Polsterung des Establishments ausmachen und den Rest ihres Lebens in behaglicher Bedeutungslosigkeit verbringen.

Die aufblühende Diana als unscheinbar zu beschreiben mag grausam erscheinen, aber genauso war es. Ich muß es wissen, denn ich lief ihr gelegentlich bei großen Partys, die von gemeinsamen Freunden gegeben wurden, über den Weg. Ich habe absolut keine Erinnerung mehr an sie, obwohl ich mich an ihren Namen im Zusammenhang mit ihrem Vater und ihrer Stiefmutter erinnern kann. Aber es gibt andere Mädchen in dem Alter, an die man sich erinnert, entweder weil sie außergewöhnlich schön sind oder eine beeindruckende Persönlichkeit besitzen. Oder man denkt an sie zurück, weil sie ein natürliches Charisma haben oder so häßlich sind, daß sie aus dem Rahmen fallen.

Wenn man ihren Freunden Glauben schenken kann, sieht es so aus, als habe Diana damals noch keinen Zugang zum verwunschenen engen Kreis um den Prinzen von Wales gehabt. Er hatte sie noch nicht ausgeführt. »Ich habe gelesen, sie sei gelegentlich mit ihm ins Theater oder in die Oper gegangen. Das ist völliger Unsinn. Er hat sie nicht eingeladen, noch nicht einmal, um die Anzahl seiner Freundinnen zu erhöhen.« – »Sie hätte es mir bestimmt erzählt, wenn sie sich getroffen hätten«, sagt eine Freundin. »Betrachten Sie es doch vernünftig. Warum sollte ein beschäftigter Lebemann von

Dreißig, der so viele Freunde und Bekannte hat, daß er nicht mehr weiß, was er mit ihnen anfangen soll, ein achtzehnjähriges Mädchen ausführen, auf das er noch nicht einmal Eindruck machen will? Die Vorstellung ist einfach zu lächerlich.«

So vergingen die Tage in Dianas Leben weiter auf dieselbe angenehme, aber langweilige und ziellose Weise. Den Höhepunkt stellten ihr achtzehnter Geburtstag und der Erwerb von Coleherne Court dar, bis Diana im Juli 1979 eine weitere Einladung erhielt, sich der königlichen Familie anzuschließen, diesmal auf Balmoral. Auch diesmal hatte sie die Einladung ihrem Schwager Robert Fellowes und ihrer Schwester Jane zuzuschreiben, die mit Recht die Vorteile seiner Position nutzten. Aber die Einladung an Diana hatte noch einen anderen Zweck. »Ihr ganzes Leben lang hatte man den Mädchen erzählt, Diana sei für Prinz Andrew reserviert. Sie in der Nähe zu haben war eine Möglichkeit, die Flamme nicht ausgehen zu lassen, ihre Existenz immer wieder in sein Bewußtsein zu rufen, damit er, wenn er bereit war zu heiraten, nicht weiter zu schauen brauchte als bis zu ihr. Es war eher eine spekulative und langfristige als eine kurzfristige und berechnende Angelegenheit – wie man meinen könnte, wenn ich es erzähle. Man tat dies gezielt, aber nicht kaltblütig«, bemerkt ein Spencer-Cousin.

Laut einem Mitglied des königlichen Kreises, das dabeigewesen war, deutet alles darauf hin, daß es Diana auf Balmoral gefiel. Sie paßte gut zu den anderen und war ein so großer Gewinn, wie man es von einer Achtzehnjährigen erwarten kann, die in einen Kreis von Älteren und Erfahreneren kommt. Sie besaß einen guten Sinn für Humor, war bereit und willens, sich am Spaß zu beteiligen und war leicht kokett, ohne zudringlich zu sein. Damals fing sie an, öfter über Prinz Charles nachzudenken. »Es war noch immer eher ein Traum als etwas anderes, aber ihr Interesse wuchs, und sie entwickelte etwas, was man, glaube ich, eine Verliebtheit nennen könnte. Ich denke, die Mischung, daß er der Prinz von Wales war und sich tatsächlich schon wieder die Mühe machte, nett zu ihr zu sein, war das, was sie anzog«, sagt einer ihrer Freunde. »Sie war sehr interessiert daran, irgendwo Anker zu werfen. Dabei muß man bedenken, daß ihr Leben fernab vom Palast nicht gerade aufregend war. Wenn sie nicht gerade putzte, trieb sie sich in London herum. Ihr Leben war farbloser, als sie es sich wünschte. Das Leben der königlichen Familie mit all seinem Glanz, dem Komfort und der gesellschaftlichen Stellung zog sie stark an.«

»Damals traten die Gedanken an eine Ehe mit Prinz Andrew in den Hintergrund. Sie begann zu erzählen, daß sie lieber Prinzessin von Wales werden würde. Es schien, als zöge die Stellung und das, was diese ihr bot, sie genauso an wie Charles, der Mann. Ich bin überzeugt, sie hätte das gleiche empfunden, wenn er etwas weniger nett gewesen wäre, aber seine Nettigkeit machte es ihr leichter. Es besteht kein Zweifel daran, daß sie außerordentlich ehrgeizig war, weit mehr, als ihre Fähigkeiten es rechtfertigten. Und während ich nicht daran zweifle, daß sie sich in ihn verliebte – sie ist sehr romantisch und würde sich nicht erlauben, sich nicht wahnsinnig in jemanden zu verlieben, den sie sich angeln möchte –, bin ich ebenfalls sicher, daß sie ihm keine zwei Minuten gewidmet hätte, wäre er nicht der gewesen, der er war.«

Ein ehemaliges Mitglied des königlichen Hofstaates, das sie aus dieser Zeit kennt und sich gut an sie erinnert, stimmt zu: »Damals hätte sie sich in jeden ungebundenen Prinzen von Wales verliebt, solange eine 0,000007prozentige Wahrscheinlichkeit bestand, Prinzessin von Wales zu werden. Selbst wenn er drei Arme und ein Auge gehabt und beim Sprechen gespuckt hätte. Ist das Liebe, oder liebt man die Stellung?«

Aber Diana war noch nicht wirklich in Prinz Charles verliebt. Er war zwar offiziell verfügbar, aber nicht ungebunden, und sie wußte das. Also ging sie wie ein Skifahrer an der Spitze des Abhangs in die Hocke und wartete auf den günstigsten Moment, um sich in die eine oder andere Richtung abzustoßen. Sollte sich eine Möglichkeit ergeben, den Thronfolger zu bekommen, würde sie sich auf ihn stürzen. Bot sich diese Gelegenheit nicht, so würde sie sich für seinen jüngeren Bruder verfügbar halten. Sie würde sich erst verlieben, wenn sie wüßte, daß es sicher war, zu starten. Wie es schien, war sie trotz ihrer romantischen Ader bemerkenswert weitsichtig, vernünftig und auf ihren Selbstschutz bedacht.

Nach dem Besuch bei der königlichen Familie im Jahr 1979 kehrte Diana wieder einmal nach London und zu einem Leben zurück, das trotz all ihrer unbestreitbaren Anstrengungen unwiederbringlich in einem Sumpf der Gewöhnlichkeit zu versinken schien. Aber es sah so aus, als würden sich die Dinge ohne ihr Wissen bessern. Eine ganze Reihe unterschiedlicher Aktivitäten gaben ihrem Leben einen neuen Sinn. Da war die Begeisterung darüber, die erste Wohnung zu renovieren. Da war die Freude über die Jazz- und Steptanz- sowie die Fitneßkurse, die sie im Dance Centre in Covent Garden besuchte. Sie hatte sich dort angemeldet, nachdem sie die Vacani Dance School im März verlassen hatte, und die Bedeutung der Kurse für sie kann nicht hoch genug bewertet werden. Diana selbst sagt, daß sie fürs Tanzen schwärmt, und sie verließ Covent Garden nicht ohne jenes strahlende Lächeln, das von einem ausgeht, wenn man etwas tut, was man liebt. Im September begann sie mit ihrer Arbeit im New-England-Kindergarten. Sie bezeichnet ihren Aufenthalt dort als »sehr glückliche Zeit«. Ihr gesellschaftliches Leben war zwar nicht hochkalibrig und aufregend genug, um ihren Ehrgeiz zu befriedigen, aber sie hatte Freunde, deren Gesellschaft sie genoß. Sie gaben Dinnerpartys und luden dazu ein, speisten in Treffpunkten der »Szene« wie *Topolino d'Ischia* an der Draycott Avenue, *Foxtrot Oscar* in der Royal Hospital Road und *La Poule au Pot* in der Ebury Street, wo das Essen gut und nahrhaft, das Dekor erstklassig und zurückhaltend war und die Atmosphäre nach verborgenem Reichtum und für selbstverständlich erachteten Privilegien duftete.

Diana besuchte nicht sehr viele Partys, aber sie ging oft mit guten Bekannten wie Simon Berry oder ihrem Freund George Plumptre ins Kino. Im Laufe der Zeit hat sie die Freunde ihrer Jugend schätzengelernt, und zwar anders als damals, als sie Prinzessin von Wales wurde.

»Diana ist sehr praktisch veranlagt. Sie wartete den rechten Augenblick ab, bis sie bekam, was sie sich wünschte. In der Zwischenzeit ließ sie es sich gutgehen. Sie verspürte kein Bedürfnis, die Dinge zu beschleunigen. Sie war jung – eigentlich zu jung für das, was sie wollte –, und eine Tugend, die sie immer schon besessen hat, ist die Geduld«, sagte ein Freund. Ein adliger Verwandter ist da anderer Meinung: »Wachsamkeit mag wohl ein passenderes Wort sein als Geduld. Aber es steht außer Frage, daß sie zu den Menschen gehört, die genau wissen, was sie wollen, und warten, bis sie es bekommen können. Wäre sie ein wildes Tier, so hätte ihre Beute wahrscheinlich keine Chance.«

# DAS ZIEL
# RÜCKT NÄHER

Im Mai 1980 heiratete Sarah Spencer Neil McCorquodale, einen Cousin von Raine und Landwirt, in der Great Brinkton Church auf dem Althorp Estate. Diana war Erste Brautjungfer. Sie urteilte sehr streng über diese Ehe, die ihre Schwester jedoch sehr glücklich machen sollte. Sie konnte ihrer Leidenschaft für Pferde frönen, und die Verbindung mit Neil gab ihr die emotionale Sicherheit, nach der sie sich sehnte.

»Entweder Westminster Abbey – oder gar nichts«, bemerkte sie bissig und unbeeindruckt von der Normalität des Oberklassen-Landlebens: das Leben, das ihr bevorstand, sollte es ihr nicht gelingen, eine Verbindung mit dem Königshaus einzugehen. Das jedoch schien nicht sehr wahrscheinlich, was den Prinzen von Wales betraf. Jeder in königlichen Kreisen wußte, das er schrecklich in Anna Wallace verliebt war, die er 1979 traf, als er im Belvoir jagte. Das ist einer der besten Jagdgründe des Landes. Er liegt auf dem Besitz des Herzogs von Rutland im Tal von Belvoir. Im gleichen Monat hatte James Whitaker, der bekannte Journalist mit der Spezialität englisches Königshaus, dessen ganzer Stolz es ist, daß er das Haus nie ohne einen Feldstecher verläßt, sein Visier auf eine Decke gerichtet, auf der sich Charles mit der sinnlichen Anna am Ufer des Flusses Dee auf Balmoral rekelte. Das war ein sehr unpassendes Verhalten für einen Mann, den man eigentlich beim Fliegenfischen vermutete. Als Charles merkte, daß er entdeckt worden war, schickte er Lord Tryon aus, den Ehemann seiner Vertrauten Kanga, um den Reporter und Ken Lennox fortzujagen, der versuchte, Fotos zu machen. Anthony Tryon gehorchte und beschied den beiden Journalisten mit einem unanständigen Wort, sie sollten verschwinden. Aber es war zu spät. Sie hatten bereits das Foto geschossen, das sie brauchten. Und Whitaker, der begriff, was er da gerade gesehen hatte, teilte es ordnungsgemäß der Welt mit.

Diana konnte nicht umhin, diese Dinge zu erfahren. Sie wußte, was vor sich ging. Aber da sie noch nicht wirklich in Charles verliebt war, berührte es sie nicht sonderlich.

Im Laufe der Jahre hat es immer wieder Vermutungen über die Art der Beziehung des Prinzen zu Anna Wallace gegeben. Jeder der Berichte in der Presse und in Büchern weiß etwas anderes zu berichten. Einige Autoren behaupten, es sei keine große Romanze gewesen, andere sagen, es sei nicht einmal eine richtige Romanze gewesen, und wieder andere berichten, daß er sie heiraten wollte. Also fragte ich jemanden, der zu der Zeit, als die Beziehung zu Anna aktuell war, beim königlichen Hof angestellt war. »Sie kam regelmäßig in den Palast. Sie kannte sich aus, kannte sein Büro, sein Apartment; sie wußte, wie man durch die Seitentür dorthin kam, die alle benutzten. Sie war häufig dort, dem Blick der Presse und der Öffentlichkeit verborgen.«

»Er war sehr in sie verliebt. Er machte ihr einen Heiratsantrag. Sie gab ihm keinen Korb. Sie hatten vereinbart, daß sie darüber nachdenken wollte. Während sie noch darüber nachdachte, kam es zum Bruch. Es tat mir leid. Er hätte besser Anna statt Diana geheiratet. Er wäre mit ihr viel glücklicher geworden. Sie war genau die Richtige für ihn. Diana ist es nicht. Er und Diana haben die gleichen Bedürfnisse. Das ist ihr Problem. Sie sind beide hinter dem gleichen her. Sie können es dem anderen nicht geben, weil sie es beide brauchen. Aber Anna konnte seine Bedürfnisse befriedigen. Anna ist intelligenter und weniger zuwendungsbedürftig als Diana. Und der Prinz von Wales ist ein äußerst sinnlicher Mann mit überwältigenden sexuellen Bedürfnissen, denen Diana nicht gewachsen war. Woher ich das weiß? Wegen einer Bemerkung, die sie mir gegenüber machte. Aus naheliegenden Gründen kann ich sie nicht zitieren. Das wäre nicht schicklich. Aber sie sagte klar, daß er für sie einen zu starken Geschlechtstrieb habe.«

»Aber wenn man sie zusammen beobachtete, konnte man sehen, daß ihn und Anna eine große und glückliche Leidenschaft verband. Ich war oft mit ihnen zusammen. Wenn sie im selben Raum waren, knisterte die Luft vor Verlangen. Er konnte seine Hände nicht von ihr lassen, und die Art, wie er sie ansah, reichte, daß einem das Herz schneller schlug. Es war wirklich sehr ergreifend.«

Ein bekannter Handelsbankier erklärt, was die Männer, einschließlich Charles, an Anna so fesselnd fanden: »Ich hatte eine kurze, aber intensive Beziehung mit Anna Wallace. Sie dauerte nur sechs Wochen. Aber ich weiß, weshalb sich Prinz Charles in sie verliebte. Sie besitzt ungeheuer viel Persönlichkeit und hat einen starken Charakter. Sie ist sehr amüsant, sehr intensiv und intelligent, interessiert und interessant, leidenschaftlich. Sie hat ein wunderschönes Gesicht und eine tadellose Figur. Sie steht mit beiden Beinen auf der Erde. Sie sagt immer, was sie denkt, und es ist das Problem der anderen, wenn ihnen das, was sie hören, nicht gefällt. Es stimmt wirklich, daß er ihr einen Heiratsantrag gemacht hatte und daß sie nicht ja sagen wollte. Und was war die Folge? Es machte ihn nur noch schärfer.«

Anna war eine erfahrene Reiterin, die Charles Jagdleidenschaft teilte. Ihr Spitzname war Whiplash – *Peitschenschnur* –, und das nicht wegen ihrer Fähigkeit, eine Jagdpeitsche zu schwingen, sondern wegen ihrer Zunge, die zu gebrauchen sie sich nicht scheute, wenn sie wütend war. Und sie war aufbrausend. »Wenn ihr etwas nicht gefiel, sagte sie es«, berichtet der ehemalige Hofangestellte. »Der Prinz war nicht an Menschen gewöhnt, die ihn so geradeheraus behandelten. Es verwirrte und bezauberte ihn. Für sie war er nur ein weiterer Mann, auch wenn er der Prinz von Wales und sie daher nie respektlos war. Aber sie schonte ihn nicht wegen seines Ranges. Das fesselte ihn. Sein ganzes Leben lang hatten sich die Menschen eher von dem beeinflussen lassen, was er darstellte, als von seiner Persönlichkeit. Dies war das erste Mal, daß er jemanden hatte, der wirklich völlig unbeeindruckt von Charles, dem Prinzen war, aber Charles, den Mann, liebte.«

Aber Charles, der Prinz, verpfuschte es für Charles, den Mann. »Er (sein Verhalten) änderte sich ständig«, sagt derselbe Informant. »An einem Tag überfiel er seine momentane Freundin wie ein Ausschlag, dann hörte sie drei Tage, manchmal sogar eine Woche lang nichts mehr von ihm. Er war total egoistisch. Er wollte niemanden verletzen. Seit er ein kleiner Junge war, hatte sich das Leben um ihn gedreht. Seinen eigenen Weg zu gehen, nur an sich selbst zu denken, an das, was er wollte und wie und wann er es wollte – und sehr böse sein, wenn er es nicht bekam –, das war die Art, wie er lebte. Er hatte nie an jemanden anderen außer sich selbst denken müssen. Und die Menschen ließen ihn gewähren. So hatte er immer gelebt, und alle seine früheren Freundinnen hatten sich angepaßt, nicht aber Anna. So etwas ließ sie sich von niemandem gefallen, nicht einmal vom Prinzen von Wales.«

Es gibt einige lustige und denkwürdige Szenen. Einmal bat sie Charles auf Windsor Castle um Champagner. Er kam mit einem Glas braunen Ales zurück und sagte zu der ungläubigen Anna, deren Vater Hamish ein kultivierter schottischer Grundbesitzer und Millionär war: »Mama hat den Schlüssel für den Barschrank.« Dann war da noch die Party zum achtzigsten Geburtstag der Königinmutter, die ebenfalls auf Windsor stattfand und für Anna in einer eher bitteren, obgleich ähnlichen Erfahrung endete. Charles erfüllte seine Pflicht, sich den vielen Gästen seiner Großmutter zu widmen, und überließ Anna fast den ganzen Abend sich selbst. Zu Beginn des Abends war sie tolerant. Sie kannte seine Pflichten und hatte nicht vor, ihn deswegen zur Rede zu stellen. Aber als die Zeit verging und Charles sich immer noch rar machte, wurde sie zunehmend ärgerlicher. Sie war nicht bereit, zu tolerieren, daß jemand sie derart rücksichtslos und respektlos behandelte, und bevor sie davonstürmte, schnappte sie: »Ignoriere mich nie wieder so. Ich bin in meinen ganzen Leben noch nicht so schlecht behandelt worden. Niemand darf mich so behandeln. Nicht einmal du.«

Lady Diana hätte aufatmen können, wäre das das Ende der Geschichte gewesen. Aber das war es nicht, noch nicht. Was den endgültigen Bruch herbeiführte und jede Möglichkeit einer Versöhnung vereitelte, war Prinz Charles' Verhalten auf Lord Vesteys Ball auf Stowell Park in Gloucestershire. Statt sich um Anna zu bemühen, tanzte er den halben Abend mit Camilla Parker Bowles, die bis zu dem Zeitpunkt, an dem er mit Whiplash auszugehen begann, als seine große Liebe gegolten hatte. Anna stürmte wütend davon. Kurz danach verlobte sie sich mit The Honourable Johnny Hesketh, dem jüngeren Bruder von Lord Hesketh, dem Tory-Politiker und Motorradfabrikanten. »Sie heiratete Johnny Hesketh aus Enttäuschung. Sich mit einem anderen Mann einzulassen war ihre Art, sicherzustellen, daß sie nicht in Versuchung geführt würde, die Beziehung mit Prinz Charles fortzusetzen. Sie wollte nicht wieder herumgeschubst werden. Schon nach einer Woche wußte sie, daß sie einen Fehler gemacht hatte. Johnny Hesketh war nicht der Richtige für sie«, sagt der Bankier, mit dem sie eine kurze Beziehung gehabt hatte.

Charles war untröstlich. »Er war sehr, sehr niedergeschlagen, als Anna ihn verließ«, erinnert sich ein ehemaliger Angestellter des Hofes. »Er hatte sie wirklich geliebt, und er hatte alles vermasselt.«

Überraschenderweise bedauerte Lady Renwick, Annas frühere Arbeitgeberin, das Ende der Beziehung zwischen Anna und Prinz Charles nicht. Lady Renwick ist besser bekannt als Homayoun Mazandi, die Kaviarkönigin von Belgravia. Die ganze Hautevolee von London amüsierte sich darüber, daß sie, nachdem sie aus ihrem Heimatland Iran in London eingetroffen war, in einem von einem Chauffeur gefahrenen Rolls-Royce einem gemieteten Taxi folgte, damit ihr Chauffeur die Stadt kennenlernte. Lady Renwick besaß eine Reihe von wahrhaft glänzenden Privatsekretärinnen. Neben Anna gehörte auch Prinzessin Michael von Kent dazu, als sie noch Marie Christine Toubridge hieß. Homayoun erzählte mir: »Anna ist ein sehr gutes Mädchen. Sie war eine gute Privatsekretärin und hat ihre Arbeit gut gemacht, aber er (der Prinz von Wales) hat sich die Richtige für den Job ausgesucht. Anna war nicht dafür geeignet. Sie ist sehr zuverlässig, ein gutes Mädchen, aber sie ist nicht Lady Di. Lady Di kann gut mit Menschen umgehen, mit Kindern und Erwachsenen – sie hat das richtige Einfühlungsvermögen. Anna nicht. Sie kommt zwar mit Menschen aus, aber wenn sie jemanden nicht mag, zeigt sie es. Sie reagiert zu sehr nach dem Prinzip entweder oder. Sie ist ein sehr guter Mensch. Sie ist nicht raffiniert. Sie ist heftig, aber direkt, vielleicht zu direkt. Sie ist ein Mädchen, auf das man sich verlassen kann, aber sie ist ein

Hitzkopf. Sie kommt mit Tieren, besonders mit Pferden, besser zurecht als mit Menschen. Von ihrer Familie bekommt sie nie viel Unterstützung bei dem, was sie tut. Ihr Problem ist, daß sie keine gute Menschenkenntnis hat. Das und ihr Temperament haben ihr Leben beeinflußt. Nein, Anna war für den Job nicht geeignet. Am Ende hat sich der Prinz von Wales die Richtige ausgesucht.«

In diesem Sommer des Jahres 1980, als Charles mürrisch umherirrte, bot sich Dianas Chance. »Robert und Jane wußten, daß die Geschichte zu Ende war, und Diana war erpicht auf ihre Chance beim Prinzen«, sagt der Höfling. »Jane hatte gerade ein Baby bekommen. Deshalb luden sie Diana im Juli nach Balmoral ein.«

Sie folgte der Einladung, und wenn man einem Mitglied der königlichen Party auf Balmoral glauben darf, »spielte (sie) auf Charles wie Nigel Kennedy auf der Geige. Sie besitzt einen absolut wunderbaren Instinkt. Sie weiß immer genau, was sie sagen oder tun muß, damit die Menschen sie mögen oder damit sie das bekommt, was sie will. Sie mag erst neunzehn gewesen sein, aber glauben Sie mir, sie war eine Expertin. Sie benutzte alle Tricks: die üblichen, wie sich verführerisch anziehen und unterhaltend sein, aber auch die ungewöhnlichen. Sie erkannte scharfsinnig, daß er zu den Männern gehört, die einer hübschen Frau nicht widerstehen können, die ihnen zu verstehen gibt, daß sie sie bewundern. Diana folgte ihm wie ein liebeskranker junger Hund. Sie hatte überhaupt kein Schamgefühl. Ihr war egal, was man über sie dachte. Solange er sie im Blickfeld hatte, war ihr Ziel erreicht. Jeder im Haus konnte sehen, was vor sich ging. Sie hielt sich völlig verfügbar und sandte eindeutige Botschaften der Verehrung aus. Der Prinz war geschmeichelt und bezaubert. Verletzlichkeit zieht ihn immer stark an. Aber er nahm sie nicht ernst. Für ihn war sie einfach nur eine Jugendliche, wenn auch, wie sie ihn erkennen ließ, eine charmante und attraktive Jugendliche.

Jedenfalls hatte Diana genügend Fortschritte gemacht, um sich kurz danach im Kreis um Charles wiederzufinden, als er im Lord Cowdray's Club im Cowdray Park auf dem Cowdray Estate in Midhurst, Sussex, Polo spielte. Aber sie war noch nicht weit genug gekommen, um von ihm für die Cowes Week* auf die *Britannia* eingeladen zu werden, wo sich die gesamte königliche Familie versammelte. Sie war zu diesem Zeitpunkt immer noch nicht mehr als eine unwichtige Beigabe, ein winziger Mond unter vielen, die Charles umkreisten. Und das Verlangen nach einer Romanze mit diesem Kind, das der Mündigkeit beunruhigend nahe war, hatte sich, laut Charles und Dianas Freunden, bei dem Prinzen noch nicht eingestellt.

Aber Charles hatte Diana unterschätzt, und das war gut so, denn wenn es anders gewesen wäre, hätte er wahrscheinlich entsetzt die Flucht ergriffen. Sie machte sich nun daran, ihn erst recht zu verführen. »Diana ist sehr willensstark. In dieser Hinsicht ähnelt sie ihrer Schwester Jane. Wenn Sarah nur zehn Prozent der Entschlossenheit ihrer beiden Schwestern gehabt hätte, wäre sie heute Prinzessin von Wales«, sagt der ehemalige Höfling. »Diana bestimmte das Tempo. Sie wußte, daß er kein bißchen an ihr interessiert war, aber sie sah auch, daß er anfällig war. Sie würde keine bessere Chance als diese bekommen. Also war sie so süß wie ein Kätzchen und so listig wie ein Fuchs. Sie spürte ihrem Mann nach, und man muß sie dafür bewundern, wie erfolgreich sie dabei war. Nach Balmoral wurde ihr klar, daß sie sich in seinen Kreis einschleichen mußte. Sie würde ihn nicht bekommen, wenn sie nicht

---

* Die Regatten erreichen in der Cowes Week, der ersten Augustwoche, ihren Höhepunkt (Anm. d. Übers.)

ständig um ihn war. Sie schaffte es, von der Familie zu den Cowes eingeladen zu werden, und zwar durch den simplen Notbehelf, daß sie Lady Sarah Armstrong-Jones bearbeitete.«

Prinzessin Margarets Tochter und Diana waren seit ihrer Kindheit befreundet. Früher, wenn der Hof sich auf Sandringham niederließ, hatten sie miteinander gespielt, zusammen mit Prinz Andrew und Prinz Edward und Sarahs Bruder Viscount Liney. Sie luden sich gegenseitig auf Partys ein, schwammen im Pool, den Dianas Vater auf dem Grund von Park House hatte bauen lassen, und beteiligten sich an den unzähligen Dingen, die Kinder gemeinsam unternehmen.

Obwohl sich Sarah und Diana im Laufe der Jahre voneinander entfernt hatten, nachdem Lord Spencer die Grafenwürde geerbt hatte und nach Althorp zog, erneuerten sie ihre Freundschaft in Balmoral. Ihre Freundschaft hatte die Prüfung der Zeit bestanden, obwohl die Nähe dieser frühen Tage vor Dianas Heirat mit der Zeit und durch ihre unterschiedlichen Lebensstile nachgelassen hat. Sarah ist heute eine ernsthafte Künstlerin, die mit einem angehenden Schauspieler namens Daniel Chatto zusammenlebt (dem unehelichen Halbbruder der Schauspieler Edward und James Fox), während Diana, wie wir alle wissen, auf dem besten Weg ist, die Antwort der königlichen Familie auf Mutter Teresa zu sein, mit einer Prise Mrs. John F. Kennedy, was ihre Güte und ihre Eleganz betrifft.

Die Cowes Week ist einer der gesellschaftlichen Höhepunkte des Jahres. Das Kaliber der Menschen, unter die sich Diana bei ihrem Aufenthalt auf der königlichen Yacht mischte, stellte ihren Coleherne-Kreis in den Schatten. Neben der Elite der Segelzunft – fast alle Multimillionäre – waren dort Prominente aus aller Welt zu finden, von denen manche von weit her eingeflogen waren.

ein kleiner Sprung bis zu der Feststellung, wie geeignet sie sei und wie wunderbar es wäre, wenn der Prinz von Wales jemanden wie sie heiratete.«

Aber Diana mußte ihre Rolle spielen, wenn sie in die königliche Familie aufgenommen werden wollte. Auf Birkhall war sie perfekt. »Sie klebte an ihm (Prinz Charles), wie ein Deodorant in der Achselhöhle«, sagt jemand, der damals dabei war. »Sie hatte alle Zurückhaltung aufgegeben. Man könnte fast sagen, daß sie sich erniedrigte. Aus ihrem unausgesprochenen Flehen ihm gegenüber sprach Unterwürfigkeit. Man sah es an der Art, wie sie ihn anschaute, wie sie ein wenig zu oft lachte, und daran, wie sie sich allgemein ihm gegenüber verhielt. Nicht, daß sie sich schlecht benommen hätte. Davon war sie weit entfernt. Sie achtete sorgsam darauf, wie sie vorging. Aber alle konnten sehen, daß sie sich ihm zu Füßen warf – natürlich nur symbolisch gesprochen – und sagte: ›Ich liebe dich. Nimm mich an oder verstoße mich.‹ Das war genau die richtige Taktik für Prinz Charles, denn er ist wirklich sehr weichherzig und würde nie wissentlich einer Fliege etwas zuleide tun.«

Charles war so ständig mit dieser attraktiven Achtzehnjährigen konfrontiert, die ihn offenkundig bewunderte. Der Prinz, dessen Großtante Prinzessin Alice, Herzogin von Gloucester, meint, daß er vielleicht empfindsamer ist, als ihm guttut, war bald schon bereit, in Diana ein Objekt der Begierde zu sehen. »Als er sie das erste Mal küßte«, sagt ein ehemaliger Angestellter, »war sein Schicksal besiegelt. Man darf nicht vergessen, daß er ein äußerst sinnlicher Mann ist. Als Diana es geschafft hatte, seinen sexuellen Appetit anzuregen, übernahm sie die Macht. Bis jetzt war sie ihm nachgelaufen. Jetzt lief sie in die andere Richtung. Sie war lieb und nett, aber danach ließ sie sich von ihm verfolgen. Wieder leitete sie ihr ausgezeichneter Instinkt. Sie handelte genau richtig.

Ich erinnere mich, daß er einmal, als die Romanze schon im Gange war, verreist gewesen war und nicht sofort angerufen hatte, nachdem er wieder zurück war. Diana reagierte nicht so, wie andere Mädchen es getan hätten. Sie rief ihn nicht an und war nicht besonders lieb zu ihm, als er anrief. Sie legte den Hörer neben die Gabel und ließ ihn zwei Tage dort liegen. Am Ende war er ganz aufgeregt. Sie ist eine Expertin, das kann ich Ihnen versichern. Ein richtiges Naturtalent in Sachen sinnliche Geschicklichkeit.«

# CHARLES'
# LIEBSCHAFTEN

Der Mann, dem Diana Spencer so heftig nachsetzte, befand sich im September 1980 am Scheideweg. Sein Leben war in Bewegung geraten.
Die größte Ungewißheit für den Prinzen von Wales war die Frage, welche Position er nach seinem Abschied von der Marine einnehmen sollte. Er hatte Ende 1976 seinen Dienst quittiert und die veraltete HMS Bronington verlassen. Dieses dreihundertfünfundsechzig Tonnen schwere Minensuchboot schaukelte derart, daß Charles den größten Teil der zehn Monate, die er als Kommandant fungierte, seekrank war. 1977, in dem Jahr, in dem die Königin ihr silbernes Jubiläum feierte, befehligte der Sohn den Jubiläumsappell für seine Mutter. Während er damit beschäftigt war, hielt er seine Unruhe unter Kontrolle, aber danach verstärkte sie sich immer mehr. »Er wußte nicht, was er mit sich anfangen sollte«, sagt ein Mitglied seines Haushaltes. »Ich erinnere mich noch deutlich an eines unserer Gespräche. Er war sehr niedergeschlagen und sagte: ›Ich habe keine Position. Alle haben eine Position. All meine Freunde bekleiden in ihren Berufen Spitzenpositionen. Ich werde erst eine richtige Position haben, wenn ich mit einem Fuß bereits im Grab stehe.‹ Ich widersprach ihm entschieden und sagte: ›Sir, Sie sind der Prinz von Wales. Das ist eine Position für sich. Sie brauchen keine andere. Sie können alles tun, was Sie möchten. Sie können es der Welt zeigen. Sie können jeden Beitrag liefern,

den Sie möchten. Sie können sogar Dinge ändern, wenn Sie möchten. Der Prinz von Wales bekleidet eine der einflußreichsten Stellungen der Welt. Sie gehört Ihnen durch das Recht der Geburt. Alles, was Sie tun müssen, ist, sie zu nutzen, um Zeichen zu setzen. Das wird für Ihre Position sorgen.‹ Er wirkte erstaunt. Er hatte diesen seltsamen Gesichtsausdruck, der signalisierte, daß er sich über etwas nicht sicher ist. ›Glauben Sie das wirklich?‹ fragte er. Man konnte sehen, daß er hoffte, es wäre so. Ich sagte ja. Das war nur eines von vielen ähnlichen Gesprächen. Womit ich nicht sagen will, daß ich der einzige Mensch war, mit dem er darüber sprach. Es gab noch ein oder zwei andere. Aber was wir ihm sagten, half ihm dabei, sich eine Nische zu schaffen – und darin war er im Lauf der Jahre sehr erfolgreich.«

Neben dem beruflichen war auch Charles' privates Leben ein Grund zur Besorgnis. »Es war schrecklich, ganz schrecklich«, erzählt eine seiner Cousinen, Mitglied einer anderen Königsfamilie. »Der arme Kerl konnte dem Druck einfach nicht entkommen. Jeden Tag waren die Zeitungen voller Nachrichten über das neueste Mädchen in seinem Leben. Manchmal machten sie sich noch nicht einmal die Mühe, sich genau zu erkundigen. Sie ließen ihn Mädchen heiraten, die er noch nie gesehen hatte.

Und dann bedrängte ihn auch noch der Herzog von Edinburgh. Er kann richtig bösartig sein und ließ von Zeit zu Zeit eine spitze Bemerkung fallen. Manchmal war er recht witzig, was für Charles nicht lustig war. Er konnte sich gegen diesen ätzenden Spott nicht verteidigen. Natürlich war – wie Charles wußte – auch die Königin daran interessiert, daß er sich häuslich niederließ. Nein, sie übte nicht auch noch Druck auf ihn aus. Das ist nicht ihr Stil. Sie wollte einfach nur, daß er gut versorgt war. Man braucht kein Genie zu sein, um zu erkennen, daß ihr die Vermutungen der Presse mißfielen. Sie hielt sie für würdelos. Sie hat ihr Leben der Nation gewidmet und hatte das Gefühl, es sei seine Pflicht, eine nette Frau zu finden und ein paar Kinder zu bekommen, um die Erbfolge und ein eigenes Familienleben zu sichern.« Auch die Königinmutter war beunruhigt. Sie wollte, daß ihr Lieblingsenkel Urenkel zeugte, bevor sie starb.

Während der siebziger Jahre hatte es im Leben des Prinzen keinen Mangel an Mädchen gegeben. Seine erste richtige Freundin war Lucia Santa Cruz. Sie war die Tochter des chilenischen Botschafters am Hofe von St. James und drei Jahre älter als Charles. Sie lernten sich kennen, als er noch am Trinity College in Oxford studierte. Die auffallende Brünette arbeitete als Forschungsassistentin für Lord Butler von Saffron Walden, Rektor des Trinity, an seinen Erinnerungen *The Art of the Possible*.

»Rab« Butler war ein angesehener konservativer Politiker. Von 1929 bis zu seiner Erhebung in den Adelsstand war er Mitglied des Parlamentes für Saffron Walden. Er wird häufig als »der beste Premierminister, den Britannien nie hatte« bezeichnet. Als guter Freund der Königin und Prinz Philips verkaufte er der Monarchin im Jahre 1976 sein Haus in Gloucester, Gatcombe Park, für Prinzessin Anne und Hauptmann Mark Phillips. Davor war er als Rektor des Trinity für das Wohlergehen des Thronfolgers verantwortlich.

Da er wußte, welche Probleme Charles haben würde, sich an das Collegeleben zu gewöhnen, nahm er sich jeden Abend fünfundvierzig Minuten Zeit für ihn, in denen sie über alles sprachen, was Charles betraf. Er hatte dem Prinzen auch einen Schlüssel für die Seitentür seines Hauses gegeben, damit er, wann immer er wollte, vorbeischauen konnte. Beide Vorrechte nutzte Charles voll aus. Ersteres, um sein Wissen über aktuelle Ereignisse zu vergrößern, deren Zeuge dieser brillante und offene Mann geworden war, der sich fast ein halbes Jahrhundert im Zentrum der britischen Politik befunden hatte. Letzteres, um seine Ruhe zu haben. Charles' zweiter Aufenthaltsort war das Zimmer sechs, erster Stock, Treppenhaus E in New Court. Sobald es bewilligt worden war, wurde es vom Buckingham-Palast mit Teppichen, Vorhängen und eleganten, bequemen Möbeln eingerichtet. Es hatte aus Sicherheitsgründen eine eigene Telefonleitung. Eine Notwendigkeit, die trotzdem für Neid und Aufregung sorgte. Dennoch war Charles von seiner Wohnung nicht begeistert, die eng und für jedermann zugänglich war. Dem Prinzen hatte es vorher nie an Raum oder Privatsphäre gemangelt. Lord Butler kam ihm zur Hilfe und war ebenso gastfreundlich wie aufgeschlossen. Für letzteres war Charles besonders dankbar, nachdem er mit der kultivierten Lucia Freundschaft geschlossen hatte. Eine Freundschaft, die von Lord Butler gebilligt wurde, so daß auch sie einen Schlüssel für die Seitentür seines Hauses bekam.

Somit in der Lage, die Liebesgeschichte dem Blick der Öffentlichkeit zu entziehen, verliebte sich Charles – nach eigenem Eingeständnis. Die Beziehung dauerte mehrere Monate, bevor sie freundschaftlich zu Ende ging. Charles war noch zu jung, um an Heirat zu denken, und selbst wenn dem so gewesen wäre, hätte er dafür nie jemanden in Betracht ziehen können, der römisch-katholischen Glaubens war. Solche Ehen waren gemäß den Bedingungen der Act of Settlement aus dem Jahre 1701 verboten. Dieser Act war ein parlamentarischer Erlaß, der dafür verantwortlich war, daß Charles' Vorfahren eingeladen wurden, auf dem Thron von England Platz zu nehmen. Aber der Prinz und Lucia Santa Cruz sind trotzdem Freunde geblieben. Nach ihrer Heirat wurde er Pate ihres ersten Kindes.

Lucia Santa Cruz war die einzige Brünette, die Charles privat ausführte. Ihre Nachfolgerin wurde 1972 Georgiana Russell, eine braunäugige Blondine mit einem Hang zu auffallenden Kleidungsstücken, wie durchsichtigen Oberteilen mit undurchsichtigen Taschen an den entsprechenden Stellen. Sie war die Tochter des britischen Botschafters in Spanien, Sir John Russell, und seiner Frau Aliki, einer ehemaligen Miss Griechenland. Sie war lieb und lustig und ebenso unprätentiös wie hübsch. Mit ihren einwandfreien Manieren hätte sie eine ausgezeichnete Prinzessin von Wales abgegeben. Sie ist jetzt Lady Boothby, Herrin eines walisischen Schlosses, arbeitet für das Almeida-Theater und ist brünett. Mag ihre Haarfarbe sich auch geändert haben, ihr Kleidergeschmack ist geblieben. Kürzlich sah ich sie auf einer Party bei Tiffany, den Bond-Street-Juwelieren, in einer ihrer interessanten Blusen. Sie ist noch genauso hübsch und lieb und lustig wie früher.

Obwohl Charles sich normalerweise von aufreizend gekleideten Mädchen angezogen fühlte, war seine nächste Freundin nie in Gefahr, trotz Aussehen und Vermögen, in die Liste der bestgekleideten Frauen aufgenommen zu werden. Lady Jane Wellesley war die Tochter des achten Herzogs von Wellington. Jane war aufgeweckt und lebhaft, besaß einen wachen Verstand und angenehm freimütige Ansichten. Sie hatte mit Georgiana eine paradoxe Eigenschaft gemeinsam: Beide brachten es fertig, gleichzeitig unkonventionell und konservativ zu sein. Die Öffentlichkeit wurde auf diese Beziehung erst aufmerksam, als sich Charles wegen einer Jagd auf dem dreitausend Morgen großen Besitz des Herzogs in der Nähe Granadas in Südspanien zu Jane und ihrer Familie gesellte. Der Besitz war dem Eisernen Herzog nach seinem Sieg im Halbinsel-Krieg 1814 von der spanischen Nation als Dank dafür geschenkt worden, daß er sie von Napoleons älterem Bruder König Joseph befreit hatte. Charles fühlte sich wohl bei Jane. Sie wußte, wie es bei Hofe zuging, und war intelligent, aufmerksam, wißbegierig und aufgeschlossen. Sie trafen sich über drei Jahre lang gelegentlich. Neujahr 1975 war sie sein Gast auf Sandringham. Aber die Beziehung verlief im Sande. Wohl vor allem deshalb, weil Charles das Vergnügen entdeckt hatte, umschwärmt zu werden, und kein Verlangen danach hatte, seine Freiheit aufzugeben. Auch Jane schätzte die Freiheit und wollte sie nicht für den vergoldeten Käfig einer Prinzessin von Wales aufgeben. Jane war auch der Meinung, da sie bereits einen Titel besaß, brauche sie keinen weiteren. Damals arbeitete sie für BBC beim Fernsehen. Sie wurde die Vertreterin ihrer Abteilung bei der National Union of Journalists*, wo sie für ihre Fähigkeit und Kraft gerühmt wurde.

Währenddessen genoß Charles die Verlockungen, die ihm das Schicksal über den Weg schickte. 1975 lernte er in einem Yachtclub Laura Jo Watkins kennen, die Tochter eines Admirals, als er mit seinem Schiff *Jupiter* dort andockte. Nur zu entzückt, einer so schönen Versuchung zu erliegen, ließ der Prinz seiner Leidenschaft für die schlanke, sonnengebräunte Blondine freien Lauf. Da sie Amerikanerin war, wußte sie nicht viel über das Verhalten, das beim Umgang mit Mitgliedern des Königshauses erwartet wurde. Sie behandelte ihn natürlicher, als er je behandelt worden war. Nicht daß Laura Jo für die Feinheiten blind gewesen wäre, die den üblichen gesellschaftlichen Umgang bestimmten. Sie besaß gute Manieren, war attraktiv und intelligent und fesselte ihn derart, daß er sie nach London bat, um seine Amtseinführung als Mitglied des Oberhauses mitzuerleben. »Daran hätte man erkennen können, wieviel sie ihm bedeutete, aber die meisten Beobachter des Königshauses übersahen diesen Hinweis«,

---

* Nationaler Journalistenverband (Anm. d. Übers.)

erzählt einer seiner Freunde. Aber Fernbeziehungen sind bekanntermaßen schwer aufrechtzuerhalten, und diese hier bildete keine Ausnahme. Sie lief sich tot. Aber die beiden sind immer noch gute Freunde.

Seine nächste Freundin schien akzeptabel zu sein, auch wenn sie nicht den glänzenden Stammbaum der Tochter des Herzogs von Wellington oder das phantastische Aussehen von Laura Jo Watkins vorweisen konnte. Charles lernte Divina Sheffield, Tochter eines Majors und Enkelin von Lord McGowan, 1976 auf der Dinnerparty eines Freundes in Fulham kennen. Er war sofort von der hochgewachsenen schlanken, großbusigen Blondine angetan. Sie lachte viel und hatte ein gewisses Funkeln in den Augen. Und sie war eine Persönlichkeit. Ihre Mutter war auf dem Familiensitz in Oxford brutal ermordet worden. Aber Divina ließ nicht zu, daß dieses Ereignis ihr Urteil über die Welt bestimmte. Charles bewunderte die Art, wie sie damit umging. Er verliebte sich Hals über Kopf in sie und begann sie als ernsthafte Bewerberin um den Thron in Betracht zu ziehen. Die ganze Familie schätzte sie, besonders die Königin und die Königinmutter. Er lud sie nach Balmoral ein, um zu sehen, wie sie mit den Anforderungen des rauhen Landlebens fertig wurde. Sie meisterte sie für seine chauvinistische Einstellung, die sich bei dieser Gelegenheit zeigte, eine Kleinigkeit zu gut. Divina bestand darauf, aus der traditionellen Rolle auszubrechen und ihn auf die Jagd zu begleiten, obwohl er sie bat, zu Hause zu bleiben. Das Ende ihrer Romanze fiel mit einer Veröffentlichung ihres Exfreundes James Beard in einem Sonntagsblatt zusammen, wo er enthüllte, daß sie mit ihm zusammengelebt hatte. Aber das war nicht der Grund für den Bruch. »Natürlich erwartete Charles nicht, eine Jungfrau zu heiraten. Jenseits des vierzehnten Lebensjahrs existieren keine Jungfrauen mehr. Und schließlich wissen Sie genausogut wie ich, wie erfahren alle Mitglieder dieser Gesellschaftsschicht sind«, meinte eine Verwandte von Charles.

Einer der berühmtesten Klatschkolumnisten der Welt, ein enger Freund Prinzessin Margarets und mindestens noch eines weiteren Mitglieds der königlichen Familie, bekräftigt dies: »Es gab nicht viele Jungfrauen in Charles' Generation. Er hat mit den meisten von ihnen geschlafen.«

Ob das nun zutrifft oder nicht, der Prinz erlaubte nicht, daß sich dieses Thema zwischen ihn und Divina Sheffield stellte. Trotzdem »machten (sie) in gegenseitigem Einverständnis Schluß. Nachdem sie die Unbilden des königlichen Lebens gekostet hatte, besaß die Vorstellung, Prinzessin von Wales zu werden, für sie keine Anziehungskraft mehr. Vom Standpunkt des Prinzen von Wales aus gesehen, war das nicht schlecht. Er befand sich in einer Position, in der er nichts verlieren konnte. Heiratete er, tat er seine Pflicht, und wenn nicht, behielt er seine Unabhängigkeit.«

»Ich verliebe mich schnell«, gestand Prinz Charles einmal, als er über Liebesaffären und Ehe sprach. Er hätte auch sagen können: »Meine Hormone bestehen darauf, daß ich mich regelmäßig verliebe. Ich bin nicht gern lange ohne eine Frau.« Ohne eine »offizielle« Freundin, nur mit seinen zuverlässigen und treuen Vertrauten Lady Tryon und Mrs. Parker Bowles als weibliche Gesellschaft. Und eingedenk der Gefahren mit verheirateten Frauen – das Gespenst des letzten Prinzen von Wales, dem ehemaligen König Edward VIII. und späteren Herzog von Windsor, war nie fern – schaute Charles sich nach ungebundenen Geschöpfen um, mit denen er flirten konnte.

Wie Tausende von Männern seiner Generation wurde auch Charles' Phantasie von der Schauspielerin Susan George in Anspruch genommen. Er hatte gesehen, wie sie in *Straw*

*Dogs** und *Mandingo* vergewaltigt worden war. Zwei Filme, die sie zu einem der berühmtesten Sexobjekte des Jahrzehnts machten. Doch anders als die meisten ihrer Bewunderer war der ungebundene Thronfolger in der Lage, etwas zu unternehmen. Also ließ er ihr ordnungsgemäß eine Einladung in den Buckingham-Palast zur Feier seines dreißigsten Geburtstags zusenden. Sie wurde ordnungsgemäß der Königin, der Königinmutter und dem Herzog von Edinburgh vorgestellt, dessen Würdigung hübscher Mädchen lange Zeit der Fluch des Höflingslebens gewesen war. Aber es war der Sohn und nicht der Vater, der sie am Ende eines Abends, den sie wunderbar fand, nach ihrer Telefonnummer fragte. Sie gab sie ihm, wurde angerufen und zu einem Dinner im Palast gebeten – in Charles' Räume. An diesem Abend begann, was sich für beide als leidenschaftliche Affäre erweisen sollte. Der größte Teil dieser Romanze spielte sich in der Privatsphäre von Windsor Castle ab. Doch eine Verbindung, die nirgendwohin führte, mußte zwangsläufig zu einem Ende kommen. Wieder einmal zeigte sich das Geschick des Prinzen, mit seinen Ehemaligen befreundet zu bleiben. Susan nahm an der Feier zum achtzigsten Geburtstag der Königinmutter im Jahre 1980, an Charles' Hochzeit 1981 und danach am Hochzeitsfrühstück im Palast teil. Ich sah sie mit ihrem Mann, dem Schauspieler Simon MacCorkindale, auf der Feier zum siebzigsten Geburtstag von Prinz Philip im Juni 1991 auf Windsor Castle.

Aber Susan George war nicht die einzige Eroberung aus dem Showbusineß. »Er hatte eine langandauernde Affäre mit Sheila Ferguson von den ›Three Degrees‹«, erzählt ein Freund von mir, der sie kennt. »Sie waren verrückt nacheinander. Ihr Haus ist ein Altar für ihn. Wohin man auch schaut,

---

* Dt.: Wer Gewalt sät ... (Anm. d. Übers.)

man sieht Fotos von den beiden. Nein, nicht nur offizielle Fotos – private Fotos, auf denen sie sehr deutlich erkennbar als Liebespaar zusammen sind. Ich weiß, die Öffentlichkeit denkt, die ›Three Degrees‹ sei seine Lieblingsgruppe und sonst nichts. Aber es ist mehr als das, viel, viel mehr. Die Affäre dauerte Jahre. Und obwohl Sheila und Charles schon lange nicht mehr zusammen sind, sind sie sich immer noch herzlich zugetan. Sie betet ihn immer noch an.«

Egal, wie sehr der Prinz von Wales Susan George oder Sheila Ferguson auch liebte, keine von ihnen konnte mehr sein als ein Versuch. »Eine Schauspielerin oder eine Unterhaltungskünstlerin, gleichgültig welcher Hautfarbe, war einfach nicht angemessen«, sagt jemand, der mit der königlichen Familie bekannt ist. »Die Frage nach einer Heirat stellte sich nicht. Das wäre so ähnlich wie bei Wallis Simpson gewesen. Königin Elizabeth (die Königinmutter) hat ihm von Kindesbeinen an eingeimpft, daß Wallis Simpson und sein Onkel David mit dem Teufel gleichzusetzen seien.«

Da war es gut, daß der Prinz eine klare Vorstellung davon besaß, wie die geeignete Braut aussehen sollte. Damals gab es zwei Freundinnen, die jede eine weit interessantere Königin abgegeben hätte, als die Briten es erwarteten. Die erste war The Honourable Fiona Watson, Lord Mantons Tochter. Sie disqualifizierte sich trotz des geeigneten Hintergrundes und ihres guten Aussehens, als sich herausstellte, daß sie mehreren Millionen Lesern von *Mayfair*, einem billigen Pornomagazin, einen intimen Blick auf ihren aristokratischen Körper gewährt hatte. Aber das war trotz anderslautender Informationen nicht das Ende der Geschichte. »Er rief immer im letzten Augenblick an und erwartete, daß sie verfügbar war«, erzählt ein Freund. »Sie hatte die Nase voll von diesem rücksichtslosen Verhalten und beschloß, ihm Benehmen beizubringen. Als er wieder einmal anrief, sagte sie, sie könne nicht. (Der Anruf) war das letzte, was sie von ihm hörte. Entweder war er nicht mehr interessiert, oder er konnte die Abfuhr einfach nicht einstecken. Ich weiß es nicht. Sie auch nicht. Sie sprechen miteinander, wenn sie sich zufällig treffen. Aber das kommt nicht oft vor. Sie sind sich nicht besonders wohlgesinnt.«

Der adlige Leckerbissen wurde durch die geschiedene Jane Ward ersetzt, die im Jahre 1979 für ein paar Monate seine Hauptgeliebte wurde. Sie arbeitete im Büro des Guards Polo Club. Für eine Weile sah es so aus, als würde die Affäre wie alle anderen verlaufen. Aber sie endete schmerzlich, denn Charles schickte seinen Detective, um sie von ihrem Arbeitsplatz auf dem Besitz seiner Mutter zu weisen. Der Bruch heilte nie.

Jane war nicht die erste Freundin, die die eisige Kälte des Prinzen zu spüren bekam. Sabrina Guinness, die temperamentvolle Brauerei-Erbin, zu deren Abenteuern auch eine enge Beziehung zu Mick Jagger und eine Zeit als Kindermädchen von Tatum in Ryan O'Neals Haus gehörten, entdeckte, daß der Aufenthalt in Balmoral furchterregend und ungemütlich sein konnte. Der königlichen Familie mißfiel die Vorstellung, daß sich zwischen dem Prinzen und Sabrina, der wohlerzogenen Trägerin eines Familiennamens, der beinahe ebenso viele Bilder von Reichtum heraufbeschwor wie der Name Windsor, eine Beziehung entwickeln sollte. Also brachen sie jede Regel der Gastfreundschaft. Was sich bereits zeigte, noch bevor ihre Sachen ausgepackt waren.

Die charmante und entzückende Sabrina erzählte unschuldig, daß der Wagen, der sie von der Ballater Station abgeholt habe, einer »Black Maria« ähnlich sah. Dies ist ein Fahrzeug, das damals dazu diente, Kriminelle zum Gericht zu fahren und wieder abzuholen. Sie hatte niemanden beleidigen wollen. Aber noch bevor sie den Satz zu Ende gesprochen hatte, erwiderte der notorisch bösartige Herzog von Edinburgh, daß sie sich mit Black Marias auskennen müsse.

Falls sie erwartet hatte, die Königin würde eher dafür sorgen, daß sie sich wie zu Hause fühlte, sollte Sabrina eine Lektion in Desillusionierung erhalten. Als sie Platz nehmen wollte, informierte sie Ihre Majestät mit dem Charme einer viktorianischen Schulleiterin, daß sie sich nicht dort hinsetzen könne, da dies der Stuhl von Königin Mary sei. Die Tatsache, daß die Großmutter der Königin schon seit fünfundzwanzig Jahren tot war, hatte niemand vergessen. Und um noch eine Beleidigung hinzuzufügen, igonierte Charles sie während des gesamten Aufenthaltes und ging seinen Geschäften nach, als wäre sie nicht sein Gast.

Aber Sabrina hatte nicht die ganze Macht der königlichen Höflichkeit zu spüren bekommen. Diese zeigte sich, als der Prinz sie bat, ihn zu einem Ball zum Grafen von Pembroke zu begleiten. Der Graf war ein hochgewachsener, schlanker und gutaussehender Filmproduzent, der dafür verantwortlich war, daß die siebzehnjährige Koo Stark in seinem pikanten Film *The Adventures of Emily* mitspielte und sie damit der Möglichkeit beraubte, Herzogin von York zu werden. Der Ball fand auf Wilton House in Wiltshire statt, einem prächtigen und imposanten Wohnsitz. Charles hatte auch Sabrinas Zwillingsschwester Miranda dazu eingeladen. Er krönte seine Geschmacklosigkeit damit, daß er beiden nur wenig Aufmerksamkeit zollte, bevor er allein in die Nacht verschwand. Soviel zum Gentleman, der seine Lady sicher bis an die Tür begleitet.

Abgesehen von Lady Sarah Spencer, gab es bekanntlich noch zwei weitere Freundinnen. Aber sie gehörten in eine andere Kategorie, da sie heirateten und zu Vertrauten wurden. Die erste war Dale Harper, die Charles Ende der sechziger Jahre in ihrem Heimatland Australien kennenlernte. Sie war jung, klug, blond, drall und bezaubernd. Sie hatte und hat immer noch einen australischen Akzent, bei dem sich Crocodile Dundee sofort zu Hause fühlen würde. Daher der Name, den Charles ihr gab: Kanga*. Nebenbei bemerkt nennen sie alle ihre Freunde Dale. Der Name Kanga scheint ausschließlich dem Prinzen und der Presse vorbehalten zu sein (obwohl sie ihn auch für ihr exklusives Kleidergeschäft am Beauchamp Place in Knightsbridge benutzte).

Wie es oft bei jungen Menschen der Fall ist, zog es auch Charles und Dale nach der anfänglichen Hast zu anderen Partnern, obwohl die Sympathie füreinander unverändert blieb. Sie heiratete Lord Tryon, dessen Vater Verwalter der Privatschatulle der Königin war, und ließ sich in England nieder. Dales Persönlichkeit, stets ihr größter Vorzug, kam ihr auch weiterhin zustatten. Sie ist hauptsächlich für den Erfolg verantwortlich, den sie sich in königlichen Kreisen erlangte. Sie ist einer der nettesten und herzlichsten Menschen, denen zu begegnen man hoffen kann, und sie ist intelligent, lebhaft, tüchtig und vollkommen natürlich.

Es war nur eine Frage der Zeit, wann die Freundschaft erneut enger und tiefer werden würde. Schließlich wurde sie so eng, daß Dale den Ritterschlag als Vertraute erhielt. Das ist eine besondere Rolle, eine angesehene und hochgeschätzte Stellung in königlichen Kreisen, über die ich später noch ausführlicher sprechen werde. Es genügt, zu sagen, daß Dale diese hervorragende Stellung nie erreicht hätte, wenn sie nicht verheiratet gewesen wäre. Die Tatsache, daß ihr Mann ein Freund der königlichen Familie war, ermöglichte es dem Ehemann, der Ehefrau und dem Prinzen, vielen Vergnügungen nachzugehen, ohne Angst vor schlechten Kritiken haben zu müssen. Zu diesen Vergnügungen gehörten Reisen nach

---

* Abkürzung von *kangaroo*, Känguruh (Anm. d. Übers.)

Island und Schottland, die sie bis zum heutigen Tage zusammen machen.

Dale teilt die Leidenschaft des Prinzen fürs Angeln. Sie ist auch eine gute Reiterin, und bekanntlich reitet Charles sehr gern. Die vielen gemeinsamen Interessen haben nur ihre Hochachtung voreinander verstärkt, ebenso wie die Geburt der Kinder. Da war die Erstgeborene, eine wunderschöne Tochter namens Zoe, der Charles ein liebender »Onkel« wurde. Ihr folgte in den frühen Tagen ihrer Freundschaft ein Sohn und Erbe. Er wurde zu Ehren des Prinzen, der den Tryons nahe genug stand, um Pate zu werden, Charles genannt. Später, nachdem Dale die begehrte Position der königlichen Vertrauten übernommen hatte, bekam sie Zwillinge. Diese erhielten königliche Namen – Edward und Victoria –, zwei Majestäten, von denen die erstere Charles' Ururgroßvater und letztere seine Ur-Ururgroßmutter waren.

Es überrascht niemanden, daß Dale noch heute eine enge Freundschaft mit ihrem ehemaligen Freund und der älteren Generation der königlichen Familie verbindet. Sie und ihr Mann halten sich häufig als Gäste der Königin in einem der königlichen Wohnsitze auf. Mag Diana auch nicht bei Dale zum Tee kommen, wenn sie in Wiltshire ist, die Königinmutter tut es. Und die Kinder sind in der Gewißheit aufgewachsen, daß Anthony, Dale und die königliche Familie sie lieben.

Jene andere Freundin, die nach ihrer Heirat zu Charles' Vertrauter wurde, ist Camilla Parker Bowles. Sie ist die Schwester von Mark Shand, einem Weltenbummler, der dafür bekannt ist, daß er mit David Baileys Exfrau Marie Helvin zusammenlebte. Außerdem schreibt er Bücher über seine exotischen Abenteuer, wie das Durchqueren des indischen Subkontinents auf dem Rücken eines Elefanten. Camilla ist die Nichte von Lord Ashcombe und folglich ein

Mitglied der Familie, die den größten Teil Belgravias erbaute, dem elegantesten Viertel Londons.

Die Shands sind nie für ihre Schönheit berühmt gewesen, und Camilla besitzt weder Dales Reize noch ihren Stil. Aber sie hat Selbstvertrauen und die richtigen Vorfahren, und das half, ihre Affäre mit Charles in Gang zu setzen. Als sie sich kennenlernten, waren beide Anfang Zwanzig. Es gab auch eine alte Verbindung zwischen ihnen, die ihre Liebesgeschichte noch pikanter machte. Camillas Ururgroßmutter, The Honourable Mrs. George Keppel, war die letzte Mätresse von Charles' Ururgroßvater König Edward VII. Ihre Stellung wurde dermaßen anerkannt, daß Königin Alexandra nach Alice Keppel schickte, damit sie ans Bett des sterbenden Königs kommen konnte.

Aber Charles' und Camillas Affäre erwies sich weder als einfach noch als reibungslos. Wie Diana, deren Timing höchst zufällig gewesen war, wollte Camilla heiraten. Ein Beruf interessierte sie nicht. Aber Charles stand der Ehe mit gemischten Gefühlen gegenüber. Er liebte Camilla. Aber wie konnte er sicher sein, daß sie die Richtige für ihn war? Was, wenn ein anderes Mädchen, eines, das noch besser zu ihm paßte, hinter der nächsten Straßenecke stand? Sollte er die Gelegenheit beim Schopf packen, oder sollte er sich noch etwas Zeit lassen? »Er ist sehr unentschlossen«, sagt ein Mitglied seines Stabes. »Im Gegensatz zu seinem Ruf ist er kein Mann der Tat. Er ist mehr ein Denker als ein Macher. Er ist ein richtiger Zauderer.«

Unfähig, eine Verpflichtung einzugehen, aber nicht bereit, sie ziehen zu lassen, schien Charles Camilla in Versuchung zu führen. Aber sie war nicht gewillt, so lange zu warten. Als Andrew Parker Bowles, ein stattlicher Armeeoffizier mit dem richtigen Stammbaum, sich für sie zu interessieren begann, ermutigte sie ihn. Sie heirateten, und Charles erkannte den Fehler, den er gemacht hatte. Es war zu spät, um Camilla zu seiner Frau zu machen. Aber sie konnte seine Vertraute werden, eine Stellung, die sie mit noch mehr Frieden und Harmonie erfüllte als Dale. Andrew Parker Bowles war bezüglich der Zeiteinteilung und der Interessen seiner Frau noch geduldiger und großzügiger als Anthony Tryon. Obwohl beide Ehemänner die Ehre zu schätzen wissen, die ihren Frauen erwiesen wird.

Mit zwei Ehemännern, die ihren Frauen unterschiedliche Grade von Zusammenarbeit bei der Aufrechterhaltung ihrer Freundschaft mit Charles zugestanden, konnten Dale und Camilla wichtige Rollen im Leben des Prinzen und Junggesellen spielen, was sie auch mit Begeisterung taten. Sie waren die beständigen Fäden im Stoff seines Daseins. Und dieser glückliche Zustand hielt selbst dann noch an, als Lady Diana Spencer die Bühne betrat.

# DER KÖDER
# WIRD AUSGEWORFEN

Alle großen Unternehmungen gelingen aufgrund einer Mischung aus Geschick, Taktik und Glück. Mag die Landung beim Prinzen von Wales auch nicht mit den Entdeckungen Christopher Columbus' oder Alexander Graham Bells vergleichbar sein, so war es doch ohne Zweifel eine großartige Unternehmung. Wenn auch nur, um der siegreichen Heldin den lebenslangen Genuß der beiden hervorragendsten Positionen zu gewähren, die einer Frau angeboten, werden können. Sie würde erstens die Prinzessin von Wales, mit all dem Glanz, der Prägung und den Möglichkeiten, die diese Position zu bieten haben wird. Außerdem die Gemahlin des zukünftigen Königs von Großbritannien, Nordirland, Kanada, Jamaika und der vielen anderen Commonwealth-Länder, die noch Monarchien sind.
Für den Rest ihres Lebens wäre jeder Tag Weihnachten. Die Schwierigkeit läge nicht in der Entbehrung, sondern in der unvermeidlichen Übersättigung, die sich einstellt. Gewiß würde es Probleme geben. Zuviel des Guten kann Streß und Spannungen erzeugen. Und natürlich würde man der Nation einen Preis für das großzügige Vorrecht zahlen müssen, das danach ein Anrecht würde. Aber verglichen mit den Sorgen der übrigen Menschheit, hätte eine Prinzessin von Wales keinen Grund zur Klage. Was sie haben würde, wäre die unbedingte und unzweifelhafte Verpflichtung, für den Rest ihres Lebens allen denjenigen Anerkennung zu zollen, die ihr

das große Glück ermöglicht hatten. Jede andere Reaktion wäre nicht nur unrealistisch und unüberlegt, sondern auch kleinlich und arrogant.

Als die neunzehnjährige Diana Spencer im September 1980 auf Balmoral die Brücke von der Verführung zur Romanze mit dem Prinzen von Wales überquerte, war sie sich durchaus bewußt, wie ungeheuer begehrenswert diese Position war. »Es gibt nichts Begehrenswerteres auf der Welt, als Prinzessin von Wales zu sein«, gestand sie einem Cousin von Charles, der bemerkte, daß ihre Wortwahl einigen Ehrgeiz vermuten ließ.

Was nicht heißen soll, daß Diana Charles nicht liebt. Sie war, wie alle sagen, die sie kennen, damals zweifellos bis über beide Ohren in ihn verliebt. Vom Standpunkt der königlichen Verwandtschaft aus gesehen ging es jedoch nicht um die Frage, ob Diana in Charles verliebt war, sondern ob sie auch so für ihn empfinden würde, wenn er kein Prinz von königlichem Geblüt gewesen wäre. Eine Bekannte der königlichen Familie argwöhnte, daß sie sowohl in die Position als auch in Charles verliebt war: »Der Prinz von Wales wurde getäuscht, aber später fielen die Scheuklappen, und ich sage Ihnen, als sie fielen, krachte es mächtig.«

Aber nicht alle sind dieser Meinung. Eine ihrer engsten Freundinnen sagte: »Sie liebte ihn wirklich. Richtig. Was später geschah, brach ihr das Herz.« Und Lady Teresa Manners meint: »Diana hat mir selbst erzählt, daß sie Prinz Charles immer geliebt hat«, wobei eine angeheiratete königliche Cousine Diana den Gebrauch des Wortes »immer« als einen Versuch unterstellt, die Vergangenheit zu umschreiben und frühere Liebhaber zu tilgen.

Inzwischen entwarf sie einen Angriffsplan. »Diana hat schon immer ungeheuer gern geflirtet«, erzählt eine Schulkameradin. »Und sie war immer schon äußerst manipulativ. Den

Prinzen von Wales zu bekommen war für sie ein Stück vom Kuchen. Sicher, sie mußte kühlen Kopf behalten und die richtigen Züge machen, ob zu ihm hin oder von ihm weg, das war egal. Sie zog die Fäden, da wollen wir uns nichts vormachen. Und sie erhielt eine Menge Unterstützung – von ihrer Familie, ihren Freunden, der Presse, sogar von seiner Familie.«

Jemand, der sie auf Balmoral beobachtet hatte, erzählt: »Diana nahm sich vor, bemerkt zu werden. Sie konnte sehr gut Aufmerksamkeit erregen, und sie stellte sicher, daß Prinz Charles auf sie aufmerksam wurde. Sie wendete all die kleinen Tricks an, die Mädchen auf Lager haben.«

Die Taktiken, die Diana bei ihrem herbstlichen Besuch anwandte, waren eine Variation und Wiederholung derjenigen von früheren Besuchen bei der königlichen Familie: »Bemerkenswert auszusehen, das Zimmer mit genau dem richtigen Schwung zu betreten, anerkennend zu strahlen, über all seine Witze etwas stärker als normal zu lachen, witzig und kokett zu sein«, sagt der Beobachter auf Balmoral. »Und ihn wie ein Privatdetektiv aus einer amerikanischen Fernsehserie zu verfolgen! Sie war nicht sicher, wann sie das nächste Mal eingeladen würde – oder ob sie jemals wieder eingeladen würde. Dies könnte ihre erste und einzige Chance sein. Sie wußte es, packte sie beim Schopf und war so erfolgreich, daß sie bei ihrer Rückkehr nach London bereits die Freundin des Prinzen von Wales war.«

Gewiß war das Glück auf Dianas Seite. Charles war nicht nur gefühlsmäßig an einem Tiefpunkt angelangt und deshalb mehr als sonst für äußere Zwänge empfänglich, einschließlich eines verführerischen und anziehenden Teenagers. Da gab es den Beifall, den Dianas Familie inszeniert hatte. »Als die Liebesgeschichte begonnen hatte, hörte Königin Elizabeth, die Königinmutter, tatsächlich vorübergehend damit auf, rechthaberisch zu sein, und freute sich«, sagt jemand, der mit der königlichen Familie bekannt ist. »Der Herzog von Edinburgh war sehr angetan von Diana, die Königin eher reserviert. Aber sie war nicht gegen Diana. Wie Sie wissen, nimmt die Königin ihren Kindern gegenüber selten einen festen Standpunkt ein (falls sie einen Weg einschlagen möchten, mit dem sie nicht einverstanden ist). Und da waren noch Robert und Jane Fellowes und Ruth Fermoys Feingefühl zu respektieren – also verhielt sie sich eher neutral. Gerechterweise muß man sagen, daß ihre Haltung ein Vakuum schuf, das keine Auswirkungen auf die allgemeine Atmosphäre hatte. Mehr Wirkung zeigte der Standpunkt Königin Elizabeths (der Königinmutter). Ich brauche Ihnen nicht zu sagen, wie zugetan der Prinz von Wales ihr immer gewesen ist. Ihre Meinung zählte viel, sogar sehr viel.«

Noch ein anderes, zufälliges Ereignis half Diana, ihre Position gegenüber Charles zu festigen. Am 8. September 1980 brachte die *Sun* die aktuellsten Informationen über die neueste Affäre des Prinzen. »Er ist ein sehr anständiger und verantwortungsbewußter Mensch«, fährt Charles' Verwandte fort. »Das letzte, was er tun würde, wäre, eine Affäre mit einem Mädchen anzufangen und sie dann abzuschieben.« Harry Arnold, der die Geschichte ihrer Beziehung so früh veröffentlicht hatte, veränderte vorzeitig seine Gangart. »Durch die Publicity wurde die Geschichte ernsthafter, als es sonst der Fall gewesen wäre. Vom Standpunkt des Prinzen von Wales aus nahm sie ihm einige Wahlmöglichkeiten.«

Diana war begeistert. »Sie kümmerte sich nicht darum, wie sie ihn vor den Traualtar bekam, Hauptsache, sie schaffte es«, sagt ihre Schulkameradin. Nachdem sie von Balmoral nach London zurückgekehrt und ihre Arbeit im Kirchensaal von St. Saviour wiederaufgenommen hatte, machte sie keinen Hehl daraus, was sie plante. Kitty Waite Walker, die ebenfalls im Young-England-Kindergarten arbeitete, erinnerte sich: »Diana hat das Rennen gemacht. Sie kam zur Schule und gab es zu. Natürlich war sie verliebt und gerade auf dem Weg, ihren Mann zu bekommen.«

Als Diana zum ersten Mal in ihrem Leben mit einer solchen Öffentlichkeit konfrontiert wurde, zeigte sie, wie reif und lebensklug sie unter ihrem Babyspeck war. »Sie lernte schnell, daß Narren losstürmen, wo kluge Menschen zu gehen fürchten«, sagt die Schulkameradin. »Sie war sich ihres Verhaltens immer sehr bewußt. Sie ist wirklich nett und wohlerzogen, aber sie hatte eine ganze Menge mehr als das. Was die Presse für Schüchternheit hielt, war einfach die Tatsache, daß Diana schlau genug war, ihre Absicht für sich zu behalten und sie unter einem bescheidenen Benehmen zu verbergen, bis sie sicher war, wie sie weitermachen sollte. Sie ist immer schon vorsichtig gewesen, besaß immer schon den Verstand, das Wasser zu prüfen, bevor sie ins Becken sprang. Sie war schon in der Schule so. Das hat nichts mit Schüchternheit zu tun. Wenn überhaupt, dann ist es eine Mischung aus Vorsicht, Berechnung und Besonnenheit. Es hat nicht einmal etwas mit Unsicherheit zu tun. Sie hatte nie Angst davor, nicht das tun zu können, was sie wollte. Sie ist erstaunlich selbstbewußt. Sie hat ein bißchen von einem Perfektionisten, der seine Sache gern richtig macht. Sie ist vernünftig genug, zu erkennen, daß man langsam anfangen muß, wenn man im Endspurt stark sein will. Und Diana ist im Endspurt stark. Sie hat die Willenskraft von zehn Teufeln.«

Die Fleet Street taufte Diana fast sofort in Schüchterne Di um und verfaßte zahllose Artikel, in denen ihre Zurückhaltung bestätigt wurde. »Prinzessin Diana ist nicht schüchtern«, erzählt Barbara Cartland bei einem Lunch, an dem ich in Camfield Place, ihrem Haus in Hertfoldshire in der Nähe von Potters Bar, kurz nach der Hochzeit teilnahm. »Die Presse dachte das, weil Diana dazu neigt, nach unten zu sehen und etwas vorgebeugt zu gehen. Aber das macht sie, weil sie so groß ist. Das hat nichts mit Schüchternheit zu tun.« Sophie Kimball pflichtet ihr bei: »Diana war kein bißchen schüchtern.« Während Simon Berry das Geheimnis ihres Erfolges erklärt: »Die Sache ist die – sie ist ein normales, nettes, ruhiges Mädchen, das schlau genug war, die Journalisten sehr gut zu behandeln.«

Während sie damit beschäftigt war, Charles zu angeln, sprach Diana mit jedem, einschließlich mit Vicki, einer Mitarbeiterin bei Headlines, ihrem Friseur, wo nicht nur ihre Haare geschnitten und gewaschen, sondern auch ihre Beine gewachst, ihre Augenlider gefärbt und ihr Gesicht massiert wurden. »Es ist schon seltsam, wenn ich bedenke, daß ich ihr Ratschläge bezüglich ihres Freundes gegeben habe. Diana ist nicht dumm – glauben Sie nur das nicht. Sie ist sehr schlau, wenn es um Menschen geht. Sie war eindeutig verliebt, und Sie wissen ja, wie Mädchen miteinander reden. Wir hatten eine Menge gemeinsamer Freunde. Aber ich wußte natürlich nicht, wer er war, bis es bekanntgegeben wurde. Ich war mir immer bewußt, daß sich der Kunde in einer verletzlichen Position befindet, wenn er hier liegt, und daß es dann leichter ist, herauszufinden, wie er wirklich ist.«

Diana ist laut Barbara Cartland »eine ausgeprägte Persönlichkeit und ist niemand, den man ignorieren könnte – ob sie etwas sagte oder nicht«. Stephen Barry ging sogar noch weiter und erzählte, wie erpicht Diana darauf war, den Prinzen zu gewinnen. »Sie verfolgte ihn mit zielstrebiger Entschlossenheit«, bekräftigte der Kammerdiener des Prinzen vor seinem Tod. »In all den Jahren habe ich noch nie jemanden gesehen, der so raffiniert und entschlossen war wie sie. Im nachhinein begreife ich, daß er keine Chance hatte. Es mag sich seltsam anhören, aber er war wie ein Lamm, das zur Schlachtbank geführt wurde. Was für einen Metzger sie abgegeben hätte, mit dieser scharfen Klinge und einem Griff wie eine Stahlzwinge!«

»Diana ist *sehr* charmant. Aber mehr noch als Charme besitzt sie das Talent, zu verführen«, sagt die adlige Schwägerin eines ranghohen Höflings. »Diesem Talent verdankt sie ihre außergewöhnliche Popularität. Ihr Aussehen und der Zauber haben unbestreitbar dazu beigetragen, aber sie sind nur der Zuckerguß auf dem Kuchen. Glauben Sie mir, ihre Charakterstärke und die Fähigkeit, ihre weniger anziehenden Seiten zu verbergen, sind der Schlüssel zu ihrem Erfolg. Damit hat sie den Prinz von Wales gewonnen.

Der Prinz von Wales mag keine Frauen, die ihn gefühlsmäßig fordern. Er liebt selbstsichere Frauen, die mitten im Leben stehen, die gut zuhören können, die ihn ermutigen. Wenn einer den anderen stützte, dann sie ihn. Das ist einer der Gründe, weshalb seine Ehe mit Diana nicht sehr gut funktioniert. Es ist auch der Grund, weshalb Camilla Parker Bowles nicht bei ihm geblieben ist«, erzählt jemand, der jahrelang mit ihm zusammengearbeitet hat.

In der Zeit nach ihrer Abreise von Balmoral war Diana so versessen darauf, ihren Prinzen zufriedenzustellen, daß sie alles tat, um ihn für sich einnehmen zu können. Obwohl sie, noch bevor der Ehering an ihrem Finger warm werden konnte, damit aufhören sollte, sich ganz auf ihn einzustellen, unternahm sie vor Bekanntgabe ihrer Verlobung die größten Anstrengungen, ihn von ihrer Übereinstimmung zu überzeugen. »Diana ist sehr sensibel und psychisch ausgeglichen«, meint einer ihrer engsten Freunde. »Und sie ist sehr intuitiv. Sie kann sich gut auf Menschen und Situationen einstellen. Sie ist sehr verständnisvoll. Wenn sie will, kann sie jedem das Gefühl geben, daß sie mit ihm übereinstimmt, versteht, was er durchmacht, immer für ihn da ist und fühlt, was er fühlt. Eine sehr anziehende Eigenschaft.«

Das war eine Eigenschaft, die den Prinzen von Wales faszinierte. »Er verliebte sich nach und nach in sie.« Diesen Satz hörte ich von mehreren Leuten, unter anderem von einer Verwandten, einem Höfling und einem Freund. Die königliche Verwandte fährt fort: »Was er an Diana so anziehend fand, waren ihre zahlreichen Gemeinsamkeiten. Sie war sehr *sympathique*.

Er angelt sehr gern. Als sie zusammen auf Balmoral waren, war sie glücklich, stundenlang neben ihm am Ufer zu sitzen, in kameradschaftlicher, zurückhaltender harmonischer Stille. Er hat das echte Bedürfnis, mit den Elementen und der Natur in Berührung zu sein, und schien anzunehmen, daß es ihr genauso ging. Natürlich wissen wir heute, daß dem nicht so war. Dianas Phantasie eines Alptraums ist es, sich länger als einen Tag von London losreißen zu müssen. Aber wie viele Frauen, die einen Mann suchen, achtete sie sorgsam darauf, ihre Abneigung gegenüber seinen Interessen für sich zu behalten.«

Diana ist ein richtiges Stadtkind. Sie findet das Land langweilig, obwohl sie gelegentliche Zugeständnisse macht und bei einer ländlichen Unternehmung, wie dem »Schlagen« bei einer Treibjagd, mitmacht oder den Schützen folgt. Sie ist aber glücklicher, wenn sie im Harrods und bei Harvey Nichols in Knightsbright einkauft und im *San Lorenzo* am eleganten Beauchamp Place oder im *L'Incontro* in der Pimlico Road zu Mittag speist. Ihre Vorstellung von einem ländlichen Vergnügen besteht darin, sich an einem karibischen Strand bräunen zu lassen oder auf Wasserskiern in einer Bucht im Mittelmeer herumzufahren, bevor sie zu den Annehmlichkeiten einer luxuriösen, meeresgängigen Yacht zurückeilt. Sie ist ein echtes Geschöpf des späten zwanzigsten Jahrhunderts, eine Genießerin, deren Vorstellung von Spaß sich in Fitneß- oder Tanzübungen erschöpft. Sie braucht die Natur nicht, noch nicht einmal für ihre beiden Lieblingssportarten Tennis und Schwimmen. Sie schwimmt ebensogern im Pool wie im Meer, und es ist ihr gleichgültig, ob ihre Tennisbälle über ein Netz des Londoner Vanderbilt Racquet Clubs oder über einen Tennisplatz im Freien fliegen. Sie liebt das menschliche Stimmengewirr, die Festigkeit des Betons. Selbst das Tanzen, ihre Lieblingsbeschäftigung, erfordert Musik und kann besser in menschlicher Gesellschaft in einem Studio ausgeübt werden. Kurz gesagt: Diana braucht äußere Anreize und genießt alles, was eine Stadt zu bieten hat, während Charles genau das Gegenteil benötigt. Er hat nicht nur eine Abneigung gegen Städte, sondern einen spirituellen Hunger nach dem, was das Land zu bieten hat. »Es gibt keinen schöneren Ort auf Erden als Balmoral«, sagte er, mit mehr oder weniger denselben Worten, zu verschiedenen Menschen, mit denen ich sprach. Er braucht Frieden und Stille, Weite, Losgelöstheit und Einsamkeit – die Wohltaten einer ländlichen Umgebung.

»Damals war er noch nicht in Diana verliebt«, erzählt ein ehemaliges Mitglied des königlichen Hofes, das ihn gut kennt. »Aber er war auf dem Weg dazu. Er ist ein vollkommener Idealist, empfindsam und eigentlich eher zurückhaltend in seinen Gefühlen. Er glaubte, sich in Diana verlieben zu können, weil er annahm, sie würden harmonieren. Alles, was er schätzte, schien auch ihr zu gefallen. Alles, was er fühlte, schien sie zu verstehen und zu würdigen. Er war an Frauen gewöhnt, die mit seinem Lebensmuster übereinstimmen, und es sah so aus, als wäre sie dazu bereit. Nun, sie kam sogar mit Dale Tryon und Camilla Parker Bowles aus.«

Charles erwartete, seine Beziehung zu seinen Vertrauten fortsetzen zu können, gleichgültig, wen er heiratete. Sie machten einen Großteil seines Lebens und seiner Vergangenheit aus, und er hätte, wie man mir versicherte, niemals eine

Frau geheiratet, die nicht dieser Ansicht war. Diana ließ ihn glauben, sie stimme mit ihm überein, und ihre Romanze entwickelte sich weiter.

Im August des Jahres kaufte er von Viscount Macmillan von Ovenden das Highgrove in Gloucestershire, ein georgianisches Haus mit neun Schlafzimmern, vier Hauptempfangsräumen und sechs Badezimmern. Lady Macmillan setzte dem Mythos ein Ende, der im Lauf der Zeit durch zahllose Publikationen geisterte, daß Diana beim Hauskauf ihre Hand im Spiel gehabt oder daß Charles sie mehrmals mitgenommen habe, damit sie sich das Haus ansah. »Außergewöhnlich war, daß er kam, es sich ansah und es buchstäblich am nächsten Tag kaufte, kurz vor seiner Heirat.«

Mit dem Haus besaß Charles einen diskreten Treffpunkt, wo er seine Liebesaffäre mit Diana fernab der neugierigen Augen der Öffentlichkeit und des Palastes weiterführen konnte. Das Haus stand praktisch leer, aber das hielt die Liebenden nicht davon ab, es zu benutzen. Stephen Barry, der Kammerdiener des Prinzen, fuhr Diana oft dorthin. Sie erschien zum Abendessen, das sie häufig in einem ungezwungenen Stil einnahmen, wie andere junge Paare, deren Haus noch nicht möbliert ist. Danach wurden sie sich selbst überlassen. Diese Zwischenspiele dauerten gewöhnlich bis kurz vor Tagesanbruch. Dann wurde Diana aus dem Haus geleitet und entweder von Barry nach London gefahren, oder sie fuhr selbst, wenn sie mit ihrem eigenen Wagen gekommen war.

»Niemand außer Stephen Barry wußte von diesen Treffen. Er war der Meinung, daß sie taten, was andere normale Paare auch getan haben würden«, erzählt ein Freund von ihm. »Er sagte, Diana hätte immer geglüht, wenn sie gegangen sei, und daß ihr Haar stets frisch gebürstet war. Warum sollte sie es bürsten, wenn sie sich nur unterhalten haben?«

»Wie jemand im Vollbesitz seiner geistigen Kräfte glauben kann, daß ein leidenschaftlicher Skorpion wie der Prinz von Wales und ein sinnliches Geschöpf wie Diana nichts weiter taten, als stundenlang miteinander zu reden, geht über meinen Verstand«, sagt die adlige Schwägerin des ranghohen Höflings. »Natürlich taten sie das, was jedes normale, gesunde junge Liebespaar tut. Man brauchte sie nur zusammen zu sehen, um zu wissen, was ablief. Allein schon ihre Körpersprache hätte sie verraten. Aber sie schlichen nicht wie zwei Diebe in der Nacht herum. Sie waren einfach nur diskret. Sie verhielten sich so, wie sich auch andere unverheiratete Paare in der Öffentlichkeit verhalten.«

Trotzdem gab es ein wirkliches Problem mit der Privatsphäre. Seit Harry Arnold die Welt über Lady Diana Spencers Existenz informiert hatte, war das Interesse ungeheuer gestiegen. Bei keiner anderen Freundin war es so gewesen. Jeden Tag lagerte die Armee von Journalisten und Fotografen vor Coleherne Court. Für Diana wurde die Reise von der Haustür bis zu dem Platz, an dem ihr Wagen stand, gefährlich, denn die Ladys und Gentlemen der Presse quälten sie. Sie wußte durch die Erfahrung, die ihre Schwester gemacht hatte, daß ein Fehler genügte, um ihre Chancen bei Charles zunichte zu machen. »Anfangs war sie nervös«, sagte ein Freund. »Aber nach sehr kurzer Zeit – innerhalb einer Woche oder vierzehn Tagen – erkannte sie, wie sehr die Presse ihr dabei helfen konnte, dem Prinzen zu gefallen.«
Diana hatte bereits gemerkt, daß sie auf den Prinzen Druck ausüben konnte, wenn sie die Presse und die Öffentlichkeit dazu brachte, sie als ernsthafte Heiratskandidatin zu betrachten. »Für sie war es offensichtlich, daß es ihm widerstrebte, eine Verpflichtung einzugehen«, sagt ein anderer Freund. »Sie wußte, daß es ihr helfen würde, wenn die Presse auf ihrer

Seite stünde und sie als ideale Kandidatin entdeckte. Und genau das geschah, wie jeder weiß.«

»Diana ist sehr schlau. Sie sagte immer, sie müsse sie (die Presse) hofieren; sie dazu bringen, sie zu mögen, sie zu ihrem Freund machen. Sie war erst neunzehn Jahre alt, aber sie war nicht naiv. Weit gefehlt. Sie wußte genau, wie sie die Journalisten um den kleinen Finger wickeln konnte. Und sie tat es«, erählte ein anderer Freund.

Innerhalb von Wochen hatte Diana mit vielen ihrer Stammreporter eine herzliche und klar abgegrenzte Beziehung. Ihr Anführer war James Whitaker, der damalige Königshaus-Korrespondent des *Daily Star*, dessen Rolle bei der Entwicklung der Romanze nicht stark genug hervorgehoben werden kann. Alle Journalisten schätzten Diana. Sie fanden sie natürlich, ungekünstelt. Für sie war Diana jemand, die mit beiden Beinen auf der Erde steht – ein nettes, charmantes Mädchen. Sie behandelte sie höflich und würdigte sie auf eine Weise, wie es wenige Berühmtheiten tun, da die meisten der Presse mißtrauen.

Gewiß ist Diana eine Aristokratin. Sie besitzt die ausgezeichneten Manieren, die die Kennzeichen ihrer Erziehung sind. Sie besitzt jene angeborene Zurückhaltung, jene Würde, die es erlaubt, natürlich zu sein, ohne vertraulich zu werden. Keinem der anwesenden Reporter kam es in den Sinn, daß sie die Publicity wollte, die sie ihr verschafften. Nach ihren Erfahrungen mieden vornehme und königliche Menschen Publicity. Deshalb mißtrauten sie Dianas Motiven nie. Hätten sie es getan, wäre es nur noch ein kleiner Schritt bis zur Verachtung gewesen. Denn die Presse besitzt einen unfehlbaren Reflex: Sie verachtet jeden, der Publicity wünscht. Was immer der Grund für den Wunsch nach Publicity sein mag – Wohltätigkeit, Krieg oder Hungersnot –, er kümmert die Presse nicht im geringsten. Es sei denn, die Idee stammt von ihr oder ist in ihrem Interesse. Ansonsten schaut sie auf die betreffende Person mit vernichtender Verachtung herab.

Da die Reporter, die über Lady Diana Spencer berichten sollten, der Meinung waren, daß besonders Adlige, die sich mit dem Prinzen von Wales trafen, die Öffentlichkeit meiden wollten und nie bereit waren, mit den Vertretern des vierten Standes zu sprechen, genoß Diana einen ungeheueren Vorteil, weil sie sich ihnen stellte. Das tat sie sehr geschickt. Sie sprach mit ihnen, als wären sie ihr ebenbürtig. Sie nahm sich die Zeit und machte sich die Mühe, ihnen einen guten Morgen zu wünschen, ihre Namen zu erfahren, ihnen ihre Sympathie zu beteuern, daß sie bei jedem Wetter draußen sein mußten, und ihre Fragen höflich und aufmerksam zu beantworten. Für die Presse konnte Dianas Verhalten nur eines bedeuten – sie war wunderbar.

Besonders eine Eigenschaft half ihr, das Mißtrauen bezüglich ihrer Motive zu zerstreuen, weshalb sie die Wünsche der Reporter so eifrig erfüllte: das Alter war auf ihrer Seite. Wäre sie älter gewesen, wäre die Presse bestimmt argwöhnischer wegen ihres Entgegenkommens gewesen. Aber da sie jung war, kamen sie zu dem Schluß, daß kein Grund für Zweifel bestand.

Dem September folgte der Oktober, dem Oktober der November. Diana war zunehmend von der Frage besessen, ob der Prinz von Wales eine Ehe mit ihr eingehen würde. Obwohl sie die beste Presse hatte und jetzt allgemein als seine Freundin bekannt war – so, daß sie Anfang November sogar zu Prinzessin Margarets Party ins Claridges eingeladen wurde –, war Charles noch nicht bereit, sich zu binden. Dafür gab es zwei Gründe. Obwohl er sie attraktiv fand, liebte er sie nicht. Und er wollte noch nicht heiraten. Das hat er mehr als einem Freund erzählt, unter anderem dem König von Spanien, der es auf einer Dinnerparty einem Freund von mir sagte.

Im November mußte der Prinz von Wales nach Indien reisen. »Als sich das Datum der Abreise näherte, wurde sie immer unruhiger«, erzählt eine Freundin. »Er zögerte noch immer vor einer verbindlichen Antwort, während sie schon seit langem sicher war, was sie von ihm wollte. Es war sehr frustrierend und erniedrigend, falls er seine Karten nicht bald auf den Tisch legte. Diana ist ein aufmerksamer Mensch – aufmerksam gegenüber anderen und sich selbst. Sie erkannte deutlich die schwierige Situation, in der sie sich befand. Können Sie sich vorstellen, wie Diana sich gefühlt hätte, wenn er sie nach allem, was geschehen war, nicht geheiratet hätte? Sie ist sehr stolz und wäre an der Demütigung zerbrochen. Sie hätte den gewünschten Mann nicht bekommen, und die ganze Welt hätte es gewußt. Es wäre zu schrecklich gewesen.«

Aber das Glück stand wiederum auf Dianas Seite. Der *Sunday Mirror* veröffentlichte eine Titelgeschichte, in der behauptet wurde, sie hätte Charles an den Abenden des fünften und sechsten Novembers im königlichen Zug besucht, der in Wilthsire auf einem Nebengleis stand, als er wegen offizieller Pflichten dort weilte. Die Schlußfolgerung war klar.

Die Journalisten hatten Diana verfolgt, seit die Affäre bekanntgeworden war. Aber bis dato hatten sie und Charles es mit Einfallsreichtum und Vorsicht geschafft, diesen Leuten ein Schnippchen zu schlagen. Obwohl einige Reporter den starken Verdacht hatten, daß Charles und Diana Menschen waren, durch deren Adern rotes Blut floß, war es bislang noch keinem von ihnen gelungen, sie in einer kompromittierenden Situation zu ertappen. Sie wußten nichts von den geheimen Rendezvous, den Treffen auf Highgrove, den wechselnden Wagen, mit denen Stephen Barry sie zu den Rendezvous brachte, die erst im Morgengrauen endeten.

Da entdeckte ein eifriger Reporter eine Blondine, auf die Dianas Beschreibung zutraf und die in den königlichen Zug stieg und ihn wieder verließ, während er auf dem Nebengleis stand. Es sah so aus, als hätte man Charles und Diana ertappt. Obwohl ihre Dementis, die sie James Whitaker »anvertrauten«, auf der Titelseite des *Daily Star* erschienen und die Presse den Standpunkt vertrat, daß nichts dabei sei, wenn Diana ein paar private Stunden mit ihrem Freund verbrachte, läuteten im Palast die Alarmglocken. Dies sollte sich für Diana als hilfreich erweisen.

Der unmittelbare Vorteil der Publicity war der Druck, der damit auf Charles ausgeübt wurde. Und ähnlich wie bei den ersten Berichten, durch die die Affäre ans Tageslicht gekommen war, wurde die Beziehung auf ein neues Niveau gehoben. Charles Anstandsgefühl und Dianas Ruf waren nun unlösbar miteinander verbunden.

Aber diese neue Situation bereitete Diana Schwierigkeiten. Ihre Familie machte sich daran, den Schaden soweit wie möglich zu begrenzen. Bis zu einem gewissen Grad war man im Palast der Meinung, daß die Braut des Prinzen von Wales einen makellosen Ruf haben müsse. Sei sie nun Jungfrau oder nicht, die voraussichtliche Braut mußte als solche zu präsentieren sein. Allein aus diesem Grund wäre es unklug gewesen, die Geschichte zu ignorieren. Außerdem hat der Prinz von Wales weder Diana noch jemand anderem gegenüber eine Andeutung gemacht, daß er sie heiraten wolle. Und wie jede andere betroffene Familie wünschte auch Dianas Familie nicht, daß ihr guter Ruf in Frage gestellt wurde. Und so begannen sie damit, Diana zu verteidigen.

»Sie wußten, daß er viele Freundinnen gehabt hatte. Die Hälfte aller hübschen Mädchen, die je im Buck House gearbeitet haben, waren irgendwann einmal mit ihm befreundet gewesen. Manche dieser Freundschaften hatten nur wenig länger als ein Augenzwinkern gedauert. Aber er ließ alle mit der Erinnerung an seine Männlichkeit zurück.

Die Königin tat, eingeholt von der Geschwindigkeit der Naturgesetze, den unerhörten Schritt, vom Herausgeber des Blatts einen Widerruf zu verlangen. Ich garantiere Ihnen, wäre Diana nicht Ruth Fermoys Enkelin und Robert Fellowes Schwägerin gewesen, hätte man von der ganzen Geschichte ebensoviel Notiz genommen wie von anderen Geschichten über das Königshaus – mochten sie nun wahr oder erfunden sein –, nämlich keine.«

Die Königin erhöhte durch ihr entschlossenes Eingreifen Dianas Bedeutung und verlieh der Romanze ihres Sohnes eine Ernsthaftigkeit, die sie zuvor nicht gehabt hatte. Eine berühmte Bekannte der königlichen Familie sagt: »Für Charles wurde es zunehmend schwieriger, Diana nicht mit demselben Respekt zu behandeln, wie alle anderen es taten. Diese Situation machte es ihm zunehmend unmöglich, die Affäre so leichtzunehmen, wie sie begonnen hatte. Wo sein Herz ihn nicht führte, zerrten ihn die Entscheidungen anderer vorwärts. Er schätzte Diana genügend, um die Beziehung fortsetzen zu wollen, aber er liebte sie nicht so wahnsinnig, daß er die Angelegenheit forciert hätte.«

Aber damit war die Sache noch nicht beendet. Bob Edwards, der Herausgeber des *Sunday Mirror*, stand hinter jedem einzelnen gedruckten Wort des Artikels und weigerte sich, zu widerrufen. Für ihn bestand kein Zweifel an dessen Richtigkeit. Außerdem begriff er nicht, was der ganze Wirbel sollte. Für ihn zeigte der Vorfall nur, wie sehr Charles und Diana ineinander verliebt und daß sie ganz normale Menschen waren. Hätte er gewußt, wie die Aristokratie, die Höflinge und die königliche Familie funktionierten, hätte er möglicherweise besser verstanden, wie und warum die Königin sich einmischte.

# DER FISCH
# AN DER ANGEL

Durch Charles' Reise nach Indien blieb Diana allein und scheinbar schutzlos in London zurück. Sie mußte sich immer noch täglich der Herausforderung der Ladys und Gentlemen der Fleet Street stellen. Sie wurde immer noch von Earl's Court bis Pimlico verfolgt, immer noch gefragt, ob sie und Charles über eine Heirat gesprochen hätten; ob sie ihn heiraten wolle, ob sie das Gefühl habe, daß sie ihn heiraten würde. Die Journalisten, die die Geschichte mit Charles und Diana verfolgten, waren schon seit langem der Meinung, daß sie eine ideale Prinzessin von Wales abgeben würde, und sie gab sich große Mühe, sie nicht zu enttäuschen. Sie blieb auch weiterhin charmant und höflich, selbst während des offenkundigen Debakels der Episode der »Liebe auf dem Nebengleis«. »Sie spielte mit ihnen ebenso wie mit Charles. Wie ein richtiger Profi. Nur, daß sie sehr viel einfacher zu handhaben waren«, erzählt eine Schulkameradin.

Zu diesem Zeitpunkt hat Diana intensivere Kontakte zu verschiedenen Reportern entwickelt. Sie verstanden sich so gut, daß man glauben könnte, sie seien Freunde gewesen, hätten sie nicht Herkunft und Interesse getrennt. James Whitaker riet ihr oft, was sie sagen sollte und was nicht. Und wenn sie trotzdem etwas Kompromittierendes sagte, verwendete der betreffende Journalist die Antwort nicht. Es bestand eine wirkliche Kameradschaft zwischen Diana und dem Corps. Sie wollten, daß sie Charles heiratete. Sie kannten das

Ausmaß ihres Einflusses und wußten, wie leicht man ihre Chancen zerstören konnte. Deshalb vermieden sie es, etwas zu veröffentlichen, wodurch alles gefährdet werden würde. Sie wußten es zwar nicht, aber Diana hatte sie dazu gebracht, sie beim Erreichen ihres Zieles zu unterstützen.

Aber Journalisten bleiben Journalisten. Ihr Instinkt ist für eine gute Geschichte sensibilisiert. Und selbst wenn sie integer sind, können sie einer guten Story ebensowenig widerstehen, wie es ein Löwe vermeiden kann, zu jagen. Und so geschah es, daß die immer zur Zusammenarbeit bereite Lady Diana Spencer im Gegenlicht fotografiert wurde, als sie zustimmte, für ein paar Aufnahmen im Garten des St. Georges Square zu posieren, mit je einem kleinen Kind an der Hand. Es war einer der wenigen Situationen, wo W. C. Fields Warnung, daß Kinder und Tiere einem die Show stehlen, sich als unbegründet erwies. Dianas Beine zogen die allgemeine Aufmerksamkeit auf sich, einschließlich die eines Prinzen, der sich über die ganze Angelegenheit amüsierte. »Wie die meisten Männer ist er entzückt, wenn andere Leute seine Frau bewundern«, meint eine ehemalige Freundin.

Aber die nächste gute Geschichte, die eigentlich ebenso harmlos wie die bisher veröffentlichten sein sollte, wurde für Diana zur Bedrohung. Am 28. November gestand eine nachdenkliche Diana Roger Tavener von der *Press Association News Agency*: »Ich würde gern schon bald heiraten. Welche Frau möchte schließlich nicht heiraten? Nächstes Jahr, warum nicht! Ich glaube nicht, daß neunzehn zu jung ist. Das kommt auf den Menschen an.« Er fragte sie, ob Charles um ihre Hand angehalten habe, worauf Diana errötete und dann vorsichtig antwortete: »Ich kann weder ja noch nein sagen. Ich kann es weder bestätigen noch dementieren.«

Als Mr. Tavener seinen Bericht einreichte und dieser von den Zeitungen übernommen wurde, brach ein Sturm los. Die ersten Reaktionen kamen von Dianas ehrgeiziger Familie. »Wieder einmal erkannten sie sofort die Gefahr«, erzählt die adlige Schwägerin des Höflings. »Sie sind sehr gerissen, und man braucht nicht besonders intelligent zu sein, um sich diese Büchse der Pandora vorzustellen, die durch Dianas Bemerkungen geöffnet worden war. Zunächst einmal hatte sie eine unverzeihliche Sünde begangen: Sie hatte mit der Presse gesprochen. Außerdem hatte sie auch ziemlich schamlos die Karten auf den Tisch gelegt. Es gehört sich einfach nicht für junge Ladys – gleichgültig wie gut ihre Beziehungen auch sein mögen –, so begierig zu erscheinen, jemanden heiraten zu wollen, vor allem nicht ein Mitglied der königlichen Familie.«

Es mußte etwas geschehen, denn es bestand die Gefahr, daß Diana ihre Chancen beim Prinzen von Wales für immer verspielt hatte. So dementierte sie den Inhalt des Artikels. Aber da gab es noch ein Problem. Bedenken Sie, es stand das Wort einer Neunzehnjährigen – die eine Menge zu verlieren hatte, wenn sie das gesagt hatte, was behauptet wurde – gegen das eines angesehenen Journalisten. Es hätte ungemein überrascht, wenn Dianas Familie ihr in dieser kritischen Zeit nicht mit Rat und Tat zur Seite gestanden hätte. Was natürlich geschah.

Es stellte sich die Frage, welches Mitglied der Familie am geeignetsten war, um ihr zu helfen. Denn es war offenkundig, daß sie mit dieser Geschichte allein nicht fertig werden würde. Trotz der Autorität, die Ruth, Lady Fermoy, und Robert Fellowes durch den Vorzug besaßen, Mitglieder des königlichen Hofes zu sein, verbot ihnen gerade diese Tatsache, öffentlich in eine derartige Auseinandersetzung einzugreifen. Also eilte ihre Mutter, Frances Shand Kydd, an Dianas Seite.

Sie schrieb einen Brief, den sie eilends an *The Times* sandte, um das königliche Mißtrauen bezüglich der Qualitäten ihrer

Tochter zu zerstreuen. Das Schreiben enthielt einen empörten Widerruf, betonte diskret die Eignung Dianas als königliche Braut und gipfelte in einem vernichtenden Angriff auf Mr. Taveners Artikel.

Der äußerst moralische Ton des Briefes arbeitete gewiß für Diana. Frances hatte eine herzzerreißende und empörte Erklärung abgegeben, die jedermann bei Hofe akzeptierte. Diana war unschuldig, die Presse schuldig. Statt sich zu distanzieren, scharte sich die königliche Familie um Diana. Kannten nicht auch sie das Konzept der heimtückischen Presse, ihre Opfer durch falsche Zitate zu hetzen? Niemand tadelte Diana für ihre indiskreten und übereifrigen Geständnisse. Mehr noch – niemand zweifelte daran, daß sie keines dieser Worte oder irgendeine der Bemerkungen, die ihr täglich von ihren Verbündeten von der Presse unterstellt wurden, jemals gesagt hat.

Für diejenigen, die Frances und Diana kannten, war es offensichtlich, daß die Welt unwissentlich darüber informiert worden war, wie ähnlich sich Mutter und Tochter sind. Diana hatte Frances' Scharfsinn geerbt, zusammen mit ihrem Aussehen, Stil, Geschmack und Charme. Barbara Cartland kommentiert Frances' Geschick, eine »wunderbare Presse« zu erzielen, und sagte: »Sie ist sehr clever.« Das gleiche gilt für Diana, die der Presse gegenüber nicht untätig war. Sie brauchte sie, um ihr Ziel zu erreichen, nämlich Prinzessin von Wales zu werden. Sie war souverän wie immer, was sie jeden Tag bewies, wenn sie ihre Wohnung im Coleherne Court verließ und zu ihrem Wagen ging. Sie war dieselbe nette und zuvorkommende Person, als die sie sich stets dargestellt hatte.

Es erforderte beträchtlichen Mut, um den Menschen offen und freundlich zu begegnen, die ihr geholfen, unkluge Bemerkungen gestrichen und die Angelegenheit insgesamt gefördert hatten, wenn man sie kurz vorher noch der Lüge bezichtigt hatte. Aber wie Lady Jacqueline Killean bemerkte: »Sie ist zäh, ihrer Mutter sehr ähnlich. Man braucht sich nur das Kinn anzuschauen.«

Wenn Diana sich auf die Lippe biß, lächelte und den Blick senkte und die angeblichen Lügner von der Presse davon überzeugte, daß sie eine scheue und arglose Person war, zieht die adlige Schwägerin daraus den Schluß: »Auch die Rolle der Prinzessin von Wales erfordert schauspielerische Fähigkeiten. Diana ist eine Schauspielerin, die die größte Diva in den Schatten stellt.«

Anfang Dezember 1980 war der Prinz von Wales noch immer nicht in Lady Diana Spencer verliebt. Seine sowie ihre Freunde bezweifelten, daß er überhaupt in sie verliebt war. Aber was auch immer seine späteren Gefühle gewesen sein mögen – jeder, mit dem ich sprach, war sicher, daß er sich erst nach ihrer Verlobung in sie verliebte.

Diese Schlußfolgerungen ergeben sich aus seinem Verhalten. Nach seinem offiziellen Besuch in Indien kam er nicht sofort nach Hause zurück, wie jeder verliebte Mann es getan hätte, sondern fuhr nach Nepal. Von Nepal aus brach er zu einer dreitägigen Tour in die Einsamkeit des Himalaya auf, von der er sichtlich erholt zurückkehrte. So benimmt sich kein verliebter Mann. Später einmal, nach der Hochzeit, als das Traumland dem steinigen Gelände der Realität gewichen war, sagte Diana zu einem Freund: »Er hat mich nie geliebt. Als ich ihn heiratete, wußte ich es nicht, aber jetzt erkenne ich es.«

Charles kehrte nach London zurück, wo man bereits heftig über seine Zukunftspläne spekulierte. Seine Anwesenheit war für die Fleet Street ebenso interessant wie seine Abwesenheit. »Wenn die Schreiberlinge, deren tägliche Nahrung die

167

romantische Phantasie ist, gewußt hätten, wie unromantisch Charles' und Dianas Affäre war«, erzählt einer seiner engsten Mitarbeiter im Palast, »hätten sich ihre Finger auf dem Weg zur Tastatur der Schreibmaschine in Klauen verwandelt.« Aber da sie keine Ahnung hatten, wie mühsam die aufregendste Liebesgeschichte der Welt vorankam, verherrlichten sie Diana und erfanden eine romantische Atmosphäre, die die Heirat vorbereiten sollte.

Ein Cousin des Prinzen stimmt zu, daß die Presse eine entscheidende Rolle spielte: »Wäre die Presse nicht gewesen, hätte der Prinz von Wales Diana nie geheiratet. Sie verwandelte ein vollkommen normales, attraktives Mädchen mit einer angenehmen, aber keineswegs außergewöhnlichen Persönlichkeit in einen Medienstar. Ich will ihr nicht unrecht tun – sie hielt sich großartig. Aber es war die Presse, die sie aufbaute. Sie präsentierte sie als begehrenswertes Objekt. Sie (die Presse) übertreibt gern und konnte natürlich nicht widerstehen, sie begehrenswerter zu machen, als sie war. Diese Taktik funktionierte auch. Ihr Image war eine Schöpfung der Presse. Und das war es, was den Prinzen von Wales schließlich anbeißen ließ.«

Aber die ganze Angelegenheit war nicht einfach. Nach seiner Rückkehr aus Indien zweifelte Charles, ob er eine Beziehung fortsetzen sollte, deren Entwicklung er schon längst nicht mehr bestimmte. »Er war unentschlossen. Er wußte nicht, was er tun sollte. Er befand sich in einer schwierigen Position, denn er wollte nicht zu einer Heirat mit einer Frau gezwungen werden, die er nicht liebte«, sagt ein ehemaliges Mitglied seines Haushalts. »Gewiß, er mochte sie sehr und sah auch, wie geeignet sie in vielerlei Hinsicht war. Aber er war sich nicht sicher, ob das, was zwischen ihnen war, sich zu einer Beziehung entwickeln würde, die eine radikale und unwiderrufliche Verpflichtung rechtfertigte. Bedenken Sie, je öfter er sie sah, desto schwieriger wurde es für ihn, sich zurückzuziehen, falls er zu der Entscheidung gekommen wäre, daß sie (die Beziehung) nicht richtig war. Andererseits hatte bei ihm stets die Pflicht Vorrang. Er war immer sehr interessiert daran, was die Leute dachten, um ihre Erwartungen erfüllen zu können. Er wußte sehr genau, was jeder einzelne von ihm wollte. Er wußte wirklich nicht, was er tun sollte. Er wollte jedem gegenüber fair sein – wahrscheinlich zu sehr.«

Nach seiner Rückkehr aus Indien meldete er sich nicht bei Diana. »Diana war wütend. Sie erzählte mir, sie habe den Hörer von der Gabel genommen, damit er, wenn er versuchte anzurufen, sie nicht erreichen konnte. ›Ich habe ihm eine Lehre erteilt‹, sagte sie. ›Soll er es doch öfter versuchen müssen.‹ Ein schlauer Zug. Es machte ihn nervös. Warf ihn aus dem Gleichgewicht, brachte ihn auf die Beine, machte ihn begieriger.

Sie waren wie zwei Schwimmer, die einen reißenden Fluß hinabtrieben«, sagte ein Mitglied eines europäischen Königshauses. »Obwohl sie von entgegengesetzten Ufern ins Wasser gesprungen waren, war es unvermeidlich, daß sie sich trafen.«

Starker Druck lastete auf Charles. Von der Presse herausgefordert, war er sich bewußt, daß Millionen seiner künftigen Untertanen eine Verbindung mit Diana befürworteten. Jeder Einwohner Großbritanniens, außer der Königin, schien sich eine Heirat zu wünschen. Aber eine Heirat ist ein gewaltiger Schritt. Vor langer Zeit hatte er einmal gesagt, wenn man Prinz von Wales ist, muß der Kopf über das Gefühl herrschen, wenn die Frage einer Heirat aktuell wird. Welche Frau er auch heiratete, sie würde ihr ganzes Leben lang an ihn gebunden sein. Wenn er einen Fehler machte, würde es weder ein privates noch ein öffentliches Entrinnen geben – eine erschreckende Perspektive. Wenn er einen Fehler machte, würde sich das nicht nur auf ihn privat auswirken, sondern auch auf Charles, den Prinzen, auf die Nation und möglicherweise auch auf die Monarchie. »Er mußte überzeugt sein, daß sie eine Persönlichkeit war, die ihm gefiel, die er schätzte, mit der er leben konnte. Sie mußte eine Person sein, die er verträglich fand. Er wollte das Gefühl haben, daß er diejenige, die er heute heiratete, in fünf Jahren noch mehr mögen, lieben und respektieren konnte und auch noch in zehn Jahren. Und daß sie den Anforderungen an eine Prinzessin von Wales und vielleicht eines Tages denjenigen einer Königin gewachsen sein würde«, sagt ein ausländischer königlicher Cousin von Charles.

Genau das war das Dilemma. Charles konnte Diana erst dann besser kennenlernen, wenn er sie öfter sah. Aber er konnte sie nicht öfter sehen, ohne dadurch die Gerüchte der Öffentlichkeit und Dianas Erwartungen zu nähren. Also schob er seine Vorbehalte beiseite, und in der Hoffnung, daß ein bestimmtes Verhalten das bewirken würde, was sich jeder zu wünschen schien, nahm er seine Werbung um Diana wieder auf.

Wenn er bei ihr anrief und eine Mitbewohnerin ans Telefon ging, nannte er sich bescheiden Renfrew. Baron Renfrew war einer seiner Titel. Aber er stellte sich nicht als Mister Soundso vor, wie einige Zeitungen später behaupteten. Ein Gentleman setzt nie einen Titel vor seinen Familiennamen, sei es nun ein Mister, Baron, Prinz oder etwas anderes. Dies wäre der Gipfel der Gewöhnlichkeit, und was immer er auch sein mag, gewöhnlich ist der Prinz von Wales nicht.

Das Problem, wo sie ihre Romanze weiterführen sollten, war noch genauso dringlich wie früher. Charles wollte mehr Zeit mit Diana verbringen, um sie besser kennenzulernen, »Obwohl er hoffte, sich in einer Position zu befinden, um alle Erwartungen zu erfüllen, besaß er nicht soviel Selbstverleugnung, sich zu einer Heirat drängen zu lassen, die er nicht wollte«, erzählt eine Cousine. Was er brauchte, waren Ruhe und Zurückgezogenheit, nicht eine weitere geraubte Nacht auf Highgrove oder die Benutzung des Hauses seines Cousins Lord Romsey in Broadlands, Hampshire. Königin Elizabeth, die Königinmutter, zeigte ihre Gefühle bezüglich einer Verbindung zwischen ihrem Enkelkind und der Enkeltochter ihrer Hofdame und bot den Liebenden die Benutzung Birkhalls an, ihr Haus in den schottischen Highlands in der Nähe von Balmoral. Dort verbrachten sie glückliche Tage miteinander und kamen sich näher.

Als Charles nach London zurückkehrte, war er ein wenig überzeugter, daß Diana das richtige Mädchen für ihn sein könnte. »Sie war bis über beide Ohren in ihn verliebt, hingebungsvoll vernarrt. Welcher Mann kann einer entzükkenden jungen Frau widerstehen, die so rasend in ihn verliebt ist? Sie zeigte deutlich, was sie wollte, oder, wie er es verstand, was sie sich vorstellte. Als sie aufbrachen, um zu Andrew und Camilla Parker Bowles auf Boleyhyde Manor zu fahren, war das, was sie sich von der Beziehung erhoffte, bereits Gesprächsthema«, sagt ein guter Freund von ihm. »Dort, auf dem Kohlfeld, führten sie die berühmt gewordene Unterhaltung über die Ehe. Er machte ihr keinen Antrag. Er gab keine Absichtserklärung ab. Alles, was er tat, war, herauszufinden, was sie wollte. Sie war sehr offen und direkt. Sie ist viel willensstärker als er. Sie bestimmt das Tempo. Ja, man kann ruhig sagen, daß sie bezaubernd ist. Und sie bezauberte ihn.«

Beschäftigt mit der Frage, ob Diana Spencer die Richtige für ihn wäre oder nicht, hielt sich Charles an Weihnachten bei den anderen Mitgliedern der Familie in Windsor auf. Diana war nicht eingeladen worden. Diese geheiligte Zeit, die einzige Gelegenheit während des Jahres, bei der alle Familienmitglieder versammelt sind, darf niemals von Außenseitern gestört werden, noch nicht einmal von den angeheirateten Mitgliedern des Königshauses.

»Der Herzog von Edinburgh ließ sich die Gelegenheit nicht entgehen, ihn zu necken«, erzählt ein Höfling. »Es ist kein Geheimnis, daß sie einander nicht mögen. Prinz Philipp genoß Prinz Charles' Verwirrung. Er provozierte ihn ständig mit der Frage der Ehe und sagte, er solle sich besser beeilen, bevor er zu alt wäre, um ein Mädchen im gebärfähigen Alter zu bekommen, und lauter solche Sachen. Der Herzog kann ein richtiger Mistkerl sein, wenn er will, aber er hat auch eine wunderbare praktische Seite. Er machte sich über den Prinzen von Wales mit ein paar ausgesprochen spitzen Bemerkungen lustig. Zum Beispiel: Du kannst keine Ausflüchte machen und diese Sache bis in alle Ewigkeit hinauszögern. Du hast es hier mit einer jungen Lady aus gutem Hause zu tun. Du mußt sie mit Respekt behandeln. Du mußt ihre und die Gefühle ihrer Familie berücksichtigen. Du mußt dich so bald wie möglich entscheiden, zum Wohle aller Betroffenen.

Die Liebesgeschichte blieb *das* Gesprächsthema. Selbst die Königin beteiligte sich. Sie war wie der Herzog der Meinung, daß der Prinz von Wales sich so bald wie möglich entscheiden müsse. Sie drängte ihn zwar nicht, die Beziehung fortzuführen oder zu lösen, aber sie äußerte einige Vorbehalte gegenüber Diana. Sie spürte, daß sie für diese Position nicht die richtige Persönlichkeit war. Sie machte sich Sorgen, weil Diana es nie lange bei einer Sache ausgehalten hatte. Und sie unterstellte, daß die beiden keine Gemeinsamkeiten hatten, und befürchtete die Entstehung von Problemen, sobald die Erregung der neuentdeckten Leidenschaft erst einmal abgeklungen wäre. Aber nicht einmal sie konnte sich vorstellen, wie groß die Probleme werden würden. Dennoch war sie die einzige, die die Schwachstellen erkannte. Sie müssen bedenken, daß sie ihr ganzes Leben lang mit verschiedenen

Menschentypen zu tun gehabt hatte. Sie kannte jedes bedeutende und weniger bedeutende Staatsoberhaupt und hatte manche Schwierigkeit überwunden. Das hat sie zu einer sehr guten Menschenkennerin werden lassen.

Der Herzog von Edinburgh war von Diana begeistert. Sie wissen, daß er für hübsche Mädchen einiges übrig hatte, und Diana schmeichelte ihm, wann immer sich eine Gelegenheit bot. Aber es war noch mehr – sie gehörten dem gleichen Persönlichkeitstypus an. Beide waren sich ihrer Attraktivität wohl bewußt. Beide flirteten gern. Beide waren schlagfertig und witzig. Sie verstehen sich immer noch gut. Das ist mehr, als man von der Königin oder vom Prinzen von Wales sagen kann.«

Von Windsor Castle zog der Hof nach Sandringham um und sorgte auf dem verschlafenen Außenposten für jene Geschäftigkeit, die Dianas Jugend bestimmt hatte. Diana, die die Weihnachtstage bei ihren Eltern verbracht hatte, gesellte sich zu Charles. Ebenso traf die Regenbogenpresse ein. Darauf versessen, die jüngsten Ereignisse der königlichen Romanze zu erfahren, belauerten sie die beiden und benutzten die vielen öffentlichen Wege, um über den Besitz zu laufen und Kontakt zu der königlichen Familie zu bekommen. Wenn man einmal hungrigen Journalisten ausgeliefert war, kann man das überaus Bedrohliche nachvollziehen, das einer solchen Szene anhaftet. Und man lernt, wie es ist, ein gehetzter Mensch zu sein – es sei denn, man will solche Publicity.

Eine derartige Hetzjagd war ein Bruch mit einer Tradition: Die Presse ließ die königliche Familie in Ruhe, damit diese ihre Ferien genießen konnte. Die Königin, die ihre Position sehr ernst nahm, schrie die versammelten Journalisten und Fotografen an, sie sollten sie in Ruhe lassen – ein ungewöhnlicher Gefühlsausbruch. »Es ist unerträglich«, soll sie später zum Prinzen von Wales gesagt haben. »Ich halte das nicht länger aus.«

Der einzige Mensch – außer der Königin –, der von Diana nicht begeistert war, war The Honourable Edward Adeane, der Privatsekretär des Prinzen von Wales. Anders, als einige Journalisten behaupteten, war er mit einer Heirat nicht einverstanden, wie mir ein Mitglied des königlichen Hofes versicherte. »Er machte sich keine Gedanken darüber, ob er sie mochte oder nicht. Er dachte über die Qualifikation nach. Sie war zu jung. Sie hatte in ihrem Leben noch nicht eine Sache zu Ende gebracht. Sie würde keine Ausdauer haben. Er zog Anna Wallace vor. Sie war eine entschlossene Reiterin. Das zeigte, daß sie die Persönlichkeit und die Bestimmtheit besaß, die eine Prinzessin von Wales brauchte. Und sie war im richtigen Alter. Da gab es zwar noch ihre bewegte Vergangenheit, aber man brauchte nur an Fergie zu denken, um zu sehen, wie unwichtig das werden konnte. Diana hatte keine Vergangenheit, wenigstens keine, die allgemein bekannt war oder nachgewiesen werden konnte. Das war ein Plus für sie. Aber was hatte sie sonst, fragte er sich. Natürlich hatte er sich geirrt, alle hatten sich geirrt – sie besitzt Ausdauer.«

Trotz des Drucks, der von nahezu allen Seiten auf ihn ausgeübt wurde, die zurückhaltende und geeignete Lady Diana Spencer zu heiraten, war der Thronfolger noch nicht bereit, nachzugeben. Noch im Januar des Jahres 1981 lehnte er es ab, sich zu binden, obwohl er sich immer wieder mit seinen engsten Freunden über die Frage beriet. »Alle wollten es, und sie schien für das Leben wie maßgeschneidert zu sein«, erzählt ein ehemaliges Mitglied des königlichen Hofes. »Selbst Camilla Parker Bowles und Dale Tryon waren dafür, daß der Prinz die jugendliche Diana heiratete, die von einer Aura der Uneigennützigkeit umgeben war. Auch Charles stand unter dem Eindruck, daß sie in seine Pläne passen würde.«

Diana hatte sorgsam darauf geachtet, genauso zu wirken, um den Preis zu bekommen, den sie begehrte. Obwohl Charles noch zögerte, spürte sie, daß es nur eine Frage der Zeit war, bis sie ihr Ziel erreicht hatte. »Je länger es dauerte, desto zuversichtlicher wurde sie. Obwohl er sich zurückhielt, wurde es für ihn immer unmöglicher, sich zurückzuziehen«, sagt ein Freund. Überdies entwickelte sich die Romanze gut. Auch das stärkte Dianas Optimismus. »Er ist sehr sensibel, fast wie ein kleiner Junge. Er öffnete sich immer mehr. Eine Frau spürt, wenn ein Mann diese unsichtbare Linie überquert. Die Linie, die den Wunsch, seine Unabhängigkeit zu bewahren, von seiner Bereitschaft trennt, nachzugeben. Er kam ihr immer näher, wobei die starke körperliche Anziehungskraft, die zwischen ihnen herrschte, keine geringe Rolle spielte.«

Charles hatte lange vor den Gefahren der Verliebtheit gewarnt, die einen Mann blenden und ihn nicht erkennen lassen, wie ungeeignet seine Gefährtin ist. »Als es bei ihm soweit war, erkannte er es nicht«, erzählt eine angeheiratete königliche Cousine. Er wußte sehr gut über die Gefahren des körperlichen Verlangens Bescheid, die einen dazu verleiten können, den falschen Weg einzuschlagen – und genau das traf ein. Außerdem blendete ihn Diana dadurch, daß sie so tat, als könne sie kein Wässerlein trüben, wo wir jetzt doch alle wissen, daß sie nur hart zuzubeißen braucht, um Granit zu zermalmen.«

Es bestand die Möglichkeit, daß Diana Charles Ende Januar zu seinem jährlichen Skiurlaub nach Klosters in der Schweiz begleiten würde. Aber sie beschlossen, auf die Freuden, die sie noch stärker aneinander binden würden, zu verzichten, damit die Presse dem Prinzen nicht den Skiurlaub verdarb. Also flog er allein, während sich Diana auf ihren bevorstehenden Urlaub vorbereitete.

Die kluge Diana und ihre stets hilfreiche Familie wendeten eine weitere bewährte Technik an, um den Prinzen einzufangen. Da er trotz der Bemühungen und des Druckes der Presse sich noch immer nicht entschieden hatte, war es an der Zeit für Diana, sich ihm zu entziehen. Da es nicht ratsam erschien, noch einmal den Hörer neben die Gabel zu legen, wendete man die »Raine-Spencer/William-Lewisham-Methode« an, einen widerspenstigen Bräutigam zu überzeugen. Diana flog nach Australien, um zum ersten Mal die abgelegene Ranch ihres Stiefvaters zu besuchen.

Wie sich herausstellen sollte, wäre der gutüberlegte Plan gar nicht nötig gewesen. Charles kam, während er die Hänge der Jungfrau hinabjagte, endlich zu einer Entscheidung. Er kehrte am 2. Februar nach London zurück, meldete sich diesmal sofort nach seiner Rückkehr und arrangierte ein Dinner à deux, statt eines ihrer üblichen Abendessen – ein Dinner, das in seinem Wohnzimmer im Buckingham-Palast serviert wurde. Dort, in jener romantischen Umgebung, mit einem anerkennenswerten Gespür für dieses bedeutsame Ereignis, hielt er um ihre Hand an.

Der Prinz von Wales erklärte: »Ich habe diesen Augenblick erwählt, damit sie genügend Zeit hatte, darüber nachzudenken, um zu entscheiden, ob es nicht zu furchtbar sein würde.« Für Diana war es keineswegs furchtbar, gebeten zu werden, an der königlichen Tafel Platz zu nehmen, nachdem sie monatelang Pläne geschmiedet und schwer gearbeitet hatte. Ohne Zögern tat sie das, was ihre Mutter auch getan hätte: Sie nahm den Antrag an.

# DIE VERLOBUNG
# WIRD VERKÜNDET

Königliche Familien absorbieren Menschen. Gleichgültig welche Fähigkeiten und Vorlieben sie besitzen, welche Funktion oder Position sie einnehmen – wenn sie der königlichen Einflußsphäre zu nahe kommen, werden sie rasch feststellen, daß sie davon absorbiert werden. Das hat zwangsläufig einen Verlust der Unabhängigkeit und der Individualität zur Folge. Es macht nicht den geringsten Unterschied, ob es sich bei der fraglichen Familie um die britische, schwedische, norwegische, belgische, japanische oder kuwaitische Königsfamilie handelt.

»Mitglieder von Königshäusern«, sagte ein zur Jahrhundertwende lebender Adliger, »sind erstaunlich egozentrisch. Sie wollen es nicht sein, aber sie sind es.« Das stimmt heute noch genauso wie vor hundert Jahren. Ich bin noch nie einem Mitglied einer regierenden königlichen Familie begegnet, der nicht so tat, als drehe sich die Welt um ihn. Seien sie warmherzig oder kühl, höflich oder arrogant, jung oder alt – alle besitzen diesen Charakterzug. Ihr Weg ist der einzige Weg, ihr Wunsch der einzige Wunsch, ihr Vorteil der einzige, über den sich nachzudenken lohnt. Von frühester Kindheit an bis ins Grab sind sie von Menschen umgeben, die sich vor ihnen verbeugen, sie an die erste Stelle setzen, für sie zur Seite treten, lügen, betrügen, verkuppeln und sich aufopfern, um in ihrer Nähe zu sein.

Das ist nicht ihre Schuld. Wenn einen die Menschen ein

Leben lang glauben machen, daß man an erster Stelle stehen sollte, wird man es auf ganz natürliche Weise für sein Recht halten. Es überrascht deshalb kaum, daß Mitglieder von Königshäusern eine übertriebene Einschätzung ihrer eigenen Bedeutung entwickeln. Das hat jedoch zur Folge, daß jeder, der ihrer Einflußsphäre zu nahe kommt, damit endet, daß er das königliche Spiel mitspielt.

Für Diana, die ein normales, aber freies Leben gegen eine außergewöhnliche Existenz eintauschte, war es den Preis wert. Sie war dazu erzogen worden, den zweiten Prinzen zu heiraten; jetzt hatte sie sich mit dem ersten verlobt.

Aber sie war erst neunzehn Jahre alt. Sie ahnte nicht, wie aufreibend der Umzug in den goldenen Käfig sein würde. »Selbst wenn sie in eine Kristallkugel hätte schauen und sehen können, wie elend es ihr künftig oft gehen würde, hätte sie es getan«, meint eine Schulkameradin.

Charles hatte Diana gebeten, über seinen Antrag nachzudenken, während sie in Australien war. Aber sie hatte sich bereits entschieden. So genoß sie die letzten Tage als nichtkönigliches Individuum in Freiheit. Die *Good-Hope*-Farm ist ein australisches Gehöft mit einem typischen, unverputzten Durchschnittshaus. Die Einrichtung ist eher zweckmäßig als bequem. Aber Diana kümmerte der fehlende Luxus nicht. Sie hatte ihr Ziel endlich erreicht. Und sie war bei ihrer Mutter, die ihr dabei nicht nur geholfen hatte, sondern auch eine Person war, die sie sehr schätzte.

Während ihres Australienaufenthalts genoß Diana völlige Ruhe. Frances und Peter Shand Kydd leugneten kategorisch, daß Diana bei ihnen war, und die Presse ließ sie in Ruhe. Frances sagte: »Meine Tochter und ich wußten, daß es unser letzter gemeinsamer Urlaub sein würde. Ich war entschlossen, ihn mir nicht verderben zu lassen. Wir machten Privaturlaub in unserem Haus am Strand – einen normalen Familienurlaub.

Schwimmen und Surfen standen auf der Tagesordnung. Natürlich unterhielten wir uns über Dianas künftiges Leben.«
Frances erzählte auch, wie sehr sie sich wünschte, daß ihre Töchter Männer heirateten, die sie liebten. Als die neunzehn Jahre alte Diana einen zwölf Jahre älteren Mann heiraten wollte, hieß ihre Mutter es gut. Aber sie war laut Sarah dagegen gewesen, als *sie* im gleichen Alter einen Mann heiraten wollte, der auch zwölf Jahre älter war. Damals war sie der Meinung gewesen, daß Sarah zu jung und der Altersunterschied zu groß sei und daß Ehen dieser Art gewöhnlich scheiterten, wie Frances aus eigener Erfahrung wußte.
Diana kehrte nach London zurück. Sie war sicher, was sie wollte, so sicher, wie sie es immer gewesen war. Da Charles auf korrekte Umgangsformen bestand, hielt er bei Dianas Vater um die Hand seiner Tochter an. In einem Anflug von Witz, der dem verstorbenen König George VI. und vielen seiner Freunde so gefallen hatte, bemerkte Lord Spencer schadenfroh: »Ich frage mich, was er getan hätte, wenn ich sie ihm verweigert hätte?«
Doch vor der Verkündigung der Verlobung waren noch Einzelheiten zu besprechen. Eine berühmte Bekannte der königlichen Familie erzählt: »Diana wurde einer gründlichen körperlichen Prüfung unterzogen, um sicherzustellen, daß sie bei guter Gesundheit war. Wenn es offensichtliche Gründe dafür gegeben hätte, daß sie sich nicht fortpflanzen und das erfüllen könnte, was schließlich der Zweck einer Ehe ist, hätte man sie gefunden. Der Sinn der Untersuchung war es nicht, festzustellen, ob sie noch Jungfrau war. Niemand erwartete dies. Das war eine Erfindung der Presse.«
Prinz Charles' Verhalten gegenüber einigen seiner früheren Freundinnen bekräftigte diese Behauptung. Anna Wallace war definitiv keine Jungfrau mehr gewesen, aber das minderte weder ihre Chancen, noch hinderte es Charles daran, ihr

einen Heiratsantrag zu machen. Tatsächlich könnte man sagen, daß ein makelloser Ruf für jede zukünftige Prinzessin von Wales wünschenswert ist, daß jedoch ein Schönheitsfehler eine mögliche Kandidatin nicht aus dem Rennen wirft. Als Charles mit Anna Wallace befreundet gewesen war, hielt sich in den entsprechenden Kreisen das Gerücht, daß nicht allein ihr Temperament an ihren Ausbrüchen schuld sei. Viele Dinnerpartys wurden durch Spekulationen belebt, ob sich bei Charles ebenfalls bald Herpes zeigen würde und wenn ja, wo. Das satirische Magazine *Private Eye* goß noch Benzin ins Feuer, als es in einem Bericht behauptete, Anna litte an der modischen Geschlechtskrankheit Herpes. Verleumder und Bewunderer waren verwirrt, da keine Klage erfolgte. Anna Wallace forderte noch nicht einmal einen Widerruf – was jedermann zu dem Schluß zwang, sie könnte tatsächlich Symptome aufweisen, die durch eine Untersuchung vor einem Gerichtshof bekannt werden würden.

Obgleich Anna Wallace' interessantere Seiten Prinz Charles nicht davon abhielten, sie als seine eventuelle Gemahlin zu betrachten, herrschte unter den Höflingen die Meinung, daß Dianas Image makellos sein müsse. Das würde ein harter Kampf werden.

Erstens gab es die Andeutungen in der Geschichte der »Liebe auf dem Nebengleis«. Und nicht alle überzeugte Dianas schriftliche Erklärung, daß sie »keine Vergangenheit« habe, nie einen Freund und, da sie »erst neunzehn« sei, auch noch keine Zeit für »Geliebte« gehabt habe. Journalisten sind von Natur aus neugierig. Während jene, die über Lady Diana Spencer berichteten, von ihr begeistert waren, gab es andere, die ihr insgeheim nachspionierten und versuchten, die Wahrheit hinter der unschuldigen Fassade herauszufinden. Sie wollten Antworten auf Fragen, und sie glaubten nicht, daß man mit neunzehn Jahren zu jung war, einen Freund oder einen Geliebten gehabt zu haben. Viele Frauen waren in dem Alter bereits Mütter. Außerdem waren sie nicht überzeugt, daß Diana Spencer die einzige attraktive Neunzehnjährige war, die von den Werten, Einstellungen und Verhaltensnormen des späten zwanzigsten Jahrhunderts gänzlich unberührt geblieben ist.

Die Journalisten recherchierten intensiver und entdeckten einen Namen, der regelmäßig auftauchte. In dem Jahr bevor sie mit Prinz Charles auszugehen begann, war The Honourable George Plumptre Dianas ständiger Begleiter gewesen. Sie hatten all das gemacht, was jedes Paar tut: Sie waren gemeinsam ins Kino, zum Dinner, zu Abendgesellschaften von Freunden und auf Partys gegangen. Sie waren sogar wiederholt am Wochenende aufs Land gefahren. Und obgleich der attraktive Mr. Plumptre sich als nicht gerade hilfsbereit erwies und keine kompromittierenden Kommentare über seine ehemalige Freundin abgab, sprach der Geist ihrer Beziehung für sich selbst. Es war an der Zeit, nachzuforschen, wie beschützt eine Neunzehnjährige war, die fernab von zu Hause allein in einer Wohnung in einer Weltstadt lebte.

Aber Journalisten sind in ihren Entscheidungen nicht immer unabhängig. Sie dürfen nur veröffentlichen, was die Herausgeber der Zeitungen abgezeichnet haben. Es gibt immer zahllose Themen, die tabu sind. Die Wahrheit ist nicht der entscheidende Faktor, was auch immer Idealisten glauben mögen. Die Steigerung der Auflagenhöhe und die Begeisterung der Leser, das sind die Kriterien, die bestimmen, was gedruckt wird und was nicht.

Die Verleger in der Fleet Street beschlossen Ende 1980 einstimmig, aufzuhören, in Dianas Vergangenheit herumzuschnüffeln. Sie verbreiteten das Bild von Lady Diana, das der Palast und die Fermoy-Familie ihnen verkauften. Es lohnt sich, zu ergründen, weshalb sie das taten. Diana, Frances Shand Kydd, die Königin und der Vorsitzende des Presserates hatten auf verschiedene Arten ihren Wunsch deutlich gemacht, daß Dianas Privatsphäre auf beispiellose Art geschützt werden sollte. Aber vor allem wollten die Verleger die Königin nicht kränken. Die Öffentlichkeit hat das Recht, Tatsachen zu erfahren, und das öffentliche Interesse diktiert, daß diese der Leserschaft mitgeteilt werden; aber nicht, wenn das die königliche Ächtung zur Folge hatte.

Der Zeitpunkt hätte nicht besser gewählt sein können. Man beabsichtigte, Dianas Verlobung mit Charles am 24. Februar bekanntzugeben. Und der Sturm begann. »War die Familie besorgt? Wie würden Sie nägelkauende, nervöse, aufgelöste Verrückte nennen?« fragt die adlige Schwägerin eines hochrangigen Höflings. »Bis zu dem Augenblick, wo sie den Prinzen von Wales heiratete, konnte die Hochzeit abgesagt werden. Die Aussicht, die nächste Ausgabe von *Private Eye* aufzuschlagen und lesen zu müssen, daß Diana keine Jungfrau mehr war, erfüllte alle mit Grauen. Sie müssen bedenken, daß Höflinge in leitenden Positionen die ersten sind, die den Mitgliedern des Königshauses raten, sich von jemandem zu distanzieren, der in eine Auseinandersetzung verwickelt ist. Mir fällt kein Beispiel ein, wo sie nur einmal Loyalität vor die öffentliche Meinung gestellt hätten. Wenn Diana in einen Skandal verwickelt worden wäre, hätten Robert Fellowes' und Ruth Fermoys Stimmen kein Gewicht mehr gehabt, schließlich waren sie mit Diana verwandt. Bedenken Sie, Ruth Fermoy war nur die Hofdame von Königin Elizabeth (der Königinmutter), und Robert Fellowes der Assistent des Privatsekretärs der Königin. Über ihm standen der Privatsekretär und der stellvertretende Privatsekretär, deren Rat weit mehr zählte.«

Aber die Familie war nicht bereit, zuzulassen, daß eine unbedeutende Zeitschrift ihre Freude zunichte machte, und das glückliche Paar auch nicht. Nachdem der Prinz von Wales sich entschieden hatte, Diana zu heiraten, konzentrierte er sich mit aller Intensität auf die Beziehung. »Diana war wie ein verspieltes Kätzchen zu ihm«, erzählt eine Cousine des Prinzen, »und er genoß es. Sie saß ständig auf seinem Schoß und schmuste mit ihm. Noch nie hatte ihn jemand so überschwenglich behandelt. Das gefiel ihm.«

Sarah-Jane Gaselee, deren Vater die Pferde des Prinzen trainierte, lernte Diana zu dieser Zeit kennen. Damals war Sarah-Jane elf Jahre. Sie berichtet: »Ich erinnere mich noch deutlich, wie ich Lady Diana, wie sie damals noch hieß, zum ersten Mal traf.« Diana ist geschickt darin, zu bekommen, was sie will. Sarah-Jane erinnert sich: »Sie gab mir ein kleines indisches Armband und bat mich, zu Charles zu gehen und zu sagen: ›Schauen Sie, was Lady Diana mir geschenkt hat.‹ Dadurch sollte er Schuldgefühle wegen der Geschenke entwickeln.«

Wegen seiner Sparsamkeit berüchtigt, war der Prinz von Wales Diana gegenüber nicht großzügiger als gegenüber allen anderen auch. »Das einzige, was wir von ihm bekamen«, sagt eine seiner ehemaligen Freundinnen, »war er selbst im Überfluß.« Das sollte auch Diana merken, die schließlich ihre Träume von den wundervollen Geschenken, mit denen sie ein charmanter Prinz überschütten würde, vergessen mußte. »Er ist kein Mr. Großzügig«, sollte die Prinzessin später einmal in einem Augenblick der Frustration zu einer Freundin sagen.

Obwohl Dianas Schachzug mit Sarah-Jane Gaselee ihr weder das sagenhafte Diamantarmband noch die anderen Juwelen einbrachte, auf die sie hoffte, mußte Charles beim Verlobungsring den Geldbeutel etwas weiter öffnen. Er bat Garrards, den Kronjuwelier, ihm eine Sammlung von Ringen zu schicken, von denen Diana sich einen aussuchen sollte. Unter den acht Ansichtsexemplaren stach ein knapp dreißigtausend Pfund teurer Ring aus Diamanten und Saphiren hervor. Er bestand aus achtzehn Karat Weißgold. In der Mitte befand sich ein großer, von achtzehn Diamanten umgebener Saphir. Aber dieser Ring war nicht gerade der Stoff, aus dem die Träume eines Goldgräbers sind. Die Frauen, die ich kenne, hätten ihn wahrscheinlich abgelehnt, wenn ihre Verlobten sich einen wirklich anständigen Ring hätten leisten können. Dreißigtausend Pfund mag sich nach viel Geld anhören, aber für jemanden, der reich ist, ist es eine geringe Summe. Diana wählte diesen Ring bewußt, weil er, wie sie verlauten ließ, »der größte war«.

Es mußten noch ein paar Vorbereitungen getroffen werden, bevor die Verlobung offiziell verkündet wurde. Frances Shand Kydd kam aus Schottland angereist, um bei ihrer jüngsten Tochter zu sein. Sie gingen zusammen einkaufen. Bei Harrods kaufte Diana ein königsblaues Kostüm, dazu passend eine Bluse mit blauen und weißen Punkten. Es war von einer Firma namens Cojana hergestellt worden, einer Firma, die Neil Kinnocks ehemaligem guten Freund gehörte, dem Labor-Party-Wohltäter, Finanzier und millionenschweren Flüchtling Harry Costas. Diese Kleidung würde eine Reihe von unvorhergesehenen und bis heute unbekannten Konsequenzen haben. Aber weder Frances noch Diana befürchteten Nachteile, als sie dies alles aussuchten.

Am 24. Februar 1981 unterbrach der Lord Chamberlain*, der mittlerweile verstorbene Lord MacLean, um elf Uhr morgens eine Amtseinsetzung, um eine Bekanntmachung zu verkünden. Zum Erstaunen der versammelten Menge las er von einem Stück Papier ab, während die Königin strahlte: »Mit dem größten Vergnügen geben die Königin und der Herzog von Edinburgh die Verlobung ihres geliebten Sohnes, des

---

* Haushofmeister (Anm. d. Übers.)

Prinzen von Wales, mit Lady Diana Spencer bekannt, Tochter des Grafen Spencer und The Honourable Mrs. Shand Kydd.« Im selben Augenblick wurde die Verlobung offiziell den Medien verkündet. Nach einer Fülle falscher Verlautbarungen in der Presse, einschließlich der Verheiratung Prinz Charles' mit der römisch-katholischen Prinzessin Marie Astrid von Luxemburg – was gegen die Act of Settlement gewesen wäre –, gelang es nur einer Zeitung, dem Palast zuvorzukommen. Die *Times*, nicht die Regenbogenpresse, brachte die Nachricht von der Verlobung bereits in der Morgenausgabe – sehr zum Ärger von Prinz Charles, der die »undichte Stelle« erfahren wollte. Er sollte es allerdings nie herausfinden.

Nachdem die Verlobung verkündet worden war, rief das Büro des Prinzen von Wales Victoria Wilson, Leiterin des Young-England-Kindergartens, an und informierte sie, daß Diana nicht wiederkommen würde.

Mittags nahmen ein glücklicher Prinz von Wales und eine entzückte Lady Diana Spencer zu ihrer ersten Pressekonferenz ihre Plätze auf der Treppe zum Garten des Buckingham-Palastes ein. Sie erzählten die Geschichte ihrer Romanze und beantworteten Fragen über die Gefühle, die sie füreinander hegten. »Sind sie verliebt?« – »Natürlich«, erwiderte Diana, während Charles antwortete: »Ja – was immer das auch bedeuten mag.« In diesen und anderen Interviews zeigte sich, daß Diana sicherer war als Charles. Ihre Antworten zeigten denjenigen, die über ihre Beziehung Bescheid wußten, deutlich, wer das Tempo angab. Aber den Journalisten, die sich nicht vorstellen konnten, daß eine zurückhaltende Neunzehnjährige in einer Beziehung mit einem älteren und erfahrenen Mann, wie der Prinz von Wales, bestimmen würde, war die Bedeutung dessen, was die Liebenden sagten, nicht klar.

Im Palast herrschte große Freude. Überall breitete sich eine feierliche Atmosphäre aus. Im Büro des Prinzen von Wales tranken Edward Adeane und die weiblichen Angestellten Jenny Allen (jetzt The Honourable Mrs. John Denman), Pauline Pears, Claire Potts, Julia »Lulu« Malcolm, Philippa Tingey und Sonia Palmer (jetzt BBC-Fernsehproduzentin) mit rosafarbenem Champagner auf das glückliche Paar. Auch die Königin stieß auf ihren Sohn und ihre zukünftige Schwiegertochter an. Sie wurde von der allgemeinen Aufregung so mitgerissen, daß sie das Fernsehinterview hinter einem Vorhang im ersten Stock verfolgte.

Danach sahen Charles und Diana zusammen mit der Königin sich selbst im Fernsehen an. Und die Probleme begannen. »Diana war entsetzt, als sie sich sah«, so ein Mitglied des königlichen Hofes. Was für sie ein Grund zu Freude sein sollte, wurde durch ihr Aussehen zunichte gemacht. Aber es sollte noch schlimmer kommen. Als Diana die Zeitungsfotos sah, auf denen sie noch gedrungener als im Fernsehen wirkte – eine ziemliche Leistung für jemanden, der fast einen Meter zweiundachtzig groß ist –, flippte sie aus. Sie hatte geglaubt, die Fernsehaufnahmen seien ein einmaliger Ausrutscher gewesen. Aber als sie dann mit den Fotos in den Zeitungen konfrontiert wurde, entwickelte sie einen plötzlichen und bleibenden Widerwillen gegen ihr Abbild.

»Alan Fisher (ehemaliger Butler der Wales) erzählte mir, daß Diana ein echtes Problem mit dem Essen hatte«, fährt der Höfling fort. »Sie ist fanatisch bezüglich der Lebensmittel. Sie ist besessen von ihrem Gewicht. Manchmal ißt sie so gut wie nichts. Und sie frißt. Alan erzählte mir, daß sie einmal einen ganzen Schokoladenkuchen verdrückt hat. Ein andermal aß sie bei einem ihrer mitternächtlichen Überfälle auf den Kühlschrank praktisch eine ganze Lammkeule.

Das Problem begann, als sie die Verlobungsfotos sah. Viele berühmte Leute sind wie hypnotisiert von ihrem Aussehen, wenn sie wenig schmeichelhafte Fotos von sich sehen. Ich habe es immer wieder erlebt. So war es bei Diana, und so war es bei Fergie. Diana war entsetzt darüber, wie rundlich und plump und matronenhaft sie wirkte. Sie machte sich sofort daran, das Problem zu beseitigen. Sie wollte als Braut so gut wie möglich aussehen. Sie will groß und schlank und schön wirken, damit alle sie für wunderschön halten. Sie will den Leuten gefallen, und sie weiß, daß sie sie mögen, wenn sie gut aussieht.«

Ein Problem begann, ein anderes löste sich. Die Familie Fermoy, die die Bedrohung durch *Private Eye* als das erkannte, was sie war, wurde wieder aktiv. Durch ihre Erfahrung bei Hofe besaßen sie genug Wissen und Selbstvertrauen, um das weitere Herumstochern in Dianas Privatleben zu unterbinden. Ihnen war klar, daß bald etwas geschehen mußte. »Dianas Onkel erzählte mir, daß sie (die Familie) wegen *Private Eye* sehr besorgt war«, sagt ein Freund der Familie, der einen der bedeutendsten Titel des Landes trägt. »Sie hatten gehört, das Nigel Dempster in den Startlöchern hockte – was nicht stimmte, wie sich später herausstellte. Sie hielten endlose Beratungen darüber ab, wie man am besten mit dem Problem fertig werden würde. Wenn sie diesem Blatt erlaubten, herumzuschnüffeln, würde es vielleicht etwas veröffentlichen, was die Ehe ruinieren könnte.

Man entschied, daß die wirksamste Methode, *Private Eye* zum Schweigen zu bringen, darin bestand, daß sich jemand aus der Familie gegen das Gerücht verwahrte. Das Wort der Familie gegen das des Magazins. Es war nur die Frage, wer. Es mußte jemand sein, der Diana nahe genug stand, um glaubwürdig zu sein, aber fern genug, damit sie in nichts mit hineingezogen würde, wenn die Sache fehlschlug. Dianas Mutter und Großmutter standen ihr zu nahe. Außerdem hatte die Mutter bereits vor kurzen für sie gekämpft. Es noch einmal zu tun wäre möglicherweise zu viel gewesen und hätte sie wie eine hysterische und allzu ehrgeizige Frau erscheinen lassen. Die Großmutter kam auch nicht in Frage, denn sie wollte ihre eigene Position in der Palasthierarchie nicht gefährden, nicht einmal, um ihrer Enkelin zu helfen.

Frances Shand Kydds Bruder Edmund Fermoy erwies sich als der geeignete Mann. Als Dianas Onkel stand er ihr nahe genug, um glaubwürdig zu sein. Er war Lord und im öffentlichen Dienst tätig gewesen – Fakten, die ihm den Respekt der Presse sicherten. Das Problem wurde sehr schnell dingfest gemacht. Da gab es einen Reporter namens James Whitaker, der behauptete, Diana geholfen zu haben, den Prinzen von Wales zu ködern. Die Familie wählte ihn zum Merkur, dem Götterboten, der ihre Geschichte verbreiten sollte. Sie benutzten ihn, aber das beruhte auf Gegenseitigkeit, denn er bekam die Story exklusiv.

Die Story? Edmund Fermoy erklärte, daß Diana Jungfrau sei und noch nie einen Geliebten gehabt habe.«

Das mag heute nicht wie eine Story erscheinen, aber im Jahre 1981 war Lord Fermoys Exklusivinterview mit James Whitaker eine Sensation. Noch nie zuvor hatte sich ein Onkel der zukünftigen Frau einer berühmten Persönlichkeit – und erst recht nicht der künftigen Frau eines Mitglieds der königlichen Familie – privat oder öffentlich über die Unberührtheit seiner Nichte geäußert. Seine Bemerkungen erschienen auf den Titelseiten fast aller Zeitungen aller Länder der Welt.

»Wir alle wissen, daß die königliche Familie stärkere Mägen besitzt, als man ihnen zutraut«, sagte der berühmte Freund der Familie Fermoy. »Keiner zuckte auch nur mit den Wimpern, ebensowenig wie ihre Berater.

Edmund Fermoys Verhalten und seine recht ungewöhnlichen Äußerungen waren beispiellos. Ob ich sie gutheiße? Nein. Ich fand es entsetzlich. Mich interessierte es nicht, was auf dem Spiel stand. Ein Gentleman spricht einfach nicht mit einem Reporter der Boulevardpresse über die Intimsphäre seiner Nichte. Nicht einmal mit einem Reporter der *Times*. Nicht einmal, um ihre Heirat mit dem Prinzen von Wales zu sichern. Es war unverzeihlich.«

Ob sein Verhalten richtig oder falsch war, Lord Fermoys Behauptung hatte den gewünschten Effekt. Sie brachte *Private Eye* und alle anderen Boulevardblätter zum Schweigen, die herausfinden wollten, was Diana vor ihrer Heirat gemacht hatte. Diana, die den Prinzen von Wales immer bei Tagesanbruch verlassen hatte, stand nun in den Augen der Öffentlichkeit als Jungfrau da. Falls die Presse nicht ein Foto lieferte, das das Gegenteil bewies, oder einen Liebhaber herbeizauberte, der eine eidesstattliche Erklärung ablegte – was bei den Männern, die so ehrenwert und diskret wie Dianas Liebhaber waren, nicht sehr wahrscheinlich war –, würden alle weiteren Spekulationen über ihre Vergangenheit sehr zwanghaft wirken.

Und so stellte die Presse keine Fragen mehr, auch keine berechtigten. Obwohl immer noch zweifelhaft war, ob ein Onkel eine diesbezüglich maßgebliche Erklärung über seine Nichte abgeben kann – besonders bei einem Mädchen, das seit zwei Jahren selbständig gelebt hatte. Aber Edmund Fermoy hatte gesiegt. Dianas Ruf war unbefleckt und der Erwerb eines königlichen und verwandschaftlichen Ranges nicht mehr bedroht.

Nachdem die Verlobung verkündet worden war, veränderte sich Dianas Welt drastisch. Oberflächlich schien es, als hätte sie jetzt die Mittel und die Gelegenheit, all das zu genießen, was sie sich wünschte. Aber die Wahrheit sah anders aus. Sie war in mehr als nur einer Hinsicht dabei, eine Diät mitten im Überfluß zu beginnen. Sie entdeckte, daß der Preis für das Leben einer Prinzessin höher war, als sie angenommen hatte.

Diana wurde umgehend unter die Fittiche der königlichen Familie genommen. In diesem Schatten konnte die Sonne der Freiheit sie nicht mehr erreichen, auch wenn ihr dies damals nicht bewußt war. Ebensowenig erkannte Diana die furchtbare Wirkung, die ihre lückenlose Bewachung im Laufe der Jahre zeitigen sollte. Sie bekam ihren eigenen Detective zugeteilt, Chief Detective Paul Officer, einen vierzigjährigen Absolventen einer Public School*, der ihr von jetzt an überallhin folgen würde. Es war nur eine Frage der Zeit, bis ihr klar wurde, daß er wie ein Gefängniswärter und kein Schutz vor möglichen Feindseligkeiten war. Nach fünf Monaten der Ablehnung durch Diana wurde er der erste einer langen Reihe von Angestellten, die unter nicht gerade glücklichen Umständen den Hut nehmen mußten.

Man wies Diana an, aus Coleherne Court auszuziehen. Sie verabschiedete sich von Carolyn Pride, Ann Bolton und Virginia Pitman und zog für zwei Nächte ins Clarence House. Die Presse und die Öffentlichkeit sollten annehmen, daß die junge und unschuldige Lady Diana Spencer sicher in der Obhut der Königinmutter und ihrer Großmutter Ruth, Lady Fermoy, wäre. Aber nachdem sie am ersten Abend mit ihnen gespeist hatte, sahen sie sie nicht mehr. Diana zog in den Buckingham-Palast, ins Kinderzimmer, in die Nähe des Prinzen von Wales. Beide wollten schnell zueinander kommen können. Die nächtlichen Besuche, die ihm soviel Vergnügen bereitet und selten vor Tagesanbruch geendet hatten, konnten nun ungetrübt fortgesetzt werden. Sie brauchten jetzt keine Ausreden mehr zu erfinden und keine Entdeckung und Spekulationen zu befürchten.

Durch ihren Umzug in die königlichen Unterkünfte wurde Diana für alle unerreichbar, die sie bisher getroffen hatten.

* Höhere Privatschule mit Internat (Anm. d. Übers.)

Kitty Waite Walker vom Young-England-Kindergarten beklagte sich nach der Verlobung: »Es wurde sehr schwierig, weil ihre Freunde sie nicht sehen konnten. Es war kompliziert, sie allein zu treffen, und wenn andere Menschen dabei waren (nach der Hochzeit), mußte man sie mit Eure Königliche Hoheit ansprechen. Ich glaube, sie (die Palastberater) wollten sie von den alten Freunden abschneiden, damit sie nicht merkte, was ihr entging.«

Nicht jeder stimmt mit dieser Einschätzung von Dianas plötzlicher Unerreichbarkeit überein. »Sie zog es vor, ihren alten Freunden aus dem Weg zu gehen«, erzählte mir eine Person des königlichen Hofes, die damals viel Zeit mit Diana verbrachte. »Sie hatte Wichtigeres zu tun. Sie mußte sich eine neue Identität erarbeiten und sich an eine vollkommen neue Lebensart gewöhnen. Sie wollte nicht, daß zu viele Erinnerungen an ihr altes Leben sie behinderten.«

Das erste von Dianas neuen Zielen war der Wunsch, für die Hochzeit im Juli schlank und fit zu sein. »Sie erzählte mir, sie wolle ihren Babyspeck loswerden, und wenn es sie umbringen würde«, sagt dieselbe Person. Also begann sie eine strenge Diät, die nur einmal unterbrochen wurde, als der Hunger sie überwältigte und sie einen jener Freßanfälle bekam, für die sie bereits als Schulmädchen anfällig gewesen war.

Aber der Gewichtsverlust allein genügte ihr nicht. Nachdem der Babyspeck verschwunden war, kräftigte und modellierte Diana ihre Muskeln. Sie bat ihre Tanzlehrerinnen aus West Heath – Lily Snipp und Wendy Vickers –, in den Palast zu kommen und ihr Ballettstunden zu geben. Das Tanzen war mehr als nur eine Ergänzung der Diät. »Sie lebte fürs Ballett«, erzählt Mrs. Snipp, »die Stunden nahmen ihr den Druck, ein Mitglied der königlichen Familie zu sein.«

Diana beschränkte das Tanzen nicht auf die Unterrichtsstunden. Oft zog sie ihre Stepschuhe an und übte Step- und Jazztanz. Anstrengende Übungen überschwemmen den Körper mit Endorphinen, einem körpereigenen Hormon, ähnlich dem Morphium. Das verleiht einem ein gutes Gefühl, ein natürliches Hochgefühl, das alle Sportler liebenlernen.

Diana brauchte zweifellos soviel Entlastung, wie sie bekommen konnte. Die meiste Zeit über lebte sie wie eine Gefangene in einem goldenen Käfig. »Sie war schrecklich allein«, sagt eine Freundin. »Sie war in einem riesigen Mausoleum eingesperrt. Sie konnte nicht mehr kommen und gehen, wann sie wollte. Sie haßte Paul Officer (den Detective), weil er sie überallhin verfolgte, als wäre sie schwachsinnig oder kriminell. Ihre Freunde hatten keinen Zugang zu ihr, und wenn man im Palast war, trieb sich immer jemand im Hintergrund herum. Wenn man eine derartige Überwachung nicht gewöhnt ist, ist es entsetzlich.«

Einmal wollte Diana weggehen, um einzukaufen. Sie sprang in ihren roten Metro, der auf dem Palasthof geparkt war, wo auch die anderen Familienwagen standen, und ließ den Motor an. Bevor sie noch die Handbremse lösen konnte, hatte Paul Officer die Beifahrertür geöffnet und sich neben sie gesetzt. »Wohin fahren Sie?« fragte er.

»Weg«, erwiderte Diana.

»Tut mir leid, nicht ohne mich«, informierte er sie. Sie war nicht erfreut.

»Es war keine Hilfe, daß ihr Umzug in den Buckingham-Palast überhaupt keine Auswirkungen auf den Terminkalender des Prinzen von Wales hatte«, sagt ein Mitglied des königlichen Hofes. »Er mußte weiterhin seine offiziellen Pflichten erfüllen, die schon Monate vorher geplant worden waren. Und er ging in seiner Freizeit keine Konzessionen ihr zuliebe ein. Er kam und ging, als wäre er immer noch ein alleinstehender Mann. Wenn er Polo spielen oder Freunde besuchen wollte, mußte sie sich seinen Plänen anpassen. Das fiel ihr nicht leicht.«

Die Königin war beunruhigt. Sie fragte sich, ob ihre künftige Schwiegertochter den Herausforderungen und Einschränkungen gewachsen war, die das neue Leben mit sich brachte. »Sie war besorgt wegen Dianas trübem Rekord in Wankelmütigkeit«, sagt das ehemalige Mitglied des königlichen Hofes, das den Walesschen nahesteht. »Sie beauftragte Lady Susan Hussey (eine Hofdame, Frau des BBC-Vorsitzenden Marmaduke Hussey und Schwester des Tory-Ministers William Waldegrave) und Edward Adeane (den Privatsekretär des Prinzen von Wales), alles in ihrer Macht Stehende zu tun, es ihr so leicht wie möglich zu machen. Sie befürchtete, sie würde vor den Erwartungen erschrecken und davonlaufen.«

Verschiedenes mußte unternommen werden, um Diana zu unterstützen. »Ihre Mutter kam für ein paar Tage in das Büro des Prinzen von Wales, um zu helfen. Dort war eine Flut von Glückwunschbriefen eingetroffen, die beantwortet werden mußten. Diana wußte nicht, was sie schreiben sollte; nicht einmal, wie sie richtig unterschrieb. Und da waren noch Tausende von Dingen, die vor der Hochzeit überlegt werden mußten. Ihre Garderobe, die Gästeliste, das Hochzeitsregister. Das wäre für jede Neunzehnjährige zuviel gewesen, gleichgültig, wieviel Ahnung sie hatte.«

Frances war »großartig. Sie kann wunderbar mit Menschen umgehen – sie ist herzlich und charmant und so tüchtig und elegant. Es war ein Vergnügen, sie um sich zu haben.« Aber auch Lady Susan Hussey war eine unschätzbare Hilfe. »Die Königin hat größten Respekt vor ihr. Die Tatsache, daß man sie bat, den Weg für Diana zu ebnen, zeigte, wie besorgt die Königin war. Zu ihrem Verantwortungsbereich gehörte, ein Auge auf Diana zu haben, während sie ihr einen Schnellkurs darin gab, wie man sich als Mitglied der königlichen Familie verhielt. Wir beide wissen, wie uneindeutig die königliche *persona* ist. Nun, sie mußte es ihr irgendwie vermitteln. Aus ihr ein Mitglied des Königshauses zu machen, war nicht gerade leicht, obwohl Diana sehr begierig darauf war, zu gefallen. Doch muß man anerkennen, daß sie ein guter Zuhörer ist, jemand, der eine Lektion akzeptiert, selbst wenn sie es nicht möchte. In dieser Hinsicht ist sie eine angenehme Schülerin. Sie ist sehr eigenwillig und war durch die ganze Geschichte richtig aufgedreht.«

Ein anderes Mitglied des königlichen Hofes erzählte mir: »Wenn Sie gesehen hätten, wie Lady Susan Hussey Diana beibrachte, wie man winkt, wären Sie vor Lachen gestorben. Sie war wie Marilyn Monroe und die Prinzessin von Kent in einer (Person) und mit sechs multipliziert. Sie haben in ihrem Leben noch nie jemanden gesehen, der so eifrig war. Ich meine, jemanden, der so begierig darauf war, im Mittelpunkt zu stehen. Es war verrückt. Sie wackelte und wedelte – und wie sie lächelte. Sie hörte nicht auf, ihre Backenzähne zu zeigen. Sie hätten glauben können, daß sie mit Farah Fawcett für die Colgate-Reklame wetteiferte.«

Diana mußte auch beigebracht werden, wie man ging, wie man einen Raum betrat, wie man aus einem Wagen stieg, wie man stand, während man mit jemandem sprach, wie man sich für die Fotografen in Pose stellt, ohne daß es danach aussieht, wie man sie anschaute, damit der Blick auf sie gerichtet war und nicht an der Kamera vorbei, was die Fotos ruinierte. Kurz gesagt, sie mußte lernen, wie man das großartige Covergirl wird, das sie heute ist, und dabei die Etikette bewahrt, die von einem Mitglied des Königshauses verlangt wird.

Aber Lady Susan war nicht die einzige Person, die für Dianas Verwandlung verantwortlich war. Der Prinz von Wales hatte vor Verkündigung der Verlobung entsprechende Schritte unternommen, um sicherzustellen, daß Dianas Eingewöhnungszeit so glatt wie möglich vonstatten ging. Oliver Everett, ein Berufsdiplomat aus dem Auswärtigen Amt, war dem Brauch entsprechend 1978 für zwei Jahre in den Buckingham-Palast abgestellt worden, um als Assistent des Privatsekretärs des Prinzen zu fungieren. Nach Beendigung seiner Amtszeit wurde er durch Francis Cornish ersetzt. Aber Charles hatte nicht vergessen, wie gut man mit Oliver Everett auskommen konnte. Er war amüsant, zugänglich und verheiratet: alles, was The Honourable Edward Adeane nicht war. Obwohl fast gleichaltrig, war Adeane stur, wo Everett flexibel war, einschüchternd, wo Oliver beruhigend wirkte. Also entschied der Prinz, daß Oliver Everett die perfekte Person war, um Diana bei der Einführung ihrer Rolle als Prinzessin von Wales zu helfen, daß er der ideale Privatsekretär für sie wäre.

Mitglieder der königlichen Familie sehen ihre Privatsekretäre häufiger als ihre Partner, und es ist äußerst wichtig, daß sie mit dem Menschen klarkommen, der jeden Aspekt ihres Arbeits-, Privat- und öffentlichen Lebens kontrolliert.

Der Prinz bat Everett zurückzukommen und für ihn zu arbeiten. Ein Höfling erzählt: »Die Schwierigkeit, das Angebot des Prinzen von Wales anzunehmen, bestand darin, daß das Auswärtige Amt nicht bereit war, ihn ein zweites Mal freizustellen. Also hätte Oliver das Auswärtige Amt verlassen müssen, um sich wieder dem Stab des Prinzen anzuschließen. Er war ehrgeizig, und es bestand kein Zweifel, daß er es bis ganz nach oben schaffen würde. Worum der Prinz von Wales ihn also wirklich bat, war, eine vielversprechende Karriere aufzugeben, um für ihn zu arbeiten. Jeder riet ihm davon ab. Er gab eine großartige Zukunft für einen schlechtbezahlten und schwierigen, wenn auch angesehenen Job auf.

Aber Oliver beschloß, das Angebot anzunehmen. Er schätzte den Prinzen von Wales, wußte, daß es eine interessante

Aufgabe sein würde und daß die Arbeit als Privatsekretär der Prinzessin von Wales, wenn sie auch keine Aufstiegschancen barg, ehrenvoll genug war, um die Nachteile aufzuwiegen. Er kehrte unter der Bedingung in den Buckingham-Palast zurück, daß es eine lebenslange Tätigkeit sei. Er wurde zum Assistenten des Privatsekretärs des Prinzen ernannt, war jedoch Dianas Privatsekretär. Genauso wie Dickie Arbiter zweiter Pressesekretär der Königin genannt wird, in Wirklichkeit aber der Pressesekretär des Prinzen und der Prinzessin von Wales ist.«

Anfangs kamen Diana und Oliver Everett gut miteinander aus. »Sie waren richtige Freunde«, sagt ein Mitglied des Hofes, das die Beziehung beobachtete, und zwar vom Anfang bis zum schrecklichen Ende. »Er stand ihr so nahe, wie man einander nur nahe stehen kann. Er war sehr nett und aufmerksam zu ihr. Er drängte sie nicht, nahm sich Zeit und gab sich Mühe, sie behutsam anzuleiten. Alles, was sie lernte, lernte sie von ihm oder Lady Susan Hussey. Er brachte ihr sogar bei, wie sie unterschreiben mußte, damit ihre Unterschrift ein königliches Aussehen bekam. Oliver besaß einen wunderbaren Humor. Sie hatten Spaß miteinander und kicherten wie zwei Kinder. Sie war glücklich, wenn er ihr bei bestimmten Dingen half. Sie übte zum Beispiel mit einem umgehängten Laken für den großen Tag, an dem sie mit einer überlangen Schleppe und einem Schleier den Mittelgang in der St. Paul's Cathedral entlangschreiten würde. Aber sie war nicht gerade begeistert davon, Geschichte zu lernen und sich durch die erforderliche Lektüre über die königliche Familie zu arbeiten – Biographien über frühere Prinzessinen von Wales und dergleichen mehr. Es war wichtig, daß sie die Verantwortlichkeiten und Erfordernisse ihrer neuen Rolle kennenlernte. Sie sagte zu mir: ›Ich habe die Schule nicht verlassen, um Schulaufgaben zu machen.‹«

Trotzdem beschäftigt sich Diana mit der erforderlichen Lektüre. Wenigstens anfangs. Obwohl sie über diese Arbeit, die zum königlichen Stand gehörte, nicht sonderlich glücklich war, hütete sie sich, dagegen anzukämpfen. Sie widmete sich ihr gewissenhaft, löste ihre Anspannung durch Tanz und andere körperliche Bewegung und fieberte ihrem großen Tag entgegen. »Es gab Tage, an denen sie dachte, sie würde vor Langeweile und Einsamkeit verrückt. Sie war an ein aktives Leben gewöhnt. Früher hatte sie sich immer mit etwas beschäftigt. Ob sie nun das T-Shirt einer Freundin wusch, für eine Dinnerparty kochte, für jemanden putzte oder auf Babys aufpaßte – sie war immer in Bewegung gewesen. Das gefiel ihr«, erzählte mir eine ihrer Verwandten.

Diana versuchte das Problem der erzwungenen Untätigkeit so zu lösen, wie sie es in Althorp gemacht hatte. Wenn sie nicht wußte, was sie tun sollte, verwickelte sie den Diener, der gerade vorüberging, in ein Gespräch. Wenn keiner abkömmlich war, hielt sie sich in der Küche auf. Aber der Palast ist nicht Althorp, und Diana sollte schon bald auf Ablehnung stoßen. Die Diener scherten sich nicht um Veränderungen im zwanzigsten Jahrhundert. Sie waren noch einer Hierarchie verhaftet, in der jede Person ihren Platz kannte und ihm entsprechend lebte. Die älteren Mitglieder des Personals mochten Dianas Annäherungen nicht. Sie spürten, daß sie die etablierte Ordnung bedrohte und einen gefährlichen Präzedenzfall von Vertrautheit schaffen könnte. Aber sie fürchteten nicht um Diana, sondern um sich selbst. Wenn man zuließ, daß Diana weiterhin mit Dienern und Küchenhilfen wie mit ihresgleichen sprach, würden diese Diener und Spülmädchen bald schon mit ihren Vorgesetzten, den Kammerdienern und Butlern und Köchen, auch wie mit ihresgleichen sprechen. So durfte es nicht weitergehen. Also beschlossen Stephen Barry, der Kammerdiener des Prinzen, und der für Glas und Porzellan verantwortliche Diener, ihr zu zeigen, wo ihr Platz war. Barry forderte die gesamte Dienerschaft auf, sich zurückzuhalten. Und als Diana das nächste Mal in die Küche kam, deutete der Diener hochmütig zur Tür und sagte: »Dort ist *Ihre* Seite des Hauses, hier ist *meine* Seite des Hauses« und stellte sich ihr in den Weg, bis sie verstanden hatte und davonhuschte.

Dianas Verhalten dem Personal gegenüber war natürlich typisch aristokratisch, aber jemand, der in einem Königshaus geboren wird, biedert sich nicht mit einem solchen Eifer den Dienern oder anderen Menschen an. Er befreundet sich nur mit ebenbürtigen Mitgliedern anderer Königshäuser oder mit Verwandten. Prinz Charles zum Beispiel beendet jeden Befehl mit dem wohltuenden Satz: »Wenn es Ihnen nichts ausmacht«, obwohl kein Zweifel daran besteht, daß das, was er sagt, alles andere als eine Bitte ist. Er ist ein liebenswürdiger Mensch, der im ganzen Land wegen seines teilnehmenden Verhaltens verehrt wird, aber er ist kein Gleichmacher. Wie die anderen Mitglieder seiner Familie wird er nicht zulassen, daß jemand mit ihm spricht, als sei er ihm ebenbürtig. Er bleibt für jeden erstens Ihre Königliche Hoheit und zweitens Sir. Nicht einmal seine Freundinnen durften ihn beim Vornamen nennen. Selbst im Bett, im Augenblick der Leidenschaft, war es ihnen verboten, seinen Namen auszusprechen.

Ein derartiges Verhalten war für Diana nicht selbstverständlich, und man muß es ihr hoch anrechnen, daß sie nicht zuließ, daß davon ihre Vorstellung beeinflußt wurde, wie Menschen miteinander umgehen sollten. Anfangs hielt sie sich zurück, aber nachdem sie Prinzessin von Wales geworden war und Fuß gefaßt hatte, machte sie sich daran, Traditionen zu ändern, die nicht nur jeder guten menschlichen Beziehung zuwiderliefen, sondern darüber hinaus anachronistisch waren.

Inzwischen stand die Hochzeit kurz bevor. Da sie niemanden hatte, mit dem sie sprechen konnte, schwirrte sie über die Flure des Palastes, den Walkman auf dem Kopf, und wiegte sich im Rhythmus der Musik und der Einsamkeit. Die Königin, die ihr einmal zufällig über den Weg lief, rief ihr etwas zu, aber Diana, taub für ihre Umgebung, hörte sie nicht und tänzelte weiter. Sie jagte auch auf Rollschuhen über die Flure, was von einer Verwandten ihrer verstorbenen Tante Lavinia bestätigt wurde.

Es wird allgemein als gesicherte Tatsache angenommen, daß die Königin sich nicht die Zeit nahm, Diana während dieser Periode zu empfangen. »Es stimmt nicht, daß sie die Königin nicmals sah und daß sie nie zum Lunch oder zum Dinner bei ihr war«, sagt ein Höfling. »Diana nahm häufig an Dinnerpartys teil. Tatsächlich beschwerte sie sich bei Freunden darüber, daß es für ihren Geschmack im Palast zu viele Dinnerpartys gab.«

Ein anderer Höfling bestätigt: »Ich kann mich noch gut daran erinnern, wie sie vom Lunch bei der Königin kam. Sie war amüsiert. Sie trug rote Strumpfhosen. Sie sagte zu mir: ›Ich saß da, und alle Corgis kläfften mich an (Diana mag keine Tiere). Plötzlich wurde mir klar, daß sie von meiner roten Strumpfhose fasziniert waren. Ich dachte – mein Gott, was ist, wenn sie meine Beine für Steaks halten? Ich stellte mir vor, wie mich das Rudel in Stücke reißt und meine Beine verschlingt. Ich hätte fast losgeprustet, aber es gelang mir, mich zu beherrschen. Aber ich wollte, ich hätte diese scheußlichen Strumpfhosen nicht getragen. Ich konnte kaum erwarten, sie auszuziehen.‹«

Der Höfling meint: »Nach der anfänglichen Aufregung darüber, im Buckingham-Palast zu leben, begann ihr die Ungeheuerlichkeit dessen klarzuwerden, worauf sie sich eingelassen hatte. Nachdem sie sich mehr und mehr angepaßt und einiges gelernt hatte, wurde sie zunehmend nervöser. Anfangs war sie in Gegenwart der Königin viel entspannter als später. Nachdem sie angefangen hatten, eine Beziehung zu entwickeln, wurde die Kluft, die sie trennte, immer größer. Was nicht heißen soll, daß die Königin nicht nett und rücksichtsvoll war. Aber sie sind zwei so unterschiedliche Persönlichkeiten, daß sie – von den Höflichkeiten einmal abgesehen – nichts gemeinsam haben.

Das gleiche trifft auch für Prinzessin Anne zu. Nicht, daß sie Diana nicht respektiert. Sie empfindet nur einfach nichts für sie. Sie haben absolut nichts gemeinsam. Alles, was Diana gern tat, hielt die Prinzessin für Zeitverschwendung und umgekehrt. Können Sie sich vorstellen, daß die Princess Royal* im Harveys T-Shirts einkauft? Sie hielt Diana für oberflächlich und unbedarft und verstand nicht, weshalb ihr Bruder sie heiraten wollte.

Zu Prinz Andrew und Prinz Edward hatte Diana herzlichere Beziehungen, aber damals waren beide außer Haus – der eine bei der Marine, der andere auf der Universität, wenn ich mich recht erinnere. Ich denke, Diana glaubte, daß sich die Dinge bessern würden, wenn sie nach Hause zurückkehrten, um es einmal so auszudrücken. Sie kam aus einer Familie, in der man einander nahe war, und sie glaubte, bei der königlichen Familie sei es ebenso. Es ist klar, wie sie zu dieser falschen Vermutung kam. Damals kannte sie sie (die Familie) nur aus einigen Urlaubssituationen, als sie alle beisammen waren – auf Sandringham, in Cowes, auf Balmoral. Aber Sie wissen ebensogut wie ich, daß sie nur aus Gründen der Konvention zusammen sind und sich sonst so gut wie nie sehen. Für die Königin, den Prinzen von Wales und Prinzessin Anne ist es nichts Ungewöhnliches, daß sie alle im Palast wohnen und

* Die älteste Tochter eines Herrschers (Anm. d. Übers.).

200

jeder in seinen eigenen Zimmern speist. Das trifft noch immer zu, nur daß die Walesschen von den Yorcks ersetzt wurden. Es kommt vor, daß man sich wochen-, manchmal monatelang nicht sieht. Es würde ihnen nie einfallen, sich gegenseitig zu besuchen oder gesellig zusammenzusitzen.«

Ein weiteres Mitglied der königlichen Familie mit dem gleichen Bedürfnis nach zwischenmenschlichen Beziehungen wie Diana war Prinzessin Michael von Kent. »Sie hieß Diana mit offenen Armen willkommen«, erzählte mir ein Freund von ihr. »Sie bat sie (in ihrem Appartement im Kensington-Palast) zum Lunch und zum Tee. Diana war glücklich, sie besuchen zu dürfen. Sie wurden enge Freundinnen. Marie Christine erinnerte sich, wie schwer der Eintritt in die königliche Familie für sie gewesen war. Sie hatte eine schlimme Zeit hinter sich und hatte sich häufig darüber beklagt, daß das britische Establishment ihr feindlich gesinnt sei, weil sie eine Ausländerin, kultiviert und lebhaft sei.«

Da ist zweifellos ein Körnchen Wahrheit in den Klagen der Prinzessin Michael. Wäre sie ein langweiliges Mädchen vom Land gewesen, hätte man ihr zweifellos mehr geholfen. »Sie kam sich mißverstanden und isoliert vor und hoffte, daß sie und Diana gute Freundinnen würden.«

Im nachhinein betrachtet, war Prinzessin Michaels Handlungsweise großzügiger, als es jetzt den Anschein hat. Vom Zeitpunkt ihrer Hochzeit bis zur Hochzeit Dianas hielt man Marie Christine für das bezauberndste und exotischste Mitglied des Königshauses. Sie war die strahlende Prinzessin, *das* Mitglied der königlichen Familie, dessen Gegenwart jedem Ereignis Glanz verlieh. Ihr Herz und ihr Heim einer jungen Frau zu öffnen, die von allen für linkisch gehalten wurde, zeugte von wahrer Herzlichkeit. Aber Diana sollte ihr ihre Freundlichkeit sofort nach der Hochzeit damit heimzahlen, daß sie sich von ihr distanzierte. »Sie erkannte, daß sie

Prinzessin Michael nicht nötig hatte. Sie nahm einen höheren Rang ein.«

Während Diana sich innerhalb der Grenzen des Buckingham-Palastes auf ein einsames Leben einrichtete, bereitete sie sich aber auch auf die Hochzeit vor. In einer eindrucksvollen Zurschaustellung der Unterstützung ihrer Familie, setzte diese Erfahrungen und Beziehungen ein, wenn es nötig war. Besonders Frances und Sarah brachten eine bemerkenswerte Energie auf, um Diana zu beraten und ihr bei allem zu helfen – angefangen bei der Auswahl der Hochzeitslisten bis hin zur Zusammenstellung von Dianas Aussteuer.

Diana für ihre zukünftige Position auszustatten war eine aufreibende und zeitaufwendige Aufgabe. Sie benötigte eine Vielzahl von Kleidern und Accessoires für die verschiedensten Aufgaben und Gelegenheiten. Sie würde Bäume pflanzen, Premieren besuchen und auf jedem Ball die Schönste sein müssen. Sie würde sich Polospiele anschauen, alte Menschen besuchen und mit vielen feiern müssen. Jedes Ereignis erforderte ein anderes Outfit, das ihre Jugend und ihren Geschmack widerspiegelte, aber die Würde ihrer neuen Position wahrte.

Seit Prinzessin May von Teck 1910 die Gemahlin des regierenden Königs wurde, hatte es keine Prinzessin von Wales mehr gegeben. Deshalb gab es auch keine Vorbilder, nach denen man sich hätte richten können. Natürlich waren Grundrichtlinien vorhanden. In der jüngsten Vergangenheit hatte es nur eine junge Prinzessin gegeben, und niemand erwartete ernsthaft, daß Lady Diana Spencer Prinzessin Anne nacheiferte. Sie waren zu verschieden. Aber obwohl man auch von Diana erwartete, daß sie Hüte und Handschuhe trug, stand es ihr frei, sich auf neues Modeterrain zu wagen.

Angesichts der ungeheueren Aufgaben, denen sie sich gegenübersahen, wandten sich Frances und Jane an Anna

Harvey von der *Vogue*, für die Jane vor der Hochzeit mit dem Assistenten des Privatsekretärs gearbeitet hatte. Anna Harvey wußte alles über Mode. Sie kannte alle Designer und konnte dabei helfen, Diana für ihre bevorstehenden Aufgaben auszustatten. Sie konnte die Designer aussuchen, mit ihnen Kontakt aufnehmen und sich von ihnen eine Anzahl von Kleidungsstücken in die Redaktion der *Vogue* schicken lassen, wo sie Diana sich erst einmal anschaute, bevor sie ihre Wahl traf – gemeinsam mit Anna Harvey und Grace Coddington, einem ehemaligen Model und der grauen Eminenz von *Vogue*.

Es gehörte zu den vordringlichsten Aufgaben von Dianas Beraterinnen, sie für ihren ersten öffentlichen Auftritt einzukleiden. Anna Harvey begleitete sie zu den Emanuels, die damals bei der eleganten Londoner Gesellschaft für ihre romantischen und auffallenden Kreationen bekannt waren. »Diana wollte diese Tradition fortsetzen«, erzählt eine Freundin. »Sie wollte ein Zeichen setzen – Aufsehen erregen. Als bezaubernd und kultiviert gelten.« Sie wählte ein trägerloses, tiefausgeschnittenes schwarzes Ballkleid mit einem weiten, abstehenden Rock, um den Prinzen von Wales zu jener berühmten Gala zur Unterstützung des Royal Opera House in die Goldsmith Hall zu begleiten, wo Fürstin Gracia Patricia von Monaco eine Lesung hielt.

Das Kleid schlug wie eine Bombe ein, »genau wie Diana es beabsichtigt hatte. Sie war immer schon gut darin gewesen, auf sich aufmerksam zu machen ... Selbst als sie noch zur Schule ging, kleidete sie sich so, daß sie Aufmerksamkeit erregte. Sie war immer schon eine Spezialistin darin gewesen, (wie eine Bombe) einzuschlagen«, sagte eine Schulkameradin und bekräftigte damit die Beobachtung ihrer Direktorin, daß Diana das angeborene Talent besitze, sich auffallende Kleider auszusuchen.

Der Prinz von Wales ahnte, was folgen würde. Als er vor Diana aus dem Wagen stieg, meinte er zu den versammelten Presseleuten, von denen er viele seit Jahren kannte: »Wartet nur, bis ihr einen Blick auf sie werfen könnt.« Die Worte waren kaum gesprochen, als Diana ausstieg. Ihr fülliger Busen drohte aus der nicht perfekt sitzenden *décolletage* zu platzen. Es erhob sich ein einstimmiger Seufzer, gefolgt von Hochrufen, während der stolze Prinz von Wales die weiblichen Attribute seiner Verlobten mit den Leuten teilte, die Dianas Kurven für die Welt abfotografierten.

Drinnen nahm sich Fürstin Gracia Dianas an. Sie sah in einem blauen Kleid und mit perlengeschmückten Haaren wunderbar aus. Diana knickste vor ihr, da sie noch nicht zur königlichen Familie gehörte. Das Protokoll verlangte, daß sie den höheren Rang der charmanten und anmutigen ehemaligen Schauspielerin anerkannte. »Diana beichtete mir, sie sei sehr nervös gewesen«, sagte eine Freundin, »aber Fürstin Gracia von Monaco sagte ihr, sie solle sich keine Sorgen machen, sie sähe großartig aus und mache ihre Sache gut. Dies und das offensichtliche Entzücken des Prinzen von Wales beruhigten sie.«

Mochte Charles auch entzückt gewesen sein, so gab es doch im Establishment einige Personen, die über Dianas nonverbale Aussage entsetzt waren. Verschiedene Gäste der Gala waren der Meinung, daß ihr Kleid entsetzlich geschmacklos und für ein zukünftiges Mitglied des Königshauses zu offenherzig sei. Denn, wie sagte eine *grande dame* zu mir: »... jedenfalls trägt man kein Ballkleid zu einem Empfang, auf dem nicht getanzt wird, oder?«

Diese Einstellung wurde auch von einflußreichen Personen im Palast geteilt. Am folgenden Morgen informierte man Diana darüber, daß die weiblichen Mitglieder des Königshauses niemals Schwarz tragen, es sei denn, sie sind in Trauer. Sie

könne Dunkelblau, Dunkelgrün, Dunkelgrau oder Dunkel-
braun tragen. Die Farben konnten so dunkel sein, daß man sie
kaum von Schwarz unterscheiden konnte. Aber es durfte kein
Schwarz sein. »Sie bereute ihren *fauxpas*«, sagt eine der
Ladys, die damals im Palast arbeiteten. »Sie werden bemerkt
haben, daß sie diesen Fehler nie mehr machte.«

Wäre das alles gewesen, hätte Diana ihren ersten öffentlichen
Auftritt als Erfolg verbuchen können. Aber sie geriet mit
ihrer zukünftigen Schwiegergroßmutter in Streit. »Königin
Elizabeth (die Königinmutter) war nicht erfreut«, erzählte
eine Verwandte von ihr. »Sie sagte Charles, er solle Diana
ausrichten, daß sie nie wieder ein Kleid tragen soll, das die
königlichen Juwelen enthüllte. Sie wissen, wie sehr Königin
Elizabeth tiefausgeschnittene Kleider mag und was für einen
ausladenden Busen sie hat. Aber sie achtet sorgsam darauf,
diskret zu bleiben. Wenn sie in Clarence House speist und
einer der Lakaien sich ihr nähert, um zu servieren oder
abzuräumen, bedeckt sie stets den königlichen Busen.
Manchmal macht sie einen Scherz darüber, wenn sie außer
Hörweite sind. Aber sie achtet streng darauf, daß das *hoi
polloi* keinen Blick darauf werfen kann.«

Auch wenn ihr Debüt als Mitglied des Königshauses peinliche Nachspiele hatte, konnte Diana zufrieden damit sein, daß
sie tatsächlich ein Zeichen gesetzt hatte. Die Welt hatte auf-
gehorcht: Ein neues und bezauberndes Mitglied der Königsfamilie schickte sich an, die internationale Bühne zu betreten.
Diana setzte allmählich die unterdrückte Kraft ihrer Persönlichkeit ein, um ihren Einfluß auf den Mann, den sie liebte,
sicherzustellen. »Sobald sie erst einmal unter demselben
Dach lebten, ging es mit der Liebesgeschichte aufwärts«, sagt
ein Mitglied einer anderen königlichen Familie. »Es war
wirklich rührend anzuschauen. Der Prinz von Wales ist ein
künstlerisch begabter Mann. Ich glaube, er hat sich immer

schon jemanden gewünscht, der ihn um seiner selbst willen liebt. Und ich glaube, daß er insgeheim befürchtete, die meisten Menschen hätten Schwierigkeiten damit, in ihm einen sensiblen Menschen zu sehen. Ich glaube, er gelangte kurz vor seiner Hochzeit zu der Überzeugung, daß er endlich jemanden gefunden hatte, der ihn wirklich um seiner selbst willen liebte. Diana schien eindeutig in ihn verliebt zu sein. Ich würde sogar noch weitergehen und sagen, daß es so aussah, als betete sie ihn an. Es lag etwas so Klares und Überzeugendes in dieser Verehrung, daß man ihre Ernsthaftigkeit nicht bezweifeln kann. Und ich glaube, sobald er davon überzeugt war, daß es so bleiben würde, öffnete er sich und ließ seiner Sentimentalität und Romantik freien Lauf. Er erinnerte mich an eine Gestalt von Dickens. Damals verliebte er sich wirklich in sie.«

Eine Schulkameradin erinnert sich: »Hinter dem Lächeln und dem angenehmen Äußeren verbirgt sich eine emotional hungrige Diana. Sie hat ein unstillbares Verlangen danach, geliebt und gebraucht zu werden, im Mittelpunkt der Aufmerksamkeit zu stehen. Ich weiß wirklich nicht, was aus ihr geworden wäre, wenn sie es nicht zur Prinzessin von Wales gebracht hätte. Sie wäre höchstwahrscheinlich einem armen Burschen vom Lande mit ihrem unaufhörlichen und überwältigenden Liebesbedürfnis zur Last gefallen.« Aber Charles war froh, für Diana den Romeo zu spielen. Und Diana, die spürte, wie sich die Kraft zwischen ihnen verlagerte, ging jetzt gegen alle anderen Einflüsse von Frauen in seinem Leben vor, außer denjenigen seiner unmittelbaren Familie.

Die Gästeliste für die Hochzeit beschäftigte alle. In der ganzen Welt gab es Menschen, die sehr beleidigt gewesen wären, wenn man sie nicht eingeladen hätte. Es sollte die bedeutendste Hochzeit in der zweiten Hälfte des zwanzigsten Jahrhunderts werden. Man konnte Prestige gewinnen oder verlieren, das hing ganz davon ab, ob man in der St. Paul's Cathedral an- oder abwesend war. Diana nutzte die Gelegenheit, jene zu belohnen, die sie zufriedengestellt hatten, wie ihre Näherin, und jene zu bestrafen, bei denen das nicht der Fall gewesen war, wie Madame Vacani. Obwohl sie mit der Familie Spencer gut befreundet waren, wurden Lord und Lady Freyberg nicht eingeladen, wie man es unter normalen Umständen hätte erwarten können. Barbara Cartland ereilte ein ähnliches, allerdings noch schmählicheres Schicksal. Diana strich vor den Augen Michael Colbournes, der zum Stab des Prinzen von Wales gehörte, ihre Stiefgroßmutter von der Gästeliste. »Ich habe nicht vor, mich von ihr an die Wand spielen zu lassen«, bemerkte sie. Ein recht unvernünftiges Konkurrenzdenken. Nicht einmal die Intervention des Privatsekretärs des mittlerweile verstorbenen Lord Mountbatten zugunsten von Barbara Cartland konnte Dianas Einstellung zu einer Frau ändern, die immer freundlich und großzügig zu ihr gewesen war. Sie zog es vor, Miss Cartland öffentlicher Peinlichkeit auszusetzen, was wesentlich mehr Aufmerksamkeit auf die Autorin lenkte.

Nach der Hochzeitsfeier sollte es für die *crème de la crème* ein Hochzeitsfrühstück im Palast geben. Und wieder einmal nutzte Diana die Gelegenheit, ihre neugewonnene Macht einzusetzen. Sie schloß Camilla Parker Bowles und Dale Tryon von einem Ereignis aus, das einen Maßstab dafür darstellt, wer als unentbehrlich galt. »Sie wollte sie nicht bei ihrem Hochzeitsfrühstück haben und machte das dem Prinzen von Wales unmißverständlich klar. Wenn es nach ihr gegangen wäre, hätte man sie überhaupt nicht zur Hochzeit eingeladen. Aber er sprach ein Machtwort. Er sagte mit einer gewissen Berechtigung, wenn sie all ihre alten Liebhaber einladen könne, sehe er keinen Grund dafür, weshalb er nicht dasselbe tun sollte«, erzählt ein Spencer-Verwandter.

Aber das war nur einer der Seitenhiebe gegen die Frauen, die sie als Konkurrentinnen um das Herz ihres Mannes betrachtete. »Diana machte eindeutig klar, daß sie Lady Tryon oder Mrs. Parker Bowles nicht leiden konnte«, sagt ein Cousin des Prinzen. »Sie machte immer diese kleinen, boshaften Bemerkungen über sie. Niemand konnte daran zweifeln, was sie von ihnen hielt, einschließlich des Prinzen von Wales, der sich allmählich von ihnen distanzierte.

Für Prinz Charles war es sehr wichtig, daß seine Ehe funktionierte, denn er ist absolut nicht streitsüchtig. Er regt sich kurz auf und schimpft, aber er beginnt keinen richtigen Streit. Das ist nicht sein Stil. Er zieht sich eher zurück, wenn er nichts unternehmen möchte, oder er ändert das, was ihm möglich ist, wenn er es für erforderlich hält.« Wegen seiner Verlobten, die nicht mit den beiden Frauen verkehren wollte, die für ihn im letzten Jahrzehnt sehr wichtig gewesen waren, beschloß Charles, seine Beziehungen zu Dale und Camilla aufzugeben. Das tat er »für ein friedliches Leben«. Diana war besänftigt, wenigstens für den Augenblick.

Nachdem die Vertrauten außer Reichweite waren und Charles' Zweifel sich gelegt hatten, genossen die Liebenden während der Vorbereitungen das, was sich im nachhinein als die schönste Zeit ihrer Beziehung erweisen sollte. Es fand eine fünfwöchige Trennung statt, als der Prinz von Wales zu einer Reise nach Australien, Neuseeland und in die Vereinigten Staaten aufbrach. Der Prinz hielt engen Kontakt per Telefon, und ihre Liebe wuchs weiter. Nicht einmal die öffentliche Diskussion darüber, ob ihre Telefongespräche auf Band aufgenommen worden waren, konnte sie stören.

Die Zeichen standen mit jedem Tag besser. Selbst als Charles nach England zurückkehrte und die Anspannung der Vorbereitungen sich bei Diana derart bemerkbar machte, daß ihre Diät außer Kontrolle geriet und sie Schwierigkeiten hatte, überhaupt etwas zu essen, kamen sie sich immer näher. Er nahm sie eindeutig in Schutz, noch bevor sie bei einem Polomatch in Tidworth, wo er fünf Tage vor der Hochzeit mitspielte, in Tränen ausbrach. Bei dieser Gelegenheit war seine ehemalige Freundin Penelope Eastwood, inzwischen mit seinem Cousin Norton (Lord) Romsey verheiratet, zur Stelle, um Diana zu trösten, bis ihr Prinz vom Polofeld geritten kam und ihr den Trost seiner Arme anbot.

Es gab noch andere Augenblicke, wo Diana von ihren Gefühlen überwältigt wurde; aber alle führten es auf Überarbeitung, vorhochzeitliche Ängste und auf die Belastung zurück, der sie ausgesetzt war. Sie stand unter großem Druck. Eine Freundin von ihr erzählte mir: »Sie wurde bereits von Zweifeln geplagt, ob sie nicht mehr abgebissen hatte, als sie kauen konnte« – aber niemand bemerkte es.

Eins war allerdings sicher. Ungeachtet der Probleme, die sie damit haben mochte, sich in das langweilige und ermüdende Leben eines Mitglieds des Königshauses zu integrieren, tat sie das Richtige. Sie wollte ihren Prinzen, und er wollte sie. Es sah so aus, als würde ihre Ehe glücklich werden.

# DIE HOCHZEIT

Bei der Hochzeit Seiner Königlichen Hoheit des Prinzen von Wales mit Lady Spencer am 29. Juli 1981 schauten mehr Menschen zu als bei jeder anderen Hochzeit in der Geschichte. Dank des Fernsehens teilten Hunderte von Millionen Zuschauern in der ganzen Welt einen wahrhaft freudigen Tag mit dem Paar, ihren Familien und der feiernden Nation.
Über die königliche Familie ist viel Unsinn erzählt worden. Nur wenige Menschen können über sie sprechen, ohne zu übertreiben. Wie Janet Marquise von Milford Haven, deren ältester Sohn das momentane Oberhaupt der Mountbatten-Familie ist und deren verstorbener Gatte David Herzog von Edinburghs Cousin ersten Grades und Trauzeuge war, zu mir sagte: »Es ist wirklich wahr, daß man die Quelle berücksichtigen muß, wenn man etwas über ein Mitglied der königlichen Familie hört.«
Es ist nicht übertrieben, zu sagen, daß die Hochzeit von Prinz Charles der Anlaß für ein großes nationales Freudenfest und von internationalem Interesse war. Überall im Lande und auf der Welt blickten Menschen gebannt auf den Fernsehbildschirm, ohne Rücksicht auf die Zeit. Es schien, als wolle niemand die frühmorgendlichen Vorbereitungen oder die Ankunft der vielen berühmten Gäste in der St. Paul's Cathedral versäumen. Jeder, der für die königliche Familie oder für das nationale Interesse der Regierung wichtig war, fand sich

ein. Von Nancy Reagan und Fürstin Gracia von Monaco bis hin zu den entthronten Herrschern Osteuropas und dem Haushaltungsstab des Buckingham-Palastes. Alle nahmen sie in Wrens* historisch bedeutsamem Bauwerk Platz. Später gesellten sich Dianas nächste Angehörigen dazu. Ihre Mutter und ihre Großmutter saßen – wie ich mit Befremden bemerkte – so weit voneinander entfernt, wie es nur möglich war, und das blieb den ganzen Tag über so. Aber den Haushofmeister, der für die Vorbereitungen verantwortlich war, überraschten die Differenzen einer großen Familie nicht. Blut erwies sich als dicker als eine Heiratsurkunde, was zu Raine Spencers und Peter Shand Kydds Verbannung zu den gewöhnlichen Gästen führte. Es gab auch nur Platz für eine bedeutende Großmutter. Also nahm die Königinmutter ihren Sitz im königlichen Kirchengestühl ein und sah sich dem der Braut gegenüber, ohne durch die Gegenwart einer anderen *grande dame* mit einem Hang zu Perlen, Hüten und übertriebenen Kleidern abgelenkt und gestört zu werden: Barbara Cartland spielte Hosteß für das St. John's Sanitätscorps. Das helle Scheinwerferlicht beleuchtete ihre Demütigung, nicht zur Hochzeit eingeladen worden zu sein. Diana erreichte dadurch genau das Gegenteil von dem, was sie wollte. Aber die königliche Familie kümmerte die Abwesenheit der »furchtbaren« Autorin nicht im geringsten. »Sie halten sie für schrecklich vulgär und für eine richtige Publicitytante«, meint ein anderes Mitglied des Königshauses.

---

* Sir (seit 1673) Christopher Wren, (1632 bis 1723). Englischer Baumeister, Mathematiker und Astronom. Nach seinen Einzelplanungen entstanden fünfzig sehr abwechslungsreiche Kirchen. Hauptwerk ist die St. Paul's Cathedral im Stil des engl. Palladianismus in der Nachfolge I. Jones' (Anm. d. Übers.)

Die Feierlichkeiten begannen am Abend zuvor. Im Hyde Park entzündete Prinz Charles das erste von einhundertundzwei Freudenfeuern. Danach folgte ein großes Feuerwerk, das Londons Skyline fast eine Stunde lang erhellte. Allein im Hyde Park hatten sich eine halbe Million Zuschauer versammelt. Der Verkehr brach zusammen, aber das kümmerte niemanden. Die Luft war von den Stimmen feiernder Menschen erfüllt. Ich war nur eine von vielen Einwohnern und Einwohnerinnen Belgravias, das sowohl den Hyde Park als auch den Buckingham-Palast säumt, die erzählten, es habe so ausgesehen, als würden alle das Feuerwerk und die Hochzeit am nächsten Morgen für eine riesige Party halten und so tun, als seien sie alle Gäste, eingeladen oder nicht.

Ein Mensch, der sich an diesem Abend nicht sehen ließ, war Diana. Man hatte sie im Clarence House ins Bett gesteckt. Dort verbrachte sie ihre letzte Nacht als Bürgerliche. »Ja, der Umzug war ein bewußter Versuch, die Öffentlichkeit darüber zu täuschen, wo sie sich während ihrer Verlobungszeit aufgehalten hatte«, gibt ein Höfling zu. »Der Palast (das allumfassende Wort kann sich auf die Königin, ihre königlichen Verwandten oder ihre Berater beziehen) wollte nicht, daß die Öffentlichkeit erfuhr, daß Charles und Diana die letzten Monate unter einem Dach verbracht hatten. Ich weiß nicht, ob ich das Wort zynisch gebrauchen soll, um die Täuschung zu beschreiben. Ich denke, ich sollte eher sagen, es war eine Methode, die Moral aufrechtzuerhalten. Aber, ja, es war zweifellos eine Täuschung – eine beabsichtigte Täuschung.«

Schicklich oder scheinheilig, Diana ging schon früh ins Bett, um an ihrem großen Tag ausgeruht zu sein, der um sechs Uhr dreißig beginnen sollte. Nach einem ausführlichen Frühstück – »damit mein Bauch in St. Paul's nicht knurrt« –, empfing sie Kevin Shanley, einen Friseur von Headlines, bei dem sie geblieben ist, bis er sie einmal mit einer neuen Frisur für die feierliche Eröffnung des Parlaments enttäuschte. Danach hatte sie ihn aus ihren Diensten so abrupt entlassen, als hätten sie sich nie gekannt. Aber jetzt war noch alles eitel Sonnenschein, und er richtete sich, zusammen mit seiner Frau, die als Assistentin fungierte, nach ihren Wünschen. Sie wollte eine einfache, nicht übertriebene Version ihrer üblichen Frisur, gekrönt von dem Diadem und dem Schleier der Spencers. Aber im Lauf des Tages wirkte ihr Haar immer schlaffer. Um in Form zu bleiben, hätte es viel mehr Festiger und Spray gebraucht, als Diana Shanley zu benutzen erlaubt hatte.

Das Ergebnis von Barbara Dalys Bemühungen war besser. Auch sie hielt sich an diesem Morgen im Clarence House auf und schminkte Diana mit der fachlichen Vollendung und dem Geschmack, für den sie bekannt ist. Sie blieb den ganzen Tag über in Bereitschaft, um Dianas Äußeres aufzufrischen.

Aber nichts konnte über das ein wenig zusammengeflickt aussehende Brautkleid hinwegtäuschen. David und Elizabeth Emanuel hatten es nach einem Kleid entworfen, das eine von Dianas Vorfahrinnen auf einem Bild trug, das auf Althorp hing. Es war aus englischer Seide, die in der einzigen Seidenfarm des Landes, in Lullingstone, hergestellt worden war. Genäht wurde es eigenhändig von einer achtundfünfzig Jahre alten griechischen Näherin, Nina Missetzis, die dafür mit einem Platz in der St. Paul's Cathedral belohnt wurde. Der Stoff knitterte stark, weit mehr, als Seide knittern sollte. Auch das Mieder saß nicht so gut, wie es sollte. Das lag vor allem an den vielen Änderungen, die vorgenommen werden mußten, als Diana immer mehr an Gewicht verlor. Noch am Tag vor der Hochzeit mußte an jeder Seite ein Viertelzoll abgenäht werden. Viele hielten den Entwurf für bombastisch, übertrieben und unangemessen. Und da sie das Hochzeitskleid selbst ausgesucht hatte, muß sie die Verantwortung für das gewaltige Fiasko mit den Emanuels teilen. Der gekräuselte Halsausschnitt mit Spitze, die bauschigen, unnötigerweise mit Schleifen und noch mehr Spitzen geschmückten Ärmel waren einfach des Guten zuviel. Und als wäre es noch nicht genug, gab es noch ein Mieder, mit noch mehr bestickter Spitze, und der gewaltige zerknitterte Rock, auf dem noch mehr winzige Perlen und Pailletten funkelten. Er sah aus, als hätte man ihn in Leim getaucht und mit Glitzer bestreut. Und um das Maß vollzumachen, hatte das Kleid eine passende, fast acht Meter lange Schleppe – die längste in der königlichen Geschichte –, die mit noch mehr funkelnder Spitze gesäumt und von einem gleichlangen Schleier bedeckt war.

Aber trotz allem sah das Kleid romantisch aus. Das Elfenbein paßte gut zum Hautton der Braut, auch wenn es nicht weiß war und dadurch ihre öffentlich verkündete Jungfernschaft nicht bezeugte. Der Gesamteindruck war so überwältigend, daß die Großnichte des Herzogs von Edinburgh, Prinzessin Katarina von Jugoslawien, noch kürzlich schwelgte: »Vor allem erinnere ich mich daran, wie überwältigend schön Diana aussah. Sie war eine wunderbare Braut.«

Als Dianas Glaskutsche, die von Kestrel und Lady Penelope, zwei Füchsen aus den königlichen Stallungen, von Clarence House auf die Mall gezogen wurde, sah die Braut wirklich wunderschön aus. Sie zeigte ein strahlendes Lächeln, winkte, wie Lady Susan Hussey es ihr beigebracht hatte, und gab neben ihrem Vater ein wirklich entzückendes Bild ab. Von dem Augenblick an, als die Kutsche vor den Stufen der St. Paul's Cathedral hielt, zeigte Diana eine perfekte Fassade, die ein wenig bröckelte, als sie aus der Kutsche stieg und das volle Ausmaß der Unzulänglichkeiten ihres Hochzeitskleides sichtbar wurde. Aber die Verwirrung dauerte nur so lange, bis sich Diana in die Kathedrale begab. Dann war sie, deren

Schönheit und Freude alles andere vergessen ließ, wieder die regierende Königin der Romantik.

Der Prinz von Wales gab in seiner Admiralsuniform ein ähnlich romantisches Bild ab. Und als Diana am Arm ihres Vaters dreieinhalb Minuten lang den Mittelgang des Kirchenschiffes entlangschritt, wurde der Welt ein überraschender Genuß zuteil. Charles, der ein großer Idealist und Perfektionist ist, hatte den Ablauf des Gottesdienstes mitgestaltet. Als Musik- und Architekturliebhaber hatte er die St. Paul's Cathedral ausgesucht, weil sie ein ganzes Orchester beherbergen konnte und einen weltberühmten Knabenchor besaß. Nach Rücksprache mit Sir David Willcocks, Leiter des Royal College of Music, hatte er ein Programm zusammengestellt, das erbaulich und bewegend zugleich war. Es umfaßte Werke von Purcell, Händel und Jeremiah Clark. Sie wurden von drei Orchestern, dem Bach-Chor und der Sopranistin Kiri Te Kanawa aufgeführt, die kurz danach von der Königin auf Empfehlung der Regierung ihrer neuseeländischen Heimat zur *Dame\** gemacht wurde.

Charles war von allem sehr gerührt. Er erzählte einer Cousine: »Manchmal war ich nahe daran, vor Freude zu weinen. Es war ungeheuerlich, zu erleben, daß man so geschätzt wird, zu spüren, daß alle Anteil nehmen, daß die Menschen mit einem übereinstimmen. Es war wunderbar.«

Diana spiegelte Charles' Gefühle wider. Sie erzählte einer Freundin: »Es war der Himmel, unbegreiflich, wunderbar; obwohl ich so nervös war, als ich den Mittelgang entlangging, daß ich glaubte, meine Knie würden aneinanderstoßen und ein Geräusch machen.«

Die Menge draußen spielte ihren Teil. Prinzessin Katarina von Jugoslawien erzählte mir: »Als Diana ›Ich werde‹ – oder

---

\* Britischer Ordens- oder Adelstitel (Anm. d. Übers.)

war es ›Ich will‹? – sagte, ließ die Menge ein gewaltiges
Seufzen hören, das wie eine riesige Welle über uns hinweg-
rollte. Es war, als hätte es keine Wände gegeben, die uns von
ihnen trennten. Das war wirklich äußerst ungewöhnlich und
sehr bewegend. Jedermann war gerührt von dem wunderbaren Gefühl der Einheit, das wir alle spürten.«

Nach der Hochzeit kehrten Charles und Diana unter stürmi-
schen Hochrufen zum Buckingham-Palast zurück. Dort
stellten sie sich gemeinsam mit ihren Familien und anderen
Mitgliedern der regierenden europäischen Königshäuser für
Fotos in Positur, die Patrick (Graf von) Lichfield machte.
Danach begaben sie sich zu den einhundertachtzehn Gästen
des Hochzeitsfrühstücks, auf dem es Fischknödel vom Butt
mit Hummersoße, *supreme de volaille* und Erdbeeren mit
Sahne aus Cornwall gab, die mit deutschen Weinen und
Champagner hinuntergespült wurden.

Jetzt war Diana Mitglied der königlichen Familie, die rang-
höchste Prinzessin des Landes, Inhaberin des zweitbedeu-
tendsten königlichen Titels der Welt. Sie war seit Lady Anne
Hyde, Tochter des Grafen von Clarendon, die im Jahre 1660
den Herzog von York und späteren König James II. heiratete,
die erste englische Bürgerin, die Prinzessin wurde. Ihre neue
Stellung wurde ihr nachdrücklich bewußt, als die Mitglieder
des königlichen Hofes sich bei ihrer Rückkehr zum Palast vor
ihr verbeugten und knicksten und sie mit Eure Königliche
Hoheit oder Ma'am ansprachen. Kam ihr das seltsam vor?
»Kein bißchen.«

Barbara Cartland und Frances Shand Kydd hatten gute
Arbeit geleistet. Diana hatte gewiß weder mit ihrer Phantasie
noch mit ihrer Selbstachtung Schwierigkeiten. Sie steuerte
einen für jeden Menschen aufregenden und ungewöhnlichen
Kurs: Sie lebte ihren Traum. Und ihre Familie hatte ihren
Traum mit verwirklicht; eine von ihnen hatte es in das Aller-

heiligste geschafft. Eine von ihnen gehörte zur königlichen Familie.

Die Flitterwochen sollten so schön werden wie der Hochzeitsgottesdienst. Man beabsichtigte, Schönheit, Majestät, Ruhe und Zufriedenheit zu kombinieren. Es war eine Mischung aus Luxus und Einfachheit, Tradition und Abenteuer. Die beiden ersten Tage verbrachten sie auf Broadlands, dem Hampshire-Wohnsitz des »Ehren«-Großvaters und eigentlichen Großonkels des Prinzen, Graf Mountbatten von Burma, wo auch die Königin und Prinz Philip ihre Flitterwochen verbracht hatten.

Mountbattens Enkel Norton Knatchbull, heute Lord Romsey, lebte dort mit seiner Frau Penelope, die vorübergehend Charles' Freundin gewesen war, als sie noch im Büro des Herzogs von Edinburgh gearbeitet hatte. Die ehemalige Miss Eastwood war laut einem Mitglied des königlichen Hofes »nur ein Abenteuer. Ich hatte den Eindruck, daß er sie wie Dreck behandelte. Sie war beinahe gewöhnlich, aber nicht ganz. Ihr Vater war ein wohlhabender Geschäftsmann. Sie war zwar ein nettes Mädchen, aber nicht vornehm genug, um den Prinzen von Wales zu heiraten. Doch wie die meisten Mädchen im Palast war sie ehrgeizig und nicht auf den Kopf gefallen. Also begnügte sie sich, ohne mit der Wimper zu zucken, mit Norton Knatchbull. Sie ist ganz entschieden kein königliches Material.«

Penny und ihr Mann räumten Broadlands und ließen ihren angeheirateten Cousin und ihre gleichfalls angeheiratete Cousine allein – nur die Diener blieben zurück –, damit diese ungestört eheliches Terrain erkunden konnten.

Nach zwei Tagen ländlicher Einfachheit, in denen Charles im Fluß angelte, während Diana sich ausruhte, flogen der Prinz und seine frischgebackene Prinzessin nach Gibraltar, um an

Bord der königlichen Yacht *Britannia* zu gehen, die dort vor Anker lag. Dieser Umstand hatte zu einer Auseinandersetzung zwischen Spanien – das dieses Territorium beansprucht – und Großbritannien geführt. Eine Auseinandersetzung, die König Juan Carlos und Königin Sofia davon abgehalten hatte, der Hochzeit beizuwohnen. Es ist bezeichnend für die Art und Weise, wie die königliche Familie vorgeht, daß Prinz Charles' Bequemlichkeit der Position seines Cousins zweiten Grades vorgezogen wurde, trotz der relativen Unwichtigkeit der einen Sache (der Bequemlichkeit) und der nationalen Bedeutung der anderen (der Position). Es wäre leicht gewesen, die *Britannia* irgendwo im Mittelmeer vor Anker gehen zu lassen, so einen diplomatischen Zwischenfall zu vermeiden und einem anderen Land, seinem Monarchen und dessen Gemahlin – die beide mit der britischen königlichen Familie befreundet waren – ein wenig Respekt und Rücksicht zu bezeugen. Aber man unterließ es.

Trotz des Ärgers brachen Charles und Diana zu einer idyllischen Kreuzfahrt durchs Mittelmeer und die Ägäis auf. An Bord befanden sich nur zwei Frauen: Diana und ihre Friseuse Evelyn Dagley. Und wenn ihr Mann ruhte oder sein Training absolvierte, spazierte Diana glücklich über das Schiff und plauderte mit den Matrosen. Einmal begegnete sie ihnen nach der Dusche. Als sie sah, daß die Männer nur mit einem Handtuch bekleidet waren, lachte sie kokett und sagte: »Schon gut. Ich bin jetzt eine verheiratete Frau, oder?«

Schlagfertigkeit war immer schon eine von Dianas Eigenschaften gewesen, obwohl die Öffentlichkeit bislang noch nicht in diesen Genuß gekommen war. Aber mit der Yachtcrew war es eine andere Sache. In den Flitterwochen legte Diana manchmal ihr Bikinioberteil ab. Ein rotgesichtiger Matrose konnte einen Blick auf ihren Busen werfen, als er unbeabsichtigt fast über sie stolperte. Hätte die altmodische

Königinmutter gewußt, in welchem Ausmaß ihre Vorschriften übertreten wurden, hätte sie energisch interveniert.

Sonnenbaden war etwas, womit Diana und Charles – für den es ungewöhnlich war – viel Zeit verbrachten. Und wenn sie nicht gerade an Deck lagen, schwammen, tauchten oder schnorchelten, windsurften oder Barbecues an weißen Sandstränden grillten, dann waren sie in ihrer Kabine. Dort stand ein neues Bett von königlichem Ausmaß. Man hatte es gekauft, nachdem Prinzessin Anne ihnen rechtzeitig den Tip gegeben hatte. Sie und Mark Philip hätten nämlich zwei Doppelbetten zusammenbinden müssen. »Sie waren sehr glücklich«, berichtet jemand, der sie gesehen hat. »Es war offensichtlich, daß sie ineinander vernarrt waren. Er konnte seine Hände nicht von ihr lassen und sie saß ständig auf seinem Schoß, küßte ihn oder schmiegte sich an ihn.«

Die Flitterwöchler besuchten zahlreiche exotische Orte, darunter die algerische Küste, Tunesien, Sizilien, Santorin, Kreta und andere griechische Inseln. Sie steuerten durch den Suezkanal ins Rote Meer und ankerten in Port Said, wo sie Präsident Anwar Sadat und seine Frau Jehan zu einem Dinner an Bord einluden. In Ägypten entdeckte Diana die beschwerlichen Seiten ihres neuen Lebens. »Als sie die Sadats traf, blieben ihr die Worte im Hals stecken«, erinnert sich ein Höfling. »Sie sagte immer wieder: ›Oh, ich mag Mangos.‹ Es war schrecklich peinlich, aber natürlich besaßen die Sadats die Freundlichkeit, so zu tun, als hätten sie es nicht gehört.«

Um Diana gegenüber fair zu sein, muß gesagt werden, daß die meisten Zwanzigjährigen, die einen Partner im mittleren Alter und mit einem anderen sozialen Hintergrund heiraten, Schwierigkeiten hätten, mit ihm mitzuhalten. Aber sie gab sich Mühe, charmant zu sein. Und als die Sadats die Gangway hinuntergingen, schickte ihnen eine überschwengliche Diana, die Lady Susans Lektion in königlicher Zurückhaltung ganz vergessen hatte, Küsse hinterher und winkte wie ein Kind.

Obwohl ihn die Überschwenglichkeit seiner Kindbraut rührte, erkannte der Prinz von Wales, daß etwas getan werden mußte. »Man konnte nicht zulassen, daß die Prinzessin von Wales schwatzte und sich gehenließ. Denn so nett sie auch sein mochte, sie mußte Seriosität besitzen, um die Würde ihrer Person zu wahren«, sagt ein Mitglied des königlichen Hofes.

Aber Charles war nicht bereit, die Ehe zu gefährden, indem er Diana maßregelte. Abgesehen von der Tatsache, daß er Auseinandersetzungen verabscheute und zu vermeiden versuchte, war dies nie die königliche Art gewesen. Nachdem die Sadats sie zu einem Flugzeug auf dem Militärflughafen in Hurghada begleitet hatten und sie in Schottland gelandet waren, bat Charles Dianas Privatsekretär, ihre Konversationsfähigkeiten zu trainieren, indem er ihr Wissen vertiefte. Das eheliche Boot hatte die erste Klippe gerammt.

»Die Prinzessin von Wales verabscheute alles, was nach Gelehrtheit schmeckte. Sie las leidenschaftlich gern Barbara Cartland, Barbara Taylor Bradford und Daniella Steele und ungern etwas anderes«, sagt ein Höfling, der in die intimeren Vorgänge der Walesschen Ehe eingeweiht war. »Nachdem sie aus den Flitterwochen zurückgekommen waren, sprach der Prinz mit Oliver (Everett). Er bat ihn, Schritte zu unternehmen, um ihren Intellekt zu bilden. Das war aus mehreren Gründen notwendig. Zum einen hatte sie bei den Sadats einen Narren aus sich gemacht. Aber vor allem wollte er im eigenen Interesse, daß ihr Intellekt gebildet würde. Sie müssen bedenken, daß der Prinz von Wales ein Denker ist. Er kennt sich auf verschiedenen Gebieten gut aus und ist an vielen Dingen interessiert, an einigen sogar sehr. Er befürchtete bereits, daß es zwischen ihnen nie zu einer Begegnung auf intellektueller

Ebene kommen würde – was für ihn der wichtigste Aspekt jeder Beziehung ist –, wenn sie sich nicht weiterbildete. Aber sie hatte nur romantischen Unsinn *à la* Barbara Cartland, Kleider und all die kindischen Mätzchen ihrer Schickeria-Freunde im Kopf. Wenn er sich mit ihr über etwas anderes unterhalten wollte als darüber, wie sehr er sie und sie ihn liebte – wenn er nicht vor Ende der Flitterwochen vor Langeweile sterben wollte –, dann mußte etwas geschehen, und zwar schnell.«

»Die Flitterwochen«, erzählt jemand, der der königlichen Familie nahesteht und einen der bedeutendsten Titel des Landes innehat, »dauerten nicht an.«

Aber bevor die Frage der Bildung zu einem wirklichen Problem wurde, stießen Charles und Diana gegen eine, oder besser gesagt, zwei weitere Klippen. Die erste war ihre Abneigung gegen das Landleben. »Jesus, du hast keine Ahnung, wie sehr mich das Landleben langweilt«, erzählte sie einer Freundin. »Balmoral«, sagt sie zu jemand anderem, »ist so tot wie ein Friedhof.«

Nach der Kreuzfahrt im Mittelmeer, die ihrer Genußsucht entgegengekommen war, begaben sich Diana und Charles direkt zu dem »Friedhof« in den Highlands. Balmoral war lange Zeit Charles Lieblingsort gewesen. »Er findet dort vollkommene Ruhe«, sagt ein bekannter Bankier. »Es ist der einzige Ort auf Erden, an dem er ganz Mensch sein kann.« Für Charles ist es »einer der himmlischsten Plätze auf Erden. Dort ist meine Seele.«

Eine berühmte Schönheit, die mit der königlichen Familie bekannt ist und Charles und Diana mag, sagte: »Er liebt die Dramatik und Majestät der Highlands. Er braucht ihre Abgeschiedenheit und ihren Frieden. Er ist ein Mensch, dessen Leben auf Menschen eingestellt ist; darauf, ihre Erwartungen zu erfüllen, ungeachtet seiner persönlichen

Neigungen. Er durfte sich selbst nie nachgeben, so wie Sie, ich oder Diana es können. Jede seiner Neigungen wurde so ausgerichtet, daß er seine Pflichten erfüllte, die sich zum größten Teil um andere Menschen, ihre Bedürfnisse und Erwartungen drehen. Er braucht den Frieden und die Anspruchslosigkeit der Natur. Aber Diana braucht den Kontakt mit anderen Menschen.«

Weil Diana so getan hatte, als würde sie das Landleben im allgemeinen und Balmoral im besonderen lieben, erwartete Charles, daß ihre Flitterwochen so zufriedenstellend weitergehen würden wie bisher. »Er glaubte, Diana würde glücklich darüber sein, wenn sie sich im Schloß ausruhen, Stickereien anfertigen, lange Spaziergänge machen, sich mit den anderen Ladys unterhalten und all das tun konnte, was Frauen stets taten, während er angelte und jagte und all das unternahm, was er immer schon unternommen hat. Sie hatte ihn zu dieser Überzeugung gebracht, deshalb kann man es ihm nicht übelnehmen«, erzählt eine seiner Vertrauten.

Sie waren kaum eingetroffen, als das Drama begann. Charles war bestürzt. Einmal wurde er dabei beobachtet, wie er das Schloß in einem der königlichen Range-Rover verließ, während eine wütende Diana neben ihm herlief und schrie: »Ja, wirf mich weg wie Müll. Laß mich allein. Lauf weg und iß bei deiner Mami.« Ein anderes Mal hörte man, wie sie voller Sarkasmus schrie: »Was soll ich den ganzen Tag machen, während du dich vergnügst? Vor Langeweile sterben? Du nennst dich Ehemann. Du bist mir ein schöner Ehemann.«

Diese Auseinandersetzungen waren Vorboten dessen, was noch kommen sollte. Sie waren das Fundament, auf dem die Ehe errichtet worden war. Es lohnt sich, einen Blick auf das Anfangsstadium ihrer Beziehungen zu werfen, um genau zu verstehen, wie das Kräftespiel funktionierte. »Beide waren sehr eigenwillig«, erzählt ein Mitglied des königlichen Hofes, der in den ersten Tagen ihrer Ehe oft mit ihnen zu tun hatte. »Beide waren sehr impulsiv und leicht zu kränken. Aber wenn sie eine Szene macht, läuft er davon. Ihr großer Fehler ist, daß sie versucht, ihn herumzukommandieren. Das war von Anfang an so. Wenn sie wollte, daß er etwas tat, und er hatte keine Lust dazu, versuchte sie, ihm ihren Willen aufzuzwingen. Ihre ursprüngliche Taktik war es, wehleidig zu werden, was die meisten Männer bekanntlich zornig macht. Das sieht nach emotionaler Erpressung aus, und sie fühlen sich manipuliert. Was wiederum den Widerspruchsgeist in ihnen weckt und sie noch versessener darauf macht, das zu tun, was sie von Anfang an hatten tun wollen. Aber Diana hat das nie verstanden. Statt sich zurückzuziehen, reagierte sie gekränkt und wütend und hartnäckig, weil er nicht nachgeben wollte. Sie ist sehr bestimmend, hat ein ziemliches Temperament und zögert nicht, es einzusetzen, wenn sie ihren Willen nicht bekommt. Sie tobt und wütet und hofft, daß ein Streit dort gewinnt, wo die Überredungskunst versagt. Dies war natürlich nie der Fall. Und bevor die Flitterwochen vorüber waren, war es ihr gelungen, ihn fortzutreiben.«

Das konnte Diana natürlich nicht verstehen. Sie hielt es für in hohem Maße angemessen, daß Charles soviel Zeit mit ihr verbrachte, wie er erübrigen konnte. »Wenn er mich liebte, würde er es tun«, wurde ihr Refrain. Sie verstand einfach nicht, daß es nur wenigen erwachsenen und fleißigen Menschen gegeben ist, den ganzen und jeden Tag ihrer Romantik zu frönen. Ihre Vorstellung von der Liebe waren ständige Hingabe und Aufmerksamkeit. Aber das hier war das wirkliche Leben, kein Roman ihrer Stiefgroßmutter. Und während Charles zweifellos egoistisch reagierte, waren ihre Erwartungen unvernünftig. Aber um ihr gegenüber gerecht zu sein, muß gesagt werden, daß die meisten Zwanzigjährigen ebenso reagieren würden wie sie. In diesem Alter sind junge Paare mehr voneinander fasziniert als ältere. Das ist das Geheimnis der jungen Liebe. Aber Charles war kein typischer Mann, geschweige denn ein junger Mann. Er war von Kindheit an dazu erzogen worden, seine Gefühle zu verdrängen. Charles war zwar ohne Zweifel sensibel, idealistisch und stark gefühlsbetont, aber auf eine eher selbstbewußte und zurückhaltende Art. Er war jemand, der durch die Umstände und die Erziehung dazu gezwungen worden war, für sich selbst einzustehen. Diana nicht. Sie wünschte sich jemanden, der ihre Persönlichkeit vervollständigte, ihre romantischen Phantasien mit ihr auslebte, ihr stetig Aufmerksamkeit zollte und jede wache Stunde in endlosem Entzücken mit ihr verbrachte. Abgesehen davon, daß jede Frau über fünfundzwanzig weiß, daß solche Männer nicht existieren, hatte Diana sich einen Mann ausgesucht, der von der Veranlagung her zu einer derartigen Hinwendung zu einem anderen Menschen nicht fähig war. »Obwohl nett und liebenswürdig und interessiert, ist der Prinz der egoistischste Mensch, den ich je kennengelernt habe«, sagt ein Höfling. »Er tut genau das, was er möchte und wann er es möchte, ohne darüber nachzudenken, was für Auswirkungen es auf andere haben kann. Ich sage Ihnen, was ich meine. Ich erinnere mich noch, wie er von einer Reise einflog. Nach der Landung beschloß er, seine Pläne zu ändern und sofort nach Highgrove zu fahren. Es kam ihm nicht einmal in den Sinn, daß die Menschen, die ihn begleitet hatten, auch über den Atlantik geflogen waren, und daß sie nicht nur müde und schmutzig waren, sondern auch ihre Familien sehen wollten. Er war sehr nett und fragte jeden, ob es ihm nichts ausmachte. Aber natürlich wußte er, daß sie zustimmen würden. Er hatte nicht das Recht, zu fragen. Das war erstaunlich egoistisch und rücksichtslos. Aber so etwas macht er ständig.

*Der Prinz von Wales mit seiner ersten Liebe Lucia Santa Cruz und Nicolas Soames.*

*...arles und Lady ...e Wellesley, das ...dchen, das bereits ...en Titel hatte.*

*Die Diplomatentochter Georgiana Russell, heute Lady Boothby: hübsch, nett, mit einer Vorliebe für auffallende Kleidung.*

*Der Prinz von Wales mit Lady Diana Spencers ältester Schwester Sarah auf dem Höhepunkt ihrer Romanze.*

*Sabrina Guinness richtet ihren Charme, der Mick Jagger und Ryan O'Neal betört hat, auf Prinz Charles.*

*Sheila Ferguson von* The Three Degrees, *an der Charles längere Zeit interessiert war.*

*Charles' letzte Liebe vor Diana: die aufregende und leidenschaftliche Whiplash (Peitschenschnur) Anna Wallace, Tochter eines schottischen Grundbesitzers.*

*Charles und das Mädchen, an dem die Tragödie Spuren hinterließ – Davina Sheffield.*

*Der Prinz von Wales mit zwei ehemaligen Freundinnen, der Schauspielerin Susan George und seiner Kanga, Lady Tyron, bei einem Polospiel zugunsten der Wohltätigkeitsorganisation SANE.*

Der Prinz von Wales unterwegs mit Camilla Parker Bowles.

Camilla, Nachfahrin einer königlichen Mätresse und engste Freundin des Prinzen von Wales.

Charles und Diana mit Dale Tyron, deren Ansehen die Prinzessin zu verbessern suchte.

*Charles und Diana, die den Gerüchten auf Soames' Hochzeit ein Ende setzten. Dianas guter Freund Philip Dunne steht direkt neben ihr.*

*Diana und der König von Spanien erfreuen sich ihres Beisammenseins.*

*Sergeant Barry Mannakee vor seinem tödlichen Unfall mit Diana und Prinz Andrew.*

*Der sportliche Golfkriegsheld
Hauptmann James Hewitt
zeigt sein überragendes Können.*

*Graf Spencer und
seine bewunderte, aber
streitlustige Gräfin Raine.*

*Großmutter Ruth, Lady Fermoy, die Dianas Kindheit so beeinflußte.*

*Die Schwestern Sarah (in Dianas abgelegter Garderobe) und Jane.*

*Diana mit ihrer bezaubernden, aber auch schwierigen Mutter.*

*Sir Robert Fellowes, Privatsekretär der Queen und Janes Mann.*

*Diana und Charles waren nie glücklicher als zu der Zeit, als sie ihre erste öffentliche Verpflichtung wahrnahmen, bei der auch Prinzessin Gracia von Monaco anwesend war.*

*Ein immer noch fürsorglicher Prinz mit Diana beim Polo.*

*Eine lachende Prinzessin von Wales zeigt das königliche Können auf dem Weg von der St. Paul's Cathedral zum Buckingham-Palast, wobei sie ihr stolzer und fürsorglicher Prinz beobachtet.*

*Der Prinz und die Prinzessin von Wales zeigen der Welt im Oktober 1991 in Kanada ihre öffentlichen und höflichen Gesichter.*

*Im März 1990 in Derbyshire zeigen Charles und Diana die Spannung und Distanz, die in ihrer nicht gerade idealen Ehe herrschen.*

*Dianas engster Freund in frühen Tagen war ihr Privatsekretär und Rechnungsprüfer Oliver Everett. Hier trägt er die Einkaufstasche der mit Prinz William schwangeren Diana.*

*The Honourable Edward Adeane, intellektueller Traditionalist und Privatsekretär des Prinzen von Wales.*

*Der Mann, der alle Geheimnisse des Prinzen kennt: sein Kammerdiener, der umstrittene Stephen Barry.*

*Der russische Künstler Israel Zohar war von Dianas starker Persönlichkeit derart angetan, daß das endgültige Porträt keine Ähnlichkeit mehr mit dem ursprünglichen Konzept aufwies.*

*Die Astrologin Penny Thornton besaß die Schlüssel, die einer verwirrten Diana wichtige Türen öffneten.*

*Eine lebhafte Diana mit König Konstantin von Griechenland. Die Prinzessin von Wales, wie man sie in der Öffentlichkeit nie sieht, bei einem privaten Lunch vor dem King Constantine Cup.*

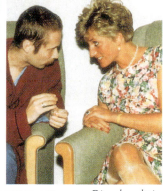

*Diana besucht im Juli 1991 eine CRUSAID-Station im Middlesex Hospital.*

*Die internationale Berühmtheit Kari Lai trifft Diana beim* A Royal Gala Evening *in Washington.*

*Der Impresario Alan Sievewright hat allen Grund, 1991 bei einer* Serenade to a Princess *Dianas Lob zu singen.*

*Mit gestutzten Flügeln besucht Diana, flankiert von Carolyn Bartholomew (vormals Pride), den Hochzeitsgottesdienst ihrer ehemaligen Mitbewohnerin Virginia Pitman, die im September 1991 Henry Clarke heiratete.*

*Diana als leidenschaftliche und hingebungsvolle Mutter genießt einen freien Tag, an dem sie zusammen mit Prinz William und Prinz Harry während der Royal Tour of Canada im Oktober 1991 die Niagarafälle besucht.*

*Im Lauf der Jahre hat Diana ihren Stil so weit perfektioniert, daß er raffiniert, modisch und unaffektiert wirkt. Aber sie hat nie die Kritik der Presse vergessen und versucht, bei ihren täglichen Verpflichtungen ein geschäftsmäßiges Image zu wahren.*

*Abends kann Diana ihrem exquisiten Geschmack freien Lauf lassen. Selbst ihre einfachsten Roben sind die besten, die man sich für Geld kaufen kann.*

Obwohl sich manche ihrer Ausbrüche gegen dieses tiefverwurzelte Verhalten des Prinzen richteten, konnte Diana nicht akzeptieren, daß ihr theatralisches Gehabe und ihr Eigensinn sie ihrem Gatten entfremdeten und daß er immer weniger gewillt war, seine Zeit mit ihr zu verbringen. Während er wiederum nicht begreifen konnte, weshalb Diana sich so verhielt. Er hatte sein Verhalten nicht geändert. Nicht nur, daß außer Anna Wallace noch nie eine Frau dagegen Einspruch erhoben hatte. Diana hatte sich früher auch nicht darüber beschwert, sondern erst, als der Ehering an ihrem Finger steckte. Das gefiel ihm nicht.«

Prinzessin Katarina von Jugoslawien sagte bei der Hochzeit: »Die ganze Familie war entzückt, daß Charles Diana heiratete. Alle empfingen sie mit offenen Armen.« Aber nach wenigen Wochen sah es anders aus.

»Die Königin hat nie geglaubt, daß Diana die richtige Frau für den Prinzen von Wales war, und ihre Befürchtungen bewahrheiteten sich«, erzählt die adlige Schwägerin eines hochrangigen Höflings. »Sie befürchtete, daß Diana eine Abtrünnige war. Deshalb war sie bestrebt, sie bei Laune zu halten. Die Möglichkeit, daß die Prinzessin von Wales den Thronfolger verlassen könnte, erfüllte die Königin mit unaussprechlichem Grauen. Sie brauchte Jahre, bis sie darüber hinweg war. Das war Dianas Zähigkeit und ihrem Erfolg in der Öffentlichkeit, trotz aller Dramen und Eheschwierigkeiten, zu verdanken.«

Aber die größten Schwierigkeiten sollten erst noch kommen. Als Diana mit Charles um die Kontrolle über ihr gemeinsames Leben kämpfte, leistete er ihr nur in einem gewissen Grade Widerstand. »Sie meinte, ihre Rolle als Ehefrau gäbe ihr das Recht, in all seinen Lebensbereichen mitzureden«, sagt der Höfling. »Nichts entging ihrer Aufmerksamkeit. Während er sich gegen ihre Versuche sträubte, den ganzen Tag herumzuturteln, und ihr verbot, sich in seine sportlichen

Aktivitäten einzumischen – wenn es nach ihr gegangen wäre, hätte er das Polospielen aufgeben müssen, nur damit sie ihm nicht mehr zuschauen mußte –, ließ er es zu, daß sie sich in anderen Bereichen einmischte.

Sie sagte, er sähe zu konservativ aus. Die Art, wie er sich kleidete, war ihr unangenehm. Sie meinte, er sähe wie ein Langweiler aus, und sah keinen Grund, weshalb er nicht so elegant und zeitgemäß wie ihre Freunde gekleidet sein konnte. Sie gönnte sich keine Atempause, sie wartete nicht, bis ihre Beziehung reifer geworden war und die Zeit ihr einen natürlichen Einfluß verschaffte. Sie bestand darauf, daß Kevin Shanley seine Haare schnitt, statt sein bisheriger Friseur, und sie ließ ihn den Schneider wechseln, von Johnson & Pegg in der Clifford Street zu Anderson & Sheppard in der Savile Row.

Das Resultat der Aufsicht über die Garderobe des Prinzen von Wales war, daß Diana auszuwählen begann, was er anziehen sollte. Das überschnitt sich mit Stephen Barrys Job, zu dessen Pflichten es unter anderem gehörte, täglich die Garderobe des Prinzen auszusuchen und sie ihm hinzulegen. Ich weiß, daß sie es bewußt tat. Sie verübelte ihm seinen Einfluß und fühlte sich in seiner Nähe unbehaglich. Er hatte zuviel gesehen. Sie haßte es, daß er, wenn er sie anschaute, gleichzeitig die Legionen anderer Mädchen erblickte, die vor ihr ein- und ausgegangen waren. Sie wollte alle Verbindungen zwischen Charles und seiner Vergangenheit durchtrennen und wußte, daß dies unmöglich war, solange Stephen Barry als sein Kammerdiener fungierte.«

# DAS NEST WIRD EINGERICHTET

Der Aufbau eines Ehelebens steckt für alle Jungverheirateten voller Schwierigkeiten. In dieser Hinsicht unterschieden sich der Prinz und die Prinzessin von Wales nicht von den Millionen ihrer Untertanen. Aber sie hatten weitaus mehr Rohmaterial, mit dem sie arbeiten konnten. Von Anfang an widmeten Charles und Diana einen beträchtlichen Teil ihrer Aufmerksamkeit der Grundstruktur ihres Zusammenlebens.

Ihre Hauptbeschäftigung war die Renovierung ihrer Häuser. Das Herzogtum von Cornwall hatte Highgrove House im August 1980 für achthunderttausend Pfund gekauft. Es stand auf knapp vierhundert Morgen Land, war im georgianischen Stil erbaut und besaß vier Hauptempfangsräume, neun Schlafzimmer und sechs Bäder. »Ich verliebte mich in den Garten. Deshalb habe ich es gekauft«, erzählte Charles einem Freund und beschrieb die Bäume, die mehrere Menschengenerationen gebraucht hatten, bis sie Früchte trugen.

Aber es wäre zutreffender zu sagen, er habe sich in die Möglichkeit verliebt, die der Garten bot. »Er wies eine Menge wunderschöner Bäume auf, die die früheren Besitzer vor hundert Jahren gepflanzt hatten«, erzählte Katharine Viscountess Macmillan von Ovenden. »Aber ich war keine große Gärtnerin. Als wir dort wohnten, gab es ein paar Blumenbeete und einen Rasen. Aber er hat die meisten Blumenbeete aufgegeben und den Garten zu dem gemacht, was er heute ist.«

Eine Sache, der der Prinz seine unmittelbare Aufmerksamkeit zuwandte, war der von einer Mauer umgebene Garten, der sein »Refugium« geworden war. Er machte sich begeistert daran, den Garten zu gestalten, pflanzte eine Reihe von Obstbäumen, die ihm die Fruiterer's Company als Hochzeitsgeschenk überreicht hatte, und legte einen Garten mit Kräutern an, die er vom Sussexschen Büro des Women's Institut bekommen hatte. Er wandte sich an seine Bekannte Miriam Rothschild, eine namhafte Expertin in Sachen Flöhe, Schmetterlinge und Wildblumen, die ihm helfen sollte, den Wildblumengarten zu planen und anzupflanzen. Er suchte auch bei der Marquise von Salisbury Rat, einer bekannten Gärtnerin und Freundin der Königinmutter.

Ein Mensch, den Charles in seine Gartenarbeit nicht miteinbezog, war Diana. »Igitt«, sagte sie zu einer Freundin. »Gartenarbeit erinnert mich an Miss Rudge und das Unkrautrupfen auf West Heath« – eine Strafe für Verstöße gegen die Disziplin.

Während Charles' Aufmerksamkeit nach außen gerichtet war, war Diana gänzlich auf das Innere fixiert. Der Prinz ließ sie nach ihrem eigenen guten Geschmack schalten und walten. Sie wurde von Dudley Poplak unterstützt, dem Innenarchitekten ihrer Mutter, einem Südafrikaner, dessen Spezialität es ist, den klassischen, den aristokratischen und den Landhausstil zu integrieren.

Obwohl Geld keine Rolle spielte, waren Dudley Poplak die Hände weit mehr gebunden als bei weniger gefeierten, aber dennoch illustren Kunden. »Der Prinz von Wales ist notorisch geizig«, sagt die adlige Schwägerin des ranghohen Höflings. »Seine Häuser sind beinah komplett mit Hochzeitsgeschenken eingerichtet. Von der Küche bis zur Bettwäsche wurde alles von jemand anderem gekauft. Er lebt das Beluga-(Kaviar-)Leben mit einem Mettwurst-Budget. Er macht so weiter, denn es gibt immer Menschen, die glücklich sind, wenn sie seine Rechnungen begleichen dürfen. Jahrelang hat ein Freund nach dem anderen seine Polospiele finanziert, und Armand Hammer war immer sehr großzügig, wenn es um die Benutzung seines Privatflugzeuges ging. Hier handelt es sich um einen Fall von ›Du gibst mir etwas, und ich gebe dir das Prestige meiner Freundschaft‹, obwohl es sich natürlich bei den Hochzeitsgeschenken um einen akzeptableren Tausch handelte.«

Diana und Dudley Poplak stimmten vollkommen in dem überein, was in Highgrove getan werden mußte. Sie wählten zarte und helle Farben – zum Beispiel Pfirsich – für die Wände aus und farbigen Chintz für die Sofas und Stühle. Als die Teppiche verlegt waren und die Bilder in ihren vergoldeten Rahmen hingen, wirkte alles heiter und elegant, obwohl man noch nicht letzte Hand angelegt hatte.

Das stand in deutlichem Gegensatz zu den Räumen auf Sandringham, Balmoral, dem Buckingham-Palast und Windsor Castle. Das Arbeitszimmer des Herzogs von Edinburgh im Buckingham-Palast zum Beispiel sieht aus wie eine geschmacklose Filmkulisse aus den fünfziger Jahren. Prinzessin Michael von Kent geriet kurz nach ihrer Heirat mit der Königin in einen Streit, als sie sich beklagte, ihr Schlafzimmer auf Windsor Castle müsse ein Irrtum gewesen sein, so zusammengestückelt war es eingerichtet. Es gibt einen Grund für diesen traurigen Mangel an Eleganz. »Das liegt daran, daß die königlichen Residenzen fast komplett mit Erbstücken eingerichtet sind«, sagt die adlige Schwägerin des Höflings. »Die guten Erbstücke sind die feinsten Antiquitäten der Welt, aber die moderne (zwanzigstes Jahrhundert) Einrichtung reicht aus, um Alpträume zu verursachen. Oft findet man erschreckenden Plunder in einem Zimmer, während das Nebenzimmer mit den feinsten Antiquitäten ausgestattet ist.

Dieses Schmuckstück wiederum führt zu einem anderen Zimmer, das bis zur Decke mit Möbeln vollgestopft ist, die man nur noch als wirklichen Sperrmüll bezeichnen kann.«

Diana weigerte sich, sich mit solchem Gerümpel abzufinden, und kaufte, was noch fehlte. »Der Prinz von Wales sah die Rechnungen nie, weil sie direkt an sein Büro geschickt wurden«, sagt ein Höfling. »Wenn er sie gesehen hätte, wäre ihm eine Ader geplatzt. Das heißt nicht, daß Diana extravagant war. Nein. Aber sie verlangte das Beste, und Sie wissen ja, wie die Sachen sich summieren. Sie verbrauchten über eine Million Pfund, um das Haus zu renovieren.«

Die Kosten für die Einrichtung waren unbedeutend, verglichen mit den Ausgaben für die Sicherheitsvorkehrungen. Da der Prinz und die Prinzessin von Wales Hauptziele für Verbrecher darstellen, mußte ein kompliziertes Sicherheitssystem installiert werden. Automatische Fernsehkameras tasten jeden Zentimeter des Besitzes ab. Das Nervenzentrum der Überwachung befindet sich in einem Haus, das einstmals ein bezauberndes Landarbeitercottage gewesen ist. Im Dachgeschoß des Haupthauses befinden sich computerisierte Monitore, die rund um die Uhr von zwei Polizisten beobachtet werden, gleichgültig, ob sich der Prinz oder die Prinzessin im Haus aufhalten. Für den Fall eines Großangriffes auf den Besitz wurde im ersten Stock des Hauses ein uneinnehmbares, etwa hundertachtzig Quadratmeter großes Stahlzimmer gebaut. Es ist ein Haus in einem Haus und so entworfen, daß es unversehrt auf dem Boden landet, falls der Rest des Hauses zerstört werden sollte. Es ist mit einer für Monate ausreichenden Menge haltbarer Nahrungsmittel und Getränke, einer Überfülle an Medikamenten, einem gutbestückten Waffenarsenal, den modernsten Kommunikationsanlagen, Luftreinigern und Toiletten ausgestattet.

Zu den Kosten der Sicherheitsanlagen kam noch die Notwendigkeit, ein Treppenhaus zu bauen, das das Dachgeschoß mit dem rückwärtigen Bereich des Hauses verband. »Diana hatte bereits große Probleme, sich mit der ständigen Überwachung anzufreunden«, sagt eine königliche Verwandte. »Jeder, der ein sorgenfreies Leben führt, würde sich ärgern, wenn er vierundzwanzig Stunden am Tag überwacht würde. Sie konnte sich nicht daran gewöhnen, daß sie noch nicht einmal aufs Klo gehen konnte, ohne daß der Polizist, der sie beobachtet, genau sieht, wie lange sie dort bleibt. Getreu dem Sinnspruch, daß aus den Augen auch aus dem Sinn bedeutet, beschloß man, die verantwortlichen Beamten so sehr außer Sichtweite zu halten wie möglich. Deshalb das Treppenhaus, über das sie ungesehen kommen und gehen können.«

Mit Dudley Poplaks Hilfe verwandelte Diana Highgrove in ein bezauberndes und elegantes Landhaus. Es ist gemütlich und schlicht, von der Atmosphäre und dem Erscheinungsbild her eher aristokratisch als königlich zu nennen. Was man darüber, wie es geführt wird, nicht sagen kann. In diesen Tagen der Demokratisierung, wo nicht einmal die reichsten und vornehmsten Adligen eine Armee von Dienern ihr eigen nennen, wird es mit einem ungewöhnlich hohen Personalaufwand geführt. Das fällt einem auf, sobald man das Haus betritt und die Gummistiefel bemerkt, die in Reih und Glied an der Wand aufgereiht sind. Alles ist an seinem Platz, denn Diana hat ihre Manie für Sauberkeit und Ordnung nie abgelegt. Doch selbst sie besitzt keine Kontrolle über das Arbeitszimmer des Prinzen. Auf seinem Schreibtisch herrscht ein erhebliches Durcheinander, das die künstlerische Natur seines Benutzers widerspiegelt. Dem scheinbaren Chaos liegt eine Ordnung zugrunde, die nur er kennt. Auf dem Schreibtisch hat er eine gut sichtbare Notiz plaziert, die jeden, einschließlich Diana warnt: »Nichts auf diesem Schreibtisch verändern.«

Trotz der erfolgreichen Renovierung, hat Diana Highgrove nie gemocht. »Es ist für ihren Geschmack zu klein«, sagt ein Verwandter von ihr. »Obwohl sie sich nicht gern auf Althorp aufhält, ist es ihre Art von Haus: groß, vornehm, eindrucksvoll. Die einzigen Menschen, die Highgrove für groß halten, sind jene, die nicht wissen, was ein großes Haus ist.«

Das stimmt wirklich. Der Adel hat einen anderen Maßstab, wenn es um Häuser geht. Man kann Diana dafür nicht tadeln. Ich erinnere mich deutlich daran, wie ich Inveraray Castle das erste Mal sah. Mein Mann war sehr stolz auf sein Stammhaus, eines der prächtigsten Häuser des Landes. Es ist so, als sei die kindliche Vorstellung von einem Märchenschloß Wirklichkeit geworden. Inveraray Castle besitzt eine der besten Sammlungen französischer Möbel des achtzehnten Jahrhunderts. Dennoch verblüffte mich die relativ geringe Größe, obgleich Inveraray über ungefähr hundert Zimmer verfügt. Und ich stand damit nicht allein da. Der Stiefbruder meines Mannes, Brian Sweeny, erzählte mir kürzlich, er sei auf Inveraray gewesen, wo »ich nicht mehr gewesen bin, seit Mama (Margaret, Herzogin von Argyll) Big Ian (der elfte Herzog) heiratete. Verglichen mit Belvoir (Castle, Wohnsitz seiner Schwester Frances und ihres Ehemannes, des Herzogs von Rutland) ist es *winzig*.«

Abgesehen von seiner Schlichtheit, besaß Highgrove in Dianas Augen noch andere Mängel. »Praktisch alles, was der Prinz von Wales als Vorteil ansah, hielt die Prinzessin von Wales für einen Nachteil«, erzählt eine berühmte Schönheit, die mit der königlichen Familie bekannt ist. »Zum Beispiel sagte ihm die Lage sehr zu. Für ihn lag es im Zentrum. Der Poloplatz in Cirencester war nur eine kurze Strecke entfernt. Windsor war nur eine kurze Fahrt weit entfernt. Ebenso das Quorn, das Beaufort und das Belvoir (wo der Prinz jagt). Es war elegant. Prinzessin Anne lebte nebenan auf Gatcombe

Park, weswegen die Polizei in dem Bereich Bescheid wußte (bezüglich des Schutzes der Mitglieder des Königshauses), und das machte das Wohnen dort viel leichter. Und wir dürfen einen weiteren Pluspunkt nicht vergessen. Camilla Parker Bowles und Dale Tryon lebten nur einen Katzensprung entfernt in Wiltshire. Das allein hätte schon genügt, damit Diana die Gegend verabscheute. Sie wollte die Parker Bowles' oder die Tryons *niemals* sehen. Während er natürlich immer darauf erpicht war, sie sooft wie möglich zu sehen.«

Diana bevorzugte ihr anderes Heim im Kensington-Palast. KP, wie man es in königlichen Kreisen nennt, ist kein Palast, sondern besteht aus einer Reihe Grace-and-favour-Residenzen*, die in einem dicht zusammengedrängten Dorf an der südwestlichen Seite des Hyde Park liegen, bekannt als Kensington Palace Gardens. Manche der Residenzen sind Häuser, andere Wohnungen und alle sind im Besitz der Königin, die sie Verwandten, Höflingen und Freunden nach Rücksprache mit ihrem Privatsekretär und dem Vorsteher der königlichen Hofhaltung zuweist. Niemand hat ein Recht auf den genutzten Besitz. Niemand zahlt Miete. Und wenn die Königin jemanden bittet, zu gehen, dann muß es unverzüglich geschehen. Das Umweltamt ist verantwortlich für die Instandhaltung der William-and-Mary-Gebäude, die als erste Klasse gelten. Die einzigen Ausgaben, die die Bewohner vor der Einführung der Gemeindegebühren hatten, waren die Kosten für Gas, Elektrizität, Wasser, Heizung und die Gemeindesteuer, die jedoch beträchtlich war. Prinzessin Margaret allein bezahlte über zehntausend Pfund im Jahr. Jetzt zahlt sie durch die Änderung in der lokalen Besteuerung

---

* Bezeichnet eine Residenz im Besitz eines Adligen oder Herrschers und wird durch ihn oder sie auf Lebenszeit an eine Person verliehen (Anm. d. Übers.)

genausoviel wie jeder andere Bewohner von Kensington und Chelsea.

Die Königin wies ihnen zwei Apartments zu. Die Nummern acht und neun im Kensington-Palast ergeben zusammen ein weiträumiges, L-förmiges, dreistöckiges Haus mit fünfundzwanzig Haupt- und vielen Nebenräumen. Aber es ist nicht das größte Apartment. Das bewohnt Charles' Cousin Richard Herzog von Gloucester (von Beruf Architekt), der in fünfunddreißig Haupträumen und unzähligen kleineren Zimmern residiert, zusammen mit seiner dänischen Frau Birgitte, seinem Erben, dem Graf von Ulster, seinen Töchtern Lady Davina und Lady Rose Windsor und seiner achtzigjährigen Mutter Prinzessin Alice, Herzogin von Gloucester.

Der Prinz und die Prinzessin von Kent sind Charles und Dianas nächste Nachbarn. Sie wohnen im Apartment Nummer zehn. Man teilt sich einen Hof, auf dem alle königlichen Cousins ihre Autos parken. Im Apartment Nummer zehn wohnte einst Prinzessin Margaret, bis sie sich bei ihrer Schwester beklagte, daß sie an einem Ort, der nicht größer als ein »Puppenhaus« ist, keine richtige Gesellschaft geben könne. Mit zehn Haupträumen und mehreren Zimmern von nicht so bedeutenden Ausmaßen war es nach den Maßstäben der meisten Menschen weiträumig. Aber Prinzessin Margaret ist kein Durchschnittsmensch, und ihre Maßstäbe sind weitaus anspruchsvoller als die anderer Adliger. Deshalb zog sie in das Apartment Nummer eins a um, das nur halb so groß ist wie das riesige alte Apartment der Prinzessin Louise, Herzogin von Argyll, das die Nummer eins trägt. Aber es ist trotzdem prächtig und königlich. Es besitzt eine Anzahl weitläufiger Zimmer und mehr als genug Platz, um Ned Ryan, Anouska Hempel, Roddy und Tania Llewellyn und ihre anderen engen Freunde zu empfangen.

Ein weiterer Vorteil des KP war, daß Dianas Schwester Jane, die ihr näherstand als Sarah, mit ihrem Mann Robert Fellowes in einem Cottage namens Old Barracks lebte. Sie konnten einander besuchen, was sie auch häufig taten, besonders anfangs, als Diana mit der Anpassung an das Eheleben Schwierigkeiten hatte.

»KP ist eindeutig eher Dianas Fall als das enge kleine Haus auf dem Lande«, sagt ein königlicher Zeitgenosse. »Aus ihrer Sicht ergab es wenig Sinn, ein Mitglied der königlichen Familie zu werden und dann weniger vornehm zu leben als ihre Freunde und Verwandten.« Was ein Freund bestätigte: »Highgrove war von peinlicher Schlichtheit, aber Kensington (Palast) war genau das richtige. Er war vornehm, besaß Atmosphäre und lag im Zentrum. Ihre Freunde und Bekannten beneideten sie.«

Die Haupträume des Kensington-Palasts sind groß und hell, mit ungefähr einen Meter achtzig breiten, massiven Fenstern, die von knapp unter die Decke bis zu wenigen Zentimetern über den Fußboden reichen. Diana und Dudley Poplak bewiesen ihre Talente in diesem überaus ansprechend proportionierten Gebäude, wenn sie auch ein paar Erwerbungen beibehalten mußten. Eine davon war der gräßliche graugrüne Teppichboden in der geräumigen Eingangshalle im Erdgeschoß. Sein Motiv sind die Federn des Prinzen von Wales. Nichts kann diese Scheußlichkeit mildern. Zahllose Menschen, darunter auch Bob Geldof, haben mit dem Prinzen und der Prinzessin von Wales über den Teppich gesprochen. Aber er blieb liegen, »weil es Geld kosten würde, ihn zu ersetzen«, bemerkt die adlige Schwägerin des hochrangigen Höflings.

Ein prächtiges Treppenhaus, in dem eine Reihe alter und wertvoller Gemälde hängen, führt zum ersten Stock, in dem sich der Salon befindet. Ein eleganter und gemütlicher Raum mit dunkelgelben Seidentapeten, Daunensofas in einem hellen, frischen Lachston und weiteren wunderschönen Gemälden in kunstvoll gefertigten Goldrahmen. Im Salon steht ein eindrucksvolles Broadwood-Klavier, auf dem Diana und einige ihrer illustren Gäste wie Vladimir Horowitz und Elton John gespielt haben.

Diana plante den Salon als einen Raum, wo man Gesellschaften geben konnte. Er wurde speziell dafür eingerichtet, daß sie und Charles dort ihre Gäste in Empfang nehmen konnten. Es gab auch genug Platz für livrierte Diener, um einer maximalen Anzahl von siebzig Gästen Jahrgangschampagner zu servieren.

In der Nähe auf derselben Etage befindet sich das Eßzimmer, das von einem runden Mahagonitisch beherrscht wird, »damit niemand darüber verstimmt sein kann, daß man ihn neben das Salz plaziert hat«, sagte Charles, der möchte, daß es seinen Gästen gefällt, und der sich seiner Wirkung bewußt ist. Diana und Dudley Poplak wählten heitere und elegante Farben. Die Wände sind in einem Pfirsichton gehalten, das Holz ist weiß gestrichen, Vorhänge und Stuhlbezüge zeigen den eleganten Farbton reifer Pflaumen. Eine Wand wird von einem großen Landschaftsbild beherrscht. Zwischen den beiden großen Fenstern befindet sich das bezaubernde Porträt einer Schönheit aus dem achtzehnten Jahrhundert, auch in einem Goldrahmen.

Goldrahmen sorgen auch in Dianas Wohnzimmer für eine warme und elegante Atmosphäre. Hier gibt es alte Ölgemälde. Ein runder Spiegel hängt über dem Kamin, der weiß gestrichen wurde und in diesem gutgeschnittenen, rechteckigen Raum einen eleganten Mittelpunkt bildet. Die Farben dieses Raumes sind Rosa, Blau und Weiß. Links und rechts vom Kamin befindet sich ein Paar farblich aufeinander abgestimmter Sofas. Hinter dem einen steht ein runder Tisch mit einer blauen Seidendecke, die bis zum Boden reicht. Daneben steht ein Tisch mit einer Anzahl silbergerahmter Fotos, auf denen die Lieben Dianas zu sehen sind. Die Fußleisten, Türen und Fensterrahmen wurden ebenfalls weiß gestrichen, und die Wände weisen den im Raum vorherrschenden Farbton auf. Sie sind mit einem speziell gewebten Seidenstoff bezogen, den Dudley Poplak entworfen hat. Sein Motiv sind die Federn des Prinzen von Wales. Hier zeigt sich, was ein wenig Geschmack bewirken kann. Es ist ein raffinierter Entwurf, dem eine blaue Borte den letzten Schliff gibt. Die Wirkung ist angenehm.

Als Diana die Wohnung im Kensington-Palast renovierte, war es um ihre Ehe noch besser bestellt, als es mittlerweile der Fall ist. Das spiegelt sich besonders im Schlafzimmer wider. Es ist der Raum, von dem die beiden leidenschaftlichen Jungvermählten zuversichtlich erwarteten, daß sie dort die meisten ihrer Nächte verbringen würden. Er liegt gleichfalls im ersten Stock, zusammen mit den anderen Haupträumen. Er ist einundvierzig Quadratmeter groß. Das vierpfostige Lieblingsbett des Prinzen fällt sofort ins Auge. Es ist aus Mahagoni und drei Meter zwanzig breit. Als sie aus dem Buckingham-Palast auszogen, wurde ihnen das Bett nachgebracht. Es ist mit einem Berg von Kissen bedeckt. Auch dieser Raum wirkt sehr angenehm.

Zu beiden Seiten des Schlafzimmers befinden sich »sein« und »ihr« Badezimmer. Hinter dem Bad des Prinzen liegt ein weiteres Schlafzimmer, das ihm ursprünglich als Ankleidezimmer dienen sollte. »Aber er benutzt es jetzt als Schlafzimmer«, sagt jemand, der die königliche Familie kennt. »Jetzt, wo er und Diana nicht mehr zusammen schlafen.«

Welchen Eindruck der Kensington-Palast samt seinem Zierat auf einen Besucher machen kann, beschreibt Israel Zohar, ein in Rußland geborener Künstler, der in der angesehenen Roy

Miles Gallery in der Bruton Street, Mayfair, ausstellte. Zohar wurde von den königlichen Husaren beauftragt, ein Porträt der Prinzessin von Wales zu malen. Er erzählt: »Als ich zu unserem ersten Treffen in den Kensington-Palast ging, machte man mit mir – noch bevor wir uns trafen – zunächst einmal eine Rundfahrt, um mir die Umgebung zu zeigen; um mir zu zeigen, wie sie lebt. Für mich als Nichtengländer war es aufregend, die Verbindung zwischen den Briten und der königlichen Familie zu sehen. Im Palast zu sein und das Zentrum zu sehen, den Mittelpunkt der englischen, ja der europäischen Geschichte. Wenn man eintritt – die Einrichtung, jeder Gegenstand, stellt eine Verbindung zur britischen Geschichte, zur Weltgeschichte dar. Es ist, als würde man durch die Kunst, durch die Einrichtung, die Kette dessen wahrnehmen, was die Kultur einer Nation ausmacht, das Wachstum der Menschheit und ihre Entwicklung. Es ist faszinierend, die Stühle, die Kunst, all die sichtbaren Symbole der Kultur zu sehen.«

# EIN RISS
# IM KITT

Diana wurde schwanger, noch während die Häuser renoviert wurden und sie Flitterwochen in Schottland machte. »Das hat sie absichtlich getan, um dem Druck zu entgehen, den alle wegen der offiziellen Pflichten auf sie ausübten«, sagt ein Mitglied des königlichen Hofes, der Diana damals häufiger sah. »Oliver Everett und der Prinz von Wales hatten große Pläne mit ihr. Aber sie wollte nichts davon wissen. Sie sagte, sie sähe es nicht ein, weshalb sie sich in ihrem Alter bereits so vielen Verpflichtungen aussetzen sollte. Also wurde sie schwanger. Es war ein großer Schock für den Prinzen von Wales. Soweit ich weiß, sollte sie in den ersten drei Jahren nicht schwanger werden. Er wollte der Ehe Zeit lassen, sich zu entwickeln, damit sie Chancen für eine stabile Beziehung hätten. Er wollte, daß sie sich an die königliche Art zu leben gewöhnte, bevor sie sich auf die Mutterschaft einließ. Aber Diana benutzte ihre Schwangerschaft, um Aufgaben und Verbindlichkeiten zu entgehen, die ihr verhaßt waren.«

Bereits vor der Hochzeit waren Pläne gemacht worden, Diana in eine offizielle Position zu lancieren. »Der Prinz, Edward Adeane und Michael Colbourne waren einstimmig der Meinung, daß sie in Wales beginnen sollte«, erzählt ein Mitglied von Charles' Stab. Als die Flitterwochen zu Ende waren, arbeitete alles auf das festgelegte Datum – Oktober 1981 – hin.

Mitglied einer regierenden königlichen Familie zu sein bedeutete, daß Diana für ihre eigenen Repräsentationen verantwortlich war. Während der Prinz von Wales sich auf einen funktionstüchtigen Stab beziehen konnte, der ihm einen Großteil der Vorbereitungen abnahm, sah es bei Diana anders aus. Sie brauchte ebenfalls Personal, damit ihre ersten öffentlichen Auftritte beginnen und fortgesetzt werden konnten. Die wichtigste Position, die des Privatsekretärs, war bereits mit Oliver Everett besetzt worden. Die zweitwichtigste, die einer Hofdame, mußte noch besetzt werden.

Das war leichter gesagt als getan, denn die Lady, die für diese Stellung in Frage kam, würde die Tugendhaftigkeit in Person sein müssen. Sie sollte das Gemüt eines Rhinozerosses, die Augen einer Eule, die Nase eines Spaniels und die Anpassungsfähigkeit eines Chamäleons haben und so aussehen, daß sie der Prinzessin keine Konkurrenz machte. Außerdem mußte sie jung genug sein, um mit der jungen Diana klarzukommen, aber alt genug, um die Zwillingstugenden Vertrauenswürdigkeit und Diskretion zu besitzen.

Die älteren Mitglieder der königlichen Familie und ihre Berater machten sich auf die Suche. Man begutachtete mehrere Damen um die Dreißig. Die Wahl fiel auf eine Frau, die wirklich ideal war. Anne Beckwith-Smith ist die Tochter von Major Peter Beckwith-Smith, dem Direktor der Rennstrecke in Epsom und als solcher mit der rennbegeisterten Königinmutter gut bekannt. Sie stammt aus einer frommen anglikanischen Familie. Ihr Bruder James ist in kirchlichen und gesellschaftlichen Kreisen wohlbekannt und beliebt.

Die Königinmutter sprach sich gemeinsam mit Dianas Großmutter Ruth, Lady Fermoy, für Anne aus. Eine gute Wahl, wie sich herausstellen sollte. Anne war nett, aufgeweckt, charmant, humorvoll, flexibel, anpassungsfähig, würdevoll und nicht langweilig. Sie war acht Jahre älter als Diana, besaß ein angenehmes Äußeres, war aber auf keinen Fall eine Konkurrenz für die neuerdings schlanke und imagebewußte Prinzessin. Anne hatte wie Diana West Heath besucht und besaß wie Dianas Großmutter Ruth eine gutbürgerliche Bildung – sie hatte in Florenz und Paris Kunst studiert. Sie sprach gut Italienisch und Französisch und hatte für den Rat der Künste in Großbritannien Ausstellungen organisiert, bevor sie zu einer ausgedehnten, sechsmonatigen Reise nach Indien und in den Fernen Osten aufgebrochen war. Nach ihrer Rückkehr arbeitete sie vier Jahre lang bei Sothebys in der Abteilung für britische Gemälde. Von dort holte sie der Palast.

Im September 1981 wurde Anne Beckwith-Smith zur Hofdame der Prinzessin von Wales ernannt. Danach fungierte sie als ihre Sekretärin, öffentliche und private Ratgeberin und Freundin. Wenn Diana öffentlichen Pflichten nachkam, hielt sie sich im Hintergrund auf, um eingreifen zu können, wenn sich erste Anzeichen für Schwierigkeiten zeigten oder wenn die Prinzessin von Menschen oder von ihrer eigenen Begeisterung mitgerissen wurde (öffentliche Veranstaltungen unterliegen einem Stundenplan, den man nicht gänzlich ignorieren kann). Sie schrieb Dankesbriefe an Dianas Gastgeber, beantwortete den größten Teil ihrer Korrespondenz und erledigte all die anderen Aufgaben, die Hofdamen normalerweise erledigen, wie zum Beispiel die Blumen der Prinzessin zu pflegen.

Einen Monat nach Annes Ernennung hatte Diana ihren ersten offiziellen Termin. Es war die sorgsam geplante Dreitagestour durch Wales. Prinz Charles präsentierte sie vom Balkon des Caenarvon Castle aus dem walisischen Volk, wo vor zwölf Jahren auch seine Amtseinsetzung als Prinz stattgefunden hatte. Empfindsam wie immer bezüglich der Gefühle der Menschen, die sie für sich gewinnen wollte, schlug Diana einen Kurs ein, den sie bis heute beibehalten hat: Sie kleidete sich in Rot und Grün, den Nationalfarben des Landes. Ein geschickter Schachzug, der ihr den spontanen Beifall der Menge sicherte. Die Menschen waren gerührt, daß sie eine solch kleine, aber bedeutende Geste für sie machte.

Als Diana und Prinz Charles umherschlenderten, wurde bald klar, daß jeder sie aus der Nähe sehen wollte. »Es war das Erschreckendste, was ich jemals getan habe«, sagte sie. »Ich war verängstigt. Aber sie haben es mir sehr leichtgemacht; sie bereiteten mir einen so herzlichen Empfang.« Diana mischte sich unter die Leute und nahm besonders Kontakt mit den Kindern und alten Leuten auf.

Diana ist von Natur aus zuvorkommend und möchte auch Fremde berühren, wenn sie den Kontakt herstellt. Das ist keine bewußte Geste, sondern eine spontane Reaktion, die sie nicht kontrollieren kann. Es ist ein Wesenszug, durch den sie die Zuneigung jener buchstäblich Zehntausenden von Menschen gewonnen hat, die ihren Weg kreuzten. Als sie ihren ersten offiziellen Termin hatte und den Ärmel einer alten Dame und dann die Hand eines kleinen Mädchens berührte, legte Diana unbeabsichtigt den Grundstein für den phänomenalen Erfolg, der ihr seit dieser Zeit treu geblieben ist. Dieses Schauspiel war weder kalkuliert noch unaufrichtig. Wenn der Regen niederprasselte und sie einen Schirm ablehnte, dann tat sie dies wegen ihrer guten Manieren und aus dem Wunsch heraus, mit den Menschen, die sie umgaben, auf gleicher Stufe zu stehen. Denjenigen, die stundenlang bei Wind, Kälte und Regen gewartet hatten, sagte sie: »Sie arme Frau. Mir ist selbst kalt. Meine Hände verwandeln sich in Eis, und bei Ihnen muß es noch schlimmer sein. Danke, daß Sie auf uns gewartet haben.« Und: »Sie sind ja völlig durchnäßt. Sie müssen frieren. Ich friere auch. Vielen Dank, daß Sie gekommen sind, um uns zu sehen.«

Diese offene menschliche Annäherung war nicht ganz neu. Prinz Charles verhält sich häufig in dieser Art. Aber Diana wirkt durch ihre Offenheit weniger standesbewußt als er. Das, zusammen mit ihrem Aussehen, dem Wunsch, zu gefallen, und ihrem Charme verzauberte alle. Die Leute waren davon angetan, daß sie sich nicht darum kümmerte, wenn der strömende Regen ihr Kleid, ihre Frisur, den Hut und ihr Make-up ruinierte, während sie ohne einen Schirm die Menschen begrüßte.

Die Reise verlief nicht ohne Schwierigkeiten. Schon im Planungsstadium hatte es Warnungen vor Terroristen gegeben, die Diana einen ersten Eindruck von der Härte und den Gefahren des königlichen Lebens gaben. Die Drohung, ermordet oder entführt zu werden, bekümmerte sie nicht sonderlich. Aber sie wurde ein wenig nervöser, als die walisischen Nationalisten sie mit Plakaten und Liedern wie »Geh nach Haus, Diana« und: »Geh nach Haus, englischer Prinz« konfrontierten. Ihr Wagen wurde mit Farbe besprüht, die Studenten in Bangor demonstrierten mit Stinkbomben und Protestliedern. Es kam zum Handgemenge, die Polizei schritt ein und nahm einige Verhaftungen vor.

Trotz dieser Probleme hielt Diana sich an Prinz Charles und hörte nicht auf zu lächeln. Vom Rhondda Valley über die Berge von Wales bis zu den Küstengebieten im Norden wollte sie die Menschen bezaubern, und es gelang ihr auch. Sie stellte sogar den Prinzen von Wales in den Schatten, der bis zu dieser Zeit der unumstrittene königliche Superstar gewesen war. Der liebende und wohlwollende Ehemann Charles hatte nichts dagegen. Er machte sogar Witze darüber, bis er sich nach einer Weile zu fragen begann, welches Motiv hinter Dianas Verhalten steckte. Dann sollte das Eheboot eine weitere Klippe rammen, eine sehr große, die verletzte. Aber noch war es nicht soweit.

Als die Reise zu Ende war, wurde Diana die Ehrenbürgerschaft der Stadt Cardiff verliehen. Sie war die zweite Frau, der diese Ehre zuteil wurde. Die erste war die Königin selbst gewesen. Als sie zur Dankesansprache ansetzte – es war ihre erste öffentliche Rede –, spielte sie ihren Mann wieder einmal an die Wand. Sie sprach ein wenig Walisisch. Die Menschen bejubelten ihre Bemühungen. Diana befand sich auf einem unglaublichen Weg der öffentlichen Verehrung.

Der Schlüssel zu Dianas Erfolg hatte immer schon in ihrer außergewöhnlichen Persönlichkeit gelegen. Die meisten Menschen, mit denen sie zusammentrifft, haben einen ähnlich starken Eindruck von ihr. Ich habe einen Querschnitt zusammengestellt, um aufzuzeigen, wie sie auf andere wirkt.

Lady Teresa Manners, die Diana kennt, seit sie beide kleine Mädchen waren (ihre Eltern waren befreundet), hat auch den Vorteil, Prinz Charles ebensogut zu kennen. Sie sagt: »Ich mag Diana. Sie ist reizend. Sehr nett und natürlich. Sie hat aus ihrem Leben einen großen Erfolg gemacht, und dafür bewundere ich sie.« Prinzessin Helena Moutafian, die uneingeschränkte Herrscherin über die englische Welt der Wohltätigkeitsveranstaltungen, ist eine Generation älter. Sie ist die Präsidentin des Ladies Committee of Help The Aged und Präsidentin der Wohlfahrt. Sie hat regelmäßig Kontakt mit der Prinzessin. »Sie ist bezaubernd und diplomatisch. Immer gepflegt, gut informiert und beraten. Sie ist nett. Man muß den Menschen in die Augen schauen, um zu wissen, wen man vor sich hat. Sie hat warme, funkelnde, schöne Augen. Sie ist lebhaft. Sie ist Menschen gegenüber zuvorkommend. Menschen mögen Menschen, die vibrieren, die etwas an sich haben, was auf andere wirkt. Deshalb fesselt sie auch die Massen, nicht nur Einzelpersonen. Das zeichnet große Stars aus. Sie ziehen Menschen wie Magneten an.«

Dame Barbara Cartland pflichtet ihr bei: »Alle Spencers sind starke Persönlichkeiten. Diana besitzt Magnetismus. Wohin sie auch geht, die Menschen spüren ihre unwiderstehliche Anziehungskraft, die in ihnen den Wunsch erweckt, sie kennenzulernen und – wenn es sich um Frauen handelt – sie nachzuahmen. Es gibt nur noch eine Lady in Großbritannien, die die Menschen, die sie trifft, ebenso stark fasziniert, und das ist Königin Elizabeth (die Königinmutter). Wenn die Königinmutter sich mit jemandem unterhält, spürt er, daß er die einzige Person ist, die von Bedeutung ist, und daß sie an ihm als Mensch interessiert ist. Eine Eigenschaft, über die auch die Prinzessin von Wales verfügt. Die Leute lächeln noch, wenn sie schon lange wieder fort ist. Sie schätzen alles, was sie sagt und tut und werden sich ihr Leben lang daran erinnern.«

Israel Zohar, der sie malte, beschreibt seinen Eindruck als Künstler: »Ich muß gestehen, daß man sich vorher ein Bild macht. Man glaubt, daß die Prinzessin kein gewöhnlicher Mensch ist. Dann treffe ich sie, und ein Mensch betritt den Raum, offen, freundlich, herzlich, menschlich. Sie behandelt jeden mit einer solchen Freundlichkeit, reagiert direkt, ist auf die Person konzentriert. Die ganze Steifheit, die man sich vorgestellt hat, fehlt. Sie schafft sofort eine Atmosphäre von Leichtigkeit, Freundlichkeit und Ungezwungenheit. Sie gibt einem nicht das Gefühl, daß man weniger ist als sie – ganz im Gegenteil. Sie behandelt jeden sehr respektvoll. Ich mochte sie. Sie hatte einen enormen Einfluß auf das Gemälde. Die Königlichen Husaren wollten etwas Klassisches, das zu den anderen Gemälden im Hauptquartier paßte, wo die Bilder hauptsächlich aus dem neunzehnten und achtzehnten Jahrhundert stammen. Ich dachte daran, ein förmliches Porträt zu schaffen, sie überlebensgroß zu malen, sie zu verherrlichen. Aber nachdem ich sie kennengelernt hatte, änderte ich meine

Meinung. Ich beschloß, sie menschlicher, einfacher, sanfter zu malen – so wie ich sie erlebte. Auf dem Gemälde nimmt sie Kontakt mit dem Betrachter auf; der direkte und offene Blick ist unmittelbar auf den Betrachter gerichtet. Das wollte ich betonen. Mir war aufgefallen, daß sie die Unterlippe ein wenig öffnet, wenn sie entspannt ist, was auf Offenheit, Sanftheit hindeutet. Ich wählte diesen Ausdruck, um sie zu porträtieren, obwohl es für einen Künstler schwierig ist, die Stimmung einzufangen.«

Man muß es Diana hoch anrechnen, daß sie ihren Charme nicht nur für die Vornehmen, die Reichen oder die Künstler reserviert. Terry Dixon, der Portier der Etagenwohnungen, in denen ich und viele andere adlige Personen und Mitglieder des königlichen Hofes leben, spielt oft den Butler für sie und für Bekannte der königlichen Familie. Mit dem Ergebnis, daß er Diana und die meisten anderen Mitglieder der königlichen Familie bei verschiedenen Gelegenheiten bediente: Er sagt: »Sie ist entzückend. So warmherzig und natürlich und fröhlich und temperamentvoll. Sie vergißt nie, bitte und danke zu sagen, und läßt einen immer wissen, daß sie das, was man für sie tut, würdigt. Sie ist eine wirkliche Lady. Einfach wundervoll.«

Es war diese anziehende Persönlichkeit, die die Waliser spürten und die ihre erste Reise, trotz der politischen Unruhen, so erfolgreich machte. Aber der Zeitpunkt hinderte sie daran, die Reise richtig zu genießen. »Sie war sehr unsicher«, erzählt ein Mitglied der königlichen Hofhaltung. Außerdem war sie schwanger und litt unter heftiger morgendlicher Übelkeit. Das fing bereits in den ersten Tagen der Schwangerschaft an. Sie beklagte sich bei einer Freundin: »Ich kann dir gar nicht sagen, wie schrecklich das ist. Sie nennen es morgendliche Übelkeit. Mir ist die ganze Zeit übel.« Die Übelkeit hielt fast während der ganzen Schwangerschaft an und machte diese zur Hölle.

Aber das waren nicht die einzigen Probleme, die Diana mit dem Eheleben hatte. Die Höflinge und das Personal machten sie fast wahnsinnig, und als sie beobachten konnte, wie glatt, effizient und vollkommen Charles' Leben verlief, kam sie sich überflüssig vor. »Ich heiratete, um Frau und Mutter zu sein«, sagte sie. Die einzig positive Auswirkung der Schwangerschaft war, daß sie ihre Diät unterbrach und nach Lust und Laune aß. Jetzt war jeder Tag Weihnachten und jede Mahlzeit wie ein Frühstück in West Heath.

»Die Prinzessin wußte von Anfang an, daß ihre Eßgewohnheiten und ihr Verhalten das ungeborene Kind beeinflussen würde«, sagte Barbara Cartland. Sie war ein ebenso überzeugter Nichtraucher wie Prinz Charles, also brauchte sie das Rauchen nicht aufzugeben. Barbara Cartland konnte sich nicht vorstellen, daß Diana »irgend etwas aß oder trank, das ihren Kindern hätte schaden können. Ihr ist deutlich bewußt, daß das Verhalten der Mutter vor der Geburt des Kindes für dessen späteres Leben sehr wichtig ist.« Deshalb strich Diana alles, was irgendwie schädlich sein konnte, von ihrem Speiseplan, und beschränkte sich auf weißes Fleisch, Nudeln, Salate, Gemüse und viel Obst. Im Lauf der Zeit gelang es ihr, auch Charles von seinen Ernährungsgewohnheiten – rotes Fleisch und schwere Speisen – abzubringen. Dies gelang ihr so gut, daß die Walesschen heute einen derart korrekten diätetischen Haushalt führen, daß selbst ihren Gästen Mahlzeiten wie Nudeln und Huhn serviert werden. Die einzige Abweichung von einer Vollwerternährung ist Dianas unersättliche Gier nach Süßigkeiten.

Da sie ein gesundes Baby bekommen wollte, wandte sich Diana an eine kompetente Frau in Sachen Schwangerschaft. Betty Parsons war eine Expertin, die von jeder vornehmen oder vorausschauenden Mutter hinzugezogen wurde, die den Wunsch hatte, natürlich zu gebären. Sie hatte der Königin

Übungen beigebracht, als diese mit Prinz Edward schwanger war. Und sie – nicht Prinz Philip – war während der Geburt ihres jüngsten Kindes bei der Königin geblieben und hatte ihr gesagt, wie man jene unzähligen Methoden anwendete, die sie sie gelehrt hatte, um eine natürliche und gesunde Geburt zu garantieren. Wieder einmal wurde Mrs. Parsons in den Palast gebeten, um dieses Mal Diana und Charles zu unterweisen. Charles zeigte lebhaftes Interesse an der Schwangerschaft seiner Frau und wollte an jedem Schritt auf dem Weg zur Geburt teilhaben.

Aber es gelang Diana nicht, ein streßfreies Leben zu führen, obwohl sie es versuchte. Zum Beispiel »campierten« sie und Charles noch immer im Buckingham-Palast und warteten darauf, daß Highgrove und ihre Wohnung im KP bezugsfertig wurden. Obwohl dieses Leben von Prinz Charles' Standpunkt aus einen angenehmen Aspekt besaß – sein Büro lag nur wenige Meter von ihrem Schlafzimmer entfernt.

Für Diana hatte dies einen deutlichen Nachteil. Derart erreichbar zu sein bedeutete für sie, daß sie gerade jenen Zwängen nicht aus dem Weg gehen konnte, denen sie zu entkommen versucht hatte. Obwohl ihre offiziellen Pflichten nach Bekanntgabe der Schwangerschaft am 5. November 1981 eingeschränkt wurden, waren sie nicht alle abgesagt worden. Sie kam noch immer gewissen Verpflichtungen nach, wie zum Beispiel die Weihnachtslichter in der Regent Street anzuschalten und gelegentlich einen Besuch in Heimen zu machen. Aber sie mußte sich keinen anstrengenden Einladungen mehr aussetzen.

Trotzdem schuf, so ein Höfling, Dianas Verhalten bei ihrer Arbeit Probleme. »Sie haßte es wirklich, ihre Hausaufgaben zu machen, und weigerte sich, einzusehen, daß sie sie erledigen mußte, weil sie sonst ihren Pflichten nicht gewachsen sein würde. Sie dachte, sie könnte sich durch die Einladungen mogeln, ohne richtig vorbereitet zu sein. Sie wissen schon, es (das Wissen) mit jeder Menge Charme und Lächeln vorzutäuschen.

Die Vorgehensweise war für alle Mitglieder des Königshauses die gleiche. Vor einer Einladung erhielten sie Hintergrundmaterial. Hatte die Einladung zum Beispiel etwas mit Wohltätigkeit zu tun, wurden sie über die Organisation, ihre Ziele, die Durchführung, die Leistung und so weiter informiert. Dann wurden sie mit Einzelheiten über die Menschen vertraut gemacht, die sie treffen würden, damit sie sich sachkundig mit ihnen unterhalten konnten. Sie müssen bedenken, daß stets die Mitglieder des Königshauses die Unterhaltung beginnen müssen. Deshalb war es wichtig, daß sie angemessen informiert waren, da sie sonst kein vernünftiges Gespräch mit den Menschen führen konnten, die sie trafen.

Das war das Problem mit Diana. Sie weigerte sich hartnäckig, das Hintergrundmaterial zu lesen, so daß sie nur oh und ah (sagen) und kichern konnte, wenn sie auf einer Einladung erschien. Oliver (Everett, ihr Privatsekretär), versuchte alles, um dies zu ändern. Das Büro war an den Prinzen von Wales gewöhnt, der ein unersättlicher Leser ist und sich gerne durch einen Stapel nach dem anderen wühlt. Man wußte nicht genau, wie man mit Dianas vorsätzlicher Weigerung umgehen sollte. Oliver wandte eine Mischung aus Schmeichelei und ständiger Kürzung des Materials an. Schließlich reduzierte er es so sehr, daß es praktisch nur noch stichwortartige Notizen waren. Die las Diana, obwohl es anfangs einige Mühe kostete, sie dazu zu bringen, daß sie überhaupt einen Blick darauf warf.

Ich erinnere mich, daß ich einmal mit ihr in ihrem Schlafzimmer war. Oliver versuchte, sie über den Lautsprecher zu erreichen, der das Büro mit dem Schlafzimmer verbindet. Er hakte wegen einiger Berichte nach, die sie lesen sollte. Er wußte, daß sie nicht einmal einen Blick darauf werfen würde, wenn er ihr nicht ständig zusetzte. Wie dem auch sei, um es kurz zu machen: Sobald (seine Stimme) durch den Lautsprecher drang, nahm sie ein paar Kissen vom Bett und hielt sie dagegen, damit sie nichts mehr hörte. Sie sah entschlossen aus. Sie hatte die Zähne zusammengebissen, und ihre Augen blitzten.

Sie war der Meinung: ›Die Öffentlichkeit denkt bereits, ich sei wunderbar, warum also soll ich meine Zeit mit dem Lesen von langweiligem Zeug verschwenden?‹ Sie war fest davon überzeugt, daß sie sich mit einem scheuen Lächeln durchmogeln konnte; daß sie nur zu sagen brauchte: ›Wie wunderbar‹ oder ›Wie schrecklich‹ oder ›Wie mutig‹. Sie hatte nicht vor, ihren Intellekt oder ihre Konversationskünste weiter zu entwickeln. Und als offenbar wurde – was bald schon der Fall war –, daß sie bei allen, außer bei Kindern und alten Menschen, verloren war, ordnete sie an, daß all ihre offiziellen Verpflichtungen um solche Personen kreisen sollten. Sie wählte die Bereiche, in denen sie auch jetzt noch tätig ist. Dies hat ihr eine Menge Bewunderung eingebracht, und sie hat ausgezeichnete Arbeit für die Jungen und Alten geleistet.

Natürlich war es ihr nie möglich, sich auf diese beiden Bevölkerungsbereiche zu beschränken. Mitglieder königlicher Familien müssen mit unterschiedlichen Menschen verkehren. Sie mußte der Regimentschef ehrenhalber für die Regimenter sein. Sie mußte mit den Streitkräften auskommen. Es gibt offizielle Bankette, bei denen sie neben den Präsidenten von Weltmächten, Mitgliedern anderer Königshäuser, Industriellen, Wissenschaftlern, Philosophen und berühmten Schriftstellern sitzt: das Spektrum derjenigen, die am gesellschaftlichen Leben mitwirken; Menschen, die etwas zu sagen haben und hören möchten, was sie zu sagen hat.

Natürlich kam sie sich zwischen ihnen hilflos vor. Den Palast überfluteten Berichte darüber, daß sie nie irgend etwas zu irgend jemandem bei einer offiziellen Gelegenheit zu sagen wüßte, außer zu Pop-, Fernseh- und Filmstars. Mit ihnen konnte sie stundenlang plaudern. Ansonsten sah es eher finster aus. Es hätte für sie so einfach sein können, zum Beispiel etwas über Portugal zu lesen, wenn sie neben dem portugiesischen Botschafter sitzen sollte, oder genug über den britischen Luftraum und die Luftfahrtindustrie zu lernen, wenn sie bei einem Dinner die Tischdame des Vorsitzenden sein sollte. Aber sie weigerte sich entschieden, ihre Hausarbeiten zu machen.«

Diese Weigerung schuf Probleme auf verschiedenen Ebenen. »Sie machte Oliver seinen Job sehr schwer, obwohl er sehr nett und freundlich und verständnisvoll war. Er war so geduldig wie Hiob mit ihr.« Der Prinz von Wales war sich der Schwierigkeiten, die Oliver Everett mit Diana hatte, wohl bewußt. Er war teilweise für sie verantwortlich, denn er hatte den Bildungsbedarf festgestellt, nachdem er Zeuge von Dianas Gesprächen mit Präsident und Madame Sadat geworden war. Aber nicht einmal er konnte Diana dazu bewegen, ihre Meinung zu ändern.

Sie war immer schon eigensinnig und halsstarrig gewesen. Schon von ihrer frühesten Kindheit an waren diese beiden Eigenschaften die ausgeprägtesten gewesen. Ein zweischneidiges Schwert, verantwortlich für die Entschlossenheit und Zähigkeit, mit denen der Prinz von Wales entgegen aller Wahrscheinlichkeit verführt worden war. Ohne diese Eigenschaften wäre sie niemals Prinzessin von Wales geworden. Aber jetzt, da sie es war, belasteten sie ihre Beziehung zu ihrem Mann. Und schließlich würden sie dazu beitragen, die Liebe, die Zuneigung, die Achtung und die Vertrautheit zu zerstören, die Charles für Diana empfand.

»Sie weigerte sich einfach, zu akzeptieren, daß sie sich auf irgendeine Art weiterentwickeln mußte«, sagt ein Mitglied des königlichen Hofes, der damals häufig mit den beiden zu tun hatte. »Ihrer Meinung nach war sie gut, so wie sie war. Sie war jedermanns Liebling. Wenn der Prinz von Wales mit ihr nicht zufrieden war, war es seine Schuld, nicht ihre. Sie konnte nicht verstehen, daß ein Mann sich eine wirkliche Partnerin wünschte und nicht eine Fata Morgana. Obwohl er auf die Verehrung, die die Leser der *Sun* und *Mirror* seiner Frau angedeihen ließen, stolz war, spürte er, daß es kaum ein akzeptabler Ersatz für die Qualität war, die er von einer Frau verlangte. Er kam nicht darüber hinweg, daß sie kaum las, außer Magazine wie *Tattler* und *Harper's & Queen* oder irgendeine romantische Liebesgeschichte. »Ich verstehe es nicht«, sagte er ständig zu mir, »sie liest nicht. Können Sie sie nicht dazu bringen, daß sie liest?«

Um seine Ehe so glücklich wie möglich zu machen, versuchte der Prinz auf jede erdenkliche Art, Diana zufriedenzustellen. Als sie sich Anfang 1982 gegen einen Skiurlaub sträubte und sagte, sie wolle das Kind nicht in Gefahr bringen, nahm er bereitwillig mit den Brabournes, seiner Cousine und seinem Cousin Kontakt auf (dem Filmproduzenten Lord Brabourne und seiner Frau Patricia, Gräfin Mountbatten von Burma) und vereinbarte mit ihnen, daß er in ihr Haus auf der Bahama-Insel Eleuthera flog. »Er opferte bereitwillig eines seiner größten Vergnügen für sie«, sagt eine königliche Verwandte. »Natürlich hatte sie wegen des Kindes recht. Wenn man im fünften Monat schwanger ist, ist Skifahren nicht mehr sicher. Aber in Wahrheit zieht sie den Urlaub in der Sonne dem Skifahren vor, obwohl sie entgegen der allgemein verbreiteten Meinung ausgezeichnet Ski fährt.«

Obwohl er Opferbereitschaft zeigte, war der Prinz von Wales keinesfalls blind dafür, wohin sich seine Ehe entwickelte.

»Noch bevor Prinz William geboren wurde, wollte er nicht mehr allein mit ihr im selben Zimmer sein«, sagt ein Mitglied des königlichen Hofes. »Wir versuchten ihn dazu zu bringen, daß er zu ihr ging und sich mit ihr unterhielt, wenn sie allein war, aber er meinte: ›Ich habe ihr nichts zu sagen.‹ Tatsache war, daß er sich von einer Beziehung einen intelligenten Gedankenaustausch erhoffte, aber sie wollte Liebesgeflüster.«

»Diana unterminierte ihre Ehe, weil sie ihrer eigenen Publicity glaubte. Sie ist nicht die erste Berühmtheit und sie wird auch nicht die letzte sein, die in diese Falle tappt. Wäre sie vernünftig gewesen, anstatt clever, hätte sie erkannt, daß man das Interesse eines intelligenten Mannes nicht ohne eine intellektuelle Beziehung aufrechterhalten kann«, meint die adlige Schwägerin eines ranghohen Höflings.

Blind für den Kurs, den sie steuerte, hielt Diana nach den Ursachen Ausschau, weshalb aus der Märchenehe rauhe Wirklichkeit geworden war. Sie begann, Charles' Gefühle ihr gegenüber in Frage zu stellen. Es kam ihr nie in den Sinn, daß sie sich mit dem gleichen Recht hätte sagen können: »Wenn ich ihn wirklich liebte, würde ich ihn zufriedenstellen wollen und nicht einfach erwarten, daß er mich zufriedenstellt.« Da sie für jeden anderen soviel Verständnis hatte, war es verwirrend, daß zwischen ihr und dem Mann, den sie liebte, eine solche Disharmonie entstehen konnte. Aber man muß sich in Erinnerung rufen, daß Diana noch sehr jung war und mit der Unreife per definition ein Mangel an Einsicht und Weisheit einhergeht.

Es schien, als hätte Diana mit der Torheit der Jugend und aus der Sicherheit der Ehe heraus einen Kurs eingeschlagen, der sie langsam verselbständigte. Nachdem sie den ersten Preis – diese Ehe – gewonnen hatte, war Diana nicht mehr so entgegenkommend wie früher, sie veränderte sich. »Vor der

Hochzeit«, sagt dieselbe Dame, »konnte sie nicht genug tun, um sich bei ihm einzuschmeicheln, ihn davon zu überzeugen, daß sie die Richtige für ihn war. Aber sobald der Ehering am Finger steckte, zog sie Charles den Boden unter den Füßen weg. Sie wurde extrem fordernd. Sie stellte eindeutig klar, daß jede nötige Veränderung bei ihm zu geschehen habe. Ich kann mir nicht vorstellen, daß sich das viele Männer von ihrer Frau gefallen lassen würden. Es enttäuschte ihn und machte ihn zu ihrem Feind. Aber er war ein Friedensstifter und als Mitglied des Königshauses daran gewöhnt, das Beste aus jeder Situation zu machen. Er blieb nicht standhaft und kämpfte, sondern er zog sich zurück. Er war immer noch nett und liebenswürdig und fürsorglich zu ihr, wenn er in ihrer Nähe war. Er stellte nur sicher, daß er sowenig wie möglich in ihrer Nähe war.«

Aber diese starke Persönlichkeit der Spencers, die Barbara Cartland beschrieb, hatte gemeinsam mit Dianas ungeheurem Eigensinn ihr heimtückisches Werk gerade erst begonnen. »Diana war gegen Polo, gegen das Jagen, gegen alles, was ihm gefiel«, erzählt eine enge Freundin von ihr. »Niemand verstand ihre Ablehnung. Sie war durch ihre Familie an die Jagd gewöhnt. Sarah ist verrückt aufs Jagen, und Diana hatte sie bei Jagden auf Belvoir begleitet. Wie konnte sie eine gute Ehe leben, wenn sie sich gegen alles stellte, was ihm Spaß machte? Ich mag Diana, und sie hat einen großen Erfolg aus ihrem Leben gemacht. Schade, daß ihr das nicht auch mit ihrer Ehe gelang. Aber sie ist zu herrschsüchtig, das ist ihr Problem.«

Für ihr Verhalten in der Ehe hatte Diana nie ein leuchtendes Beispiel gekannt. Die Ehe ihrer Eltern war kaum nachahmenswert. Auch die späteren Ehen der beiden Eltern bargen keine Erfolgsrezepte. »Die Beziehung von Peter und Frances Shand Kydd entsprach nicht meiner Vorstellung von einer guten Ehe«, sagt ein Freund. »Er ging nicht besonders herzlich mit ihr und ihren Kindern um. Mal glich sie die Mängel mit ihrer starken Persönlichkeit aus, ein andermal schmierte sie ihm Honig ums Maul.«

Verschiedene Quellen bestätigten, daß auch die Beziehung von Raine und Johnnie Spencer auf Dominanz beruht. Meine Beobachtungen im gesellschaftlichen Umfeld bekräftigen das. »Es besteht kein Zweifel daran, daß Raine Johnnie völlig beherrschte und daß es ihm gefällt«, sagt ein Freund.

Aber der Prinz von Wales war nicht an dominante Frauen gewöhnt. »Die Königin hat Prinz Philip immer den Herrn im Hause sein lassen«, sagt ein königlicher Zeitgenosse. »Es war nie die Frage, wer bei ihnen die Hosen anhatte. Das war eindeutig der Herzog von Edinburgh.«

Und Charles war nicht an Menschen gewöhnt, die von ihm erwarteten, daß er nach ihrer Pfeife tanzte. Während seines Lebens als Erwachsener war er immer anders gewesen. »Diana und ihr Verhalten überraschten ihn völlig«, sagt die Schwägerin eines ranghohen Höflings. »Er dachte, er hätte ein fügsames, nachgiebiges, sanftes, liebendes Mädchen geheiratet. Und als er erwachte, war sie eine dominante, entschlossene Frau, die nicht zögerte zu schreien und zu toben, wenn sie ihren Willen nicht bekam. Ob er desillusioniert war? Mehr als das. Er war mit einer Frau verheiratet, die er nicht gewählt hatte – die er nie gewählt haben würde. Er mußte sich mit jemandem abfinden, den er nicht wollte; ein ganzes Leben lang abfinden. Er begann allmählich, ihr das sehr übelzunehmen.«

Sein Groll wurde auch von einer der engsten Freundinnen Dianas bestätigt. Sie sagt: »Sie glaubt, daß er sie nie geliebt hat und ihr grollt, weil er es ein Leben lang mit ihr aushalten muß. Das erzählte sie in einem sehr bestimmten Ton.« Tatsächlich deuteten alle Indizien darauf hin, daß er sie liebt. Prinzessin Katarina von Jugoslawien bestätigte die offensichtliche

Liebe, die er für Diana bei der Heirat empfand, und eine andere Verwandte sagte: »Er ist ein großer Romantiker und sehr idealistisch. Er wünschte sich immer eine vertrauens- und liebevolle Ehe, die auf Liebe, Respekt und Kamerad- schaft basiert.«

Über die Jahre hinweg hatte der Prinz von Wales diese Gedanken über die Ehe verschiedentlich privat und öffentlich geäußert. Mehrere Quellen, darunter Freunde, Verwandte und Höflinge, erklärten, daß die Schwierigkeiten in der Ehe für ihn bedauerlich und enttäuschend waren und daß er über die Veränderungen schrecklich beunruhigt war. Niemandem macht es Spaß, zuzusehen, wie eine Ehe schiefgeht, und ganz gewiß nicht jemandem, der so isoliert war und große Hoff- nungen auf eine Ehe setzte, die kameradschaftlich und har- monisch zu werden versprach.

Natürlich trifft das auch auf Diana zu. Sie ist ebenfalls mit großen Hoffnungen in diese Ehe gegangen. Sie erwartete, daß ihr Gatte, als der nette, liebenswürdige, sensible Mann, flexibel genug sein würde, sich so zu ändern, wie sie es wollte. Sie verstand immer noch nicht, daß ihre Ehe sich in einem noch schlimmeren Zustand befand, als sie vermutete, und daß man Menschen nicht von Grund auf ändern kann. Als sie dies begriff, litt sie fürchterlich.

Obwohl eine enge Freundin von ihr sagte, Diana hätte bereits im Anfangsstadium ihrer Ehe gespürt, daß Charles sie aus- schloß, bewahrte sie sein Verhalten davor, das volle Ausmaß seiner Enttäuschung zu erkennen. Charles war sich wohl bewußt, daß diese Ehe glücklich werden *mußte*. Ihm war klar, daß Diana ihn, falls sie unzufrieden oder gar unglücklich würde, einfach verlassen und damit seine Position als Thron- folger in Frage stellen könnte. Vom königlichen Standpunkt aus gesehen, wäre das eine einzige Katastrophe, die die Monarchie in ihren Grundfesten erschüttern könnte. »Die

Königin war *sehr* besorgt«, sagt ein Mitglied des königlichen Hofes. »Sie bat Lady Susan Hussey, ein Auge auf die Situation zu haben und dafür zu sorgen, daß Diana so zufrieden wie möglich gehalten wurde.«

Diana im Zustand der Zufriedenheit zu halten war der Befehl des Tages. Die unaufhörliche Aufmerksamkeit der Presse begann die schwangere und leicht erregbare Prinzessin zu stören, da sie keinen Bedarf mehr an Publicity hatte, um Charles zu verführen. Sie wurde ihrer überdrüssig. »Diana begann die Presse zu hassen«, erzählt eine königliche Verwandte.

»Die ganze Aufregung wegen der Presse war ein Ablenkungsmanöver«, sagt ein Freund. »Was sie wirklich störte, war die Entwicklung, die ihre Ehe nahm; und schwanger zu sein, half auch nichts dagegen.« Jedenfalls war die Königin sehr besorgt. Sie nahm das Problem ernst und machte einen weiteren beispiellosen Schachzug, um ihrer Schwiegertochter zu helfen. Sie berief alle Herausgeber der in der Fleet Street beheimateten Zeitungen in den Buckingham-Palast. Nur der Herausgeber der *Sun* ließ sich die Gelegenheit entgegen, Ihre Majestät um eine Einschränkung der regelmäßigen Berichterstattungen bitten zu hören. Aber seine Reaktion konnte kaum mehr überraschen, als diejenige des Herausgebers von *News of the World*, der eine bestürzte Monarchin darüber informierte, daß Diana keine Bewegungsfreiheit ohne Aufmerksamkeit erwarten könne. Er schlug der konsternierten Elizabeth vor, daß Diana nicht mehr einkaufen gehen und einen Diener schicken solle, wenn sie Weingummis haben wolle.

Die Bitte der Königin hatte trotzdem den gewünschten Erfolg. Die Zeitungen widerstanden der Verlockung, Diana unbarmherzig nachzusetzen. Damit ließ der private Druck nach. Aber unter der ruhigen Oberfläche gab es immer noch widerstreitende Kräfte, die Diana und die Ehe der emotionalen Stagnation entgegentrieben. Charles' und Elizabeths Methode, mit dem wirklichen Problem der Entwicklung der Ehe fertig zu werden, ergänzten einander. Aber durch den Versuch, Diana vor den Realitäten ihres Lebens zu beschützen, beraubten sie sie erfolgreich, wenn auch unbeabsichtigt, der Gelegenheit, sich den Problemen zu stellen, bevor sie chronisch und unlösbar wurden.

Das sollte sich zukünftig auswirken, aber teilweise auch sofort. Prinz Charles hatte Diana in dem Glauben geheiratet, daß sie ihn zufriedenstellen und sich im Einklang mit ihm entwickeln wollte. Aber als sie auf ihrer eigensinnigen Weigerung beharrte, diejenigen seiner Bedürfnisse oder Wünsche anzuerkennen, die nicht mit den ihren übereinstimmten, wurde seine Abneigung gegen sie immer größer. »Er gehört nicht zu jenen Männern, die eine Frau zurechtbiegen kann«, sagt eine königliche Verwandte. »Er ist nicht Prinz Michael von Kent. Eine dominierende Frau kann bei ihm nicht gewinnen. Sie hatte die falsche Einstellung. Er hätte letztlich alles für sie geopfert, wenn sie die Dinge wieder so angepackt hätte wie vor ihrer Hochzeit. Aber das tat sie nicht.«

Die adlige Schwägerin des ranghohen Höflings meint: »Ich glaube, ihr ist selbst heute noch nicht klar, was ihn entfremdet hat. Es ist interessant, darüber zu spekulieren, ob sie sich anders verhalten hätte, wenn sie es gewußt hätte. Möglicherweise. Sie war wahnsinnig in den Prinzen von Wales verliebt. Vielleicht hätte sie sich ändern können, obwohl ich es bezweifle. Sie besitzt eine sehr dominante Persönlichkeit. Es ist schwierig, eine solche Persönlichkeit aufzugeben und jemand zu werden, der eine gleichberechtigte Beziehung zu einem Mann lebt. Aber sie war jung genug, um sich noch ändern zu können. Sie hat sich in anderen Dingen sehr verändert. Sie ist zum Beispiel von einem arbeitsscheuen

Menschen zu einem Menschen geworden, der die Arbeit genießt. Vielleicht wäre sie auch imstande gewesen, diese (Veränderung) vorzunehmen, die entscheidendste von allen.«

Blind gegenüber dem, was wirklich geschah und wie es sich auswirkte, glaubte Diana, daß ihre Taktik der Anmaßung funktionierte, was natürlich immer schlimmere Folgen hatte. Dennoch ist sie nicht zu tadeln. Dem Anschein nach sah es so aus, als führte sie die Ehe und das Leben, das sie wollte, obwohl sie einer Freundin erzählte: »Ich hatte immer meine Zweifel daran, was er wirklich empfand. Es gab nie etwas Konkretes, an das ich mich halten konnte; aber ich spüre so etwas. Ich spüre, wenn etwas nicht stimmt.«

# EIN PRINZ WIRD
# GEBOREN

Diana machte ihren Einfluß geltend, um ihr Leben so zu gestalten, daß es ihr die Freiheit und die Möglichkeit bot, die sie sich wünschte. Seit sie in das Leben des Prinzen getreten war, hatte sie sich über die Art geärgert, wie die Höflinge und sein Stab einen Schutzschild um ihn bildeten, um ihn nicht nur vor der Welt, sondern auch vor ihrem Einfluß abzuschirmen. Sie war entschlossen, sich zu rächen und das Schild zu zerstören. Sie beklagte sich: »Es war, als wäre Charles mit ihnen verheiratet und nicht mit mir.«

Dianas erstes Ziel war Stephen Barry, über den sie sich schon seit langem ärgerte. Ihre Beschwerden über ihn hörten nicht auf. Dianas Abneigung gegen ihn hatte begonnen, als der Kammerdiener sie daran hinderte, Charles zu sehen, wenn er anderweitig beschäftigt war. Aber es gab noch wesentlichere Gründe: »Stephen war Charles' ganzes Erwachsenenleben über mit ihm zusammengewesen«, sagt ein ehemaliges Mitglied des königlichen Hofes. »Sie teilten Erinnerungen an Ereignisse, Orte und Menschen, in die Diana nie eingeweiht wurde. Sie fühlte sich ausgeschlossen. Sie ärgerte der Gedanke, daß ein Mann, den sie nicht mochte, mehr über ihren Ehemann wußte als sie selbst. Außerdem hatte Stephen großen Einfluß auf ihn gehabt, bevor er Diana kennenlernte, und es schien ihr, als müsse sie mit ihm um den ersten Platz kämpfen. Sie war schon immer eifersüchtig gewesen und hatte überall Konkurrenz vermutet«, sagt eine ihrer Schulkameradinnen.

Ken Stronach, Barrys Assistent, war mehr nach Dianas Geschmack. Er war bis zu seiner Ermordung im Jahre 1989 Kammerdiener des Grafen Mountbatten von Burma gewesen. John Barratt, der Privatsekretär von Lord Mountbatten, hatte es so eingerichtet, daß er für Charles arbeitete. Stronach war umgänglich, diplomatisch und gefügig. Er kannte seinen Platz, was für eine friedliche Zusammenarbeit mit Diana absolut notwendig war. »Sie war zwar nicht arrogant, bestand aber auf Unterwürfigkeit«, erzählt ein Höfling. »Aber Stephen Barry war nie unterwürfig gewesen, noch nicht einmal dem Prinzen von Wales gegenüber, der ihm immer großen Spielraum gewährt hatte.«

Entschlossen, Barry durch Stronach zu ersetzen, begann Diana, dem amtierenden Kammerdiener das Leben so unangenehm wie möglich zu machen. »Sie machte es ihm unmöglich, seine Arbeit zu tun«, berichtet ein anderes Mitglied des Stabes. »Sie bemühte sich ganz bewußt, seine Arbeit zu übernehmen, bis auf die Pflege der Uniformen des Prinzen von Wales und die Instandhaltung seiner Garderobe. Stephen hatte immer die Garderobe des Prinzen ausgesucht. Jeden Tag hatte er Hemd, Krawatte, Anzug, Schuhe, Taschentuch ausgewählt. Er legte sie Seiner Königlichen Hoheit morgens als erstes hin – bis die Prinzessin diese Arbeit übernahm. Es läßt sich kaum leugnen, daß sie stärker als eine Durchschnittsfrau an dem äußeren Erscheinungsbild ihres Mannes interessiert war, aber hier handelte es sich um mehr als nur weibliche Fürsorge. Sie wollte Stephens Arbeit übernehmen, ihn überflüssig machen, ihn seiner Arbeit berauben.

Aber das allein genügte ihr nicht. Sie ließ es ihn auch spüren. Sie ekelte ihn hinaus, so wie sie jeden hinausekelt, der ihr nicht gefällt. Die Atmosphäre war nicht gerade harmonisch, und Stephen erzählte mir, er habe vor, freiwillig zu gehen. Er sagte, er könne es nicht mehr ertragen. Sie hatten keinen

Streit, und ihm wurde eindeutig nicht gekündigt, Er gab auf, blieb aber mit dem Prinzen von Wales selbst dann noch in gutem Einvernehmen, als er diverse Bücher geschrieben hatte. Wissen Sie, er hatte den Official Secrets Act* nie unterschrieben.«

Man vermutete lange Zeit, daß eine Abneigung gegen Homosexuelle für Dianas Verhalten verantwortlich war. Aber dem war nicht so. »Im Palast gibt es mehr Homosexuelle als Ameisen in einem Ameisenhaufen«, sagt die Adlige, deren Schwager ein hochrangiger Höfling ist. »Man braucht nur an ihre eher übertriebene Freundschaft mit Adrian Ward-Jackson zu denken, um jeden Zweifel an ihrer Einstellung in dieser Frage zu zerstreuen.« Nein – hier ging es ausschließlich um Macht.

Aber Stephen Barry war nicht der erste Angestellte, den sie hinausdrängte. Diese Ehre gebührt Chief Detective Paul Officer. Diana konnte diesen einen Meter dreiundachtzig großen, ehemaligen Privatschüler, der lange Zeit der Favorit ihres Mannes gewesen war, nicht ausstehen. Er hatte Charles das Leben gerettet, als bei einer Übung der königlichen Marine in Poole, Dorset, ein Matrose Amok lief und versuchte, den Schädel des Prinzen mit einem Stuhl zu zertrümmern. Officer hatte, ohne an die eigene Sicherheit zu denken, eingegriffen, den Versuch vereitelt und somit die grenzenlose Dankbarkeit des Prinzen erworben. Charles hatte auf diesen ausgezeichneten Detective verzichtet, um Diana den besten Schutz angedeihen zu lassen. Aber zwischen dem pedantischen Chief Detective und seiner eigensinnigen Schutzbefohlenen kam es verschiedentlich zu Auseinandersetzungen. Diana ärgerte sich darüber, daß sie sich in seiner Gegenwart so unbehaglich fühlte. Sie war den ständigen Eingriff in ihre

---

* Dienstgeheimnis-Verordnung (Anm. d. Übers.)

Intimsphäre nicht gewöhnt. Deshalb begann sie, ihm das Leben genauso schwerzumachen, wie sie es später bei Stephen Barry tat. Officer wurde ungefähr zu der Zeit versetzt, als Diana und Charles heirateten.

Wären Barry und Officer die einzigen Mitglieder des Stabes gewesen, die gehen mußten, wäre Diana die ungünstige Presseberichterstattung erspart geblieben. Aber sie war für mehrere Kündigungen verantwortlich. Eine Freundin Dianas, die prominente Exfrau eines bekannten Finanziers, meint: »Ich glaube, sie ist sehr heikel, jemand, für den zu arbeiten nicht leicht ist. Alles muß genauso gemacht werden, wie sie es wünscht. Wie? Nun, wenn ihr Kleid nicht genauso gebügelt wurde, wie sie es haben wollte, gab sie es zurück. Und das nicht gerade auf eine nette Art. Sie wirft es zu Boden oder macht eine spitze Bemerkung.«

Aber wenn die Angestellten die Anforderungen erfüllen, ist sie eine warmherzige, großzügige und loyale Arbeitgeberin. Einige Mitglieder ihres Personals sind bereits seit ihrer Hochzeit bei ihr, und jeder, der bei ihr blieb, lobt sie.

Als die Nachrichten über den ständigen Personalwechsel im Walesschen Haushalt in die Presse kamen, fühlte sich Dianas Bruder Charles veranlaßt, seine Schwester zu verteidigen. Menschen, die dem Prinzen jahrelang loyale Dienste geleistet hatten, tat er unfairerweise als »Schmarotzer« ab, die Diana »ausgemerzt« hätte. Er beschrieb Dianas Vorgehensweise als »subtil«. Obwohl Stephen Barry, Paul Officer und die anderen Mitglieder des Stabes, die aufgegeben hatten oder versetzt worden waren, ein anderes Eigenschaftswort gewählt hätten. Dabei bewies er erneut, wie meisterhaft es der Fermoy/Spencer-Clan verstand, die Methoden der Höflingsklasse anzuwenden, wenn es darum ging, einen der Ihren zu verteidigen.

Aber in vornehmen Kreisen ist das Geheimnis längst

bekannt. Wie Jacqueline, Lady Killearn, konstatierte: »Sie ist zäh.« Viele Menschen bewundern diesen Zug an Diana. Es zeigt, daß sie Charakter hat, daß sie die Umstände gestaltet, ihr Leben in eine Form bringt, die ihr zusagt. Niemand kann sie wegen ihres Wunsches verurteilen, von Angestellten umgeben zu sein, mit denen sie harmoniert. Ein Mitglied der königlichen Hofhaltung faßt die Situation folgendermaßen zusammen: »Welche Frau möchte nicht ein Wort dabei mitsprechen, wie ihr Leben verlaufen soll? Ich kann es Diana nicht verübeln. Sie hatte völlig recht, den anderen die Zügel aus der Hand zu nehmen. Wenn es nach dem Prinzen von Wales gegangen wäre, wäre das Leben genauso weitergelaufen wie bisher, mit einer nur geringfügigen Veränderung, nämlich dem Erwerb einer friedfertigen und gefügigen Frau. Aber diese Eigenschaften besaß Diana nicht. Sie ist mutig, und dafür bewundere ich sie. Charles' Leben war bereits so gut organisiert, daß es für sie ein leichtes gewesen wäre, mitzumachen, ohne eine Veränderung vorzunehmen. Alles wäre wie am Schnürchen gelaufen. Aber sie wollte Zeichen setzen, und das kommt mir vollkommen natürlich vor.«

Die Geburt eines Kindes verdeckt häufig die Risse einer Ehe. Das sollte sich auch bei Charles und seiner Frau zeigen, als eine glückliche und stolze Diana zwei Wochen vor dem eigentlichen Termin, am 21. Juni 1982 um einundzwanzig Uhr dreißig, an einem Montagabend von einem sechs Pfund und vierhundertzwanzig Gramm schweren Jungen entbunden wurde.

Man hatte für Mutter und Kind drei nebeneinanderliegende Zimmer im obersten Stock im Lindo-Flügel des St.-Mary's-Krankenhaus freigemacht. Für die Dauer ihres Aufenthaltes war eine Zwischenwand aufgestellt worden, damit die Prinzessin von Wales ihre Ruhe hatte und von ihrem gut fünfundzwanzig Quadratmeter großen Zimmer über den Flur zu den beiden Bädern und den Toiletten gehen konnte.

Diana und Charles waren um fünf Uhr morgens im Krankenhaus angekommen und hatten es durch einen Seiteneingang betreten. Nachdem sie mit dem Lift zwölf Stockwerke hoch bis zu Dianas Zimmer im obersten Stock gefahren waren, bereitete sich das Paar auf eine, wie es aussah, normale Geburt vor. Der diensthabende Arzt war George Pinker, der damals in vornehmen Kreisen als *der* Geburtshelfer galt.

Aber keine Geburt verläuft schmerzlos. Trotz Betty Parsons Lektionen und Prinz Charles' Hilfe konnte Diana es nicht aushalten, nachdem die Schmerzen einmal begonnen hatten. Wie viele Frauen vor ihr entschied sie sich für die Erleichterung durch ein Betäubungsmittel.

Prinz Charles war von seinem Sohn genauso hingerissen wie Diana. Sie erzählte Barbara Cartland: »Ein Kind zu haben, das ist ein Wunder«, während er den versammelten Journalisten mitteilte: »Ich bin vollkommen überwältigt« und die Erfahrung »phantastisch« nannte. Einem Cousin beschrieb er das Ereignis einmal als »das Wunderbarste, was mir je widerfahren ist«.

Das Kind bekam einen Anhänger mit der Aufschrift *Baby Wales* und wurde von seiner Mutter gestillt, die unerbittlich darauf bestand, daß es nicht beschnitten werden sollte wie sein Vater. Charles schien sich ebenso ungern von seinem Sohn trennen zu wollen wie Diana und betrat am frühen Morgen des nächsten Tages gutgelaunt ein Zimmer, das vor Rosen überquoll, die auf seine Veranlassung hin geschickt worden waren. Aber das waren nicht die einzigen Blumen. Es gab noch eine Fülle anderer Sträuße von Freunden und Verwandten.

Um neun Uhr gesellten sich Frances Shand Kydd und Jane Fellowes zu Charles, Diana und Baby Wales. Zum Entzücken der vor dem Krankenhaus versammelten Reporter riß der

Besucherstrom nicht ab. Um elf Uhr traf die zweite Großmutter des Kindes ein, um es in Augenschein zu nehmen: Die
Königin erschien in ihrem Lieblingswagen, einem moosgrü-
nen Rover. Auch Graf Spencer tauchte auf, um sich das Kind
anzuschauen, das endlich, nach zweihundertfünfzig Jahren,
sicherstellte, daß das Blut der Spencers rechtmäßig in den
Adern eines Königs von Großbritannien floß. Bevor er mit
seinem Rolls-Royce wieder verschwand, schwärmte der
überglückliche Großvater des künftigen Königs vor allen
Leuten von dessen Schönheit.

Es war ein stolzer Tag. Die Königin trank nach ihrer Rückkehr in den Palast auf den übernächsten Thronfolger. Frances
Shand Kydd spendierte den Passagieren und der Crew auf
dem Rückflug nach Schottland zur Feier des Tages ein Glas
Champagner, mit dem sie auf ihren Enkelsohn, den künftigen
Herrscher, anstießen. Auch Charles und Diana brachten
einen Toast auf das Baby aus. Die frischgebackene Mutter rief
mehrere Freunde und Verwandte an.

Aber Krankenhäuser langweilen jeden, der sich nicht krank
fühlt, und die gesunde Diana war begierig darauf, wieder in
ihr behagliches Heim zurückzukehren. Sie bat Mr. Pinker,
sie noch am selben Tag zu entlassen. Überzeugt, daß sie alles
bekommt, was eine junge Mutter brauchte, entsprach er ihrer
Bitte. Um sechs Uhr brachte der Prinz von Wales seine Frau
und seinen Sohn nach Hause.

Zu Hause bedeutete jetzt nicht länger der Buckingham-
Palast. Die Familie war wenige Wochen zuvor in ihre Wohnung im Kensington-Palast gezogen, die ebenso elegant wie
gemütlich war und über alle Annehmlichkeiten eines modernen Haushalts verfügte. Diana und Dudley Poplak hatten im
zweiten Stock ein bezauberndes Kinderzimmer für das Baby
und sein Kindermädchen eingerichtet.

Baby Wales' Räume waren großzügig angelegt. Es gab ein

Tages- oder Spielzimmer, ein Kinderschlafzimmer mit Bad, ein Schlafzimmer mit Bad für das Kindermädchen und weitere Schlaf- und Badezimmer für künftige Neuankömmlinge und das Personal, das sie benötigten. Aber das waren nicht Baby Wales' einzige Räume. Auch auf Highgrove besaß es eine ausgedehnte Zimmersuite, die ebenso wie das Londoner Heim mit buntem Spielzeug vollgestopft waren.

Eine Frau, die Charles' Tante Margot, Prinzessin Margaret, für ihren Neffen und ihre Nichte gefunden hatte, wartete darauf, sich um das Baby zu kümmern. Barbara Barnes war kein gewöhnliches Kindermädchen. Sie gehörte praktisch zur Familie von The Honourable Colin Tennant (jetzt Lord Glenconner) und seiner Frau, der ehemaligen Lady Anne Coke, mit der Dianas Vater inoffiziell verlobt gewesen war und die er verließ, als die Leidenschaft in Gestalt von Frances Burke Roche ihn vor so vielen Jahren wie der Blitz getroffen hatte.

Prinzessin Margaret war Barbara Barnes herzlich zugetan. Fünfzehn Jahre lang hatte die erfrischend uneitle und unkonventionelle PM, wie ihre Freunde sie nennen, beobachtet, wie sie die Tennants-Zwillinge aufzog. Man machte gemeinsam Familienurlaub in Schottland und Mustique und sah sich auch täglich in London, denn Lady Anne Tennant war nicht nur Hofdame, sondern auch eine gute Freundin. Durch sie wußte PM, daß Barbara Barnes keine Anstellung mehr hatte. Und da sie eine hohe Meinung von diesem besten aller Kindermädchen hatte, empfahl sie Charles und Diana Barbara Barnes.

Die Öffentlichkeit reagierte augenblicklich auf ein so unkonventionelles Kindermädchen für den übernächsten Thronfolger. Die Spekulation darüber, weshalb der Prinz und die Prinzessin von Wales eine Frau beschäftigten, die weder eine Uniform trug noch auf ihren Vornamen hörte, enthüllte, wie wenig die Presse über die Veränderungen der Werte und

Sitten innerhalb des Adels und der königlichen Familie wußte. Barbara Barnes war weder ein Einzelfall noch ein Anachronismus. Sie war das typische Beispiel eines zeitgenössischen Kindermädchens. Was die Presse nicht wußte, war, daß die Kindermädchen des Adels inzwischen weder Uniformen trugen noch auf ihren Vornamen hörten. Schon allein die Vorstellung, sie als Dienerin einzustufen, war überholt. Niemand sprach mehr von Dienern. Selbst die Königin bezeichnete ihre Diener als »Stab«. Die Welt hatte sich verändert. Nur die Presse wußte noch nicht, daß die Veränderungen bereits die Spitze der Gesellschaft erreicht hatten.

Die Geburt ihres Kindes läutete eine glückliche Zeit für Charles und Diana und eine willkommene Ruhepause für die Nation ein. Wie jeder, der einen geliebten Menschen im Falkland-Krieg verloren hat, weiß, war 1982 das Jahr des Krieges mit Argentinien. Prinz Andrew war damals im Südatlantik stationiert und wurde bei seinem Helikopterdienst von der Geburt seines Neffen und der sich daraus ergebenden Zurückstufung seiner Erbfolge informiert.

Der Prinz von Wales unterstrich die Bedeutung des Augenblicks, indem er Diana ein Diamanthalsband mit einem Herz als Anhänger schenkte. Es war kein großzügiges Geschenk, aber eine anrührende romantische Geste. Es war – wie Diana wußte – ein sehr schlichtes Schmuckstück. Ein Mann mit Charles' Verdienst hätte etwas Bedeutenderes kaufen können. Aber der sparsame Charles brachte es nicht über sich, seine Börse weiter zu öffnen, selbst im glücklichsten Augenblick nicht. Diana, die eine Schwäche für Juwelen hat, mußte sich deshalb mit den wenigen auffälligen Stücken begnügen, die sie von ihren angeheirateten Verwandten geschenkt bekommen hatte. Zum Beispiel eine Kopie des Diadems von Zenaide, Prinzessin Youssoupoffs Tiara (ein Geschenk der

Königin) und die große Saphir- und Diamantbrosche (ein Geschenk der Königinmutter), aus der sie sich eine enganliegende Halskette hat machen lassen. Außerdem besitzt sie noch eine überwältigende Garnitur Diamanten und Saphire, die ihr der Kronprinz von Saudi-Arabien verehrt hat. Später kamen weitere bedeutende Stücke von anderen Potentaten des Mittleren Ostens, wie dem Sultan von Oman, dazu. Da sie ständig Schmuck trug, hatte sie es offensichtlich nötig, den Mangel an echten Juwelen mit Nachahmungen von Butler & Wilson auszugleichen.

Zufrieden mit der Geste, aber nicht der Größe des Diamantenhalsbandes, gab Diana zur Feier der Geburt ihres ersten Kindes ein Fest im Kensington-Palast. Es war ein Rührei-und-Champagner-Lunch, zu dem Prinzessin Michael von Kent, Lady Sarah Armstrong-Jones, ihre Schwestern und zahlreiche Freunde kamen.

Aber die richtige Feier war für die Taufe reserviert, die bewußt auf den 82. Geburtstag der Königinmutter gelegt worden war. Donnerstag, der 4. August 1982 war ein warmer, sonniger Sommertag. Der Erzbischof von Canterbury, Dr. Robert (jetzt Lord) Runcie, der Charles und Diana dreizehn Monate zuvor getraut hatte, hielt den Taufgottesdienst. Anwesend waren zahlreiche Mitglieder der königlichen Familie, George Pinker, die vier Krankenschwestern aus der Klinik, die bei der Geburt dabeigewesen waren, und die Paten.

Das Kind wurde auf den Namen William Arthur Philip Louis getauft. Dies waren Namen, die gemäß des königlichen Brauchs, einem königlichen Kind nur Namen früherer Personen königlichen Geblüts zu geben, gewählt wurden. Als Tribut an Oliver Everett war der erste Name derjenige von Everetts kleinem Sohn William. Die Wahl dieses Namens verband privates und öffentliches Interesse miteinander, denn vier englische Könige hatten ihn getragen*. Arthur war ein vollkommen königlicher Name, den zuletzt Prinz Arthur von Connaught getragen hatte. Philip braucht nicht erklärt zu werden, und mit Louis wollte Prinz Charles seinem geliebten Großonkel, dem verstorbenen Graf Mountbatten von Burma, Ehre erweisen.

Auch die Paten waren nach dem königlichen Grundsatz der Schicklichkeit gewählt worden. Es waren ihrer sechs: der im Exil lebende König Konstantin (Tino) von Griechenland, Oberhaupt der Familie des ehemaligen Prinzen Philip von Griechenland und enger Freund von Prinz Charles; Lord Ramsey, ein weiterer Freund und Cousin durch seinen Großvater, Lord Mountbatten, dessen Titelerbe er war; Sir Laurens van der Post, der südafrikanische Philosoph und Autor; Prinzessin Alexandra, Charles' Cousine »Pud«, eine gute Freundin, die jedermanns Vorstellung von einer perfekten Prinzessin entsprach; Lady Susan Hussey, die Hofdame der Königin, jetzt eine enge Freundin Dianas, und die Herzogin von Westminster.

Der Palast war so eng ans Protokoll gebunden, daß Charles und Diana auf ihre ursprünglich gewählten Paten verzichten mußten. »Der Prinz von Wales wollte Armand Hammer«, sagt ein Mitglied des königlichen Hofes. »Er war wunderbar zu ihm gewesen. Er hatte ihm eine Menge Geld für United World Colleges gespendet, das Prinz Charles von Lord Mountbatten übernommen hatte und als ein heiliges Erbe betrachtete. Er hatte ihm öfter sein Privatflugzeug geliehen. Der Prinz kann das Flugzeug der Königin nur für öffentliche

---

* Normannische Könige: William I., der Eroberer (1066–1087); William II. Rufus (1087–1100). Haus Stuart: William III. (gemeinsam mit Mary II., 1689–1702). Haus Hannover: William IV. (1830–1837) (Anm. d. Übers.)

Angelegenheiten benutzen und vermied damals lieber kommerzielle Flüge und die damit verbundene Aufmerksamkeit. Also war Armand Hammer nicht nur ein guter Freund, sondern auch eine nützliche Verbindung. Der Prinz besaß den größten Respekt vor seiner Bildung. Er war ein eingefleischter Philanthrop, besaß eine wunderschöne Kunstsammlung und war einer der erfolgreichsten Unternehmer des zwanzigsten Jahrhunderts. Er war mit jedem amerikanischen Präsidenten und jedem sowjetischen Staatsoberhaupt seit Lenin befreundet gewesen. Aber Edward Adeane (der Privatsekretär) erlaubte es nicht. Er sagte, Armand Hammer sei eine zu umstrittene Gestalt, um Prinz Williams Pate zu werden. Angesichts Edwards unerbitterlichen Widerstandes verwarf Prinz Charles die Idee und wählte statt dessen Sir Laurens van der Post. Möglicherweise wählte er Sir Laurens, weil er gut Geschichten erzählen kann – wie er hinterher erklärte –, aber der alte Mann war ganz bestimmt nicht seine erste Wahl.«

Aber auch Diana lernte die Grenzen der Wahlfreiheit kennen. Ebenso wie bei ihrer Hochzeit, als man ihr den Wunsch abschlug, ihre Mitbewohnerinnen als Brautjungfern zu haben, erlaubte man ihr bei diesem Anlaß nicht, persönliche Freunde zu wählen, deren Rang nicht angemessen war. Eine Miss Carolyn Pride kam als Patin des künftigen Königs von Großbritannien nicht in Frage. Angesichts dieser Zwänge fiel Dianas Wahl auf »Tally« Westminster, die Frau des reichsten Mannes Großbritanniens. Sie besaß einen genügend erhabenen Rang und einen geeigneten Hintergrund. Lady Zia Wernher, ihre Großmutter mütterlicherseits, war die Tochter des Großherzogs Michael von Rußland und eine der engsten Freundinnen der Königin gewesen. Ihr Vater, Harold »Bunnie« Phillips, war jahrelang der Geliebte von Lady Louis Mountbatten gewesen, was offensichtlich ebenfalls eine Empfehlung war. Das Versöhnungstreffen zwischen Tallys Vater und Gina (Georgiona) Wernher hatte ein Auseinanderbrechen der Mountbatten-Ehe verhindert, den Onkel und die Tante des Herzog von Edinburgh vor einem Skandal geschützt und allen Seiten des Dreiecks erlaubt, in der Öffentlichkeit ungestört gute Beziehungen zu pflegen.

Obwohl Tally Westminster nicht zu Dianas engsten Freundinnen gehörte, standen sie sich nahe genug. Die ehemalige Natalia Phillips war zwei Jahre älter als Diana. Beide schworen auf Betty Parsons, beide hatte kleine Kinder und ältere, ungeheuer reiche Ehemänner. Und beide hatten sich in einem Leben eingerichtet, zu dessen Verpflichtungen ein hohes Maß an öffentlichen Aufgaben gehörte. Außerdem war Diana fünf Monate zuvor Patin von Lady Edwina Grosvenor geworden, der zweiten Tochter der Westminsters.

Und sie hatten noch etwas gemeinsam. Laut dem verstorbenen James Dorset, einem namhaften Genealogen, besitzen Diana und Tally »farbiges Blut«. Der Anteil Dianas stammt von Eliza Kewark, jener dunkelhäutigen Frau, deren Mutter zweifellos Inderin gewesen war. Aus dem vergangenen Jahrhundert stammte der Mythos, jene Vorfahrin Dianas habe einen armenischen Vater gehabt. Aber James Dorset konnte keinen Beweis dafür finden, daß die uneheliche Miss Kewark wirklich einen Vater dieser Herkunft gehabt hatte. Nicht einmal ihr Familienname war armenisch. Deshalb verwirft er den Anspruch der Familie auf armenisches Blut als einen Versuch, sie als weiß hinzustellen oder wenigstens so zu tun, als verfüge sie über mehr kaukasisches Blut, als es der Fall ist. So ignoriert die Familie die Vorfahren von Elizabeths Mutter. Das war nicht nur Snobismus. Zu einer Zeit, in der die Nachkommenschaft gemischtrassiger Verbindungen als für eine Ehe mit Weißen ungeeignet betrachtet wurde, wäre keine von Eliza Kewarks Nachkommen von den vielen

Familien als »passend« betrachtet worden, in die sie später einheirateten.

Die Fiktion, daß Miss Kewark eine Weiße war, funktionierte bei ihren Nachkommen Ruth, Frances und Diana gut genug, um sich angemessen zu verheiraten. Aber Tally Westminsters Vorfahren erlaubten ihr nicht, sich hinter diese Geschichte zurückzuziehen. Sie stammt von Hannibal ab, einem berühmten Negersklaven, der nach seiner Freilassung General in der russischen Armee wurde. Er ist unter anderem der Großvater Alexander Puschkins, des großen russischen Autors. Natürlich war Hannibals Nachkommenschaft trotz solcher illustren Leistungen und Verbindungen gemischtrassig. Als sich eine Nachfahrin in den Cousin des Zaren verliebte, verbot dieser die Heirat mit der Begründung, daß eine Negerin nicht die passende Frau für ein Mitglied der kaiserlichen Familie sei. Aber der Großherzog Michael liebte die Gräfin Torby, und statt auf sie zu verzichten, verzichtete er lieber auf sein Land. Sie heirateten morganatisch*, wurden aus Rußland verbannt und, wie das Schicksal so spielt, blieben von der Revolution verschont. Sie ließen sich in England nieder, wo sie von jeder bedeutenden Person empfangen wurden und ihr Geheimnis vor der Öffentlichkeit verborgen blieb. Eine Tochter, Nadeja (Nada), heiratete den Onkel des Herzogs von Edinburgh, Lord Mountbattens Bruder George, den zweiten Marquis von Milford Haven. Sie war eine bekannte Lesbierin, aber eine leidenschaftliche und liebevolle (zweite) Mutter für den jungen Prinzen Philip von

---

* Nicht standesrechtliche Ehe (Mißheirat), bei der die vermögens- und erbrechtliche Stellung der nichtebenbürtigen Frau und der Kinder durch einen Ehevertrag festgelegt wurden; auch *Ehe zur linken Hand* genannt, da die Frau bei der Trauung an der linken Seite des Mannes stand (Anm. d. Übers.)

Griechenland und ihren Sohn David, der nach dem Tod seines Vaters Oberhaupt der Mountbatten-Familie wurde. Die zweite Tochter Zia heiratete den außerordentlich reichen Baron Sir Harold Wernher.

In dieser Zeit, in der eine Vielzahl von Rassen und Kulturen eine neue Hegemonie bilden, sollte es die ethnischen Minderheiten beruhigen, zu wissen, daß ihr Blut auch in den Adern einiger der vornehmsten Familien des Landes fließt. Der künftige König ist teilweise Inder und seine Patin teilweise negroiden Ursprungs, genau wie sein und ihr gemeinsamer Cousin, das Oberhaupt des Hauses Mountbatten.

Aber Charles und Diana kümmerten sich nicht im geringsten um die exotische Abstammung ihres oder irgendeines anderen Kindes. Sie ließen sich von der Freude anstecken, die Prinz William von Wales in ihr Zusammenleben brachte. »Wenn dies möglich ist, dann war er noch vernarrter in das Kind als sie«, erzählt ein Freund. »Er hat Kinder immer geliebt. Er konnte wunderbar mit Dales und Camillas (Kindern) umgehen und mit Prinz Andrew und Prinz Edward, als sie noch klein waren. Bedenken Sie, er hat sogar dieses Buch, *The Old Man of Lochanger*, geschrieben, eine Zusammenfassung der Geschichten, mit denen er seine Brüder unterhielt. Soweit es Kinder betraf, war er ein Mann des späten zwanzigsten Jahrhunderts: aufmerksam, empfindsam, verständnisvoll.«

Vergangen waren jene Tage, als sein Stab ihn dazu drängen mußte, seine Frau zu sehen, der er nichts mehr zu sagen hatte. Jetzt hatten sie ein Gesprächsthema. Charles und Diana wurden nie müde, zu ihrem Baby zu sprechen, miteinander und mit jedem anderen, der gewillt war, zuzuhören, über das Kind zu sprechen und mit ihm zu spielen.

Entschlossen, diese kostbaren, unwiederbringlichen ersten Wochen im Leben seines Sohnes nicht zu verpassen, reduzierte der Prinz von Wales seine öffentlichen Verpflichtungen. Das brachte ihm die tiefempfundene Mißbilligung seines Privatsekretärs ein, der sich der Vorwürfe, die darauf folgen würden – und folgten – nur allzu bewußt war.

Dianas Position wurde direkt vom beispiellosen Verhalten ihres Mannes beeinflußt. Als sie an der Reihe war, sich den tradierten Weisheiten der alten Garde zu stellen, konnte sie sein Verhalten als Rechtfertigung für die Freiheit anführen, die sie forderte. Deshalb ist es angebracht, an dieser Stelle einen Blick auf Charles' Beziehung zu seinem Privatsekretär zu werfen, um zu sehen, wie weit er für einen königlichen Privatsekretär gegangen war. Weder er noch Diana hatten je einen Blick zurück auf jene lächerlichen Tage geworfen, als Privatsekretäre noch so etwas wie Schuldirektoren für widerspenstige Kinder gewesen waren.

The Honourable Edward Adeane, Charles' Privatsekretär, war ein Geschöpf der alten Schule, Rechtsanwalt durch Übung, Intellektueller durch Neigung. Sein Vater, Sir Michael Adeane und späterer Lord Adeane, war bis zu seiner Pensionierung Privatsekretär der Königin, sein Urgroßvater Lord Stamfordham war Privatsekretär von Königin Victoria und König George V. gewesen. »Edward war ein Traditionalist, dessen ganzes Leben von den Gewohnheiten des Palastes bestimmt war; und er war absolut wunderbar in seinem Job«, sagt ein Mitglied des Stabes von Prinz Charles. »Er gab sich distanziert, hatte aber guten Humor. Er wußte zweifellos, worum es bei diesem Job ging. Aber er und der Prinz waren nicht einer Meinung. Sie hatten unterschiedliche Vorstellungen davon, welche Rolle zu einem Prinzen von Wales paßte. Der Prinz fühlte sich berechtigt, neue Wege einzuschlagen, sein persönliches Leben und sein Berufsleben so zu führen, daß es nicht nur der Gesellschaft diente, sondern auch zu seiner Befriedigung beitrug. Er hatte das Gefühl, als sollte er noch viele, viele Jahre lang Prinz von Wales bleiben. Er betrachtete seinen Ansatz als modern, während Edward ihn als ungehörig empfand.«

Aber Charles' Menschlichkeit paßte der alten Garde des Buckingham-Palastes nicht immer. Sie drohte, ihn – und durch ihn die Monarchie – in ein Chaos widersprüchlicher und unberechenbaren Szenarios zu zerren. Das war nicht der modus vivendi für Traditionalisten und erst recht nicht für traditionalistische Höflinge. Sie rieten nie zu einem bestimmten Verhalten, solange sie sich über das Ergebnis nicht hundertprozentig im klaren waren, und sie vermieden Kontroversen.

Aber Charles hatte andere Vorstellungen. Er versuchte herauszufinden, wo sein Einfluß die beste Wirkung erzielen konnte – zum Mißfallen der Mitglieder seines Stabs, auf deren Schultern ein Großteil der Arbeit abgewälzt wurde. Und es entzückte auch seinen konservativen Privatsekretär nicht. Ein gleichgesinntes Mitglied des königlichen Hofes meint: »Ständig gab er Berichte in Auftrag. Er hatte eine Idee, jeder gab sich große Mühe, Daten zu diesem Thema zu sammeln, und dann schenkte er dem Bericht – hinter dem wohlgemerkt die Arbeit von mehreren Wochen oder Monaten steckte – nur beiläufiges Interesse. Er war schon wieder bei einem anderen Projekt, von einer anderen Idee inspiriert. Das war für uns alle frustrierend und ärgerlich und machte Edward fast wahnsinnig. Er meinte, wenn wir uns schon die Mühe machten und es eine gute Idee war, dann sollte man sie nicht einfach unter den Tisch fallen lassen. Sie sollte durchgeführt und zu einem guten Zweck verwendet werden. Und wenn es keine gute Idee war, sollte sie gar nicht erst weiterverfolgt werden.«

Aber das war nur die Spitze des Eisbergs. Das Problem lag tiefer. Es schien in der Frage zu gipfeln, wessen Urteil

Charles' Verhalten lenken sollte. Sollte er seinen Instinkten folgen, wie es das Recht eines jeden reifen und vernünftigen Menschen ist? Oder sollte er seinem traditionsbewußten Privatsekretär nachgeben? Dieser war der Ansicht, daß seine Position es ihm erlaubte, sich zum Richter aufzuspielen, und daß er besser als das Mitglied des Königshauses geeignet sei, die königliche Familie aus Schwierigkeiten herauszuhalten. Dies war offensichtlich Edward Adeanes Ansicht. Aber der Prinz von Wales ist ein unabhängiger Geist, kein typisches Mitglied des Königshauses. Trotz seines eingefleischten Traditionsbewußtseins bezüglich des Königshauses ist er auch ein Einzelgänger. Er ist unabhängig und intelligent. Er brauchte einen Privatsekretär, der mit seinen tiefempfunden Überzeugungen übereinstimmte, eine ungewöhnliche Mischung aus Traditionalismus und Toleranz besaß und beschützen, erhalten *und* verändern wollte. Statt dessen hatte er jemanden, der nur »beschützen und erhalten« wollte, der sich beim Gedanken an eine Veränderung unbehaglich fühlte und alles tat, um seinen »Schutzbefohlenen« zu entmutigen. Wann immer Charles einen jener Geistesblitze hatte, die dem britischen Volk wie Inspirationen erschienen und den weniger Privilegierten und den Benachteiligten das Gefühl gaben, daß ihr zukünftiger König mit ihnen übereinstimmte, bremste ihn sein Sekretär.

»Das Problem mit dem Prinzen von Wales ist«, meint dieser Höfling, »daß er im Grunde ein Denker ist und kein Tatmensch. Er hat eine Idee, verfolgt sie bis kurz vor die Realisierung und verliert dann das Interesse.

Edward spürte sehr stark, daß das eine Verschwendung unserer Zeit und unserer Mühe war. Ein Beispiel dafür sind die Berichte, die wir über Kennington schrieben, einen Teil des Herzogtums Cornwall, südlich des Flusses. Es ist sehr heruntergekommen. Nun, der Prinz forderte die üblichen

Berichte an, und als er sie hatte, unternahm er nichts, obwohl Kennington mit ein wenig Initiative eine sehr schöne Gegend sein könnte. Ich versuchte ihn dafür zu interessieren und sagte ihm, er sei der Besitzer eines Slums. Ich glaube, man hat sich jetzt dazu entschlossen, sich davon zu trennen, statt etwas dafür zu tun.

Es war diese Form von Untätigkeit, diese Diskrepanz zwischen dem, was Charles sagte, und dem, was er tat, die Edward rasend machte. Er billigte die plötzliche Begeisterung des Prinzen nicht, der ein ebenso plötzliches Desinteresse folgte.«

Aber die Zeit hat gezeigt, daß der Prinz viele seiner Ideen ausführte. Er hat sich um Projekte wie Business in the Community, das Youth Enterprise Scheme, den Prince's Youth Business Trust, The Prince of Wales Community Venture, The Prince of Wales' Advisory Group on Disability und den Prince's Trust von der Idee bis zur Verwirklichung gekümmert. Und er hat sich dadurch den Respekt vieler Menschen und der ganzen Nation verdient. Er hat eine neue, bedeutendere Rolle für den Thronfolger geschaffen, als Fabriken zu eröffnen und diesem Bürgermeister oder jenem Industriellen die Hand zu schütteln.

Er wurde in Meinungsverschiedenheiten verstrickt.

Seine Ansichten über alternative Medizin, das Leben der Pflanzen und über Architektur haben die Presse zu lästerlichen Kommentaren gereizt. Aber die Zeit scheint auf seiner Seite zu sein. Wissenschaftler bestätigen bereits die Klugheit seiner Ansichten über Biologie und Medizin. Und das Volk mag seine Auffassung darüber, wie ein wünschenswertes Haus für diejenigen, die darin leben, aussehen soll – auch wenn sein Geschmack seltsamerweise dem bekannter Diktatoren ähnelt und in ernsthaftem Gegensatz zu Lord Palumbo und den modernen Elitären steht.

Für Charles war die Zeit, die er mit Diana zu Hause verbrachte, und die Beschäftigung mit William eine willkommene Erholung von den Problemen, die er mit Edward Adeane hatte. »Es war eine wirklich schöne Zeit für ihn«, sagt ein Cousin. »Er las alle Bücher über Babys, die er bekommen konnte, und wurde ein richtiger Experte.« Diana beschreibt ihn als »vernarrten Vater«. Sie waren beide derart mit dem Baby beschäftigt, daß Barbara Barnes oft nichts zu tun hatte. Es gab noch einen Grund, weshalb sich Charles von der Öffentlichkeit zurückzog. Diana litt nach der Geburt ihres Sohnes unter starken Depressionen. »Oft war sie ohne erkennbaren Anlaß in einem ziemlich schrecklichen Zustand«, sagt ein Höfling. »Erst war sie vollkommen normal und im nächsten Augenblick (richtig) durcheinander. Es war ziemlich beunruhigend.« Der Prinz von Wales holte verschiedene medizinische Meinungen ein und beschloß, Diana geduldiges Verständnis und zärtliche Fürsorge entgegenzubringen. Das Problem löste sich von selbst, als der Hormonhaushalt sich wieder stabilisiert hatte.

Aber niemand wußte, wie lange das so weitergehen würde. Eine Depression nach einer Geburt kann Wochen oder Monate dauern. Und Diana hatte keine Hilfe, im Gegenteil. Sie begann wieder streng Diät zu halten, um das Gewicht zu verlieren, das sie in der Schwangerschaft zugelegt hatte. Sie achtete auf jeden Bissen, den sie aß, bis sie es nicht mehr aushalten konnte, über den Kühlschrank herfiel und ihren Gelüsten freien Lauf ließ.

Trotz ihres unsicheren Gesundheitszustandes war Diana glücklicher als nach der ersten Zeit ihrer Flitterwochen. Sie hatte mehr von ihrem Ehemann. Endlich gab es etwas, worüber sie miteinander reden konnten. Und es sah so aus, als hätte Charles sich mit ihrer Vorstellung von einer glücklichen Ehe angefreundet.

# DAS IMAGE
# WIRD POLIERT

Die friedlichen Tage der Walesschen Ehe dauerten an, als der kleine William ins Krabbelalter kam. Mutter und Vater waren noch immer vernarrt in ihr kleines Wonnebündel, obgleich sie selbst hier das Fundament für künftige Auseinandersetzungen legten.

Ein Streitpunkt war ihre unterschiedliche Einstellung der Krone gegenüber. »Diana weigerte sich, ehrfürchtig zu sein«, sagt die Adlige, deren Schwager ein hochrangiger Höfling ist. »Diejenigen unter uns, die mit dem Hof vertraut sind, wissen nur zu gut, daß jeder, der mit der Monarchie zu tun hat, diese mit Ehrfurcht behandelt. Selbst die Königin, die wirklich glaubt, daß sie durch göttliches Recht regiert, und ganz bestimmt der Prinz von Wales. Meiner Meinung nach ist der Respekt, den sie dem Ganzen zollen, recht lächerlich. Diese Ehrfurcht, als sei es etwas Heiliges. Für die königliche Familie und alle Höflinge, mit denen ich zu tun hatte, ist ›die Monarchie‹ beinahe eine Religion, deren ergebene Anhänger sie sind. Bei Diana war das anders, was nicht heißen soll, daß sie keinen Respekt vor der Institution hat. Sie weigerte sich nur, ihr gegenüber Ehrfurcht zu zeigen. Ich halte das für eine gesunde Reaktion.«

Dianas Gefühl für Proportionen bestimmte ihr Verhalten auf vielerlei Arten, die nicht alle dem Frieden dienten. Anders als Königin Mary, die die Monarchie derartig verehrte, daß George V. und ihre Kinder für sie in erster Linie der amtierende König und die künftigen Könige und dann erst Ehemann und Kinder waren, betrachtete Diana William vor allem als ihren Sohn. Irgendwo bei ihren Prioritäten war er auch der übernächste Thronfolger. Und obwohl diese Einstellung später einmal Probleme mit der Disziplin aufwerfen würde, erlaubte sie dem jungen Prinzen, die frische Luft der Natürlichkeit zu atmen und sich spontan zu entfalten, ohne seine Gefühle zu unterdrücken.

Eine der hochheiligen Aktivitäten auf der königlichen Tagesordnung ist das Royal British Legion's Annual Festival of Remembrance in der Royal Albert Hall. Man erwartete im November 1982, daß Charles und Diana dort erschienen. Da die Liste der königlichen Verpflichtungen stets vorher veröffentlicht wird, war es für Diana nicht möglich, sich ohne einen wirklich guten Grund davor zu drücken. Doch sie entschied, daß sie sich nicht kräftig genug dafür fühlte. Sie wollte zu Hause bleiben und mit William spielen. Da nur der Tod oder etwas Vergleichbares als berechtigte Entschuldigung anerkannt wird, sprach der Prinz von Wales ein Machtwort und bestand darauf, daß Diana ihrer Verpflichtung nachkam. Sie weigerte sich schlichtweg, initiierte einen gewaltigen Streit und zwang ihn schließlich, ohne sie zu gehen.

Diana ist eigensinnig, aber nicht dumm. Und sie ist keine Revolutionärin. Sie hat einen wendigen Verstand, wenn es um ihr Verhalten geht. Nachdem sie darüber nachgedacht hatte, kam sie zu dem Schluß, daß sie sich ziemlich hemmungslos und unverantwortlich verhalten hatte. Sie zog sich rasch an und tauchte fünfzehn Minuten nach der Königin in der Royal Albert Hall auf. Das war ein Schnitzer allerersten Ranges. Niemand darf bei einer Einladung nach der Königin eintreffen oder vor ihr gehen – gleichgültig, welchen Grund er haben mag. Das wußte Diana genau. Jemand, der auf

Sandringham geboren, in königlichen Kreisen aufgewachsen und mit einem Prinzen verheiratet war, konnte nicht umhin, diese Respektlosigkeit zu erkennen. Aber wie mir erzählt wurde, ignorierte die Königin die Kränkung. Sie hielt dieses Verhalten für klüger, als wenn sie die Kränkung zur Kenntnis genommen und ihr dadurch ein ihr nicht zukommendes Gewicht verliehen hätte.

Aus gutem Grund war die Königin immer noch wegen Dianas Gefühlsausbrüchen nervös. Sie versuchte, wann immer es möglich war, zu beschwichtigen. Inzwischen begnügte sich Diana nicht länger damit, ihre Meinungsverschiedenheiten mit dem Prinzen von Wales auf die Privatsphäre des Palastes zu beschränken. Dieses neue Verhalten löste ernsthafte Unruhe aus. Der Palast machte sich Sorgen über die Auswirkungen auf die Öffentlichkeit. Diana schien sich keinerlei Sorgen zu machen. Bei einem Vorfall brachte sie es fertig, die Presse zusehen zu lassen, wie eigensinnig und unkooperativ sie sein konnte. Das war, als sie und Charles gemeinsam mit Prinz Franz Joseph und Prinzessin Gina von Liechtenstein im Januar 1983 Skiurlaub machten. Sie schmollte sichtbar und weigerte sich, für die Fotografen zu posieren, als diese versuchten, sie auf den Hängen zu fotografieren. Nicht einmal Prinz Charles' Bitten konnten sie umstimmen. Die Folge war eine Flut von Zeitungskommentaren und überflüssigen Vermutungen, die durch fünf Minuten der Zusammenarbeit hätten vermieden werden können.
Sie hätte daran denken sollen, daß ein Ausweichen diejenigen, denen man ausweicht, dazu reizt, die Beute weiter zu verfolgen, um sie nicht entwischen zu lassen. Diana brachte die Fotografen durch ihr Verhalten dazu, das, was ein entspannter Urlaub hätte sein sollen, in einen Presserummel zu verwandeln. So war es eine Erleichterung, daß sie und

Charles bald nach Hause zurückkehrten, um sich auf ihre sechswöchige Reise nach Australien und Neuseeland von März bis April 1983 vorzubereiten.

Auch das führte zu Szenen hinter den Kulissen. Ungeachtet des Brauchs, daß königliche Eltern ihre Kinder nie auf offizielle Reisen mitnehmen, wünschte Diana, daß William mitkam. »Sie wollte nicht hören, wie unpraktisch das war«, sagt eine königliche Cousine. »Es war ihr egal, daß ihr Programm so dicht gedrängt war, daß sie ihn, wenn sie Glück hatte, an jedem dritten Tag für zehn Minuten sehen konnte – und das ist keine Übertreibung. Sie wollte ihr Baby bei sich haben, komme, was da wolle. Unsere Diana kann sehr zäh sein, wenn sie sich etwas in den Kopf gesetzt hat.« Wieder einmal sah sich die Königin vor die Wahl gestellt, ihrer entschlossenen Schwiegertochter Kontra zu bieten oder nachzugeben und damit gegen die Tradition zu verstoßen. »Die Königin ist eine sehr flexible Mutter und Schwiegermutter. Wenn sie einen Fehler hat«, sagt die königliche Cousine, »dann den, daß sie nicht energisch genug ist. Ja, sie hat den Ruf, streng zu sein, aber das entspricht ganz und gar nicht der Wahrheit.« Also willigte Ihre Majestät ein. William durfte mitkommen.

Aber das war noch nicht das Ende der Geschichte. Diana wollte auch, daß William im selben Flugzeug wie sie flog, was gleichfalls im Widerspruch zu dem königlichen Brauch stand, daß ein Erbe und dessen Erbe niemals in ein und derselben Maschine reisen, damit bei einem Unfall nicht beide getötet werden. Zur allgemeinen Überraschung verzichtete die Königin auf die Einhaltung dieser Regel und zeigte, was für eine entgegenkommende Schwiegermutter sie sein konnte. »Wenn sie so wild darauf ist, ihn mitzunehmen, soll sie es doch tun«, sagte sie. »Nach der Reise wird sie diesen Fehler nicht noch einmal machen.«

Die Königin wußte es aus Erfahrung, und bald schon war Diana an der Reihe, es am eigenen Leib zu spüren, als sie, William und Charles zu ihrer ersten Reise ins Ausland aufbrachen. Königliche Reisen sind eine erschöpfende Folge öffentlicher Auftritte. Man muß früh aufstehen, das Frühstück hinunterschlingen und die königliche »Uniform« anlegen, einschließlich des unvermeidlichen Hutes und der Handschuhe. Die Termine drängen sich vom Vormittag bis zum späten Nachmittag. Der Lunch wird ausnahmslos zum Arbeitsessen, ebenso wie das Dinner. Man hat kaum Gelegenheit zu baden und ein Abendkleid und vielleicht ein Diadem anzulegen, bevor man zur Abendveranstaltung eilt. Der Tag, der um sechs Uhr dreißig oder sieben Uhr beginnt, endet um Mitternacht. Und gleichgültig, wie müde oder krank man sich fühlt, am nächsten Morgen muß man um dieselbe Zeit aufstehen, lächeln und jedem das Gefühl geben, daß man auf diese eine, kurze Begegnung gewartet hat.

Die Reise nach Australien und Neuseeland war ein Erfolg. Selbst die Antipoden, die zunehmend republikanisch wurden, waren von dem königlichen Paar und ihrem Kind verzaubert. Und während Diana rasch lernte, weshalb Babys nie mit ihren Eltern verreisen sollten – es hatte Zeiten gegeben, wo sie ihn tagelang nicht sah –, erwies sich die Mitnahme Williams als äußerst werbewirksam.

Wenn Diana auch über den Empfang, den man ihr überall bereitete, entzückt war – die erschöpfenden Pflichten erfreuten sie keineswegs. Sie war noch immer wegen der Probleme in ihrer Ehe, des Wechsels ihrer Identität, der Mutterschaft und der Depressionen sehr angegriffen.

»Anfangs haßte sie öffentliche Auftritte«, sagt ein ehemaliges Mitglied des königlichen Hofes. »Wir mußten ihr von dem Augenblick an, wo sie ihr Schlafzimmer verließ, bis zu dem Moment, wo sie aus dem Wagen stieg, ständig gut zureden.

›Ich hasse es‹, jammerte sie. ›Warum muß ich das tun? Mein Gott, es ist so langweilig, daß ich sterben möchte. Ich halte das nicht aus. Ich *hasse* es.‹ Dann hielt der Wagen an, Diana sprang hinaus und lächelte und sagte, wie wunderbar es sei, hier zu sein, wie wunderbar sie alle seien. Und jeder, der mit ihr im Wagen gesessen hat, war völlig verblüfft über die Kehrtwendung um hundertachtzig Grad.«

Öffentliche Auftritte sind natürlich in einer Hinsicht Vorstellungen, wie Diana bei mehreren Gelegenheiten sagte. Wie eine Schauspielerin vor der Premiere reagierte sie ihre negativen Gefühle ab, um dann auszusteigen und die Öffentlichkeit zu verzaubern. Und der Öffentlichkeit gefiel es. Eindeutig. Das Interesse nahm nach ihrer Heirat nicht ab, wie es alle, einschließlich sie selbst, erwartet hatten, sondern es wurde noch stärker. Die Öffentlichkeit schien nicht genug von ihr bekommen zu können. Wohin sie auch ging, sie wurde mit einer Begeisterung empfangen, die bisher Rockstars vorbehalten war. Und es verging kein Tag, an dem ihr die Boulevardblätter nicht mehrere Spalten widmeten, über ihre Aktivitäten und Kleider berichteten und von ihr Fotos brachten.

Wie die meisten Menschen, deren Ruhm noch jung ist, war Diana mit ihrem öffentlichen Image beschäftigt. »Jeden Tag bekam sie Zeitungsausschnitte, in denen etwas über sie stand«, sagt ein Bekannter der königlichen Familie. »Sie studierte jedes einzelne Wort, hielt inne, um das Lob zu genießen, und regte sich über jede Kritik auf. Sie prüfte jedes einzelne Foto, als hätte sie noch nie ein Foto von sich gesehen. Sie war wie besessen von der Frage, wie sie aussah. Kleider und Hüte mußten fotogen sein. Sie mußten sie hübsch und vor allen Dingen *schlank* aussehen lassen. Sie übte das Lächeln und wie man in und aus einem Wagen steigt, damit die Fotografen kein ungünstiges Foto von ihr machen konnten. Sie war wie ein Model. Absolut professionell, was das Optische betraf.«

Aber mit einem Lächeln anmutig in ein und aus einem Auto zu steigen reichte nicht aus – nicht bei Diana, die jede Minute so gut wie möglich aussehen wollte. Also mußte sie ihre Vorzüge betonen. »Sie begann sich so zu betrachten, wie ein Regisseur eine Filmschauspielerin betrachtet«, erzählt eine Spencer-Cousine. Mit vollendetem Professionalismus ging die perfektionistische Prinzessin an ihre Imagepflege heran, als handele es sich um einen Gegenstand, der poliert werden mußte, bis er nur so funkelte. Ihr Haar bekam die beste Pflege, die man mit Geld kaufen konnte. Sie wurde jeden Tag von ihrem Friseur frisiert, der in den Palast kam, um sich um sie zu kümmern, oder sie begleitete, wenn sie ins Ausland reiste. Sie zeigte sich niemals ohne ein vollständiges und fachmännisches Make-up in der Öffentlichkeit. Aber am professionellsten war sie, wenn es um Kleidung ging.

»Sie hat ein unbestrittenes Gespür für Kleider«, meint Elke Hundertmark, die berühmte Modejournalistin und PR/Marketing-Beraterin, deren fachliches Können zum Teil für den beachtlichen Erfolg des Mary-Quant-Imperiums verantwortlich war. »Was sie hat, ist eine Gabe – natürlich, angeboren, instinktiv. Was sie besitzt, kann man nicht lernen. Anna Harvey und das *Vogue*-Team haben ihre Erscheinung aufpoliert, sie eleganter gemacht. Aber sie haben ihr nicht dieses Gespür vermittelt. Das hatte sie schon immer. Denken Sie nur an die Fotos vor der Hochzeit. Erinnern Sie sich noch an diesen Inka-Jumper mit dem schwarzen Schaf, den sie trug, der weltweit nachgeahmt wurde? Das war Diana pur: modisch, ungewöhnlich, natürlich. Oder ihre Kombinationen: Rüschen unter dem Jumper, Jodhpurs, als noch niemand sie trug, intensive Farben. Anna Harvey ließ Diana an ihrem Wissen teilhaben und verschaffte ihr Kontakte zu

Designern. Den Rest machte sie allein. Von Anfang an wählte sie Kleider, die anders, interessant, auffallend und aufregend waren. Sicher machte sie Fehler. Wir alle machen Fehler. Aber wenn man bedenkt, daß ihre Fehler unter den Augen der Öffentlichkeit geschahen und daß sie sehr jung war, dann waren es recht wenige.«

Elke Hundertmark glaubt, daß Dianas Talent, sich die schmeichelhaftesten und augenfälligsten Kleider auszusuchen, ihre natürlichen körperlichen Attribute und damit ihren Ruf als Schönheit unterstrich. Aber es gab noch einen unerwarteten und bedeutenden Nebeneffekt. »Diana ließ die Modeindustrie an dem Instinkt, mit dem sie geboren wurde, teilhaben. Man hatte sie in all den Jahren stark unterschätzt. Sie wurde immer für oberflächlich gehalten. Aber ihr Geschmack in Modefragen war stabil. Ihre Wirkung auf die britische Modeindustrie kann nicht hoch genug eingeschätzt werden. Ihr ist es zu verdanken, daß die britischen Designer während der achtziger Jahre eine Konjunktur erlebten. Und sie allein hat die Art und Weise verändert, wie sich die Frauen des Königshauses kleideten. Vor Diana kleideten sich alle nach dem Reglement. Selbst die glamouröseren (Frauen) wie die Herzogin von Kent, Prinzessin Michael, kleideten sich in gedämpfte Farben, trugen Hüte, die ihr Gesicht frei ließen, und die unvermeidlichen weißen Handschuhe. Es war langweilig, langweilig, langweilig. Jetzt tragen alle flotte Hüte und aufregende und dynamische Farbkombinationen. Sie haben sogar die abgedroschenen weißen Handschuhe abgelegt. Selbst die Königin trägt schwarze oder rote Handschuhe, oder eine Farbe, die zu ihrem Outfit paßt. Es gab eine Moderevolution, die einzig Diana zuzuschreiben ist.«

Aber zu Beginn dieser Revolution mußte Diana auf die Männer und Frauen vertrauen, die die Kleider kreierten. Die Auswahl der richtigen Designer war eine langwierige Aufgabe. Wann immer sie jemanden traf, dessen Schöpfungen ihr gefielen, veranlaßte sie Anna Harvey, mit ihm Verbindung aufzunehmen. So geschah es beispielsweise bei dem äußerst eleganten Murray Arbeid, der auch zu den Designern gehört, die ich bevorzuge. Er erzählte: »Die Prinzessin von Wales besuchte einen Galaabend in der Goldsmiths' Hall. Dort wurden meine Kleider gezeigt. Das war kurz nach der Geburt von Prinz William. Ihr gefiel, was sie sah. Anna Harvey rief mich an und fragte mich, ob ich eine Auswahl, die Ihre Königliche Hoheit getroffen habe, in den Palast bringen könne. Das tat ich.

Die Zusammenarbeit mit der Prinzessin stellte sich als ein wirkliches Vergnügen heraus. Sie ist ein Traum von einer Kundin. Sie ist wunderschön anzuschauen; es ist erfreulich, sie zu kennen. Sie hat eine perfekte Figur, weiß, was sie will, und trägt die Sachen souverän. Was kann ein Designer mehr verlangen?«

Murray Arbeid berichtigt auch ein weitverbreitetes Mißverständnis bezüglich Dianas Verhalten gegenüber ihren Designern. In der Presse und von Autoren ist häufig behauptet worden, daß sie die Designer ausnahmslos als Mr. oder Mrs. Wer-auch-immer angeredet habe und daß sie die heiligen Hallen des Kensington-Palastes nur durch eine Seitentür hatten betreten dürfen. »Nein, nein, das ist überhaupt nicht wahr«, sagt Murray Arbeid. »Ich habe immer die Vordertür benutzt. Sie empfing mich stets im Wohnzimmer. Zuerst nannte sie mich Mr. Arbeid, aber als wir uns dann besser kannten, nannte sie mich Murray. Ich habe sie natürlich immer mit Eure Königliche Hoheit angeredet, dem ein Ma'am folgte, wie man es normalerweise bei Mitgliedern des Königshauses macht.«

Es ist wichtig, zu erfahren, welche Anredeform Diana benutzte und durch welche Tür die Designer hereingelassen wurden, denn dadurch wird offenbar, ob Diana arrogant und respektlos oder vernünftig und respektvoll ist. Wenn sie ihrem Personal Anweisungen gegeben hätte, diese berühmten Modeschöpfer durch eine Seitentür einzulassen, oder wenn sie sie nicht mit ihren Vornamen angesprochen hätte, nachdem sie sich besser kannten, dann hätte sie sie beleidigt. Es wäre nicht, wie einige Autoren anzunehmen scheinen, ein Zeichen von Respekt gewesen. Ganz im Gegenteil. Aber die Feinheiten des Verhaltens der Mitglieder des Königshauses und der Aristokratie sind den Autoren oft nicht bekannt, die über eine Welt berichteten, der sie nicht angehören.

Tatsache ist, daß Diana mit all ihren Designern gut zurecht kam, wie mir Bruce Oldfield und David Shilling bestätigten. Wie immer in ihrem Leben wußte sie, was sie wollte, und bemühte sich, es zu bekommen. Sie war gewissenhaft, gründlich und sorgfältig. Ihre Haltung war professionell, die Wirkung dynamisch – und innerhalb eines Jahres war sie das berühmteste Covergirl der Welt.

1983 hatte sich Dianas Aussehen vollkommen verändert. Die Rundlichkeit des Teenagers und der Schwangeren waren verschwunden. Verschwunden war auch das ungeschliffene Erscheinungsbild der Lady Diana Spencer. Die Prinzessin von Wales besaß jetzt die Patina einer professionellen Schönheit. Nichts durfte dieses auf Hochglanz polierte Aussehen beeinträchtigen. Sie zog jede Eventualität in Betracht. Wie bei den meisten berühmten Schönheiten waren ihr Make-up, ihre Frisur, ihre Kleider, Schuhe, Handtaschen und ihr Schmuck sorgfältig aufeinander abgestimmt. Nichts wurde dem Zufall überlassen. Wind, Regen, Graupelschauer, Schnee, Kälte, Hitze, die Presse, die Öffentlichkeit, das Aufstehen, das Hinsetzen, das Vorbeugen, aus und in den Wagen steigen, selbst das Gehen waren Faktoren, die überlegt wurden, bevor sie sich für den Tag zurechtmachte.

Es gab nur zwei Bedingungen, die der Palast aufgestellt hatte und die die Handlungsfreiheit Dianas und der Designer einschränkten. Erstens – sie mußte immer hoheitsvoll aussehen. Das hieß, keine Miniröcke, keine tiefen Dekolletés. Zweitens – sie mußte in der Öffentlichkeit britische Kleider tragen. Was sie zu Hause oder außerhalb der prüfenden Blicke der Öffentlichkeit trug, war ihre Sache. Natürlich kann sich keine reiche, modebewußte Frau auf die englische Seite des Kanals beschränken. Privat trägt Diana häufig Kleider von St. Laurent, Valentino, Armani und von anderen Designern auf dem Kontinent.

Dianas Interesse an Mode wirkte sich, wie Elke Hundertmark richtig feststellte, bald stark auf die britische Modeindustrie und ihr eigenes Image aus. Durch die enorme Publicity, die sie erzeugte, wuchsen sowohl Dianas Ruf als Modeschönheit als auch der Ruhm ihrer Designer.

Für dieses Phänomen gab es natürlich einen sehr guten Grund. Die meisten Magazine und Zeitungen haben einen unersättlichen Appetit auf berühmte, gutaussehende Frauen. Wenn man dann noch bedenkt, daß gewisse Publikationen sich speziell an Frauen wenden, wird klar, weshalb die Medien Stars brauchen. Ohne Frauen, durch die sich ein Magazin verkauft und die von dauerhaftem Interesse für die riesige Leserschaft sind, wären diese Publikationen bald vom Markt verschwunden. Die Stars brauchen die Presse genauso wie die Presse Stars braucht. Und in dieser symbiotischen Beziehung kann der eine nur gedeihen, wenn es dem anderen auch gutgeht.

Andererseits ist Publicity ein zweischneidiges Schwert. In diesem Spiel namens Leben gibt es nur wenige Dinge, die so launisch sind wie die Regeln, die den Ruhm lenken. Die größten Attraktionen sind ausnahmslos jene, die die Publicity anfänglich für ihre eigenen Zwecke benutzen, sich aber weigern, mitzuspielen, wenn sich die Schattenseiten zeigen, was bei Diana auch eingetroffen ist. Mit den üblichen Auswirkungen: Presse und Öffentlichkeit quälten sie, weil alle etwas dagegen hatten, ausgeschlossen zu werden.

Dianas Verhalten der Presse gegenüber änderte sich ständig. Ein Freund von ihr sagt über diese Zeit: »Sie begann erneut, ihre Berühmtheit zu genießen. Sie war stolz auf den neuen Status einer Schönheit.« Diana sprach offen über ihre Gefühle: »Es ist seltsam, sich selbst in den Zeitungen zu sehen und zu wissen, daß alle denken, man sähe großartig aus«, erzählte sie einer Freundin. Zu einer anderen sagte sie: »Ich mag es, wenn ich irgendwo ankomme und alle warten mit heraushängender Zunge.« Einer Verwandten gestand sie, wie sehr es ihr gefiel »zu sehen, wie alle nach ihr lechzen«. Sie gestand: »Es ist phantastisch, wenn alle denken, man sei eine Wucht.«

Der unvermeidliche Rückschlag kam erst nach der Geburt von Prinz Harry. Die Presse benutzte diese Zeit, um über sie herzufallen: Sie kritisierte Diana wegen ihrer Extravaganz und klagte sie wegen ihrer Eitelkeit an. »Sie regte sich sehr über die schlechte Presse auf«, sagt ein Freund. »Sie sah nicht ein, weshalb sie sich keine neuen Kleider kaufen und so vorteilhaft wie möglich aussehen sollte, wie jede normale Frau mit einem wohlhabenden Ehemann. Wieder einmal ärgerte sie sich über die Presse. Sie merkte, daß sie sie als oberflächlich hinstellten und ihre Garderobe benutzten, um ihr eines auszuwischen.«

Sie haßte ungünstige Presseberichte und versuchte, Einfluß zu nehmen, indem sie dieselben Kleider immer und immer wieder trug. Aber das hatte nur weitere Kritik zur Folge. Diana beklagte sich: »Ich kann einfach nicht gewinnen. Entweder werfen sie mir vor, daß ich zuviel Geld für Kleidung ausgebe, oder sie sagen, daß ich immer dasselbe trage. Ich wollte, sie würden damit aufhören, über meine Kleider zu reden.«

Das Rad hatte sich einmal um sich selbst gedreht. Aber dieses Mal waren die Folgen der Einmischung der Presse mehr als bloße Belästigungen an einem Skihang. Die Medien hatten ihr öffentliches Image besudelt und das unkritische Lob, an das sie gewöhnt war, in Attacken wegen Verschwendung und Eitelkeit verwandelt.

Diana erlebte natürlich nur, was jede Berühmtheit früher oder später lernt. Der Ruhm hat Zähne. Und besonders der britischen Presse macht es Spaß, so lange zuzubeißen, bis es schmerzt. Dann tauchte Sarah Ferguson auf der Bildfläche auf. Diana wurde von dem grellen Scheinwerferlicht erlöst, als die Medien sich voller Begeisterung auf Fergie stürzten, sie in die höchsten Höhen öffentlicher Begeisterung hoben und ebenso plötzlich wieder fallenließen.

Während ihrer Verbannung lernte Diana eine wertvolle Lektion. »Sie entdeckte, daß sie ohne Beachtung nicht leben konnte. Sie war eine Süchtige geworden. Sie haßte es, wenn Sarah im Mittelpunkt der Aufmerksamkeit stand. Sie war eifersüchtig«, sagt ein Cousin der königlichen Familie.

Diana mag eifersüchtig sein und etwas gegen Konkurrenz haben, aber sie ist nicht dumm. Sie besitzt mehr gesunden Menschenverstand, als dies in ihrem Alter üblicherweise der Fall ist. Als sie sich zurück ins Scheinwerferlicht begab, beschloß sie, die Hitze und den Glanz des Ruhms zu reduzieren. Ihr Ziel war es, der Kritik den Stachel zu nehmen. Der Hauptangriffspunkt waren die Kosten für ihre umfangreiche Garderobe gewesen. »Ihre Berater halfen ihr. Sie halfen stets allen Mitgliedern des Königshauses bei der Gestaltung des öffentlichen Images«, sagt ein Höfling. »Die Strategie, die man sich für den Kampf gegen diese Kritik ausgedacht hatte, war simpel. Diana begann bei offiziellen

Auftritten wieder Kleider zu tragen, mit denen die Öffentlichkeit bereits vertraut war, und reduzierte die Anzahl der Designer, die sie förderte. Dies war ein kluger Schachzug. Denn dadurch, daß sie sich auf Catherine Walker und Victor Edelstein beschränkte, hinderte sie die Modejournalisten daran, Designer zu entdecken. Die tägliche Diät aus bekannten Kleidern, unter die ab und zu ein neues Stück von Catherine Walker gemischt wurde, war kaum der Berichterstattung wert.«

Die Sachkenntnis, mit der Diana und ihre Berater von ihrer äußeren Erscheinung ablenkten, ist lobenswert. Diana hat erfolgreich ihr Image als Kleiderständer widerlegt und die öffentliche Aufmerksamkeit auf ihre Arbeit gelenkt. Wie ihr Pressesekretär Dickie Arbiter sagte: »Ihr Ziel ist es, als Arbeitspferd, nicht als Kleiderständer bekannt zu sein.« Was er nicht sagte, dem Beobachter aber auffällt, ist, daß sie schnell zu ihren alten Gewohnheiten zurückgekehrt ist. Sie wurde schon bald wieder in neuen Kleidern gesehen. Sie hat sogar neue Designer beschäftigt, zum Beispiel Tomasz Starzewski. Aber Diana war in den vergangenen fünf Jahren innerlich so gewachsen, daß die Presse auf solche Äußerlichkeiten nicht mehr reagierte.

# EINSTELLEN UND ENTLASSEN

Nach der Geburt von Prinz William waren Diana und Charles bemüht, ihm sobald wie möglich einen Bruder oder eine Schwester zu schenken. Sie wollten nicht, daß er ein Einzelkind blieb.
Aber zum zweiten Mal schwanger zu werden war nicht so einfach wie beim ersten Mal. Erfolg, Ehe, Mutterschaft, der königliche Status und die ständige Gewichtskontrolle trugen dazu bei, daß Diana nicht schwanger wurde. Als die Versuche zur allmonatlichen Enttäuschung wurden, bedienten sich Diana und Charles der Temperaturmethode, bevor sie einen weiteren Versuch machten, ein Kind zu zeugen. »Es ist wirklich gut, daß die Windsor-Männer immer aktionsbereit sind«, sagt eine ehemalige Geliebte von Charles und erzählt, wieso der Prinz von Wales keine Schwierigkeit hatte, auf Anforderung hin tätig zu werden, und weshalb Diana seine Aufmerksamkeiten begrüßte. »Das deutsche Blut zeigte sich, als es darauf ankam. Er ist – ich möchte es einmal so ausdrücken – ein Mann, den die Natur reich gesegnet hat und der seinen ansehnlichen geheimen Reichtum mit großer Empfindsamkeit einsetzt. Ich denke, Diana hatte viel Spaß dabei, schwanger zu werden.« Nach einiger Zeit konnte Diana hocherfreut verkünden, daß sie wieder schwanger war. Dianas zweite Schwangerschaft war eine Neuauflage der ersten. Nur stellte sie diesmal sicher, daß sie nicht mehr Gewicht als absolut notwendig zunahm. Eine bekannte

Schönheit zu sein, das war noch neu für sie, und sie wollte ihren Ruf nicht dadurch gefährden, daß sie so anschwoll wie damals, als sie mit Prinz William schwanger war.

»Ich habe mich vom ersten Tag an unwohl gefühlt«, sagte Diana, nachdem die Schwangerschaft am Valentinstag verkündet worden war. »Ich glaube, ich bin nicht fürs Gebären geschaffen.« Trotzdem fuhr sie fort, ihren zahlreichen öffentlichen Verpflichtungen nachzukommen, die sehr passend mit der Eröffnung des Birthright Centre im King's College Hospital in London endeten.

Am Samstag, den 15. September 1984 schenkte Diana um sechzehn Uhr zwanzig nachmittags ihrem zweiten Sohn das Leben. Wieder war ihr Mann dabei, und wieder fand die Geburt im St. Mary's in Paddington statt.

Aber diesmal gab es einen wichtigen Unterschied. Charles und Diana waren nicht allein. Sie mußten Williams Gefühle berücksichtigen. Diana stellte ihm seinen kleinen Bruder vor, eine Aufgabe, die sie mit lobenswertem Feingefühl meisterte. Als er sie am Sonntagmorgen mit Charles und Barbara Barnes besuchte, fing sie ihn auf dem Flur mit ausgebreiteten Armen ab und nahm ihn mit ins Zimmer, damit er einen Blick auf Prinz Henry Charles Albert David werfen konnte, wie das Baby bereits genannt wurde. Barbara Barnes blieb draußen, um Diana Gelegenheit zu geben, mit dieser delikaten Situation fertig zu werden. Die Tatsache, daß William immer fürsorglich mit seinem kleinen Bruder umging, ist ein Beweis für den Erfolg dieser Aktion.

Diesmal war Diana noch begieriger als beim ersten Mal, schnell nach Hause zu können. Sie blieb nicht einmal einen ganzen Tag im Krankenhaus, sondern verließ es am Sonntagnachmittag um zwei Uhr dreißig. Charles fuhr seine elegant gekleidete und sorgsam geschminkte Frau und seinen kleinen Sohn zum Kensington-Palast. Danach steuerte er den

Guard's Polo Club Smith's Lawn, Windsor, an. Dort spielte er ein Match, das speziell zur Feier der Ankunft seines zweiten Sohnes arrangiert worden war. Er stieß sogar mit Champagner auf die Geburt an; ungewöhnlich für jemanden, der Alkohol verabscheut. Währenddessen ruhte sich Diana zu Hause aus. Sie wußte ihr Baby in guten Händen. Schwester Anne Wallace, die in den ersten Lebenswochen auch für William gesorgt hatte, kümmerte sich um Harry. Doch nachdem Diana die körperliche Erschöpfung durch die Geburt überwunden hatte, zeigte sie wieder einmal, daß sie eine tatkräftige Mutter war. Sie stillte Harry, wechselte seine Windeln, spielte mit ihm und kümmerte sich um all seine persönlichen Bedürfnisse. Aber dieses Mal fühlte Barbara sich weniger überflüssig als beim ersten Mal. Sie konnte sich mit William beschäftigen. Und William konnte einem ganz schön zu schaffen machen.

Auch diesmal war Prinz Charles ein teilnehmender und hingebungsvoller Vater. Er verringerte die Anzahl seiner Verpflichtungen, wie er es schon bei William getan hatte, und nahm großen Anteil an der Entwicklung des Babys. Das gefiel seinem Vater nicht gerade, besonders als die Presse sich über die wenigen offiziellen Verpflichtungen beschwerte, denen Charles noch nachkam. »Man würde meinen, daß der Prinz von Wales sinnvollere Beschäftigungen finden könnte, als seinen Sohn zu baden, wo der Junge doch bereits ein Kindermädchen hat, das diese gewaltige Aufgabe übernimmt«, bemerkte der Herzog von Edinburgh zynisch zu einem Verwandten.

Prinz Philip war nicht das einzige Mitglied der Familie, dem Charles' postfeministische Väterlichkeit mißfiel. Auch Diana war nicht gerade begeistert von der ständigen Gegenwart ihres Gatten. »Schon kurz nach der Geburt hatte sie das Gefühl, daß der Prinz von Wales unerlaubt in ihr Territorium

eingedrungen war. Die Mutterschaft war ihre Rolle, und er
maßte sie sich widerrechtlich an«, erzählte eine ihrer Freundinnen. »William zog seinen Vater und Baba (Barbara Barnes) vor, was für sie eine ständige Quelle des Kummers war.
Ließ man ihm die Wahl, lief er entweder zu seinem Vater oder
zu seinem Kindermädchen. Diana verübelte es Charles mehr
als Barbara Barnes. Sie hatte das Gefühl, daß er seinen Einfluß
benutzte, um Termine zu streichen, damit er mit William
zusammensein konnte, aber nichts dagegen unternahm, daß
sie offizielle Verpflichtungen wahrnehmen mußte. Diana ist
sehr eifersüchtig und besitzergreifend, und es machte sie
wirklich rasend, daß ihr Sohn sie nicht mehr liebte als irgend
jemanden auf der Welt. Sie machte dem Prinzen von Wales
bittere Vorwürfe, daß er das zugelassen hatte, und fühlte sich
dabei voll im Recht. Sie ärgerte sich auch über Barbara
Barnes. Ihr war zwar klar, daß ihre Gefühle hierbei sehr
unvernünftig waren, aber sie konnte nichts dagegen tun. Ich
glaube, es schmerzte sie, daß sie nicht freundlicher zu Baba
sein konnte. Sie ist gern eine herzliche und rücksichtsvolle
Arbeitgeberin. Aber in diesem Fall gelang es ihr nicht. Sie war
zu eifersüchtig.«
Da sie keinen guten Vorwand hatte, das Kindermädchen zu
entlassen, das ihr die Liebe ihres Sohnes »raubte«, mußte
Diana sich fürs erste mit Barbara Barnes abfinden. Aber noch
etwas belastete sie, von dem sie hoffte, es würde bald zu Ende
sein: die Gegenwart ihres Mannes. Sie haßte sein unbefugtes
Eindringen dermaßen, daß sie mit ihren Klagen an die
Öffentlichkeit ging: »Mein Mann weiß so viel über Kinder-
erziehung, daß ich vorgeschlagen habe, er solle das nächste
Kind bekommen. Dann werde ich mich zurücklehnen und
ihm Ratschläge erteilen«, meinte sie bitter. Aber die Menschen hören nur, was sie hören wollen, und so verstand niemand die Bedeutung des Gesagten.

Auf diese Art wurden die Kinder, die eigentlich ein einigender Faktor hätten sein sollen, zum Zankapfel. Die beiden vertraten hinsichtlich der Disziplin verschiedene Standpunkte. »Er neigte zu der Annahme, daß sie William mehr Freiheit ließ, als ihm guttat«, erzählt eine Verwandte des Prinzen. »Er war ein außergewöhnlich ungestümer kleiner Junge und voller Tatendrang. Er hat Lungen, um die ihn Pavarotti beneiden würde. Der Prinz dachte, es wäre besser, wenn man ihm schon von Kindesbeinen an Mäßigung – und Anpassung – beibrächte. Obwohl er seinen Sohn sehr liebte, glaubte er nicht, daß es richtig war, wenn man ihm alle Freiheiten ließ. Er bekam andauernd mit Erwachsenen Streit, lärmte Tag und Nacht herum und riß ständig aus. Diana vertrat die gegenteilige Ansicht. Sie hielt sein Verhalten für vollkommen normal und weigerte sich, zuzulassen, daß irgend jemand ihn »unterdrückte«.

Es war beinahe unausweichlich, daß Diana und Charles diesbezüglich verschiedener Meinung waren. Der Prinz war sein ganzes Leben lang mit einer Mischung aus Entschlossenheit und Rücksicht behandelt worden. Es kam überhaupt nicht in Frage, daß er seinen Pflichten nicht nachkam, weil er gerade nicht in der Stimmung war, oder daß er einem unziemlichen Verlangen nachgab. Charles wurde von Erwachsenen erzogen, die nicht seine Eltern waren – die Königin und Prinz Philip waren ständig wegen offizieller Angelegenheiten abwesend. Und so wurde der Prinz von Wales in seiner Kindheit nur von Königin Elizabeth (der Königinmutter) und Prinzessin Margaret verwöhnt. Sie waren zwar freundlich, aber unnachgiebig, soweit es die Erziehung des zukünftigen Königs betraf. Schon als Krabbelkind waren Disziplin und Zurückhaltung ein integraler Bestandteil seines Wesens.

Diana hingegen war in einer einigermaßen entspannten

Umgebung aufgewachsen. Als ihre Eltern noch zusammen-
lebten, war sie keinen Beschränkungen unterworfen worden.
Die Althorp-Kinder waren ein integrierter Bestandteil des
Haushaltes. Für sie galt der alte Spruch nicht, daß man
Kinder sehen, aber nicht hören sollte. Nachdem sich ihre
Eltern getrennt hatten und die Kinder zum Gegenstand für
Johnnies und Frances' Krieg geworden waren, verschoben
sich die Grenzen der Disziplin in Richtung Toleranz. Nie-
mand konnte einen Haushalt diszipliniert nennen, in dem ein
Vater und eine Großmutter (Johnnie Althorp/Spencer und
Ruth Lady Fermoy) hilflos zusahen, wie eine der Töchter –
Diana – die Kleider ihres Kindermädchens fortwarf und eine
andere ihr Pferd zum Tee mit in den Salon brachte.

Für Diana gab es keine wichtigere Rolle im Leben als die,
Mutter zu sein. Welche Unterschiede auch immer zwischen
ihrem Mann und ihr bestehen mochten, sie nahm die Mutterschaft gewissenhaft und wirklich leidenschaftlich an. Als
Harry alt genug war und sie ihre offiziellen Pflichten wieder
aufnehmen konnte, versuchte sie ihre Termine so zu legen,
daß sie zu den wichtigsten Zeiten des Tages bei den Kindern
war. Frühstück, Lunch, Bade- und Schlafenszeit waren
besonders wichtig. Aber es gab Zeiten, wo sie so früh
aufbrach und so spät wiederkehrte, daß sie ihre Kinder nicht
sah. Das ärgerte und beunruhigte sie sehr. Aber es war der
Preis, den sie für ihre Stellung zahlen mußte. Und obwohl es
ihr mißfiel, war sie nicht darauf versessen, diese Position
(oder ihre Belohnungen) aufzugeben.

Eine Belohnung war es, daß Harry Diana näherstand, als es
bei William je der Fall gewesen war. »Er ist ruhig und
introvertiert wie die Königin und sein Vater, aber er ist nicht
so reizbar und stur wie Prinz Charles«, sagt ein Höfling.
»William hat ein bißchen von einem Raufbold an sich, wie
Prinz Philip. Es steckt auch eine Menge von seinem anderen

Großvater in ihm. Aber nicht in Harry. Er ist ein wirklicher Sonnenschein und beinahe zu gutmütig.«

Von dem Augenblick an, an dem Diana mit Harry im KP eintraf, liebte er seine Mutter. »Ihre Persönlichkeiten ergänzen sich«, sagte eine Cousine. »Wie Yin und Yang. Deshalb fühlte William sich so stark zu seinem Vater hingezogen und nicht zu seiner Mutter.« Diana kümmerte sich nicht um den Grund. Die Tatsache war alles, was zählte. »Harry war für seine Mutter eine Quelle ständigen und endlosen Entzückens. Ich glaube nicht, daß jemals etwas zwischen sie kommt. Sie passen einfach zu gut zusammen.«

Da sie befürchtete, daß Charles und Barbara Barnes ihr Harrys Liebe rauben würden, unternahm Diana alles, um ihren Einfluß zu vergrößern. Aber Barbara Barnes war es nicht gewöhnt, aufs Abstellgleis geschoben zu werden. Während der fünfzehn Jahre bei den Tennants, denen sie freundschaftlich verbunden war und immer noch ist, hatte sie sich im Zentrum einer glücklichen, lebensprühenden, unkonventionellen Familie befunden. Die Begeisterung darüber, Kindermädchen bei der führenden Familie des Landes zu sein, war schon längst verflogen. Aber Barbara Barnes überstürzte nichts. Sie gab der Sache Gelegenheit, sich zu bessern. Erst als Harry achtzehn Monate alt war und sich immer noch nichts getan hatte, beschloß sie, einen günstigen Zeitpunkt abzuwarten. Sie ließ Charles und Diana und die Kinder nicht im Stich. Aber falls noch einmal etwas geschehen sollte, würde sie gehen.

Aber Diana war schneller. Stein des Anstoßes war eine Geburtstagsparty, die Colin Tennant, der jetzige Lord Glenconner, veranstaltete. Im Dezember 1986 gab Colin eine riesige Kostümparty auf seiner Insel Mustique. Alle seine guten Freunde waren anwesend, einschließlich Prinzessin Margaret, Mick Jagger, Jerry Hall, Raquel Welch – und

Barbara Barnes. Die Party erlangte weltweite Publicity. Fotos von dem als indischen Prinzen verkleideten Colin, der kostümierten Prinzessin Margaret und von den vielen berühmten Gästen – einschließlich Barbara Barnes – erschienen in der Weltpresse. »Die Prinzessin bekam einen Wutanfall, als sie die Zeitungen aufschlug und ihr Kindermädchen als Berühmtheit gefeiert sah«, sagt jemand, der mit der königlichen Familie bekannt und mit den Glenconners befreundet ist. »Sie tobte. Sie empfand es als höchst ungehörig für eine Bedienstete, sich unter Dianas (vom Stand her) Ebenbürtige zu mischen, als stünde sie gesellschaftlich mit ihnen auf einer Stufe. Wenn man es logisch zu Ende dachte, machte es aus Barbara eine *ihr* Ebenbürtige.«

Das gefiel Diana überhaupt nicht. Sie stammte nicht umsonst von einer langen Reihe Adliger ab. Sie mochte nett und lieb und zugänglich sein. Sie mochte mit kleinen alten Damen sprechen, als seien sie ihr ebenbürtig. Aber in bezug auf ihr Kindermädchen überquerte sie die unsichtbare Trennungslinie nicht. Es ist ein Unterschied, ob man sich gut benimmt und höflich Ebenbürtigkeit vortäuscht, oder ob man einen Schritt weitergeht und es realisiert. Barbara Barnes war zu weit gegangen. Es war an der Zeit, daß sie ging.

Diana fand einen Grund, sich von dem Kindermädchen zu trennen, das sie so eifersüchtig gemacht hatte. Sofort nachdem die sonnengebräunte Baba im Januar 1987 in den Kensington-Palast zurückgekehrt war, ließ Diana sie rufen. Sie machte ihr klar, daß es Zeit sei, zu gehen. Sie schlug vor, daß man es an Williams erstem Schultag bekanntgeben sollte, weil sie dachte, daß die Presse Barbara Barnes' Verschwinden dann nicht bemerken würde. Aber da lag sie falsch. Am nächsten Tag waren die Zeitungen voll mit Artikeln über Williams ersten Tag in Wetherby und von der Entlassung des Kindermädchens Barbara Barnes.

Obwohl nicht alle Gründe für Barbaras Kündigung bekannt wurden, schwirrten genügend Gerüchte herum, um Dianas Ruf zu schädigen. Bis zu diesem Zeitpunkt hatte man die Öffentlichkeit glauben lassen, die Prinzessin von Wales sei eine liebliche, eher scheue kleine Blume. Die Tatsache, daß sie zäh und entschieden war, daß sie unerbittlich sein konnte, wenn sie sich etwas in den Kopf gesetzt hatte, war außerhalb der königlichen Familie noch nicht bekannt.

Natürlich hatte es Anzeichen gegeben. Eines davon war die Art, wie Diana die Lücke schloß, die Barbara Barnes hinterlassen hatte. Da sie sich selbst des Kindermädchens beraubt hatte, brauchte die Prinzessin schnell einen Ersatz. Sie gab ihren Wunsch bei den solideren Agenturen bekannt und verbreitete die Kunde unter den Kindermädchen. Dann wartete sie, und die Bewerberinnen ließen nicht lange auf sich warten. Sie lehnte mehrere Damen ab, darunter auf Anweisung des Palastes ein ansonsten geeignetes Mädchen, das römisch-katholisch war. Mit dem Kindermädchen, das nebenan wohnte, gab es diese Probleme nicht. Die vierzig Jahre alte Ruth Wallace besaß eine tadellose Herkunft. Sie war eine staatlich anerkannte Krankenschwester des angesehenen Londoner St. Bartholomew's Hospital und Kindermädchen von Lord Frederick und Lady Gabriella Windsor, den Kindern von Prinz und Prinzessin Michael von Kent. Davor hatte sie für König Konstantin und Königin Anne-Marie von Griechenland gearbeitet. All ihre Schützlinge waren wohlerzogen, besaßen ausgezeichnete Manieren und gute Verhaltensweisen. Außerdem kannte sie William und Harry. Die Wales- und Kent-Kinder und ihre Kindermädchen liefen sich andauernd auf dem Hof im Kensington-Palast über den Weg. William und Harry mochten Ruth Wallace, und nach ein paar heiklen Absagen bot Diana Ruth den Job an.

Jemand anderem die Bediensteten abspenstig zu machen ist eine der größten Unhöflichkeiten, die eine wohlerzogene Person begehen kann. Ich kenne Menschen, die nicht mehr mit ihren Cousins, Freunden, ja selbst Geschwistern sprachen, weil diese ihnen das Personal abgeworben hatten. Mit dem Ehemann der besten Freundin zu schlafen ist weniger schlimm. »Prinzessin Michael war nicht besonders glücklich«, sagt ein Freund von ihr. »Aber sie machte gute Miene zum bösen Spiel und reagierte großzügig. Sie hätte einen großen Wirbel veranstalten können. Man muß es ihr hoch anrechnen, daß sie es nicht getan hat. Sie ließ Ruth gehen und wünschte ihr Glück.«

Jetzt hatten William und Harry ein Kindermädchen, mit dem ihre Mutter auskam. Sie kannte ihren Platz, versuchte nicht, vom Rand ins Zentrum der Show zu gelangen, und nahm William nicht so in Beschlag, wie Baba es getan hatte. Auch Charles billigte Ruth Wallace. Sie legte Wert auf Disziplin, etwas, was von seinem Standpunkt aus nur gut sein konnte.

Mit oder ohne William und Harry, mit oder ohne ihre Kindermädchen, es gab immer noch Probleme in der Walesschen Ehe. Sie reichten bis ins Innerste von Charles und Dianas Persönlichkeiten. Nachdem ich mit mehreren Menschen gesprochen habe, die sie gut kennen, bin ich zu dem Schluß gelangt, daß sie einfach nicht zusammenpassen.

Eines ihrer Probleme ist die Verständigung. Der geschickte Umgang mit Worten gehört nicht gerade zu Dianas stärksten Seiten. Sie konnte sich nie besonders gut artikulieren. Wenn sie aufgeregt ist, redet sie viel. Statt Sympathie zu ernten, regt sie zum Widerspruch an. Charles hingegen weiß sich zu artikulieren. Aber beim ersten Anzeichen eines persönlichen Konfliktes schwindet sein Können. Statt in Worte zu kleiden, was ihn bedrückt, oder ein Problem durchzudiskutieren, zieht er sich zurück. Er spricht weder über seinen Kummer noch über die Gründe dafür.

Wären Verständigungsschwierigkeiten das einzige Problem gewesen, das den Prinzen und die Prinzessin von Wales davon abhielt, jenen Rückhalt und die Kameradschaft zu genießen, nach denen sich beide zu sehnen behaupteten, wäre ihre Ehe vielleicht so vertraut und liebevoll geblieben, wie es zu Anfang der Fall gewesen war. Aber beide waren eigensinnig. Beide setzen gern ihren Kopf durch und ärgern sich, wenn dies nicht gelingt. Außerdem ist Diana eine dominante Persönlichkeit. Ihn kann man nicht eigentlich als dominant bezeichnen. Er ist egoistisch, aber bereit, anderen ihren Willen zu lassen, solange sie ihm das gleiche Recht zugestehen. Jedoch haßt er es, beherrscht zu werden. Diese Mischung ist für eine harmonische und befriedigende Beziehung nicht besonders förderlich, selbst wenn beide sich ausgezeichnet verstehen würden. Ihre Persönlichkeiten ähneln sich dort zu stark, wo sie verschieden sein müßten, und unterscheiden sich dort zu sehr, wo sie sich ähneln sollten.

Zwischen 1983 und 1986 verfiel die Ehe merklich. Wer die Kinder beherrschte, das wurde jetzt ein Problem der Ehe. Das alte Thema der intellektuellen Harmonie und der Kameradschaft war eines der ersten Probleme, die wiederauftauchten. »Um die Wahrheit zu sagen – er hielt sie für einfältig«, erzählt ein ehemaliger Höfling. »Er langweilte sich mit ihr, langweilte sich zu Tode. Ich kann es ihm nicht verübeln. Sie hatte nie etwas zu sagen. Sie interessierte sich nur für Kleider und Babys. Sie könnte selbst dann keinen interessanten oder originellen Gedanken hervorbringen, wenn ihr Leben davon abhinge. Sicher, sie war recht lieb. Aber nachdem sie Sie gefragt hatte, wie es Ihnen geht, und Sie geantwortet hatten: ›Gut‹ oder ›Nicht so gut‹, und sie darauf erwidert hatte: ›Wie schön‹ oder ›Das ist schrecklich, erzählen Sie mir davon‹, waren ihre Gesprächsmöglichkeiten erschöpft. Ich streite nicht ab, daß sie ein netter Mensch ist und ausgezeichnet mit Kindern und alten Menschen umgehen kann. Aber ein kultivierter, erfahrener, reifer und intelligenter Mann ist kein Kind oder ein alter Mensch. Er erwartet von einer Frau mehr als ein süßes Lächeln und ein nettes Wort. Er möchte ein anspruchsvolles Gespräch, eine intelligente Kameradschaft. Aber sie wollte davon nichts wissen.«

Als ihre Verlobung verkündet wurde, äußerten Charles und Diana der Presse gegenüber, etwas, was sie gemeinsam hätten, sei ihr Sinn für Humor. Das bestreitet niemand. Ihrer beider Humor ist witzig, zweideutig und eher spöttisch. Aber als ihre Ehe zerbrach, amüsierte sich keiner von beiden mehr über das, was der andere sagte. »Er lacht nie über meine Witze«, sagte sie. Privat ließ er ihre Scherze mit stoischem Schweigen über sich ergehen. In der Öffentlichkeit würdigte er sie durch ein Verziehen der Gesichtsmuskeln.

Wer besaß die Macht? Wer hatte die Verantwortung? Wer besaß die Kontrolle? Wer dominierte? Das waren die eigentlichen Fragen ihrer Ehe. Da sich keiner von beiden unterordnen konnte, wurde die Ehe zu einem langwierigen Kampf.

Noch vor Harrys Geburt beklagte sich Diana bei Freunden. »Die Prinzessin erzählte mir, sie habe keine Gewalt über ihr Leben«, berichtet eine ihrer engsten Freundinnen. »Sie sagte, der Prinz von Wales habe die Kinder ständig unter Kontrolle. Er behindere sie an der freien Ausübung ihrer Rechte als Mutter; er kontrollierte das Büro, ihr Haus, die Wohnung (im KP). Alles mußte den offiziellen Dienstweg gehen. Das bedeutete, daß seine Angestellten ihr Leben verwalteten. Es gab keinen Bereich in ihrem Leben, bei dem sie das Gefühl hatte, er gehöre ihr.«

Aber Diana hatte beträchtliche Macht über ihr Leben. Man hatte ihr weit mehr Spielraum gelassen als jedem anderen

Mitglied des Königshauses; hatte sie wie niemand anderen gehätschelt und geschützt. Diana hatte nicht gezögert, ihren Einfluß sofort nach der Hochzeit geltend zu machen. »Sie wollte die totale Kontrolle«, sagt ein Cousin des Prinzen. »Sie kann nicht mit Widerstand umgehen. Sie muß unbedingt ihren Kopf durchsetzen.« Aber totale Kontrolle ist mit dem königlichen Leben nicht vereinbar. Mitglieder königlicher Familien müssen sich ständig über die Schulter schauen lassen und daran denken, welche Auswirkungen ihr Verhalten auf ihre Position und die Menschen haben werden, für die sie verantwortlich sind.

»Dianas Problem ist«, sagt ein Höfling, der sie gut kennt, »daß sie vom Temperament her für die Beschränkungen, die ihre Position mit sich bringt, ungeeignet ist.« Nach allem, was man hört, ist sie für eine Beziehung mit Prinz Charles ähnlich ungeeignet.

Weder Erfahrung noch Vorbild haben Diana auf die Art der Ehe, die sie führte, und den Typ von Mann vorbereitet, den sie heiratete. Raine und Frances hatten beide die Kontrolle über ihren Haushalt. Johnnie Spencer und Peter Shand Kydd gehörten zu der Sorte Männer, die sich zurücklehnten und ihre Frauen schalten und walten ließen. Einer der Vorwürfe, die Frances gegen ihren ersten Mann richtete, war, daß er ihr wirklich alles überlassen hatte, so daß sie sich ausgenutzt wie ein Dienstmädchen vorkam. Ihr zweiter Mann war verständnisvoller und souveräner. Aber auch er lebte in der Tradition, daß das Haus die Domäne der Frau ist und daß eine gute Frau sich um ihren Mann kümmert. Raine und Frances waren starke, dominante Frauen. Sie zogen zwar die Standpunkte ihrer Männer in Betracht, aber es bestanden nie Zweifel darüber, wer die Verantwortung trug.

Diana hatte erwartet, daß auch sie in ihrem eigenen Haus die Zügel in der Hand halten würde. Deshalb war es ein Schock für sie, als sie entdeckte, daß der frischvermählte Prinz Charles mehr Mitspracherecht verlangte, als sie gewöhnt war, und dies auch noch als angemessen betrachtete. Außerdem ist Diana ein Mensch, der Kontrolle haben muß. Einige Menschen, die sie gut kennen, führen dies auf die lange Reihe starker Frauen zurück, von denen sie abstammt, andere halten es für eine Manifestation ihrer schwierigen Kindheit. Sie glauben, sie habe das Bedürfnis, die Zügel in der Hand zu halten, weil sie im Grunde niemandem traut.

Aber es gibt noch eine weitere Ansicht über die Ursache ihres Verhaltens. Sie selbst sagt von sich: »Ich bin eine Perfektionistin.« Es steht außer Frage, daß sie eine extrem fähige Person ist, wenn sie sich etwas in den Kopf gesetzt hat. In Verbindung mit ihrem Eigensinn und ihrer Entschlossenheit macht das aus ihr einen Menschen, mit dem der tägliche Umgang schwierig ist. Wenn es nicht so läuft, wie sie es sich vorstellt, versiegt ihre Herzlichkeit.

Was immer auch das Motiv für ihr Bedürfnis nach Kontrolle sein mag, es gab einen Vorfall, der alle, die mit ihr zu tun hatten, erheblich schockierte: die Kündigung ihres Privatsekretärs Oliver Everett. Dies verursachte eine Menge Ärger und stellte Diana in das schlechteste Licht, in dem sie je gesehen worden war.

»Am liebsten hätte sie sich von Prinz Charles' Einfluß befreit, aber da das nicht möglich war, hielt sie sich an den Nächstbesten«, sagt ein Cousin des Prinzen. »Sie trennte sich aus mehreren Gründen von Oliver«, sagt jemand, der mit ihm im Palast arbeitete. »Sie gab ihm die Schuld an dem Druck ihrer Verpflichtungen, von denen sie das Gefühl hatte, sie würden ihr Leben zerstören. Natürlich war Oliver schuldlos. Auch wenn sie es anders sah – man kann nicht sagen, daß sie zuviel Arbeit hatte.« Ihr Terminkalender war nicht besonders anstrengend, und sie hatte mehr Freizeit als die meisten berufstätigen Mütter. Die Schuld war nicht bei den Terminen zu suchen.

»Oliver ist ein wunderbarer Mensch«, sagt derselbe Kollege. »Er ist herzlich und freundlich, gutmütig und witzig. Er ist ihr ein enger und vertrauter Freund und ein geduldiger, humorvoller, aber auch kompetenter Privatsekretär gewesen. Er hatte es von Anfang an schwer mit ihr. Zuerst gab es diese endlosen Kämpfe, um sie dazu zu bringen, die Berichte zu lesen. Und nachdem sie die Rolle (einer Prinzessin von Wales) akzeptiert hatte, hatte sie ein unannehmbar hohes Maß an Flexibilität gefordert. Sie wissen, daß die Termine der Mitglieder des Königshauses sechs Monate im voraus gemacht werden. Nun, wenn einer von Dianas Freunden sie zum Lunch oder Dinner einlud, sagte sie zu und verlangte dann von Oliver, daß er ihren Terminkalender umstellen solle. Aber das war nicht möglich. Er konnte nicht gut Menschen enttäuschen, die sechs Monate lang darauf gewartet hatten, die Prinzessin von Wales zu sehen, nur weil diese sich mit einem Freund treffen wollte. Also sprach er ein Machtwort und sagte nein, sie könne nicht tun, was sie wolle, sie müsse ihren Verpflichtungen nachkommen. Das gefiel ihr nicht. Ganz und gar nicht. Sie kann sehr eigensinnig sein.

Oliver mußte sich eine Menge gefallen lassen, aber er wurde spielend damit fertig. Er sagte sich: ›Sie ist jung.‹ Er vergaß nie, daß es niemandem mit zwanzig oder zweiundzwanzig gefällt, Verantwortung aufgebürdet zu bekommen. Und er ließ nicht zu, daß ihre Launen ihre Beziehung beeinflußten. Diana auch nicht, was man ihr hoch anrechnen muß. Sie standen sich sehr, sehr nahe – noch näher, als sie dem Prinzen von Wales stand. Sie paßten wirklich gut zusammen. Sie kam ständig in sein Büro, um mit ihm zu plaudern. Sie waren eher Verschwörer und Freunde als Privatsekretär und Prinzessin.«

Für die Außenstehenden kam die Veränderung im Verhalten Dianas gegenüber Oliver Everett sehr plötzlich. Keiner begriff, woran es lag. »Sie stellte sich ohne erkennbaren Grund gegen ihn«, fährt der Kollege fort. »Es war furchtbar. Ich kann Ihnen nicht sagen, wie unangenehm es war. An einem Tag sind sie noch ein Herz und eine Seele, und am nächsten Tag spricht sie weder mit ihm, noch nimmt sie seine Anrufe entgegen. Wenn er mit ihr sprach, ignorierte sie ihn. Es war, als würde er nicht existieren.

Keiner wußte, was er machen sollte. Anfangs hofften alle, einschließlich des Prinzen von Wales, es würde vorübergehen. Aber das war nicht der Fall. Soweit es Diana betraf, hatte Oliver Everett aufgehört zu existieren. Sie begann ihn hinauszuekeln.«

Aber Oliver Everett war nicht Stephen Barry. Er war einer der aufgehenden Sterne am Himmel des Auswärtigen Amtes gewesen und von einem Posten in Madrid zurückgekehrt, um der Prinzessin von Wales als Privatsekretär zu dienen, nachdem man ihm versprochen hatte, daß es eine Lebensstellung sei. »Der Prinz von Wales war über das Geschehen bestürzt«, sagt das Mitglied des königlichen Hofes. »Er fühlte sich für Olivers Karriere verantwortlich. Er versuchte, das Auswärtige Amt dazu zu bringen, ihn wieder zurückzunehmen. Aber man sagte ihm, Oliver Everett habe sein Bett gemacht, also solle er sich hineinlegen. Sie suchten verzweifelt nach einer anderen Stellung für ihn im königlichen Stab. Das Beste, was sie fanden, war die Position eines Bibliothekars auf Windsor Castle. Die ganze Sache kränkte den Prinzen von Wales und trug zum Verfall seiner Ehe bei. Diana beleidigte seinen Gerechtigkeitssinn. Er verabscheute das, was sie tat. Er war wütend darüber, daß sie ihn zwang, dabei ohnmächtig zuzusehen.«

»Ich verließ den Prinzen und die Prinzessin von Wales im

Dezember 1983 und kam im Januar 1984 nach Windsor«, sagte Oliver Everett zu mir. Seine Herzlichkeit und sein Humor fallen jedem, der mit ihm spricht, sofort auf. Selbst heute noch spricht man hinter den Kulissen über Oliver Everetts Kündigung. »Von allen Schachzügen, die Diana in ihrem Leben gemacht hat«, sagt das Mitglied des königlichen Hofes, »war die Zerstörung von Oliver Everetts Karriere der fragwürdigste. Ich hoffe nur, daß sie, wenn sie einmal älter und weiser ist, bedauert, was sie angerichtet hat. Denn machen wir uns nichts vor – sie hat seine Karriere zerstört. Für nichts und wieder nichts.«

Aber natürlich gab es für Diana einen guten Grund, Oliver Everett loszuwerden. Er war Charles' Mann. Er führte Charles' Anweisungen aus. Sie wollte jemanden, der ihre Anweisungen ausführte. Und sie bekam, was sie wollte. Für die nächsten beiden Jahre übernahm Anne Beckwith-Smith viele der Pflichten eines Privatsekretärs, blieb aber ihre erste Hofdame. Was sie nicht erledigte, erledigte das Büro des Prinzen von Wales. Das war eine wirksame Lösung des Problems, da man es als sicherer erachtete, keinen neuen Privatsekretär für Diana zu berufen.

Im November 1986 wurde Anne Beckwith-Smiths Rolle formal bestätigt. Man ernannte sie zur De-facto-Privatsekretärin. Offiziell wurde sie Dianas Unterprivatsekretärin. Von dieser Position ist sie inzwischen zurückgetreten, um nur noch Hofdame zu sein. »Für jeden, der als Privatsekretär für den Prinzen oder die Prinzessin von Wales arbeitet, ist es schwierig, eine freundschaftliche Beziehung zu ihnen aufrechtzuerhalten. Sie sind beide sehr eigensinnig. Anne tat das Beste, was sie tun konnte. Sie gab es (ihre Stellung) auf, während noch alles gut lief. Hätte sie es nicht getan, wäre irgendwann der Zeitpunkt gekommen, an dem sie sich mit der Prinzessin überworfen hätte«, sagt ein ehemaliges Mitglied des Walesschen Stabs. »Das wäre ebenso zwangsläufig gekommen, wie die Nacht auf den Tag folgt.«

Die nächste Person, die nach Luft ringen sollte, war Edward Adeane. Aber diesmal lag die Schuld nicht bei Diana. Wie mir gesagt wurde, beschleunigten zwei Faktoren seine Entlassung. Und da das Büro der Prinzessin unter der Schirmherrschaft des prinzlichen Büros operierte und sie ungerechterweise für das, was geschah, beschuldigt wurde, wäre es nachlässig, nicht doch einen Blick auf das Geschehen zu werfen.

Der erste Faktor war die Geburt von Prinz Harry und die daraus resultierende drastische Kürzung der Verpflichtungen, die Prinz Charles bereit war hinzunehmen. Beim zweiten Faktor handelte es sich um die Vorbereitungen für die Reise nach Italien, die eine unglaublich geringe Zahl von offiziellen Verpflichtungen beinhaltete. »Edward hatte das Gefühl, der Prinz leistete seinen Teil nicht«, sagt ein Kollege. »Er erwartete, daß der Prinz all seinen Verpflichtungen nachkam und nicht den Großteil seiner Zeit damit verbrachte, mit Babys zu spielen oder Reisen nach Italien zu planen, die mehr seinem Interesse für Musik, Kunst und Architektur Rechnung trugen. Oder Musicales und Kunstgalerien zu besuchen, statt seine Pflichten zu erfüllen und Handelsmärkte zu eröffnen und all die Dinge zur Förderung der englischen Kultur und Wirtschaft zu tun, die auf offiziellen Reisen üblich waren. Er sollte seinen Unterhalt verdienen, statt eine große Reise zu unternehmen, die von britischen und italienischen Steuergeldern finanziert wurde.«

Was Edward Adeane nicht wußte, war, daß Charles nicht so genußsüchtig und egoistisch war, wie es schien. Er hatte einen triftigen Grund, die Reise so zu planen, wie er es getan hatte. Charles versuchte seine Ehe zu retten, die damals in erheblichen Schwierigkeiten steckte. Da er erkannt hatte, daß eines der Probleme ein Mangel an Kameradschaft und gemeinsamen Interessen war, hoffte er, in Diana den Sinn für die schöneren Dinge des Lebens zu wecken. Zugegeben, er erfüllte sich damit auch selbst einen langgehegten Wunsch. Er war noch nie in Italien gewesen, dem Geburtsland so vieler Berühmtheiten in den Bereichen Kunst und Architektur, zwei seiner großen Leidenschaften. Aber er hoffte »beinahe gegen alle Hoffnung«, laut einem Freund, »ein Fundament zu finden, auf dem sich Kameradschaft entwickeln konnte«.

Aber davon wußte Edward Adeane nichts. Er sah sich mit einem Chef konfrontiert, der sich über Jahre hinweg geweigert hat, seinen Rat anzunehmen, der häufig genau das Gegenteil dessen tat, was er ihm riet, der Berichte anforderte, nach denen selten gehandelt wurde. Er hatte einen Chef, der das zweite Mal in ebenso vielen Jahren Hausmann statt Thronfolger spielte und der dies Pflichtversäumnis damit krönte, daß er eine offizielle Reise in ein fremdes Land dazu benutzte, seine persönlichen Bedürfnisse auf Kosten seiner offiziellen Verpflichtungen zu befriedigen. Der Privatsekretär gab auf.

»Die Zerrüttung ging allmählich vonstatten, alles andere nicht«, sagt ein Mitglied des Stabes des Prinzen. »Das schlimme war, daß Edward Adeane ein Perfektionist ist, während der Prinz von Wales ein mißratener Perfektionist ist. Edward setzte sich selbst vernünftige Ziele, die er erreichte. Prinz Charles hatte Ideale, begeisterte jedermann dafür, führte sie aber nicht aus. Edward hatte einfach genug davon.«

Edward Adeanes Kündigung Ende 1984 kam so überraschend, daß der Prinz von Wales für eine Weile ohne Privatsekretär war. David Roycroft, ein Assistent des Privatsekretärs, füllte seine Position aus, während man die professionellen Personalanwerber darauf ansetzte, einen

Ersatz zu suchen. Sie nannten drei Namen. Charles wählte den Baronet Sir John Riddell, der in Eton und Oxford studiert hatte. Er war einundfünfzig Jahre alt, leitender Direktor der Credit Suisse First Boston Bank und stellvertretender Vorsitzender der Independent Broadcasting Authority. Aber nicht nur sein gesellschaftlicher und beruflicher Hintergrund sprachen für ihn. Er hatte noch nie für ein Mitglied des Königshauses gearbeitet, hatte zwei kleine Kinder und war umgänglich, ruhig und liebenswürdig.

Aber damit war die Reihe der Kündigungen noch nicht beendet. Bald darauf verabschiedete sich David Roycroft, um für Independent Televisions News zu arbeiten. Er wurde durch zwei Privatsekretärassistenten ersetzt. The Honourable Rupert Fairfax kam vom Hanson Trust, und Humphrey Mews (der kürzlich im Alter von achtundvierzig Jahren starb) war ein Staatsbeamter aus dem Auswärtigen Amt. Beide waren charmante und gebildete Männer.

In vornehmen Kreisen herrscht das weitverbreitete Mißverständnis, Rupert habe für die Prinzessin von Wales gearbeitet. Das kommt wahrscheinlich daher, weil sie nach seinem Weggang Freunde geblieben sind und er manchmal bei Polospielen oder zu ähnlichen Gelegenheiten in ihrer Nähe gesehen wird. Aber er sagte mir: »Ich habe nie für sie gearbeitet. Nur für ihn.« Er genoß die Zeit mit dem Prinzen von Wales. Das ist mehr, als man von Humphrey sagen konnte. »Vom Prinzen von Wales zu Robert Maxwell, das ist ein Fortschritt«, meinte er einmal und verdrehte vielsagend die Augen. Das sagte alles. Der verstorbene Zeitungsmagnat war ein bekanntes Scheusal. Und obwohl der Prinz von Wales als freundlicher und netter Mensch bekannt ist, war er in vornehmen Kreisen als schwieriger Arbeitgeber berüchtigt.

Diana war für Humphreys Kündigung nicht verantwortlich.

Aber 1987 erwarb sie sich den Ruf, gern einzustellen und wieder zu kündigen. Und so gab ihr die Presse irrtümlich die Schuld an Edward Adeanes Kündigung. Das war ungerecht und falsch. In Wirklichkeit ist sie eine umgänglichere Chefin als Prinz Charles. Solange alles nach ihren Vorstellungen läuft und das Personal ihre Erwartungen erfüllt, ist sie warmherzig, freundlich, großzügig und verständnisvoll. Etwas, was Fay Marshalsea, ihre Ankleidedame, und Inspector Graham Smith, ihr Detective, bestätigen können, denn sie war die Freundlichkeit selbst, als beide an Krebs litten. »Smudger« Smith nahm sogar 1991 als Gast an der Mittelmeerkreuzfahrt teil, die von der Presse als ihre »zweiten Flitterwochen« bezeichnet wurden.

# DIANA
## DIE GUTE

Hätten sich die Turbulenzen bei Diana und Charles nur auf das Personal beschränkt, wären die Königin, ihre Berater und die älteren Mitglieder der königlichen Familie sehr erleichtert gewesen. Aber im Jahre 1986 war die Ehe der beiden bereits so weit zerrüttet, daß Diana ernstlich erwog, Charles zu verlassen.

Es ist besonders zwei Menschen zu verdanken, daß sie blieb. Aber bevor wir die Rolle untersuchen, die diese beiden spielten, wollen wir erst einmal einen Blick auf die Welt werfen, in der Charles und Diana tätig waren. Denn ihre Werte waren die Werte, nach denen sie lebten. Und diese waren letzten Endes auch dafür verantwortlich, daß Diana es in einer Ehe aushielt, die ihr viel Unglück bereitete.

Die Konventionen, die königliche und adlige Verbindungen bestimmen, sind nicht mit denen einer Mittel- oder Arbeiterklassenehe vergleichbar. Es gibt nur noch eine andere Gesellschaftsschicht, in der Paare ebenso fest aneinander gebunden sind. Die Armen sind häufig ebenso Gefangene der Umstände wie die Oberklasse. Erstere, weil sie nicht genug Geld haben, um gehen zu können, wann es ihnen gefällt. Letztere, weil für sie so viel auf dem Spiel steht, daß es gewöhnlich besser ist, die Ehe aufrechtzuerhalten.

Großer Reichtum und ein ausgedehnter Besitz würden nicht lange beieinander bleiben, wenn der Ehemann sich jedesmal, wenn er seine Bettgefährtin wechselt, damit auch eine andere

Ehefrau nähme. Man hat schon vor längerer Zeit erkannt, daß Exehefrauen teuer sind. Außerdem sind Frauen, die die Vorteile einer hervorragenden Position und großen Reichtums genießen, kaum darauf erpicht, ihre Privilegien gegen die armseligen Vorteile einer Scheidung einzutauschen.

Diesen weltlichen Realitäten entstammt die Konvention, daß Adlige und Mitglieder von Königshäusern ein Leben lang verheiratet bleiben. Die Zeit hat diesen Verhaltenscodex nicht ernstlich angegriffen, noch hat sie die Basis der adligen Heirat bedeutsam verändert. Selbst heute noch werden die meisten gebildeten Mädchen dazu erzogen, einen passenden Mann zu heiraten, jemanden, den sie lieben oder schätzen und der Geld und Rang besitzt.

Diese alten Werte gelten noch immer. Nur wenige junge Mädchen messen dem Wunsch, einen reichen jungen Mann zu heiraten, der einen Titel und Familienbesitz hat oder ihn erben wird, keine Bedeutung bei. Heute wird die Scheidung im wesentlichen akzeptiert. Aber diese Akzeptanz hat die Basis der Ehe nicht verändert, sondern nur den Menschen eine Möglichkeit verschafft, aus Ehen auszubrechen, die so unerträglich geworden sind, daß die Scheidung die einzige Alternative zum Tod ist. Und selbst dann stellt eine Scheidung den absolut letzten Ausweg dar. Man läßt sich nur scheiden, wenn man zwischen Ehe und geistiger Gesundheit wählen muß.

Natürlich lassen sich auch Frauen der Mittel- und Arbeiterklasse nicht immer scheiden, wenn die Liebe verschwunden ist, aber sie haben nicht soviel zu verlieren. Man überlegt es sich lange und genau, bevor man ein Schloß oder einen Palast gegen eine Villa oder eine einfache Stadtwohnung, einen hohen Rang gegen ein unsicheres Leben eintauscht.

Die Menschen des viktorianischen Zeitalters erkannten den Schaden, den eine Scheidung im adligen und königlichen

Leben anrichtete. Sie mißbilligten es dermaßen, daß die Ächtung eine zwangsläufige Folge jeder offiziell aufgelösten Ehe war. Aber da sie praktisch veranlagt waren, trafen sie Vereinbarungen, die sich bis auf den heutigen Tag als integrale, wenn auch ungeschriebene Verhaltensregeln gehalten haben. Jede Lady, Herzogin oder Prinzessin weiß, daß es ihre Pflicht ist, einen Erben und einen Ersatz zu gebären und ihrem Gatten eine gute Hausfrau und ein gesellschaftlicher Gewinn zu sein. Das gesellschaftliche Leben besteht nicht immer nur aus Treffen mit seinen Freunden. Es ist häufig der Schauplatz, an dem sich eine Frau ihrer Position versichert. Wenn eine Erbe vorhanden ist, die Liebe nicht länger besteht und man nicht mehr miteinander schläft, hat man keinen Grund, sich scheiden zu lassen – selbst wenn beide Ehepartner Geliebte haben –, solange man fortfährt, die gesellschaftliche Position der Familie zu festigen (oder weiterzukommen, falls man unglücklicherweise dem niederen Adel angehören sollte). Nur wenn man einander so sehr verabscheut, daß man nicht mehr in einem Zimmer sein kann, gibt es einen triftigen Grund, das Zusammenleben zu beenden. Trotzdem ist mir mehr als ein Paar bekannt, das es geschafft hat, verheiratet zu bleiben, obwohl sie einander verabscheuen. Sie halten sich einfach nicht zur selben Zeit am selben Ort auf.

Es wäre unvernünftig, zu erwarten, daß Menschen den Rest ihres Lebens in einer unbefriedigenden Ehe verbringen, ohne von außen unterstützt zu werden. Die ungeschriebene Regel, daß man mit jedem schlafen kann, der einem gefällt, solange es diskret zugeht, wurde lange als realistische Notwendigkeit betrachtet, wobei der Rang nicht zwangsläufig die Wahl des Liebhabers beeinflußte. Ich kenne eine Gräfin, die eine Affäre mit ihrem Chauffeur hatte, und eine andere, die mit dem Gärtner schlief. Viscount Weymouth hatte eine Reihe von »Ersatzfrauen«, einschließlich der jamaikanischen Sängerin Nola Fontaine und Jo-Jo Laine, der Exfrau des ehemaligen Wing-Musikers Denny Laine. Aber die typischeren Vereinbarungen werden zwischen Gentlemen und Ladys getroffen. Der ehemalige Tory-Minister Lord Lambton zum Beispiel lebte über ein Jahrzehnt lang ohne Trauschein mit The Honourable Mrs. Claire Ward, Mutter der Marquise von Worchester und der Schauspielerin Rachel Ward, zusammen, während Lady Lambton in ihrem prächtigen ehelichen Heim in Durham in häuslicher Harmonie und einer unantastbaren Position lebte.

Gemäß dieser Verfahrensweise sind die einzigen Gründe, eine zivilisierte Vereinbarung aufzuheben, diejenigen, daß diese entweder überflüssig wird oder die beteiligten Parteien zu verletzen droht. Ersteres war der Grund für den Autor und Rundfunksprecher John Julius (Viscount) Norwich, die Viscountess zu wechseln. Sein außereheliches Arrangement funktionierte über zwanzig Jahre lang. Aber als es nicht länger nötig war, ließ er sich von seiner Frau scheiden und heiratete seine Geliebte. Die Drohung, daß die Monarchie Schaden nehmen könnte, hat letztlich zum Ende von Prinzessin Margarets Ehe geführt. Die Scheidung wurde so als eine denkbare Alternative zu den traditionellen Vereinbarungen eingebracht – aber nur, wenn sie dem Interesse des königlichen Partners dient. In gutunterrichteten Kreisen war es jahrelang ein offenes Geheimnis, daß Prinzessin Margaret und der Graf von Snowdown zwei getrennte Leben führten. Weniger bekannt war, daß sie einander haßten. Aber das war kein Grund, der für eine Scheidung ausgereicht hätte. Der war erst gegeben, als Margarets Beziehung zu Roddy Llewellyn das Image der königlichen Familie zu beflecken drohte. An diesem Punkt entschlossen sich die stets übervorsichtigen Höflinge im Buckingham- und Kensington-Palast, der Ehe ein Ende zu bereiten, und zwar so, daß Lord Snowdown als der Schuldige dastand. Sie besaßen noch nicht einmal die Höflichkeit, ihn darüber zu informieren, daß eine Bekanntmachung seiner Scheidung bevorstand. Wie mir sein PR-Manager Robyn Hall bestätigte, mußte Lord Snowdown bei seiner Ankunft in Australien feststellen, daß alle außer ihm vom Ende seiner Ehe wußten.

Eine Scheidung ist für Mitglieder des Königshauses wirklich der allerletzte Ausweg. Wie mir Menschen, die im Palast arbeiten, bestätigen, hätten die Berater der Königin nie zugelassen, daß Prinzessin Anne und ihr Mann sich trennten, hätten sie nicht gewußt, daß eine Australierin, mit der er nur einmal geschlafen hatte, Hauptmann Mark Phillips der Vaterschaft bezichtigte. Aber Höflinge sind vor allen Dingen pragmatisch. Sie beabsichtigten, diese Geschichte als Rechtfertigung dafür zu verwenden, die Ehe der Prinzessin im passenden Augenblick aufzuheben.

Die gescheiterten Ehen der beiden Prinzessinnen hatten eine neue Regel bezüglich der Aufhebung königlicher Ehen zur Folge. Eine königliche Ehe kann geschieden werden, aber nur dann, wenn es absolut unvermeidlich ist, und nur dann, wenn das Mitglied der königlichen Familie als die geschädigte Partei hingestellt werden kann.

Natürlich sind Charles und Diana mit diesen Grundregeln nur allzu vertraut. Es ist ihre Welt. Sie wissen, daß die Sitten beachtet werden müssen. Aber die Regeln gestehen ein, daß auch Mitglieder einer königlichen Familie Menschen sind, was bedeutet, daß sie nicht immer bereit sind, die persönlicheren Seiten einer Freundschaft mit ihrem Partner zu teilen.

Diesem Bedürfnis nach Kameradschaft entspringt auch die Institution des Vertrauten (oder der Vertrauten). Diese Einrichtung ist in vielerlei Hinsicht für die Rettung der königlichen Lebensart verantwortlich. Mitglieder von Königshäusern haben ein ebenso großes Verlangen nach Kameradschaft, Verständnis, Mitleid, Zuneigung und den anderen menschlichen Eigenschaften wie alle anderen Menschen. Auch sie möchten die Tiefen menschlichen Umgangs ausloten, sich einem bestimmten Menschen nahe fühlen, wissen, daß es jemanden gibt, der sie versteht, der mit ihnen durch dick und dünn geht. Die Diskretion mag vorschreiben, daß dieser Mensch im Hintergrund bleibt, niemals den Blicken der Öffentlichkeit ausgesetzt wird. Aber die erste Aufgabe der Vertrauten ist weder beständige körperliche Nähe noch die öffentliche Bestätigung der privaten Stellung der Person, sondern die Freiheit, dieser befriedigendsten aller Freundschaften hinter geschlossenen Türen nachzugehen.

Nebenbei hat dieser Brauch eine Form entwickelt, die es den betroffenen Parteien unmöglich macht, etwas Verbotenes zu tun, während sie ihre Beziehung fortsetzen.

Im Jahre 1986 hatte sich Charles' und Dianas Ehe derart verschlechtert, daß Charles zu seiner alten Liebe Camilla Parker Bowles zurückkehrte, um von ihr die Freundschaft zu erhalten, die ihm seine Frau nicht geben konnte. Als Diana das erfuhr, wurde sie natürlich eifersüchtig und machte ihm Szenen. Diese nahmen viele Formen an. Diana, die immer schon jeden Schritt ihres Mannes aufmerksam verfolgt hatte, überwachte Charles jetzt mit der Hartnäckigkeit eines Privatdetektivs. Ganz gleich, wo er hinging, ob er offizielle Pflichten wahrnahm oder nicht, sie wollte genau wissen, wann er wieder zurückkäme. Falls sie eine Auskunft erhielt (was häufig nicht der Fall war), rief sie, wenn die Zeit einmal überschritten war, immer wieder bei den Parker Bowles an, nur um jedesmal, wenn sich jemand meldete, ohne ein Wort aufzulegen. Das machte sie so lange, bis Charles nach Hause kam. Aber auch wenn der Prinz sich weigerte, ihr zu sagen, wann er voraussichtlich wieder zu Hause sein würde, rief sie ständig bei den Parker Bowles an und legte auf, sobald jemand den Hörer abnahm. In diesem Fall begannen die Anrufe bereits zu dem Zeitpunkt, an dem der Prinz ihrer Meinung nach in Middlewich House eingetroffen war, und dauerten bis zu seiner Heimkehr an. »Es war schrecklich für Camilla«, sagte eine ihrer Freundinnen. »Meistens war der Prinz gar nicht anwesend. Aber sie mußte sich mit diesen ärgerlichen Anrufen abfinden.« Und wenn sich der Prinz einmal in Middlewich House aufhielt, hörte er selbst, was seine krankhaft eifersüchtige Frau seinen Freunden antat. Sobald er nach Hause zurückkehrte – ob er nun die Parker Bowles besucht hatte oder nicht –, gab es ständig Auseinandersetzungen und Drohungen von seiten Dianas, was sie ihm und sich antun würde.

»Damals war er ihre Mätzchen herzlich leid«, sagte eine königliche Verwandte. »Seit der Eheschließung hat er die unglaublichsten Possen und hysterischen Anfälle ertragen müssen. Kein Mann kann es aushalten, manchmal stündlich eine Schauspielkunst vorgesetzt zu bekommen, die eher auf die Opernbühne als in sein Zuhause gehört. Selbst zu Beginn ihrer Ehe, als sie glücklich zu sein schienen, hat sie ihm ständig Szenen gemacht, um ihren Kopf durchzusetzen. Einmal, als er reiten gehen wollte, sie aber darauf bestand, daß er zu Hause bliebe und ihr sagte, wie sehr er sie liebte, machte sie ihm eine fürchterliche Szene, die jeder, der sich auf Sandringham aufhielt, mit anhören konnte. Die ganze Familie, die Hausgäste, die Diener – alle hörten es. Später am selben Tag glitt sie dann auf den untersten Stufen der Treppe aus. Es war ein Unfall. Ein Diener hat es gesehen.«

Ein Diener hat es tatsächlich gesehen und erinnert sich: »Sie muß gestolpert sein. Sie rutschte die letzten vier oder fünf Stufen hinunter. Damals ging sie mit Prinz William schwanger. Sie war ungefähr im dritten Monat. Ich fragte mich noch, ob ich zu ihr gehen und ihr helfen sollte, als sie aufstand. Es ging ihr gut. Sie hatte sich nicht verletzt. Sie verschwand für ein paar Sekunden. Dann kam sie wieder zurück und legte sich vor der Treppe auf den Boden. Ich war überrascht. Ja, man kann sagen, daß sie sich vor der Treppe drapiert hat. Ein paar Minuten vergingen. Ich fragte mich, was ich tun sollte, als sie aufstand und einen Blick um die Ecke warf. Dann kam sie zurück und legte sich wieder hin. Sie kann höchstens eine Minute so gelegen haben, als Königin Elizabeth, die Königin-mutter, vorbeikam. Sie regte sich fürchterlich auf. Sie befürchtete, Ihre Königliche Hoheit hätten sich oder das Baby verletzt, das sie unter dem Herzen trug.«

Man holte sofort einen Arzt. Die Prinzessin hatte entgegen späteren Berichten, die das Gegenteil behaupten, weder blaue Flecken davongetragen, noch war sie unpäßlich. Tatsächlich ging es ihr so gut, daß sie zwei Stunden später an einem Barbecue mit der Familie teilnehmen konnte. Die Berichte aus dem Palast sind ganz unmißverständlich, und die unlängst unternommenen Versuche, es als einen Selbstmordversuch hinzustellen, bei dem sie sich die Treppe hinabgestürzt habe, sind nicht nur falsch, sondern auch bösartig.

Aber das war nicht das Ende der Geschichte, sondern nur eines der vielen Dramen, die die Prinzessin inszenierte und die zur Folge hatten, daß der Prinz sich von ihr abwandte. »Er wurde sehr rasch mißtrauisch. Er wußte nie, wann sie die Wahrheit sagte und wann sie schauspielerte.« Über dieses für sie typische Verhalten äußerte sich auch ihr Bruder Charles an anderer Stelle. Er sagte, Diana habe in jungen Jahren einen so lockeren Umgang mit der Wahrheit gepflegt, daß die Frau des Vikars sich einmal genötigt sah, ihren Wagen anzuhalten und sie zu warnen, sie müsse aussteigen, falls sie noch eine weitere Lüge erzählen würde.

»Sie muß immer im Mittelpunkt stehen«, fuhr die Verwandte

des Prinzen fort. »Deshalb inszeniert sie ständig neue Situationen, in denen sie die Hauptrolle spielen kann.« Was immer auch ihr Motiv sein mag, es besteht kein Zweifel daran, daß Diana eine Künstlerin darin wurde, Auseinandersetzungen zu provozieren. »Sie stritten laut und manchmal lange«, sagte die Verwandte. »Einmal wollte sie ihn daran hindern, einer offiziellen Verpflichtung nachzukommen. Wohlgemerkt – einer offiziellen Verpflichtung. Die Menschen arbeiten manchmal monatelang für ein solches offizielles Ereignis, wie wir nur zu gut aus eigener Erfahrung wissen. Sie wollte, daß er all jene enttäuschte, die dafür gearbeitet hatten, nur damit er zu Hause bleiben und mit ihr fernsehen konnte. Mit Recht weigerte er sich. Worauf sie ihn beschuldigte, er sei egoistisch und würde ständig die königlichen Pflichten vor die Liebe stellen. Nun frage ich Sie, ist das gerecht? Wer war hier egoistisch? Als ihr klar wurde, daß er tatsächlich gehen würde, um seinen Verpflichtungen nachzukommen, lief sie zu seinem Schreibtisch, nahm das Federmesser und stürzte zur Tür, wo sie sich ihm messerschwingend in den Weg stellte. Sie versuchte nicht, es zu benutzen, weder gegen ihn noch gegen sich selbst. Und jeder, der sagt, sie hätte es getan, lügt. Sie hat sich nie in die Brust oder in die Oberschenkel geschnitten. Und selbst wenn sie es getan hätte, wäre es doch nichts anderes als ein Wutanfall. Man kann sich nicht umbringen, indem man sich die Brust oder die Oberschenkel anritzt. Wer das tut, will sich in Szene setzen, nicht sich umzubringen versuchen. Wie ich so sicher sein kann, daß sie es nicht getan hat? Ich weiß es von Prinz Charles. Aber was noch wichtiger ist – ich habe es mit eigenen Augen gesehen. Sie hat keine Narben am Körper. Ich habe sie im Laufe der Jahre regelmäßig gesehen. Ich habe sie in Alltagskleidern, in Abendroben – von denen einige recht offenherzig waren – und im Bikini gesehen. Ich sage Ihnen, sie hat nicht eine Narbe. Jemand, der wirklich versucht hat, Selbstmord zu verüben, war Königin Alexandra, als sie noch Prinzessin von Wales war. Sie hat versucht, sich die Kehle durchzuschneiden. Deshalb mußte sie hohe Kragen tragen. Nicht wegen der Nachwirkungen einer Krankheit, wie die Historiker sagen. Aber Diana – niemals.«

Es gab noch andere denkwürdige Temperamentsausbrüche, von denen manche als Quasi-Selbstmordversuche dargestellt wurden. Einer dieser Ausbrüche, der bislang noch nicht enthüllt wurde, betrifft einen anderen Streit, der diesmal in Balmoral stattfand. Der Prinz hatte versprochen, seine Mutter zu besuchen. Diana wollte jedoch, daß er bei ihr blieb. »Sie kramte in ihrer Trickkiste herum«, erinnert sich seine Verwandte, »und brachte einiges zum Vorschein. Zuerst kamen die üblichen Tränen – sie ist wie eine von diesen Filmschauspielerinnen, die auf Befehl weinen können. Als das nicht wirkte, folgten Drohungen. Jeder im Haus konnte sie hören, was einiges über ihre Lungenkapazität aussagt. Er stürzte aus dem Zimmer und sagte ihr klipp und klar, daß er weder seine Mutter noch jemand anderen wegen ihrer kindischen und egoistischen Launen enttäuschen würde. Sie lief ihm nach. Als er die Treppe hinuntergehen wollte, versuchte sie, ihm einen kräftigen Stoß zu versetzen, und schrie dabei, sie hoffe, er würde sich das Genick brechen.«

Es gab noch andere Wutanfälle, die nichts als hysterisches Getue waren. Einmal spielte ein Spezialmesser eine Rolle, mit dem feine Zitronenscheiben geschnitten werden. »Sie hatten wieder einmal eine Auseinandersetzung. Sie nahm den Zitronenschneider und drohte ihm damit. Er sagte, sie solle nicht übertreiben, und ging fort. Er haßt Auseinandersetzungen und geht immer als erster. Keiner von beiden wurde bei diesem Vorfall verletzt, und es ist mehr als lächerlich, ihn als Selbstmordversuch hinzustellen. Wie tötet man sich mit

einem Zitronenschneider? Schält man sich zu Tode? Und
dann dieser Unsinn, daß ihre bühnenreifen Vorstellungen
Hilferufe seien. Es waren Schreie um Aufmerksamkeit. Sie
giert nach Aufmerksamkeit. Sie kann nicht nicht genug davon
bekommen. Egal, wie sehr er sich ihr widmet, es ist nie
genug. Wenn er vierundzwanzig Stunden am Tag mit ihr
verbrächte, würde sie einen Fünfundzwanzigstunden-Tag
von ihm fordern. Und wenn er ihr dann sagte, daß er das nicht
könne, würde sie sich wütend darüber beklagen, daß sie von
ihm nie das bekäme, was sie brauche. So eine Frau ist sie. Ein
wahrer Alptraum oder, wie die Deutschen sagen, ein richtiger
Besen.«
Auch Brenda Stronach bestätigte, daß die Behauptungen,
Diana habe Selbstmordversuche unternommen, gelogen
sind. Sie war während des Zeitraums, in denen sie unternommen worden sein sollen, mit dem Kammerdiener des Prinzen
verheiratet. Verschiedene Zeitungen zitierten ihre Aussage,
daß Diana nie versucht habe, Selbstmord zu verüben, und
daß sie sich niemals selbst verletzt habe. Auch Dianas Schulkameradin in West Heath und ehemalige Mitbewohnerin
Carolyn Bartholomew bestätigt dies. Sie sagte dem *Daily
Mirror*: »Sie hat mir gegenüber nie von Selbstmord gesprochen.« Die Schlußfolgerung ist klar: wenn eine ihrer ältesten
und engsten Freundinnen nichts von den angeblichen Selbst-
mordversuchen wußte, dann können sie nicht stattgefunden
haben.
Falls diese Augenzeugenberichte immer noch nicht ausreichen, den Menschen die Augen zu öffnen, so können andere
Quasi-Selbstmordversuche, die jüngst enthüllt wurden, tatsächlich als Schwindel entlarvt werden. »Die Prinzessin von
Wales hat sich nie die Handgelenke aufgeschnitten«, sagt ein
ehemaliges Mitglied des Walesschen Haushalts. »Es ist
unglaublich, daß die Presse und die Öffentlichkeit auf die

Geschichte hereingefallen sind. Ich habe sie seit ihrer Verlobung gesehen. Sie hat nie, nicht ein einziges Mal, einen Kratzer oder eine Narbe an ihren Handgelenken gehabt oder einen Verband darum getragen. Sie sind glatt, völlig glatt. Aber die Leute brauchen mir nicht zu glauben. Sie sollen selbst darüber nachdenken. Sie ist in all den Jahren in der Öffentlichkeit nicht ein einziges Mal mit einem Verband um die Handgelenke fotografiert worden. Und sie konnte sich nie so lange dem Blick der Öffentlichkeit entziehen, wie aufgeschnittene Handgelenke zu ihrer Heilung brauchen, ohne daß man Verbände sieht.«

Um Morton, dem ursprünglichen Lieferanten der Selbstmordgeschichten, gegenüber fair zu sein, sollte gesagt werden, daß er in seinem Buch keineswegs behauptet, sie habe sich die Handgelenke aufgeschnitten. Tatsächlich behauptet er, sie habe *an* ihren Handgelenken geschnitten – was immer das auch heißen mag. Das als echten Selbstmordversuch zu bezeichnen ist genauso, als würde man Diana eine Trophäe für das Durchschwimmen der Meerenge von San Francisco überreichen, nur weil sie einmal in einem Auto gesessen hat, das über die Golden Gate Bridge gefahren ist.

Dennoch steckt in dieser Geschichte ein Körnchen Wahrheit, wenn auch nur ein kleines. »Während eines Streites mit dem Prinzen nahm sie eine Rasierklinge und drohte, sie gegen ihn und gegen sich selbst zu gebrauchen«, berichtet seine Verwandte. »Was war das – ein Selbstmordversuch oder nur ein einfacher Wutanfall? Ich bin sicher, daß alle vernünftigen Menschen zu dem gleichen Schluß kommen wie der Prinz. Sie ist in erster Linie eine begnadete Schauspielerin. Sie hat großes Talent. Einmal rief sie ihn in Highgrove an und sagte, sie wolle, daß er sofort nach London komme. Er antwortete, es ginge nicht, da er am Abend eine offizielle Verpflichtung wahrzunehmen habe. Sie beschuldigte ihn, er wolle nur bleiben, um sich mit Camilla Parker Bowles zu treffen. Sie sagte, er ziehe Camillas Gesellschaft der ihren vor, Ich denke, das tut er auch. Ich tue es auf jeden Fall. Camilla ist ein weitaus interessanterer Mensch als Diana. Sie weiß sich zu benehmen. Das ist mehr, als man von Diana sagen kann, wenn sie nicht mehr im Licht der Öffentlichkeit steht und die Kameras ausgeschaltet sind. Wie dem auch sei, sie begann zu schreien und zu toben. Es endete damit, daß sie den Hörer auf die Gabel knallte. Fünf Minuten später rief sie wieder an. Sie sagte, sie hätte versucht, sich umzubringen. Er glaubte zwar nicht, daß sie es wirklich getan hatte, war sich aber nicht sicher. Das ist man nie, wenn sie sich in einem dieser Zustände befindet. Sie ist dann so launisch, daß ihr alles zuzutrauen ist. Man kann sich nicht auf das verlassen, was sie sagt. Deshalb behielt er einen kühlen Kopf, obwohl er von ihren Mätzchen die Nase voll hatte, und fragte sehr freundlich, was sie denn getan habe. Sie erwiderte, sie hätte eine Überdosis Paracetamol genommen. Doch dann hätte sie sich eines Besseren besonnen und sie wieder erbrochen. Was sie nicht wußte, war, daß er am Abend zuvor Kopfschmerzen gehabt hatte und auf der Suche nach ein paar Paracetamols an das Arzneischränkchen gegangen war. Es waren nur noch vier Tabletten da. Er nahm zwei und ließ zwei übrig. Sie können sich vorstellen, wie empört er war, als sie ihn auf diese Weise hineinzulegen versuchte. Aber selbst jetzt ging er kein Risiko ein. Er rief ihren Arzt an und bat ihn, zum KP zu gehen, um nach ihr zu sehen. Ihr fehlte nichts. Sie ging noch am gleichen Abend aus. Am folgenden Tag berichteten alle Zeitungen über die glänzende und strahlende Prinzessin von Wales. Sie blüht bei Szenen und Dramen geradezu auf, während er sie haßt. Wie er reagieren die meisten Männer. Nur ein schwer gestörter Mann würde sich bei solchen Possen nicht abwenden.«

Aber auf diese Methode hatte er nie reagiert; sie brachte ihn nicht dazu, die Zuneigung von Camilla aufzugeben, nach der es ihn verlangte. Tatsächlich hatte Dianas Vorstoß genau die entgegengesetzte Wirkung. Sie trieb ihn immer weiter weg, immer näher zu Camilla hin.

»Diana ist sehr findig«, sagt die Schwägerin des hochrangigen Höflings. »Nachdem ihr klargeworden war, daß er nicht aufhören würde, sich mit Camilla Parker Bowles zu treffen, beschloß sie, sie zu demütigen.« Die Stellung der Vertrauten ist nicht nur überaus ehrenvoll, sondern auch ein Quell großen gesellschaftlichen Einflusses. Die Vertraute des Prinzen nimmt in der Gesellschaft eine Position ein, die über denen der Herzoginnen ist und nur knapp unter dem Rang Dianas. Hat er aber zwei Vertraute, dann reduziert diese Verdopplung Einfluß und Prestige beider. »Also«, fährt die adlige Schwägerin fort, »lud Diana Dale Tryon zum Lunch ins San Lorenzo ein.«

Das *San Lorenzo* am Beauchamp Place in Knightbridge ist Dianas Lieblingsrestaurant. Dale dorthin einzuladen war ein meisterlicher Public-Relations-Schachzug. Diana wußte – wie die meisten von uns, die das eleganteste aller italienischen Restaurants frequentierten –, daß die Spitzel der *Paparazzi*-Fotografen in Aktion treten, sobald eine Berühmtheit dort speist. Man konnte deshalb mit Sicherheit annehmen, daß Richard Young, Dave Bennett oder Desmond O'Neill, oder sehr wahrscheinlich sogar alle drei, zugegen sein würden, um diese öffentliche Wiederannäherung für die Nachwelt und die Leser der Morgenausgabe festzuhalten, noch bevor Diana und Dale ihre Vorspeisen aufgegessen hätten. Und genauso war es. Das Foto der beiden Frauen am Tisch, in ein Gespräch vertieft, wurde über die ganze Welt verbreitet, obwohl Mara, der Besitzer, sehr wachsam ist, und Kameras im *San Lorenzo* nur zugelassen sind, wenn die Stammkunden ihr Einverständnis geben.

Diana war sich bewußt, daß Charles und Dale keine Geheimnisse mehr austauschten. Deshalb brauchte sie nicht länger eifersüchtig auf sie zu sein. Aber Dale konnte ihr nützlich sein. Indem sie Dale der Öffentlichkeit wieder als Charles' zweite Vertraute ins Bewußtsein rief, schwächte sie Camillas Stellung, während sie Dales Stellung stärkte. Sie machte Dale, die diese Position eigentlich nicht mehr innehatte, bewußt zur öffentlich akzeptierten Vertrauten. Damit untergrub sie die Stellung Camillas, die sie weder privat noch öffentlich anerkannte. Es war ein brillanter Schachzug, durch den Dale mit Prestige überhäuft wurde. Aber letzten Endes änderte sich dadurch nichts an Camillas Position. Die Wahrheit kommt immer an den Tag, und selbst wenn es die ganze Welt nicht weiß, daß sie seine erste Vertraute ist, Insider wissen es. Durch diese Spiele wurde die Ehe der beiden nicht besser. Damals sprachen Diana und Charles kaum noch miteinander. Gelegentlich gab es wütende Auseinandersetzungen, auf die Tage, manchmal Wochen des Schweigens folgten. Beide waren zutiefst unglücklich über den Zustand ihrer Ehe. »Beide litten schrecklich«, berichtet jemand, der die königliche Familie kennt. »Ihnen wurde klar, daß sie für den Rest des Lebens aneinandergefesselt waren. Sie waren wie zwei olympische Läufer, deren Füße in Zement stecken. Sosehr sie sich auch bemühten wegzulaufen, sie steckten fest – für immer.

Er kam sich betrogen vor. Er hatte das Gefühl, daß man ihn durch Täuschung dazu gebracht hatte, eine Frau zu heiraten, die nicht so war, wie er gedacht hatte. Diana hingegen war enttäuscht. Sie hatte geglaubt, daß sie, wenn sie den Prinzen von Wales heiratete, eine wunderbare, romantische Ehe führen würde. Man kann verstehen, daß ein junges Mädchen in diese Falle tappen konnte. Er ist der netteste Mann, den man sich vorstellen kann. Sie glaubte wirklich, daß seine

Freundlichkeit, Sensibilität und Liebe sie befähigen würde, ihn zu ändern. Das war ein verhängnisvoller Fehler, aber einer, den viele machen: zu glauben, daß wir einen Mann ändern können, selbst dann, wenn er bereits Persönlichkeit und Lebensgewohnheiten entwickelt hat.«

»Am Anfang ihrer Ehe witzelte Diana immer, sie habe einen Prinzen geküßt und einen Frosch bekommen. Jetzt sagt sie es wieder – aber diesmal ist es kein Witz«, erzählt eine ihrer engsten Freundinnen. Sie fühlte sich von den Verpflichtungen überfordert. Seit ihrer Heirat wurde sie von ihren Freunden abgeschottet. Kitty Waite Walker machte dafür einzig und allein die Höflinge verantwortlich, die Diana als »unglaublich herablassend« beschrieb. Kitty erzählte: »Sie waren entschlossen, sie von allen ihren alten Freunden zu trennen, damit sie nicht wußte, was ihr fehlte.« Aber die Wahrheit ist ein wenig komplizierter.

»Die Höflinge spielten zweifellos eine große Rolle bei Dianas Isolierung. Für sie war sie kein junges Mädchen, das Freunde brauchte, sondern eine Prinzessin von Wales, die das Banner der Monarchie ins nächste Jahrhundert trug«, sagt die Adlige, die einen hochrangigen Höfling zum Schwager hat. »Sie selbst zog sich von ihrem alten Leben und ihren Freunden zurück. Das war während des Gewöhnungsprozesses an das höfische Leben unvermeidlich. Aber sie wurde es leid, nur von älteren Menschen umgeben zu sein, mit Lady Susan Hussey Tee zu trinken, von dem Spaß ausgeschlossen zu sein, den ihre Altersgenossen hatten. Meiner Meinung nach hätte sie ihre alten Freunde bereitwillig geopfert, wenn ihre Ehe so befriedigend gewesen wäre, wie sie es sich erhofft hatte. Da dem nicht so war, brauchte sie ihre Freunde. Sie brauchte Abwechslung, das Gefühl, jung zu sein. Es war ein Fall von: ›Wenn ich schon nicht glücklich bin, will ich wenigstens Spaß haben.‹«

Aber Diana war keine Rebellin. Auf der Suche nach neuen Freunden hielt sie nicht sehr weit Ausschau. Sie suchte sie innerhalb des königlichen Kreises. Zu den neuen Freundinnen gehörte auch Sarah Ferguson, die Tochter von Prinz Charles' Rennleiter, Major Ronald Ferguson. »Fergie war lustig«, sagt die Schwägerin des Höflings, »und half Diana über die vielen langweiligen Stunden hinweg, in denen sie zuschauten, wie die Männer über ein Polofeld jagten. Fergie war mit dem königlichen Protokoll bereits vertraut. Das war Diana egal, aber nicht den Höflingen, die Bedenken wegen der Vertraulichkeiten hegten, mit denen Diana sich von ihren alten Freunden behandeln ließ. Für sie war Fergie ein Glücksfall. Sie wußte, wann sie knicksen mußte und wann sie grobe Witze reißen konnte. Sie war stabil – so dachten sie wenigstens.«

Nach ihrer Hochzeit mit Prinz Andrew mußten die Höflinge erfahren, daß Fergie auch eine Individualistin und nicht so formbar war, wie sie es gern gesehen hätten. Sie ist eine starke Persönlichkeit und wirklich ein Glücksfall, weit netter und viel wertvoller, als die Presse es ihr zugesteht. Obwohl sie die Geduld der Höflinge strapazierte (was meiner Meinung nach nicht schlecht ist), ist sie herzlich, direkt, amüsant und loyal. Sie ist würdevoller und anmutiger, als die Presse erkennen kann. Weil sie lebhaft ist und ein ausdrucksvolles Gesicht hat, gelingt es den Fotografen, unvorteilhafte Schnappschüsse von Fergie zu schießen und von fünfzig Fotos, die ihnen zur Verfügung stehen, dasjenige auszuwählen, auf dem sie lächerlich wirkt. In Wirklichkeit ist sie alles andere als lächerlich.

Im Juni 1985 lud eine tiefenttäuschte Diana Fergie ein, sich beim Royal Ascot ihrer Gruppe anzuschließen. Damit veränderte sie ihrer beider Leben. Bis zu diesem Zeitpunkt war Diana unglücklich und verdrossen, ihr Leben war eine nach unten verlaufende Spirale geworden. Auch Fergie war an einem Tiefpunkt angelangt. »Sie war das Mädchen, das von allen Jungs verlassen wurde«, sagt eine Freundin. »Kim Smith-Bingham hatte sie fallenlassen. Paddy McNally hatte sie abgeschoben. Sie hatte ihn vor die Wahl gestellt, sie entweder zu heiraten, oder ... Es blieb beim ›oder‹.«

Während des Lunchs auf Windsor Castle führten die freche Fergie und der liebesbedürftige Andrew ein bedeutsames Gespräch über einen Mohrenkopf, bevor sie nach Ascot aufbrachen. So begann ihre Romanze, die sehr schnell intensiver wurde, wie es bei zwei leidenschaftlichen Menschen zwangsläufig der Fall ist.

Sarah war der erste von zwei Menschen, die Dianas Leben drastisch veränderten. Wie Prinzessin Michael von Kent vor der Hochzeit sagte: »Sie wird einen großen Einfluß auf unser aller Leben haben. Sie ist eine sehr starke Persönlichkeit. Sie (die gefürchteten Höflinge) werden nicht in der Lage sein, sie zu kontrollieren. Durch Diana werden sich die Dinge zum Besseren wandeln.«

Schon bevor Sarah Herzogin von York wurde und Prinzessin Michaels Vorhersage eine Chance hatte, sich zu bewahrheiten, wandelten sich die Dinge zum Besseren. Aber nur für Diana. Prinz Andrew hatte Fergie in die Geheimnisse der Walesschen Ehe eingeweiht. Sie ermutigte Diana, für sich selbst einzustehen und zu tun, was sie wollte. »Bis Sarah auftauchte«, sagte eine berühmte Schönheit, die mit der königlichen Familie bekannt ist, »fühlte sich die Prinzessin von Wales einsam und hilflos. Sie hatte zwar in der Öffentlichkeit großen Erfolg, aber da gab es noch die Eheprobleme, und sie wurde durch die Traditionen der Krone und die Höflinge eingeengt. Ob diese vier, vierzig oder vierhundert Jahre alt waren – sie waren alle schon alt auf die Welt gekommen. So etwas ist schrecklich, wenn man jung ist. Das hatte der Herzog von Edinburgh durchgemacht, ebenso wie Prinzessin Margaret. Es zerstörte ihr Leben. Und in den dreißig Jahren, die seitdem vergangen waren, hatte sich nichts geändert. Die Höflinge standen immer noch über den Mitgliedern der königlichen Familie wie die Sadduzäer an den Toren des Tempels. Sie waren eher Gefängniswächter als Beschützer, besonders für den Prinzen und die Prinzessin von Wales. Und dann kam Sarah und sagte: ›Hey, komm schon – du willst doch nichts tun, was nicht richtig ist. Du willst nur leben. Also, du willst mit deinen Freunden im *Ménage à Trois* essen gehen. Großartig. Das ist kein Verbrechen, ist nicht würdelos. Also los – iß mit deinen Freunden in einem öffentlichen Restaurant. Wir leben nicht mehr im viktorianischen Zeitalter. Wir schreiben das Jahr 1985.‹ Sie gab der Prinzessin viel von dem Selbstvertrauen wieder, das sie besessen hatte, als sie den Prinzen von Wales heiratete.«

Nachdem Sarah Ferguson Herzogin von York geworden war, übte sie einen dramatischen Einfluß auf die anderen Mitglieder der königlichen Familie aus, wie die Prinzessin von Kent vorhergesagt hatte. Jetzt bestimmten drei Frauen, wie es am Hof zugehen sollte. Und wenigstens für die Flitterwochen erlaubte die Presse der Öffentlichkeit, in das natürliche Verhalten der Herzogin verliebt zu sein. Sie wurde als frische Brise tituliert. Und selbst ihre unkönigliche Vergangenheit mit den Freunden, mit denen sie bekanntermaßen zusammengewohnt hatte, und dem lockeren Leben, das sie geführt hatte, waren akzeptable Eigenschaften. Diana verdankte es zum Teil ihrer neuen Schwägerin, daß sie mehr Spielraum bekam. Traurig war nur, daß sie es noch nicht wußte. Und selbst wenn sie es gewußt hätte – sie war so deprimiert, daß sie keine Ahnung gehabt hätte, was sie damit anfangen sollte.

Ein Mensch reichte nicht aus, um sie aus dem Elend herauszukatapultieren. Der zweite Mensch, der ihr Leben drastisch ändern sollte, trat in Gestalt ihres Schwagers Prinz Andrew in ihr Leben. Anfang 1986 gaben der Fotograf Gene Nocon und seine Frau eine Dinnerparty. Eingeladen waren Prinz Andrew, Sarah Ferguson, Simon Best und seine Frau und Penny Thorton. Beim Essen kam das Gespräch auf Astrologie. Als er hörte, daß Mrs. Henry Ford II. von Penny sagte: »Sie ist zweifellos eine sehr begabte Astrologin. Sie ist eine der besten«, zog Prinz Andrew sie als eine mögliche Hilfe für seine Schwägerin in Betracht.

Natürlich bestand eine hohe Wahrscheinlichkeit für einen Fehlschlag, da es viele unseriöse Astrologen gibt. Aber Prinz Andrew stellte Diana einer Frau vor, die zu den unbestrittenen Meisterinnen ihres Faches gehört. Cathy Ford meint: »Astrologie, wie sie Penny praktiziert, ist nichts für Idioten. Ihre Methode ist sehr akademisch, sehr wissenschaftlich. Etwas für intelligente Menschen. Ich ließ sie ein Horoskop erstellen, bevor sie wußte, wer ich war. Sie hat ihre Analyse auf der Maschine geschrieben. Wissen Sie, die Leute sagen immer, es gäbe jemanden, der einen besser kennt, als man sich selbst kennt. Nun, ich halte das für Unsinn. Niemand kennt mich besser als ich. Aber als ich ihre Analyse bekommen hatte, brauchte ich zwei Wochen, um wieder zu ihr gehen zu können. Ich mußte sehr gründlich über das nachdenken, was sie mir mitgeteilt hatte, denn auf irgendeine Weise kannte sie mich besser als ich mich selbst.

Sie ist so gut, daß ich sie ausrechnen ließ, wann Henry und ich heiraten sollten. Wenn man heiratet, möchte man, daß alles günstig ist. Sie bestimmte Datum und Uhrzeit. Unsere Ehe klappte gut.

Penny weiß auch, wie man spricht. Sie redet nicht über Konstellationen oder ähnlich unverständliche Dinge, die nur ein anderer Astrologe versteht. Sie wählte die Worte immer so, daß man begreift, was sie meint.«

Penny Thornton ist eine profilierte Autorin. Sie empfängt nur einmal in der Woche Klienten. Damals hatte sie gerade die Hälfte eines Buches fertiggestellt. Sie sagte zu Prinz Andrew, Prinzessin Diana solle erst Kontakt mit ihr aufnehmen, wenn sie ihr Buch beendet hätte. Aber Prinz Andrew wußte, wie verzweifelt Diana war, und gab ihr Penny Thorntons Telefonnummer.

Jemand, die Diana nahesteht, erzählt: »Sie rief Miss Thornton selbst an. Sie verabredeten einen Termin, zu dem Miss Thornton zum Tee in den Palast kommen sollte.« Am 6. März 1986 um vier Uhr nachmittags traf sich Diana das erste Mal mit Penny Thornton. »Sie waren fast drei Stunden lang im Wohnzimmer Ihrer Königlichen Hoheit zusammen. Miss Thornton hatte Kopfschmerzen, und Ihre Königliche Hoheit ging, um ihr ein paar Kopfschmerztabletten zu holen. Zur Teezeit wurde ihr Treffen von Prinz William unterbrochen. Er wollte einen Keks.«

Diana war verwirrt. »Sie war verzweifelt, am Ende ihrer Kraft. Sie brauchte jemanden, mit dem sie reden, jemanden, dem sie vertrauen konnte.« Sie wollte Prinz Charles verlassen. Sie konnte weder ihre Ehe ertragen noch die Art, wie sie lebte. An ihrer Ehe war sie verzweifelt, ihre Art zu leben hatte ihre Gefühle unterdrückt. Sie sah keine andere Lösung für ihre Probleme, als ihren Mann zu verlassen. »Natürlich wollte sie nicht darauf verzichten, Prinzessin von Wales zu sein«, sagt eine Freundin. »Sie wußte nur nicht, was ihr sonst noch übrigblieb. Ihn zu verlassen, ihn und das Leben als Mitglied der königlichen Familie, schien die einzige Lösung für ihre Probleme zu sein. Aber Diana ist eine treue Royalistin, und es gefällt ihr, Prinzessin von Wales zu sein. Sie haßte die Vorstellung, die Monarchie zu belasten und ihre Position aufzugeben.«

Penny Thornton wies ihr einen Weg, der keine Trennung

erforderte. »Durch die Astrologie zeigte sie ihr, daß ihr Leid ein Ende haben würde«, sagt jemand, mit dem Diana vertraut ist. »Sie versicherte ihr, daß ihre Probleme nicht unlösbar seien. Diese Periode könne von einem großen Glück abgelöst werden, und sie würde schließlich Erfüllung finden. Sie sagte, sie solle ihr Leid dazu benutzen, daran zu wachsen. Es könnte sie stärker machen.«

In Krisenzeiten sind Menschen offener für Anregungen. Und weil sich die Leute häufig nur an Astrologen wenden, wenn sie unter großem Streß stehen, können Astrologen große Macht über ihre Klienten erlangen. So sollte es auch bei Penny Thornton und der Prinzessin von Wales werden. »Penny Thornton hatte einen starken Einfluß auf sie. Sie ist sehr spirituell. Sie machte der Prinzessin ihren spirituellen Weg bewußt. Sie half Diana dabei, mit dem spirituellen Teil ihrer Persönlichkeit in Berührung zu kommen. Sie half ihr, zu erkennen, daß ihre Rolle als Prinzessin von Wales wichtig war«, sagt ein Freund.

Eines der vielen Probleme war, daß Diana sich durch Prinz Charles herabgesetzt fühlte. Sie behauptete auch, sie sei »verzweifelt in ihn verliebt gewesen, als sie heirateten, aber er hat sie überhaupt nicht geliebt. Er behandelte sie gefühllos und grausam«, wenigstens in ihren Augen, »und er hat ihr sehr weh getan. Er hat sie gedemütigt. Penny Thornton brachte es irgendwie fertig, ihr das Gefühl zu geben, mit diesen Problemen leben zu können, statt sich in eine Richtung drängen zu lassen, die sie nicht wirklich einschlagen wollte«, erzählt ein Freund.

Mehr als einmal wurde Penny Thornton angerufen, weil man keinen anderen Ausweg mehr wußte. »Einmal veranlaßte sogar der Prinz von Wales einen Anruf bei Miss Thornton. Diana hatte ihre Sachen gepackt und wollte gehen. Es gelang Miss Thornton, sie zu beruhigen. Die Prinzessin sagte, sie hätte ihr gezeigt, daß es am Ende des Tunnels ein Licht gab«, sagt die Quelle aus der Umgebung Dianas.

Penny Thorntons besonderes Talent scheint die Therapie zu sein. Eine wohlbekannte adlige Schönheit, die seit zwei Jahrzehnten Erfahrung mit Miss Thorntons Fähigkeiten hat, sagt: »Sie gibt einem Glauben und Hoffnung. Sie ist ein sehr positiver Mensch. Man verläßt sie mit dem Gefühl, daß alles wieder gut wird – nicht besser, aber gut. Sie versieht einen mit dem Rüstzeug, das man braucht, um mit den Problemen fertig zu werden, die den Schmerz verursachten.«

Innerhalb eines Jahres, in dem Diana und Penny Thornton in engem und ständigen Kontakt standen, schaffte es die Astrologin, »Prinzessin Diana in ihrer zunehmenden spirituellen Entwicklung (zu) unterstützen«. Miss Thornton ging im Kensington-Palast ein und aus. Sie war, nach allem, was man hört, nicht so sehr als Astrologin, sondern vielmehr als spirituelle Führerin und Therapeutin tätig. Im Laufe der Zeit trugen ihre Bemühungen Früchte. Die unsichere und verzweifelte Prinzessin begann ein Licht am Ende des Tunnels zu sehen. Danach endeten die persönlichen Besuche. Sie wurden durch Telefonanrufe ersetzt. So ist es bis heute geblieben.

Als ich Miss Thornton anrief, um mir bestätigen zu lassen, was ich erfahren hatte, war sie offenbar sehr bestürzt darüber, daß ich ihre Verbindung zu Diana entdeckt hatte. »Das ist alles sehr schwierig«, sagte sie. Die Panik in ihrer Stimme war deutlich zu hören. »Ich weiß nicht, wie Sie das herausgefunden haben. Ich habe es nie jemandem erzählt. Ich möchte sie schützen.« An dieser Stelle hielt sie inne. Dann sagte sie: »Ich bestätige nichts. Überhaupt nichts. Ich gebe noch nicht einmal zu, daß ich der Prinzessin von Wales begegnet bin. Sie können nicht behaupten, daß ich sie kenne, weil ich es nicht bestätigen werde.«

Trotz dieses diskreten Verhaltens läßt sich weder die Tatsache der Beziehung leugnen noch die Wichtigkeit ihres Einflusses übertreiben. Sie war es, die Diana davon abhielt, Charles zu verlassen – eine Schuld, die der Prinz von Wales privat anerkannt hat. Außerdem hat sie Diana gezeigt, daß sie ihren Kummer in etwas Sinnvolles verwandeln, die Sinnlosigkeit bannen und Freude in ihr eigenes und das Leben anderer bringen kann. Penny Thornton ist es zu verdanken, daß Diana ihren Weg gefunden hat. Diana die Gute war geboren.

# WOHLTATEN FÜR
# DIE WOHLTÄTIGEN

Die Verwandlung von der erschöpften Prinzessin von Wales zu Diana der Guten ging unkompliziert vonstatten, obwohl es Rückschläge gab und es nicht immer leicht war. Jede Frau mit Position, Herz und Gewissen zollt der Welt durch Wohltätigkeitsarbeit ihren Tribut. Selbst wenn sie eine vielbeschäftigte Künstlerin ist wie die Bildhauerin Shenda Amery (Sheikha Nezam al bin Khazal kabi al Amery, Vorsitzende des Ladies' Committee of Help the Aged). Oder eine profilierte Autorin wie die Romanschriftstellerin Una-Mary Parker (Organisatorin des Royal British Legion's Poppy Ball). Selbst eine rührige Witwe und Mutter wie Beverley Lady Annaly (Gründerin und Treuhänderin von SIGN, der Wohltätigkeitsorganisation für Taube, die der Kampagne für die Schaffung von Gemeinschaften für Taube vorsteht), findet immer noch Zeit und Energie für Wohltätigkeitsarbeit. Es gibt Tausende guter Gründe, um zu helfen. Man muß schon ein steinernes Herz und einen hohlen Kopf haben, um nicht anzuerkennen, daß man die Möglichkeit hat, der Gesellschaft Tribut zu zollen; daß die positiven Auswirkungen die Arbeit, die man hineingesteckt hat, bei weitem übertreffen.

Natürlich war Diana bereits vertraut mit der wohltätigen Welt. So wie bei anderen Mitgliedern des Königshauses drehte sich auch bei ihr ein Großteil der offiziellen Verpflichtungen um Wohltätigkeit. Nur wenige ihrer offiziellen

Pflichten waren Staatspflichten. Sie holte gelegentlich zusammen mit Prinz Charles ein fremdes Staatsoberhaupt an der Victoria Station ab, und einmal im Jahr mußte sie der feierlichen Parlamentseröffnung beiwohnen. Oder sie nahm an den seltenen Staatsbanketten im Buckingham-Palast oder auf Windsor Castle teil oder erschien auf einer der jährlichen Gartenpartys im Buckingham-Palast in London und im Holyroodhouse Palace in Edinburgh. Aber sie war nicht die amtierende Königin – und nur der Terminkalender der Königin enthält hauptsächlich Staatspflichten. Alle anderen Mitglieder der königlichen Familie – vom Gatten der Königin an abwärts – verdienen ihren Lebensunterhalt mit guten. Werken. Selbst das Annual Festival of Rememberance, das einen so wichtigen Platz im königlichen Kalender einnimmt, ist mit Wohltätigkeit verbunden: In diesem Fall kommt sie der Royal British Legion zugute.

Bis zu Dianas Verwandlung war ihre Einstellung gegenüber den öffentlichen Pflichten ein Problem gewesen. Dem Einschreiten der Astrologin Penny Thornton ist es zu verdanken, daß Diana bereit war, ihre Arbeitsauffassung zu ändern und ihre Aufgaben, die sie früher als lästig empfunden hatte, als Gelegenheit zu persönlichem Wachstum zu betrachten. »Nachdem sie erkannt hatte, daß ihre Arbeit wirklich etwas bedeuten konnte, daß sie einen Zweck hatte, der nicht nur darin bestand, daß man aufgeblasene Würdenträger oder arrogante Angehörige der oberen Zehntausend traf, hatte sie echtes Interesse daran«, sagt ein Freund.

Bis zu diesem Zeitpunkt hatten sich Dianas öffentliche Pflichten hauptsächlich auf zwei Bevölkerungsgruppen beschränkt, mit denen sie sich verbunden fühlte: Kinder und alte Leute. Man hatte lange Zeit vermutet, es läge daran, daß sie höheren Anforderungen nicht gewachsen war. Doch nachdem ihr Interesse an der Arbeit erwacht war, änderte sich Dianas Einstellung drastisch. Sie sollte zwar nie ein so unersättlicher Leser wie Prinz Charles werden, aber während sie früher nur bereit war, einen Blick auf eine Zusammenfassung der Berichte über Wohltätigkeitsorganisationen zu werfen, las sie sie jetzt gewissenhaft. Mehr noch – sie verarbeitete die Einzelheiten und bat um mehr Information. Endlich hatte Prinz Charles die Frau, die er sich von Anfang an wünschte. Aber es sah immer noch so aus, als ob sich zuviel Konfliktstoff angesammelt hätte, als daß ihre Ehe hätte verbessert werden können.

Begierig darauf, das neue Terrain zu erforschen, benutzte Diana ihren Einfallsreichtum und ihren Unternehmungsgeist dazu, um Bereiche zu erkunden, in denen sie ihre Talente nutzbringend anwenden konnte. Privat sagte sie: »Ich möchte alles in meiner Macht Stehende tun, um das Leben der Menschen zu verbessern, um Leid und Not zu lindern.« 1990 wurde sie öffentlich zitiert. Sie soll gesagt haben, daß sie dort sein wolle, wo die Probleme sind.

Eine Wohltätigkeitsorganisation, die Diana auffiel, war WomenAid. Sie wurde 1986 von Pida Ripley gegründet, die seit Mitte der siebziger Jahre für die Bemühungen um Spenden bei der United Nations Association verantwortlich gewesen war. WomenAid ist eine Organisation von Frauen aus Industrienationen, die sich zum Ziel gesetzt hat, ihren Schwestern in der Dritten Welt zu helfen, die neunzig Prozent der für das Überleben notwendigen Arbeiten – einschließlich Landwirtschaft – verrichten. »Die Prinzessin von Wales entschied sich für uns«, sagt Pida Ripley. »Sie wollte sich mit etwas beschäftigen, das einen vernünftigen Beitrag leistete und das gerade erst am Anfang seiner Entwicklung stand – so wie bei Birthright. Diana wählt die Wohltätigkeitsorganisationen sorgfältig aus. Sie möchte mit

341

ihnen wachsen. Sie hatte ein Flugblatt über WomenAid gesehen, das wohl bei einem ihrer Freunde herumlag. Sie erkundigte sich danach, hörte, daß dort Frauen für Frauen arbeiteten, und sagte, das sei etwas, wo sie gerne mitmachen würde. Wir hatten gerade erst angefangen, und das Auswärtige Amt meinte, sie könne noch nicht die Schirmherrschaft übernehmen. Dazu mußten wir uns erst noch richtig etablieren und mehr vorzuweisen haben.«

Aber das hielt die Prinzessin nicht davon ab, dort mitzuarbeiten. Einer ihrer Beiträge für WomenAid war der Besuch des Lunchs zur Feier des World Food Day am 16. Oktober 1989, wo sie die Women of the World Awards überreichte. »Ich war sehr überrascht von ihr«, fährt Pida Ripley fort. »Sie war um einiges nachdenklicher und fachkundiger, als man mich hatte glauben lassen.«

Diana stellte sich ihrem neuen Interesse mit der ihr eigenen Direktheit. Sie machte sich mit zäher Entschlossenheit und lobenswerter Effizienz ans Werk. »Sie wählte die Bereiche sorgfältig aus – Babys, alte Menschen, Frauen, Aids – alles Bereiche, die dafür berüchtigt waren, schwierig und unpopulär zu sein«, sagt Pida Ripley.

Tanzen hatte lange Zeit zu Dianas größten Leidenschaften gehört. Sie vernachlässigte es nicht, nachdem sie sich der Wohltätigkeit verschrieben hatte. Zusätzlich zu der wachsenden Liste wohltätiger Organisationen kümmerte sie sich noch um aufstrebende Ballettkompanien wie das London City Ballet und das English National Ballet.

Ihre Beiträge waren nicht kosmetischer Natur. Diana weiß sehr gut, daß die Aufgaben der Wohltätigkeitsorganisationen nicht einfach sind. Sie sind auf jeder Ebene mit dem gesellschaftlichen Leben verbunden. Je erfolgreicher eine Wohltätigkeitsorganisation wird, desto angesehener ist sie. Und je angesehener sie ist, desto mehr Verbindungen zum Königshaus hat sie. Das bedeutet zwangsläufig, daß eine beträchtliche Anzahl jener Menschen, die Wohltätigkeitsorganisationen unterstützen, dies teilweise oder ausschließlich wegen der sich bietenden gesellschaftlichen Möglichkeiten tun. Ohne zynisch zu sein, lernt man schon bald, daß Menschen nicht immer ihr Geld geben oder ihre Unterstützung gewähren, weil sie von dem Gedanken der Organisation überzeugt sind. Die Menschen wollen einen Gegenwert für das Geld. Gute Unterhaltung, Spaß, Glamour und Befriedigung der Urinstinkte der Snobs – das sind Faktoren, die berücksichtigt werden müssen, wenn man eine erfolgreiche Wohltätigkeitsorganisation leiten will.

Diana besitzt ein Talent, das sich schon vor ihrer Heirat gezeigt hatte. Sie erwies sich als unübertroffen, wenn es ums Spendensammeln ging. Jamie Jeeves, der Spendensammler des English National Ballet, sagt: »Sie hat ein Geschick, ein wirkliches Talent, den richtigen Leuten die richtigen Worte im richtigen Augenblick zu sagen und sie dazu zu bringen, daß sie ihre Geldbeutel öffnen und Geld spenden.«

Aber die Beschaffung der Geldmittel ist nur ein Teil der Wohltätigkeitsarbeit. Mit den Menschen zurechtzukommen, mit denen und für die man arbeitet, gehört auch dazu. Bei einem offiziellen Besuch im Mildmay Mission Hospice in Ostlondon im November 1991 beeindruckte Diana den zweiunddreißigjährigen Michael Kelly. Er sagte ihr: »Jetzt, wo ich als der Mann mit Aids bekannt bin, habe ich Angst, daß mir jemand einen Ziegelstein durchs Fenster wirft.« Sie bedauerte ihn und bemerkte: »Leider müssen Sie mit der Ignoranz leben.«

»Sie ist wirklich unglaublich«, sagte Jamie Jeeves. »Sie ist wunderbar kooperativ und stets bereit, einem einen Gefallen zu tun und das zu tun, was getan werden muß, damit das Ganze ein Erfolg wird. Sie ist entzückend – einfach wunderbar. Sehr realistisch, gar nicht eingebildet. Ich bin ein richtiger Fan von ihr. Ich kann kaum beschreiben, für wie großartig ich sie halte.«

Auch Pida Ripley singt ein Lob auf Dianas menschliche Qualitäten. »Sie ist eine wirkliche Freude. Ich glaube, das Geheimnis ihres Erfolges liegt in ihrer Offenheit, ihrer Ungezwungenheit und ihrem Humor. Es ist kein bösartiger Humor. Er ist fein, liebenswert und lustig. Man hat das Gefühl, als könne man ihr alles sagen. Ich habe viel Zeit für sie.«

Vor ihrer Veränderung war Dianas Wirkung auf die Wohltätigkeitsorganisationen auch bereits beeindruckend. Die beiden wichtigsten Organisationen aus der Anfangszeit – Birthright und Help the Aged – sind ein typisches Beispiel dafür. Ihr Name, ihre Popularität, ihr Prestige und das wirklich bemerkenswerte Interesse, das man allem entgegenbrachte, was mit ihr zu tun hatte, führten dazu, daß diese Organisationen zu den bekanntesten und erfolgreichsten Wohltätigkeitsorganisationen des Landes wurden. Bunty Lewis, deren Mann Tom eine große Karriere als Geburtshelfer und Gynäkologe gemacht hatte, war eine der Gründerinnen von Birthright. Sie sagt: »Ohne die Prinzessin von Wales hätten wir das alles nie geschafft. Es war eine junge Wohltätigkeitsorganisation. Sie half uns, bekanntzuwerden. Sie kam zu uns, weil sie George Pinker (der ihr Geburtshelfer war und mitgeholfen hatte, ihre beiden Söhne zur Welt zu bringen) kannte und auch weil sie zur königlichen Familie gehört, die Ehrenmitglied des Royal College of Obstetricians and Gynaecologists ist.«

Die Verbindung mit Diana förderte auch die Organisation Help the Aged, die mir noch gut aus den späten siebziger Jahren in Erinnerung ist. Damals besuchte ich Peter Laing, der die Organiation leitete, und Marion Alford, die dort als Spendensammlerin arbeitete und heute zu den erfolgreichsten

Sammlern des Landes gehört. Damals kämpfte Help the Aged ums Überleben. Niemand wollte etwas davon hören. Alte wurden als peinlich empfunden, nicht als Menschen mit Bedürfnissen und Wünschen, die noch immer einen Beitrag für die Gesellschaft leisten oder sie durch ihre Gegenwart bereichern können. Dann kam die Prinzessin von Wales. Was auch immer das Motiv für ihr Interesse gewesen sein mag, Tatsache ist, daß ihr Kontakt mit Help the Aged diese Wohltätigkeitsorganisation zu der modernsten des Landes machte. Heute gehört der jährliche Award-Lunch zum festen Bestandteil des Gesellschaftskalenders. Um welche Wohltätigkeit es sich auch handelt, der Erfolg ist sicher, solange auf den Einladungen steht: »In Gegenwart Ihrer Königlichen Hoheit der Prinzessin von Wales.«

Ohne diese Zauberworte verliert auch das reizvollste Ereignis seinen Glanz, und es wird unmöglich, Karten zu verkaufen, wie Birthright im Frühling 1991 feststellen mußte. Die Wohltätigkeitsorganisation veranstaltete einen Siebziger-Jahre-Ball in der Royal Albert Hall. Alles, was Rang und Namen hatte, trat auf, von den Supremes über Gerry and the Pacemakers bis hin zu den Searchers. Sterne vom gesellschaftlichen und musikalischen Firmament wie Jane die Herzogin von Roxburgh, der Marquis und die Marquise von Worchester, Billy Wyman, Petula Clark und Patti Boyd Harrison Clapton hatten ihr Erscheinen zugesagt oder saßen im Komitee. Der Abend versprach viel, nicht nur musikalisch, sondern auch gesellschaftlich. Aber als bekanntgeworden war, daß Diana nicht anwesend sein würde, verkauften sich die Karten zu 250 Pfund Sterling pro Person nur noch zäh. Am Abend selbst blieben viele Plätze in den Logen leer. Und das nur, weil Diana nicht anwesend war.

Diana war sich dessen natürlich bewußt. »Sie erkannte, daß jedes Ereignis durch ihre Anwesenheit aufgewertet wurde«, sagt John Coblenz von CRUSAID, der sehr erfolgreichen Aids-Organisation, die im Jahre 1986 gegründet worden war. »Im Januar (1991) besuchte sie zum Beispiel unseren Empfang im Unterhaus, obwohl es für eine königliche Prinzessin ungewöhnlich ist, ins Unterhaus zu gehen. Sie tat es, weil sie wußte, daß ihre Gegenwart dem Ereignis ein gewisses Prestige verleihen würde.«

Seit ihrer Hinwendung zu spirituell motivierter Arbeit hat Diana unschätzbar wertvolle Beiträge zu solch unpopulären Themen wie Aids geleistet. Ihre Arbeit für CRUSAID umfaßt das ganze Spektrum von sehr privat bis sehr öffentlich. »Sie ist sehr hilfsbereit und auch bereit, soviel Zeit zu opfern, wie wir brauchen. Was sie durch die Eröffnung des Kobler Center im September 1988 für uns getan hat, nahm den Vorurteilen gegenüber dieser Krankheit einige Spitzen«, sagt John Coblenz. »Damals war Aids allgemein noch relativ unbekannt, und die Beteiligung der Prinzessin war von so großem Interesse, daß im Fernsehen sehr viel darüber berichtet wurde. Sie ging absichtlich ohne Handschuhe dorthin und schüttelte die Hände der Patienten. Das hatte eine starke Wirkung. Sie zeigte der Öffentlichkeit ganz bewußt, daß man diese Krankheit durch normalen Körperkontakt nicht bekommen kann. Das trug eine Menge dazu bei, daß Angst und Vorurteile abgebaut wurden.«

Aber natürlich begrüßt nicht jeder Dianas Interesse an so umstrittenen Themen wie Aids. Eine adlige Lady, eine Freundin ihres Vaters, sagt: »Dieser ganze Hokuspokus mit Homosexuellen ist einfach nicht echt.« Eine andere Freundin ihres Vaters, gleichfalls adlig, sagt: »Den ganzen Tag mit Adrian Ward-Jackson verbringen (dem Kunsthändler und Vorstandsmitglied des English National Ballet, deren Schirmherrin Diana war), herbeizueilen, um im Augenblick seines Todes bei ihm zu sein, danach Stunden mit seiner

Familie zu verbringen und mit zur Beerdigung zu gehen – das war schrecklich. Ich bin überzeugt davon, daß sie es wegen der Publicity tat und weil sie Dramen liebt. Er war ein scheußlicher, kriecherischer Schwuler, der die Menschen schamlos ausnutzte. Er war ein echter Opportunist und ein großer Schmeichler. Ich nahm oft an seinen Lunchs teil, die furchtbar vornehm waren. Ich habe gehört, daß Basia Johnson (die aus Polen stammende Witwe des Johnson-Erben) ihn lanciert hätte. Er behandelt die Menschen mal so, mal so. Nachdem mir klargeworden war, wie er wirklich ist, habe ich mich von ihm distanziert. Ich bin nicht zu seinem Gedächtnisgottesdienst gegangen, weil ich ihn nicht mehr mochte. Ich hielt es für sehr anmaßend, daß seine Freunde sich um Karten bemühen mußten. Wissen Sie, daß er der Prinzessin von Wales seine Diamanten geschenkt hat? Warum hinterläßt er ihr die Diamanten, wo so viele seiner Freunde in Not sind? Wenn ich so etwas sehe, dann wird mir schlecht.«

Ob Narzißmus oder öffentliche Bestätigung eine Rolle spielen, kann nur sie selbst mit Sicherheit sagen. Unbestreitbar ist, daß sie ihrer Arbeit verpflichtet ist, gleichgültig, ob die Presse und die Fernsehkameras dabei sind oder nicht. Natürlich ist sie sich – wie alle Menschen, die für Wohltätigkeitsorganisationen arbeiten – dessen bewußt, daß man um so mehr Chancen hat, andere zu motivieren, je berühmter man ist. Und Diana nutzt ihre Stellung sehr erfolgreich. Ich persönlich bin der Meinung, man sollte sie dafür loben, nicht kritisieren. Denn die Beteiligung eines Mitglieds des Königshauses inspiriert alle, die mit einem Projekt beschäftigt sind. Und Besuche von Mitgliedern der königlichen Familie sind sowohl eine Belohnung als auch ein Ansporn, weiterzumachen.

Deshalb nimmt Diana an vielen Feiern und Eröffnungen teil. »Sie besuchte viele Krankenhausstationen«, erzählte John

Coblenz. »Kürzlich kam sie mit Barbara Bush in das von uns unterstützte Middlesex Hospital.« Wenn sie nicht gerade Kranken und Sterbenden ermutigende und tröstende Worte zukommen läßt, kreisen ihre offiziellen Verpflichtungen um die Eröffnungen von Projekten. Für CRUSAID erklärte John Coblenz: »Sie nahm die offizielle Eröffnung der Rodney-Porter-Abteilung im St. Mary's Hospital vor (wo ihre Söhne geboren worden waren). Anfang dieses Jahres hat sie in Nordlondon das FACTS Centre eröffnet, ein Nachbarschaftsgesundheitszentrum und Treffpunkt für HIV-positive Menschen. Sie eröffnete für uns auch die Büros einer Gruppe namens Positively Women. Das ist eine Selbsthilfegruppe für Frauen, deren HIV-Test positiv ist. Sie arbeiten direkt mit Kindern HIV-positiver Mütter.«

All diese Arbeit mag einem Außenstehenden furchtbar deprimierend vorkommen. Diana wurde kürzlich vom *London Evening Standard* vorgeworfen, eine Art Katastrophen-Groupie zu sein. Ihr Mitleid wurde als Co-Abhängigkeit abgetan, ihre menschlichen Fähigkeiten sind mit Funktionsstörungen gleichgesetzt worden. Aber jeder, der einmal Wohltätigkeitsarbeit geleistet hat, weiß, daß sich dabei großes Leid und große Freude vermischen. Oft sind die Menschen, von denen man es überhaupt nicht erwartet, am humorvollsten und gutmütigsten. Die Gesellschaft der Benachteiligten, Bedürftigen, Gebrechlichen und Todkranken ist immer eine Herausforderung, manchmal inspirierend und oft eine Freude. Da es niemand besser ausgedrückt hat als die Herzogin von Norfolk, die Gründerin von Help the Hospices, sollte ich ihr das Wort überlassen: »Als ich das erste Mal ein Krankenhaus besuchte – es war das St. Joseph's in Hackney –, war ich derart überrascht von dem Gefühl des Vertrauens, der Hingabe und des Glücks, daß ich zu dem Schluß kam: ›Das ist es, was ich mit meinem Leben machen möchte.‹ Ich war verblüfft, soviel Glück an einem solchen Ort zu finden«, gestand sie mir einmal, als wir darüber sprachen, was sie zu ihrem Krankenhauskreuzzug angeregt habe.

Penny Thornton hatte recht gehabt. Diana verwandelte ihren Kummer in Kraft, die sie dazu benutzen konnte, anderen zu helfen und dadurch Erfüllung und Glück zu finden. »Sie wurde viel glücklicher. Sie hatte den Sinn ihres Lebens gefunden«, sagt ein Freund. »Ich brauche nicht erst zu betonen, daß die Höflinge dagegen waren, daß ihr Name mit umstrittenen und unangenehmen Themen wie Aids in Verbindung gebracht wurde. Aber das kümmerte sie nicht. Sie hatte von Prinz Charles und Sarah (York) gelernt. Man kann tun, was man will, und sie können nichts dagegen machen. Oder wenigstens nicht sehr viel. Sie machten ihr Vorwürfe, weil sie ihren Namen für Aids-Organisationen hergegeben habe. Sie meinten, es sei unklug, wenn sie Schirmherrin würde. Sie nannten es unangebracht. Aber sie machte trotzdem weiter. Und diese Höflinge können nichts dagegen unternehmen, außer sie an den Bettpfosten zu fesseln und als Gefangene im KP zu halten.«

Zum Glück für die Höflinge, besonders für ihren Schwager, den jüngsten Privatsekretär der Königin, kreisen nicht alle Interessen Dianas um Geburt, Tod und Sterben. Die Höflinge unterstützen begeistert ihre Konakte zu so angesehenen Institutionen wie dem English National Ballet oder der British Youth Opera. »Ihre Aids-Publicity machte den Hof‑ nervös«, sagt die Schwägerin des hochrangigen Höflings. »Einerseits gefiel es ihnen, wenn sie als Mutter Teresa mit Diadem dargestellt wurde. Andererseits konnten sie nicht vergessen, daß nicht jeder im Lande mit den Aids-Opfern sympathisierte. Natürlich ist das ein Vorurteil. Sie glauben, daß niemand sie wegen ihrer Unterstützung der Kultur kritisieren könne. Aber ich glaube, daß sie unrecht haben. Man darf nicht vergessen, daß sie ein arroganter und isolierter Haufen sind. Sie beurteilen alle nach ihren eigenen Maßstäben. Sie glauben, jeder hätte *ihre* Werte. Sie sehen nicht, daß ein beachtlicher Teil der Bevölkerung sich nichts aus Kultur macht. Ich würde sagen, die Zahl der Menschen, die etwas gegen die königliche Unterstützung der Künste haben, ist ungefähr so groß wie die, die nicht mit der Aids-Hilfe einverstanden sind. Man kann es nicht allen recht machen. Also kann man ebensogut das tun, was man selbst für richtig hält. Ich bin kein Höfling. Ich lebe nicht in einem Elfenbeinturm und bin nicht blind. Ich kann nur sagen, Gott sei Dank haben die Walesschen ihren Beratern immer die Stirn geboten.«

Aber einige der erbittertsten Kritiker Dianas kamen genau aus jener Gesellschaftsschicht, in der man nur Bewunderer hätte erwarten können. Mit zunehmender Berühmtheit hat sie sich nicht nur die Mißbilligung ältlicher Ladys wie der Freundinnen ihres Vaters zugezogen, sondern auch die Konkurrenz bei zahlreichen Berühmtheiten geschürt. Ich war kürzlich zu einem Lunch eingeladen, bei dem die Gastgeberin, eine Prinzessin, sich kaum von ihrem Stuhl erhob, um Diana, die sich verspätet hatte, zu begrüßen. Die Einstellung der Prinzessin war: »Sie hätte pünktlich kommen sollen. Wenn sie nicht so beschäftigt gewesen wäre, mit ihren Bewunderern zu sprechen, hätte sie ihren Termin einhalten können. Ich springe doch nicht wie ein Schachtelmännchen auf, nur weil sie so ein Superstar geworden ist, daß jeder sie sehen möchte.«

Nirgendwo zeigte sich diese Konkurrenz so deutlich wie bei den Vorbereitungen zu »A Royal Gala Evening«, der am Donnerstag, dem 4. Oktober 1990, im Departmental Auditorium an der Constitution Avenue in Washington, D. C., stattfand. Es hätte die Gala aller Galas werden sollen und war geplant als transatlantisches Unternehmen zur Unterstützung des London City Ballet, des Washington Ballet und des Grandma's House, eines Heims für mißhandelte und verlassene Aids-Babys. Das Komitee war eine Mischung aus Berühmtheiten der Gesellschaft und der Medien wie Mercedes Bass, Judy Taubman und Kari Lai. Die Preise für die Karten lagen zwischen dreitausend und fünftausend Dollar pro Person. Laut eines Informanten aus dem Palast erwartete Barbara Walters für den Preis ihrer Karte ein Exklusivinterview mit der Prinzessin. Da man ihr nicht entgegenkam, war es ihr unmöglich, an dem Ereignis teilzunehmen.

Es wäre noch hinzuzufügen, daß genügend Menschen, die mit der Gala zu tun hatten, so gute Medienverbindungen besaßen, daß sie dem Zauber ein Ende hätten machen können. »Vorab gab es ungünstige Publicity wegen des Kartenpreises. Damals fand ein Stimmungswandel (in Amerika) statt. Derart teure Galas wurden unpopulär. Sie weckten unangenehme Erinnerungen an die Exzesse der Reagan-Ära. Und die Karten *waren* teuer.«

Nachdem die Schleusen einmal geöffnet waren, ergoß sich eine Welle schlechter Publicity über die Organisatoren. »Es ist leicht, die Amerikaner zu kränken. Die Organisatoren ließen alles per Schiff von England kommen: das Essen, die Küchenchefs, die Blumen, die Floristen, selbst die vergoldeten Stühle. Das weckte latent koloniale Gefühle der Antipathie.«

Einige Komiteemitglieder ließen mit Blick auf die öffentliche Meinung die Vorsitzende in der Stunde der Not im Stich. »Eine Menge Prominenter hatten keine Lust, nach Washington zu kommen. Sie benahmen sich wie Schulkinder, die jemanden isolieren wollen. Sie versuchten, den Abend zu ruinieren, obwohl sie zum Komitee gehörten. Normalerweise reserviert man als Komiteemitglied einen Tisch. Das ist eine unausgesprochene Verpflichtung. Aber als die Stunde der Wahrheit kam, erfüllten sie ihre Pflicht nicht.«

Die Kosmetikerin Georgette Mosbacher ging sogar noch einen Schritt weiter. Da sie bereits ihre Karten bezahlt hatte, forderte sie ihr Geld zurück. »Das war unerhört. So benimmt sich keine Lady. Aber die Leute konnten es kaum erwarten, auszusteigen. Sie dachten, sie könnten das Messer hineinstoßen und irgend jemand käme vorbei und würde das Blut aufwischen.«

Dianas Flug nach Washington glich dem Besteigen eines sinkenden Schiffs. Bei einem Empfang in der britischen Botschaft traf sie sich mit fünfzig Leuten, die geholfen hatten, das in Gang zu setzen, was auf gesellschaftlicher Ebene ein Untergang der Titanic zu werden drohte. Anwesend waren unter anderem die Komiteemitglieder Judy Taubman, Mercedes Bass und die kanadische Schönheit Kari Lai.

Aber die Saboteure hatten nicht mit Diana gerechnet. Viele Menschen, die ihren Besuch zugesagt hatten, wollten immer noch kommen. Entweder aus Verpflichtung Diana gegenüber oder weil sie an Ehre und Anstand festhielten. Dr. Armand Hammer, Pamela Harriman (The Honourable Mrs. Averell Harriman) und Bärbel Abela (deren Ehemann Partner von Prinz Alfonso von Hohenlohe war) reservierten Tische, für die sie selbst zahlten. Evangeline Bruce, die nicht kommen konnte, bezahlte trotzdem ihre Karten. »Der Palast und Diana standen brillant da«, erinnert sich ein Komiteemitglied. »Es gab wunderschöne Fotos von ihr, wie sie im Grandma's House Aids-Babys umarmte, und von der Gala, wo sie phantastisch aussah. Die ungünstige Publicity interesserte sie nicht. Sie war königlich und zauberhaft, und niemand konnte ihr die Schuld geben. Trotz des Versuchs, den Abend zu sabotieren, und trotz der undichten Stellen, die für die ungünstige Publicity verantwortlich waren, kam ein beachtlicher Betrag zusammen. Jede Organisation erhielt hunderttausend Dollar. Zwanzigtausend Dollar gingen an eine Organisation, die den amerikanisch-britischen Kulturaustausch förderte. Und durch Dianas gute Publicity im Zusammenhang mit den Aids-Babys wurde das Bewußtsein des Volkes ein weiteres Mal wachgerüttelt. Diana half so, die Angst vor Aids zu mindern.«

Das Geschick und die Sicherheit, mit der es Diana gelungen war, diese gefährlichen Klippen zu umschiffen, sind nur zwei von vielen Eigenschaften, die sie entwickelte, nachdem sie sich für eine ernsthafte, konstruktive Wohltätigkeitsarbeit entschieden hatte.

Der bekannte Opernimpresario Alan Sievewright leitete 1991 eine Opern- und Ballett-Gala in Gegenwart der Prinzessin von Wales, um Mittel für eine Wohltätigkeitsorganisation der Künste zu beschaffen. Er erzählte: »Der Abend wurde von Prue Waterhouse und Chrisanthy Lemons (eine wohlbekannte Spendensammlerin) angeregt. Ich dachte daran, den berühmten Choreographen Ronald Hynd zu bitten, speziell für diese Gelegenheit ein neues Ballett zu inszenieren. Das passendste Thema schien Sylvia zu sein, die Geschichte der Göttin Diana, Göttin der Jagd. Da die Gala am 18. Mai stattfinden sollte, schlug ich vor, sie dem Gedenken an die verstorbene Margot Fonteyn zu widmen, die an diesem Tag Geburtstag gehabt hätte. Ich bat Montserrat Caballé, die große spanische Sopranistin, und Samuel Ramey, den großartigen amerikanischen Bariton, ohne Gage aufzutreten. Dann informierten uns einige Leute, die mit der Organisation zu tun hatten, daß sie den Termin und den Schauplatz verlegt hätten. Sie sagten in dieser überheblichen Art, wie sie gehirnlose Snobs so an sich haben: ›Sie können MONT-serrat Ca-BARL-lay und Samuel RAH-meR über den neuen Termin informieren.‹ Sie wußten noch nicht einmal, wie man die Namen richtig ausspricht.

Es war unerhört. Diese Leute sind so aufgeblasen, so von ihrer eigenen Wichtigkeit überzeugt. Montserrat Caballé und Samuel Ramey stellten ihre Dienste einer britischen Wohltätigkeitsorganisation zur Verfügung – zwei Fremde stifteten ihre Zeit. Natürlich mußte ich es organisieren, da ich sie gefragt hatte. Aber ich konnte nicht zulassen, daß man mit diesen großartigen und großzügigen Künstlern so respektlos umging. Ich sprach mit Prue und Chrisanthy. Wir beschlossen, mit der Prinzessin zu sprechen, die sofort verstand und sagte, sie wäre mit allen Veränderungen, die wir vornehmen würden, einverstanden.« Nicht alle Mitglieder des Königshauses sind so entgegenkommend und flexibel wie Diana. Sie ist kooperativ und besteht nicht auf unnötiger Förmlichkeit, was jedem auffällt, der mit ihr arbeitet.

Der Termin wurde beibehalten. Mit dem Einverständnis von Diana änderten Alan Sievewright, Prue Waterhouse und Chrisanthy Lemos nur den Schauplatz und die Nutznießer. Sie tauften die Gala in »Serenade für eine Prinzessin« um. Sie fand jetzt im herrlichen Banqueting House des Palastes von Westminster statt. In dem Bankettsaal, der mit großartigen, von Rubens gemalten Decken versehen ist, wurde das Dinner serviert und die Vorstellung gezeigt. Es gelang den Organisatoren sogar, sich die Dienste einiger Berühmtheiten der Ballettwelt zu sichern, darunter Bryony Brind vom Royal Ballet, Petter Jacobsson aus Schweden und Laurent Novis vom Paris Opéra Ballet. Die Spenden kamen dem English National Ballet, einem von Dianas Babys und der British Youth Opera zugute, einem Bereich, für den sich Diana zu interessieren begann. Der Abend war ein großer Erfolg. Er wurde auf Video aufgezeichnet. Diana stimmte dem Verkauf der Videos gern zu, da er weitere Spendengelder einbringen würde.

Immer findig, ließ sich Diana jetzt keine Gelegenheit mehr entgehen, sich öffentlich oder privat zu engagieren, wenn sie von einer Sache überzeugt war. Das zeigte sich an jenem Maiabend 1991 im Bankettsaal. »Eine Folge dieses Ereignisses war«, erzählt Alan Sievewright, »daß sie Schirmherrin der British Youth Opera wurde. Sie hat sogar eine Sonderaufführung von *La Bohème* in einer neuen Inszenierung im Sadler's Wells Theater besucht.«

Alan Sievewright erfuhr auch, daß Diana ein ernsthaftes Interesse für Opern entwickelte (eine von Charles' Leidenschaften). »Natürlich liebt sie den Tanz, aber sie erwärmte sich auch für die Oper. Sie hörte zu. Man muß zuhören können, um zu lernen, ob königlichen oder bürgerlichen Geblüts. Sie baute sich eine Plattensammlung von Opern auf, die genauso gut ist wie ihre Sammlungen in den Bereichen Ballett und anderer Musik. Bei der Vorstellung der British Youth Opera von *Bohème* lenkte ich ihre Aufmerksamkeit auf eine wunderbare Aufführung des großen englischen Dirigenten Sir Thomas Beecham. Sie hatte vorher noch nie davon gehört. Sie besaß bereits eine (Aufnahme der) von Karajan dirigierten Aufführung. Sie schrieb mir einen begeisterten Brief. Sie weiß so etwas wirklich zu schätzen.«

Wie alle, die mit ihr arbeiteten, hat Alan Sievewright den größten Respekt vor ihr. Er ist nicht leicht zu täuschen. Er hat die Größen der internationalen Musikszene kennengelernt und mit ihnen gearbeitet. Sie alle – von Maria Callas bis zu Grace Bumbry – waren seine persönlichen Freunde oder Kollegen. »Die Prinzessin von Wales ist sehr scharfsichtig. Wenn man im Licht der Öffentlichkeit steht, ist man gezwungen, schnell zu lernen. Für die Künste heißt das, daß es wichtig ist, ihnen soviel Unterstützung wie möglich zukommen zu lassen. Oper und Ballett brauchen jede Menge Ermutigung. Das kann Diana wunderbar. Sie scheint sich wirklich dafür zu interessieren; und sie macht ihre Hausarbeiten. Nein, ich habe nicht den Eindruck, als würde sie die Arbeit langweilen oder als sei ihr Interesse geheuchelt. Bei ihr weiß man, was man bekommt. Man spürt förmlich ihr fürsorgliches Wesen.«

Nur schade, daß sie erst leiden mußte, bevor sie ihr Ziel erreichte. Aber niemand kann leugnen, daß sie eine Streitmacht für das Gute gewesen ist. Unter der wunderschönen Verpackung liegt ein zärtliches Herz, das die Lebensqualität vieler Menschen auf der Welt verbessert hat. Auch wenn sie sonst nichts täte, wenn sie keine anderen Tugenden besäße, wäre sie ein bewunderns- und verehrungswürdiger Mensch allein wegen ihres Engagements. Das ist alles an Lob, was sie braucht. Aber nicht das einzige Lob, das sie verdient.

# FREUNDE UND VERWANDTE

Wie Menschen nicht nur von Brot allein leben, brauchen Frauen mehr als nur gute Werke, um Erfüllung zu finden. Während Diana langsam aus dem schwarzen Loch der Verzweiflung herauskroch, war sie immer noch mit einem nicht gerade idealen Privatleben konfrontiert.
Der Prinz von Wales war nicht gerade begeistert von dem Kurs, den seine Frau einschlug, was aber nicht überraschte. Nur wenige Männer unterstützen die Behauptung, daß für Männer dieselben Regeln gelten wie für Frauen. Trotz zahlreicher Beispiele, die das Gegenteil beweisen, und trotz der Existenz eines adligen und königlichen Codes über das eheliche Verhalten hindert die meisten Männer allein ihr Stolz am Verzicht auf atavistische Rechte. Adlige und Mitglieder von Königshäusern sind genauso menschlich wie alle anderen. Sie haben die gleichen Triebe wie ihre weniger privilegierten Brüder und Schwestern. Sich mit den Forderungen einer Ehe abzufinden, die ihren Glanz verloren hat, verläuft für niemanden ohne Schmerzen. Der Vornehme im Schloß ist genauso eifersüchtig und besitzergreifend wie der Bettler an der Pforte. Und Prinz Charles zögerte, genauso wie jeder andere Mann es tun würde, seiner Frau das Recht auf Freiheiten zuzubilligen, die er selbst bereits genoß.
Außerdem hatte der Thronfolger immer das Wohlergehen der Monarchie im Auge. Und eine Prinzessin, die ein freies und aktives Leben führte, stellt eine Gefahr dar.

Aber Diana war eine junge Frau Mitte Zwanzig. »Sie ist sehr sinnlich und braucht eine Menge Zuneigung«, sagt ein Freund. »Sie braucht sehr viel Gefühl. Sie kann ohne Liebe nicht leben.«

Die wahre Liebe ist nicht immer da, wenn man sie braucht. Aber wenn man jung, schön, charmant und die Prinzessin von Wales ist, kann man sicher sein, daß es an Bewunderern nicht fehlt. Aus ihrer Reihe wählte Diana den König von Spanien zu ihrem Vertrauten: »Er ist bekannt dafür, daß er Frauen sehr schätzt«, erzählt eine europäische Adlige, deren Ehemann mit der königlichen Familie gut bekannt ist. »Um es höflich auszudrücken: Er flirtet sehr gern. Aber er braucht sich nicht sonderlich anzustrengen. Er ist ein gutaussehender Mann, und die Frauen schätzen ihn genauso wie er sie.«

König Juan Carlos war der ideale Vertraute. Erstens war er von königlichem Geblüt; das hieß, man konnte darauf vertrauen, daß er nie die Grenzen des guten Geschmacks überschreiten würde. Zweitens ist er ein Verwandter – und die Dinge in der Familie zu halten war lange Zeit königliche und adlige Art gewesen. Das gilt nicht nur privat, sondern auch beruflich. Die Königin zum Beispiel belohnte Andrew Parker Bowles für verschiedentliche Dienste, indem sie seine Amtsdauer als Kommandant der Hofkavallerie von drei Jahren auf fünf verlängerte, bevor sie ihn zum diensttuenden Offizier der Leibwache ernannte. Andere Bedienstete sind ähnlich belohnt worden. Und drittens ist seine Frau, Königin Sofia von Spanien, an die Bewunderung gewöhnt, die man ihrem attraktiven Ehemann zollt. Somit war ein Eifersuchtsausbruch seitens der Gemahlin nicht zu erwarten.

Die beiden Familien trafen sich im August 1986 zum ersten gemeinsamen Sommerurlaub im Marivent-Palast auf Mallorca, wo König Juan Carlos und Königin Sofia jeden Sommer verbrachten. Man unternahm Kreuzfahrten mit der

*Fortuna*, der Yacht des Königs, Ausflüge an exotische Strände und interessante Orte, trieb Wassersport und gab sich allen anderen Vergnügungen hin. Manchmal überließ der Prinz von Wales Diana sich selbst und besuchte José Luis de Villalonga, Marquès de Castelvall, einen adligen Autor, der ein Haus in einem Dorf namens Andratx besitzt.

Damals war der Prinz nicht nur zu der herzlichen Kameradschaft zurückgekehrt, die ihn mit Camilla Parker Bowles verband; eine ganze Reihe neuer Frauen waren begierig darauf, seine Vertraute zu sein. Eine davon war die Marchesa di Frescobaldi – Bona, wie sie ihre Freunde nennen –, eine gertenschlanke blonde Schönheit. Sie ist ungefähr zehn Jahre älter als Charles und hat in eine der ältesten und vornehmsten Familien des Florentiner Adels eingeheiratet. Der Familienpalast, der von sagenhaften Schätzen schier birst, wurde zum Schauplatz vieler intimer Dinner und amüsanter Lunchs, die Bona für ihren intellektuellen und exquisiten Freundeskreis gab. Dort konnte man über Kunst, Architektur und all die anderen Themen sprechen, von denen sich informierte und intelligente Männer und Frauen in aller Welt inspiriert fühlen. Bona Frescobaldi war genau die Frau, die der Prinz von Wales als ideale Vertraute betrachtete.

Bona Frescobaldi hatte eine junge und wunderschöne Tochter namens Fiametta. Als die Presse Wind von Charles' Interesse an Italiens seltenen Schätzen bekam, liefen sie in eine Sackgasse. Fiametta wurde als die Frau propagiert, an der Charles interessiert wäre, trotz der Tatsache, daß ihre Beziehung nicht über die Familienfreundschaft hinausging. Dem Marchese und der Marchesa di Frescobaldi hätte es auch nicht gefallen, wenn der Prinz von Wales ihrer unverheirateten Tochter zuviel Aufmerksamkeit gezollt hätte. Alles löste sich in Wohlgefallen auf, als Fiametta sich mit einem der d'Arenberg-Prinzen verlobte. In der Zwischenzeit ist sie selbst

Prinzessin geworden. Ihre Mutter steht noch immer mit Charles in freundschaftlicher Verbindung, obwohl ihre Freundschaft nicht mehr so eng ist wie früher.

Charles und Diana führten beide ein unabhängiges Leben. Charles handelte nach der Devise je mehr, desto besser und verteilte sein Interesse auf mehrere Vertraute. Camilla Parker Bowles stand zwar immer noch an erster Stelle, aber es gab noch andere Frauen, mit denen er sich über den tieferen Sinn des Lebens unterhalten konnte und die ihm freundschaftlichen Trost und Kameradschaft schenkten. Die meisten von ihnen waren ironischerweise älter als er. Aber Erfahrung hatte Charles schon immer mehr geschätzt als Naivität.

Da war zum einen Patti Palmer-Tompkinson, mit der der Prinz Ski fuhr und die 1988 bei dem Lawinenunglück in Klosters, bei der Major Hugh Lindsay starb, fast auch ums Leben gekommen wäre. Sie wurde schwer verletzt und lag in einem Schweizer Krankenhaus, wo Charles sie mehrmals besuchte. Die Herzlichkeit und Zuneigung, die zwischen Charles und Patti herrschte, stand in starkem Kontrast zu der Distanz, die ihre Beziehung zu Diana kennzeichnete. Jemand, der Zeuge gewesen war, sagte: »Nach dem Unfall stürzte sie sich vor aller Augen auf ihn, als wolle sie sagen ›Gott sei Dank, du lebst.‹ Er schob sie ohne ein Wort beiseite. Es war klar, was er dachte. Ob es nun stimmte oder nicht, er hatte das Gefühl, als liefere sie den Zuschauern ein Show.«

Und dann gab es noch Candida Lycett-Green, Tochter des verstorbenen Hofdichters Sir John Betjeman und Expertin auf dem Gebiet der Architektur. Sie besichtigten gemeinsam Kirchen, wobei sie in die Pracht der Konstruktionen ebenso wie ineinander vertieft zu sein schienen.

Lady Sarah Keswick, Tochter des Grafen von Dalhousie, und eine weitere Frau, die ein paar Jahre älter als Charles war, teilten die Liebe zur Musik und zum Lachen mit Charles. Die

Frau des Bankiers John Keswick – und als solche Mitglied der sagenhaft reichen Familien Jardine und Matheson – war der Grund für eine Szene, die sich in der Königsloge im Royal Opera House, Covent Garden, abspielte. Obwohl Diana ihren eigenen Kreis von Vertrauten hatte, hielt sie ihrem Mann gegenüber noch immer eine andere Fassade aufrecht, die es ihr erlaubte, sich soviel zu ärgern, wie sie wollte. Vor Wut kochend, schrie sie im Covent Garden Charles und Sarah Keswick an. Die Besucher der Nachbarsloge waren bestürzt. Einer von ihnen sagte: »Das war nicht schlecht, das kann ich Ihnen sagen. Es interessierte sie nicht im geringsten, ob jemand zuhörte. Sie benahm sich eher wie ein Fischweib aus Billingsgate als wie eine königliche Prinzessin. Wenn Sie sie in Aktion gesehen hätten, würden Sie nie mehr auf ihre freundliche und heitere Art hereinfallen. Sie kann sehr rücksichtslos sein.«

Aber Sarah Keswick war nicht die einzige Freundin von Prinz Charles, die Dianas Eifersucht und Besitzanspruch weckten. Vor zwei Jahren war ich beim Polo auf Smith's Lawn in Windor, wo sich auch der Prinz und Eva O'Neill aufhielten. Eva ist eine Blondine von bemerkenswertem Aussehen, ein wenig älter als der Prinz. Sie wurde 1989 in Paris zu einer der elegantesten Frauen der Welt gewählt. Ich habe sie nur ganz kurz gesehen. Aber London ist in bestimmter Hinsicht wie ein Dorf, und Geheimnisse sind schwer zu bewahren. Nicht daß Eva an jenem Tag versucht hätte, ihr Geheimnis zu bewahren: Sie befand sich offensichtlich in Begleitung des Prinzen.

Da sie wußte, daß Polo ein sehr verführerischer Sport ist, tauchte Diana gelegentlich unerwartet auf dem Polofeld auf. »Diana ist sehr eifersüchtig und besitzergreifend«, sagte eine Prominente, die Eva O'Neill kennt. »Obwohl der Zustand ihrer Ehe ihr das Recht abspricht, besitzergreifend zu sein, hält sie sich für berechtigt, die Konkurrenz in die Schranken zu weisen. Sie ist der Meinung, daß sie als seine Frau das Recht dazu habe.«

Es ereignete sich ein amüsanter Vorfall, an dem Dianas Eifersucht schuld war. Schauplatz waren die Umkleideräume des Guard's Polo Club, wo der Prinz von Wales mit Eva O'Neill über die subtileren Aspekte des Spiels diskutierten, als ein polospielender Freund anmerkte, daß Diana gekommen und auf dem Weg zu ihnen war. Er stellte sich vor, wie sie die Szene interpretieren würde, und schickte sich an, das Unglück abzuwenden. Dabei half ihm Anthony Taylor, der mit der Erbin des Brauereimagnaten Lord Daresbury, The Honourable Susan Greenall, verheiratet ist (deren Schwägerin wiederum die Patin von Prinzessin Beatrice von York ist). Er half Eva dabei, aus dem Fenster zu klettern, und verhinderte dadurch einen möglichen Streit. Währenddessen stand Charles draußen und verwickelte Diana in ein Gespräch.

Dianas Leben hatte sich seit der Ankunft von Sarah zwar nicht vollkommen, aber spürbar verändert. Das zeigte sich am deutlichsten bei ihren Freunden. »Die isolierten Tage im Palast waren für sie vorbei«, sagt ein ehemaliges Mitglied des königlichen Hofes. Bis zur Ankunft der Herzogin von York verbrachte Diana ihre Zeit größtenteils mit älteren Leuten wie Lord und Lady King, den Husseys oder ihren Schwiegereltern. Sie war eng mit Prinz Andrew und Prinz Edward befreundet (der immer noch der häufigste Wochenendbesucher im Highgrove ist) und stand Lady Sarah Armstrong-Jones nahe, aber nicht so nahe wie ihren Schwestern, besonders Jane.

Aber diese Freunde und Verwandten genügten ihr nicht. Man muß es Diana hoch anrechnen, daß sie sich nicht auf diese kleine Gruppe an der Spitze des Establishments beschränken wollte. Durch die Herzogin erhielt sie Gelegenheit, ihren

Freundeskreis zu erweitern. Sarah York kannte viele Leute, die jung, lustig und manchmal ein wenig übermütig waren. Von Natur aus großzügig, stellte sie Diana gern all ihren Freunden vor – zur Freude der Prinzessin und zur Bestürzung des Palastes. »Vieles davon (von der Mißbilligung) war nichts als Philistertum«, sagt ein Spencer-Cousin, »aber einige der Freunde der Herzogin waren ein wirklicher Grund zur Besorgnis. Es gefiel ihnen nicht, daß man sie zum Beispiel mit Lulu Blacker in Zusammenhang brachte; nicht nach der schrecklichen Publicity wegen des Drogenproblems ihres Exfreundes (Jamie Marquis von Blandford). Sie gab öffentlich zu, daß sie ›alle Arten von Drogen ausprobiert‹ habe. So etwas machte den Palast nervös. Obwohl ich behaupten möchte, wenn man es sich einmal überlegt, dann haben alle jungen Leute dieser Generation mit diversen Substanzen herumgespielt.«

Das stimmt nicht ganz. Diana und die meisten Mitglieder ihres Kreises haben nie mit Drogen experimentiert. Aber sie gehörten einer Generation an, die während der Drogenkultur der sechziger und siebziger Jahre aufwuchs, so daß sie niemanden verdammten oder verachteten, der Probleme dieser Art hatte.

Lassen wir die Drogen einmal beiseite. Der Palast sollte schon bald wegen der Aktivitäten der ungezogenen, aber netten Sarah und der wieder wagemutigen Diana graue Haare bekommen. Es ging dabei um harmlose Sachen, so wie ein Klaps mit dem Schirm auf den Allerwertesten von Major Hugh Lindsay und Lulu Blacker in Ascot oder das Auftauchen im *Annabel's* mit der Schauspielerin Pamela Stephenson und Elton Johns Frau Renate in der Verkleidung als Polizistinnen. Aber sie schienen die Presse genauso zu erschrecken wie die wandelnden Leichen im Palast.

Wie jeder Mann und jede Frau im Lande, ja, in der ganzen

Welt, so wollte auch Diana sich ihre Freunde unter denjenigen Menschen aussuchen, die ihr ähnlich waren: unter Menschen, die das gleiche Alter, den gleichen sozialen Hintergrund und die gleichen Interessen hatten. Sie war es leid, eine Gefangene in einem goldenen Käfig zu sein. Normal in ihren Neigungen und ohne Standesdünkel, stimmte sie nicht mit den Höflingen darin überein, daß sich das Königtum stets vom Rest der Menschheit absetzen muß. Das erste Mal seit Jahren lebte sie wieder auf. Es gefiel ihr, Gleichgesinnte zu kennen, Teil einer Gruppe zu sein. Und nachdem sie sich befreit hatte, weigerte sie sich hartnäckig, wieder hinter die Gitterstäbe zurückzukehren. Ihrer Meinung nach gab es keinen triftigen Grund, weshalb sie sich nicht wie jeder andere Mensch in ihrem Alter, auch ohne Rücksicht auf Rang und Zugehörigkeit, entspannen und amüsieren sollte. Es war nichts Falsches dabei, mit Menschen, die man mochte, zu essen und zu lachen. Es gab auch keinen triftigen Grund, weshalb ein Mitglied des Königshauses nicht in einem öffentlichen Schwimmbad schwimmen oder in einem Privatclub Tennis spielen sollte. Sie kümmerte sich nicht im geringsten darum, daß der Prinz von Wales und all die anderen geborenen Hoheiten, mit Ausnahme von Prinzessin Margaret, ein behütetes Leben hinter geschlossenen Türen führten. Sie wollte beruflich und privat ein Teil der Menschheit sein. Der Kensington-Palast war ihr Zuhause, nicht ihr Gefängnis. Und wie Millionen anderer Frauen in der ganzen Welt beabsichtigte sie, ihn morgens zu verlassen, um zur Arbeit zu gehen, und abend wieder nach Hause zu kommen. Prinzessin Michael hatte recht. Fergies Einfluß sollte sich als ausschlaggebend erweisen.

Durch ihre Schwägerin fand Diana neue Freunde, darunter Kate Menzies, die Tochter eines einflußreichen Presseagenten. Mit ihr spielte Diana im Vanderbilt Racquet Club im

Londoner Shepherd's Bush Tennis. Vom KP aus fährt man nur sieben Minuten bis dorthin. Manchmal gesellte sich Julia Dodd Noble zu ihnen, gleichfalls eine von Fergies Freundinnen. Aber es kam der Zeitpunkt, wo Diana erkannte, daß sie darauf achten mußte, sich nicht zu sehr von Fergies Welt vereinnahmen zu lassen. »Sobald sich die Herzogin von York in ihre Rolle als Mitglied der königlichen Familie eingelebt hatte, trennten sich ihre Wege. Das war gegenseitig«, erzählt eine bekannte Schönheit mit Verbindungen zur königlichen Familie. »Nachdem sich die Neuheit, eine Mitstreiterin zu haben, abgenutzt hatte, gingen sie wieder ihre eigenen Wege. Sie sind noch immer befreundet, aber nicht mehr so eng wie früher. Jede von ihnen muß ein eigenes Leben führen. Beide sind beschäftigte Frauen. Und man kann nicht zwei Bullen in einem Stall haben. Alle Mitglieder des Königshauses sind daran gewöhnt, im Mittelpunkt der Aufmerksamkeit zu stehen.«

Diana lernte also nicht alle ihre Freundinnen durch Fergie kennen. Eine ihrer Tennispartnerinnen war die Marquise von Douro, die Frau von Lady Jane Wellesleys Bruder und selbst eine königliche Prinzessin. Dann gab es noch Major David Waterhouse von der Leibwache, den hübschen Neffen des Herzogs von Marlborough, einen Bridgepartner und Spaziergänger. Auch die schöne, in Amerika geborene Königin Noor von Jordanien wurde nicht nur eine Freundin Dianas, sondern schloß auch mit Charles und seinen Eltern Freundschaft. Norton Romsey und seine Frau Penelope waren von Anfang an Freunde (und Cousin und Cousine) gewesen. Aber der Grundstücksmakler Ben Holland Martin, Philip Dunnes Schwester Camilla (Millie), die Frau von Lord Soames Sohn Rupert, Viscount Bearsteds Sohn, The Honourable Michael Samuel und seine Frau Julia (Schwester von Sabrina Guinness) und Catherine Soames trugen zur Krönung des Freundeskreises bei. Catherine sollte noch eine wichtige Rolle in Dianas Leben spielen. Der Graf von Strathmore und Kinghorne, Großneffe von Königin Elizabeth (der Königinmutter), der mit der Schwester der ehemaligen Catherine Wetherill verheiratet ist, meint: »Sie sind alle sehr gut befreundet.«

Es ist Diana hoch anzurechnen, daß sie ihre Freunde nur nach persönlichen Kriterien auswählte. Sie ist nicht in die königliche Falle getappt, Freunde allein nach ihrem Rang oder Nutzen auszuwählen. Der Maßstab, den sie an ihre Freundschaften anlegt, hat zur Folge, daß eine überraschende Anzahl von Menschen, von denen man eigentlich annehmen könnte, daß sie Diana gut kennen, sie kaum kennt. Das Patenkind der Königin, der Herzog von Northumberland, sagt: »Ich kenne sie nicht sehr gut. Ich bin ihr nur ein paarmal begegnet.« Mikey (Graf von) Strathmore, der Großneffe der Königinmutter, sagt ähnliches: »Ich kenne sie überhaupt nicht gut. Ich habe sie nur dreimal getroffen.« Sie hat sich auch von den Freunden distanziert, die sie zu Beginn ihrer Ehe traf. Susan Hussey ist nicht mehr die enge Freundin, die sie einmal war, und Tally Westminster ließ sie als »zu vornehm« fallen. Aber ich kann mich noch deutlich daran erinnern, daß Tallys Cousine Janet Marquise von Milford Haven, die nebenbei bemerkt durch Heirat Dianas Cousine wurde, mir erzählte, die Herzogin von Westminster stehe mit beiden Beinen auf der Erde und sei gar nicht eingebildet. »Das muß man ihrem Konkurrenzdenken zuschreiben«, sagt eine Schulkameradin von ihr. »Sie war schon immer so. Wenn sich jemand als Konkurrenz erwies, fand sie immer einen Grund, ihn fallenzulassen.« Das mag auch die Tatsache erklären, daß alle Freundinnen und Hofdamen Dianas unscheinbarer sind als sie, wohingegen Fergie zwei wirklich überwältigende Hofdamen hat.

Wie bei fast allem in ihrem Leben, haben der Prinz und die Prinzessin von Wales nicht denselben Geschmack in bezug auf Menschen. Das wurde mit der Zeit immer deutlicher. »Er findet ihre Freunde langweilig und geistlos. Er sagt, es sei unmöglich, mit ihnen ein vernünftiges Gespräch zu führen. Sie sind nicht an Ideen interessiert, nur an Klatsch.« Andererseits: »Diana hält ihn und seine Freunde für todlangweilig und deprimierend. Sie lassen sich immer über wichtige Themen aus, statt sich zu unterhalten.«

Weil sie an Menschen verschiedene Eigenschaften schätzen, sind Charles und Diana sehr unterschiedlicher Meinung über Menschen. Ein typisches Beispiel dafür sind Dianas gute Freundin Catherine Soames und deren ehemaliger Mann, The Honourable Nicholas Soames, seit 1983 Tory-Abgeordneter des Unterhauses für Crawley und Sir Winston Churchills Enkelsohn, der lange einer von Prinz Charles' besten Freunden gewesen war. Sie waren so gut befreundet, daß Prinz Charles bei der Hochzeit des Paares Trauzeuge war. Dennoch meint Catherine Wetherill Soames' Cousin, James Buchanan-Jardine: »Die Prinzessin von Wales konnte Nicholas Soames nicht ausstehen. Er war ihr zu laut, so wie alle Churchills.«

Das Ende der Soamesschen Ehe zeigte, wie sehr sich das Verhalten der königlichen Familie geändert hatte. Bei den Soames wiederholte sich das, was Dianas Eltern und die Shand Kydds erlebt hatten. Die Soames machten Skiurlaub, und Catherine verliebte sich Hals über Kopf in den ehemaligen olympischen Skifahrer und Antiquitätenhändler Piers von Westenholz, der bereits dreimal verheiratet gewesen war. Sie lief davon, obwohl das Objekt der Begierde ihr nicht folgte. Früher hätte so etwas genügt, um die Freundschaft zwischen der betreffenden Person und dem königlichen Freund abkühlen zu lassen. Aber zwischen Diana und Catherine änderte sich nichts. Sie sind immer noch gute Freunde.

Während Diana ihre Einstellung zu ihren neuen Freunden überprüfte, blickte sie zurück auf die Freundschaften vor ihrer Ehe. Sie hatte sich von ihnen distanziert, als sie sich an das neue Leben als Mitglied der königlichen Familie anpassen mußte. Jetzt war sie der Meinung, eine Wiederbelebung dieser Freundschaften wäre gefahrlos und wünschenswert. Carolyn Pride, Sophie Kimball und Laura Greig waren nur drei von vielen Freundinnen, die begeistert wiederaufgenommen wurden. Genau wie ihr alter Freund George Plumptre und ihr guter Bekannter Rory Scott, der später die Tochter von Sir Roderick und The Honourable Lady Brinckman heiratete – eine Hochzeit, zu der Diana allein gehen mußte. Der Prinz von Wales geht nie auf die Hochzeiten, Empfänge oder Partys ihrer Freunde, und sie hält es in bezug auf seine ebenso.

Es gab eine Freundschaft, die dem Palast nie Probleme bereitete und nie mißbilligt wurde. Das war ihre Beziehung zu Alexandra Loyd, deren Vater Gutsverwalter der Königin auf Sandringham war. Ihre Kindheitsfreundin, mit der sie Ferien auf Brancaster verbracht und ihr Abschiedspicknick von dem alten Leben gefeiert hatte – bevor sie nach Althorp zog, als Viscount Althorp im Jahre 1975 Graf Spencer wurde –, wurde von den Höflingen als »eine von uns« angesehen. »Wäre Alex Loyd auch nur im entferntesten mit ihrem Vater verwandt gewesen, hätten sie sie einer Herzogstochter vorgezogen«, sagte die weltkluge Schwägerin des ranghohen Höflings. »Sie leben wie auf einer Insel. Aber sie ist ein liebes Mädchen.« Alexandra wurde anerkannt und bald zur Hofdame ernannt.

Das war ein wirklicher Fortschritt und zeigte, wieweit die Prinzessin von Wales bereits die Kontrolle über ihr Leben erlangt hatte. Das vermehrte Arbeitsaufkommen, das durch ihre neuen Interessen zustande gekommen war, erforderte ein Regiment von Hofdamen. Vergangen waren die Tage, als Anne Beckwith-Smith faktisch alles mit Hilfe von Lavinia Baring und dem ehemaligen Amateurjockey Hazel West erledigen konnte, die von Anfang an zu Dianas Stab gehört hatten. Die ersten Ergänzungen der Liste der Hofdamen waren nicht Dianas, sondern die des Palastes gewesen: Viscountess Campden, deren Mann die Grafenwürde von Gainsborough erben wird, und Jean Pike, deren Onkel der Herzog von Norfolk war und deren Vater, Major General Lord Michael Fitzalan-Howard, Marschall des diplomatischen Corps war. Ironischerweise gehören beide führenden katholischen Familien an. Aber die Religionszugehörigkeit, die ein Grund dafür gewesen war, Kindermädchen für Prinz William und Prinz Harry zu disqualifizieren, war glücklicherweise unerheblich, wenn es darum ging, öffentliche Gefährtinnen für die Prinzessin von Wales zu wählen. Als der Bedarf an Hofdamen weiterhin wuchs, gebot Diana so entschlossen über ihr Leben, daß sie fähig war, die Ernennung zweier ihrer Freundinnen durchzusetzen: eine davon war die auch vom Palast favorisierte Alexandra Loyd, die andere ihre ehemalige Mitbewohnerin Laura Greig, jetzt Mrs. James Lonsdale.

Die Tage, als der Palast Diana noch Vorschriften machen konnte, waren vorbei. Das beweist die Art, wie die Hofdamen gewählt wurden. Die Tochter der Witwe Lady Torphichen, Anne Hodson-Pressinger, war »mit Sarah Campden von Kindesbeinen an befreundet. Sie sprach nie über ihre Arbeit im Palast. Und ich habe sie natürlich nie in Verlegenheit gebracht, indem ich sie ausfragte. Aber ich weiß, daß der Palast sie etwa fünf Jahre lang beobachtet hatte, bevor man sie bat, Hofdame zu werden. Sie mußten absolut sicher sein, daß sie diskret und geeignet war. Da sind sie sehr genau.« Und da Hofdamen sehr viel Zeit mit dem Mitglied der königlichen Familie verbringen, für das sie arbeiten, möchte Diana nie wieder jemanden haben, für den sie keine freundschaftlichen Gefühle hegt.

# GEFLÜSTER IN
# MEINEM OHR

Nachdem sie ihre Freundschaften und ihr öffentliches Leben geordnet hatte, konnte Diana sich darauf konzentrieren, einen Vertrauten zu finden, der besser geeignet war als Juan Carlos von Spanien. Im Laufe der Zeit hatte Diana erkannt, daß ihr Bedürfnis nach Kameradschaft nicht durch einen spanischen König befriedigt werden konnte. Sie brauchte einen Verehrer, der in London lebte; jemanden, der erreichbar war, mit dem sie mehr gemeinsam hatte als den königlichen Rang und die Bewunderung. Sie wollte einen engen Freund, jemanden, der herzlich und vertraut war, mit dem sie die tiefsten Geheimnisse austauschen konnte.

1987 traf Diana auf Philip Dunne, den Patensohn der Prinzessin Alexandra und Sohn des Lord Lieutenant\* von Hereford und Worcester. Er war Eton-Absolvent, Bankier und mit The Honourable Katya Grenfell, Tochter von Lord St. Just und Exfrau von Sir Ian Gilmours dirigierendem Sohn Oliver, befreundet.

Der berühmte Bankier und Romanschriftsteller Richard Szpiro, dessen Familie die erfolgreiche, amtlich notierte Gesellschaft Wintrust gehört, kennt Philip Dunne seit Jahren. »Ich traf ihn beim Skifahren in der Schweiz«, sagt er. »Wir wohnten im selben Haus. Damals (Anfang 1980) arbei-

---

\* Früher Vertreter der Krone in den englischen Grafschaften, jetzt oberster Exekutivbeamter (Anm. d. Übers.)

tete er bei Warburgs (der bedeutenden Privatbank). Alle
Mädchen waren hinter ihm her. Ich konnte verstehen,
warum. Er sieht sehr gut aus, ist charmant und intelligent.
Der klassische, große, dunkle und attraktive Typ. Aber das
ist nicht alles. Als wir wieder in London waren, lud er mich
zum Lunch ein. Ich war überrascht, als wir in Warburgs
privates Speisezimmer geführt wurden. Nur wir beide. Ich
dachte: In diesem Knaben steckt mehr, als man auf den ersten
Blick sieht. Wie kommt es, daß jemand, der noch so jung und
nicht im höheren Dienstalter ist, das Speisezimmer für sich
allein haben kann? Es lohnt sich, ihn im Auge zu behalten. Sie
können selbst beurteilen, ob ich recht habe.«
Richard Szpiro war nicht der einzige, der eine hohe Meinung
von Philip Dunne hatte. Eine elegante Berühmtheit beobachtete, wie Diana und der Bankier im *Ménage à Trois* speisten.
Sie bemerkte, wie interessiert sie aneinander waren, und ging
mit dem Eindruck fort, daß sie großes Vergnügen aus ihrer
gegenseitigen Gesellschaft zogen.
Philip Dunne begleitete Charles und Dianas Truppe zum
Skifahren nach Klosters, was zeigte, daß dem Prinzen von
Wales der Vertraute seiner Frau nicht mißfiel. Als sie wieder
in England waren, verbreitete sich das Gerücht wie ein
Buschfeuer. Bei exklusiven Dinnerpartys ließ man sich aner-
kennend darüber aus, wie Charles und Diana ihre unter-
schiedlichen Auffassungen über Freundschaften handhaben.
Diana besuchte Philip Dunne übers Wochenende in seinem
Elternhaus in Gatley Park, in der Nähe von Leominster in
Herfordshire. Dadurch entstand noch mehr Gerede, weil
keine Anstandsdame mitfuhr. Philips Eltern hielten sich in
Meribel auf, und der Prinz von Wales war sonstwo. Nieman-
dem schien aufzufallen, wie anormal es war, die Prinzessin so
zu behandeln, als sei sie eine herumstreifende vierzehnjährige
Jungfrau im Spanien des neunzehnten Jahrhunderts. Sie war

mit Philip Dunne nicht allein im Hause. Da waren das Personal und weitere Gäste, wie seine Schwester und deren Freundin Millie (Mrs. Rupert Soames, Schwägerin ihrer anderen guten Freundin Catherine Soames).

Die Skisaison endete, und das Royal Ascot stand vor der Tür. Dianas Freundschaft mit Philip Dunne entwickelte sich weiter. Er war Mitglied der Gesellschaft um die königliche Familie und begleitete Diana zur Koppel, wo die Siegerehrungen stattfanden, und wieder zurück zum Teeraum in der Loge Ihrer Majestät.

Aber jemand, der nicht dabei gesehen wurde, wie er um Diana herumscharwenzelte, war Lord St. Justs Tochter Katya Grenfell, Philip Dunnes offizielle Freundin, die er bereits vor seiner Begegnung mit Diana gekannt hatte. Man braucht nicht viel Phantasie, um sich vorzustellen, daß es keiner Frau gefällt, wenn jeder weiß, daß ihr Freund seine Zeit in Gesellschaft einer anderen Frau verbringt. Die Freundschaft zwischen Diana und Philip Dunne spielte sich meist unmittelbar vor den Augen jener ab, die ihnen nahestanden, was zwangsläufig zu Gerede führte. Das ist nichts Ungewöhnliches. Alle Freundschaften von Mitgliedern des Königshauses rufen Interesse hervor. Und genau das geschah auch auf dem Ball zur Feier der Hochzeit des Marquis von Worcester mit der Schauspielerin Tracy Ward.

Die Prinzessin von Wales ist dafür bekannt, daß sie gern flirtet, was teilweise für den Klatsch verantwortlich war. Diana wurde dabei beobachtet, wie sie fast den ganzen Abend mit Philip Dunne tanzte, ihm durchs Haar fuhr und ihn vor allen Leuten in die Wange kniff. Gerade die Tatsache, daß dies in aller Öffentlichkeit geschah, sollte ihr Schutz geben, aber damals war bereits bekannt, daß sie und der Prinz sich nicht mehr vertrugen. Er war den größten Teil des Abends mit Camilla Parker Bowles ins Gespräch vertieft und ignorierte Diana bewußt. Um zwei Uhr nachts brach er ohne sie auf. Sie blieb zurück und tanzte den Rest der Nacht glücklich weiter.

Sofort nach der Worcester-Hochzeit tauchten in der Presse erste Vermutungen über Diana und Philip Dunne auf. Das ging den Sommer über so weiter. Ihren siebten Hochzeitstag im Juli verbrachten Charles und Diana getrennt, so wie sie es die meiste Zeit des Jahres über gehalten hatten. Die Trennung blieb nicht unbemerkt. Im Oktober überschlugen sich die Spekulationen der Presse, als der Prinz von Wales von Balmoral kam – wo er dreißig Tage fern von seiner Frau verbracht hatte –, um Diana in Wales bei einem Besuch der Opfer der Carmarthen-Flut zu begleiten. Sobald der Besuch vorüber war, flog er sofort wieder nach Balmoral zurück, ohne sich auch nur die Mühe zu machen, so zu tun, als wolle er Zeit mit ihr verbringen. Es hätte nicht klarer sein können, daß sie zwei getrennte Leben führten. Das waren Neuigkeiten, die die Presse unglaublich aufzuregen schienen.

Nach allem, was man hörte, war Diana wegen dieser schlechten Presseberichte niedergeschlagen. Sie wußte wie alle Mitglieder königlicher oder aristokratischer Kreise, daß sie sich nichts hatte zuschulden kommen lassen. Vertrauliche Freundschaften schließen ihrem Wesen nach aus, daß die Beteiligten etwas tun, was als fragwürdig betrachtet werden könnte. Diana war unglücklich darüber, daß ein Verhalten, das normalerweise als korrekt betrachtet wurde, ihr nun solche Probleme bereitete. Seit Fergie Prinz Andrew geheiratet und sich einer kurzen Romanze mit der Presse erfreut hatte – während derer sie ihre beliebte Schwägerin von den Titelseiten verdrängte –, hatte Diana ihr Verhalten gegenüber der Öffentlichkeit geändert. Im letzten Winter auf Balmoral war sie ins andere Extrem verfallen. Sie stellte ihre Kinder absichtlich in Reichweite der Kameras, um wieder ein wenig mehr von jener günstigen Publicity zu bekommen, von der sie jetzt abhängig war. Und gerade als sie glaubte, die Situation gerettet zu haben, erschienen die Artikel über ihre Freundschaft mit Philip Dunne und über die angebliche Auflösung ihrer Ehe.

»Der Prinz und die Prinzessin von Wales empfanden das als unerträgliche Einmischung in ihr Privatleben«, berichtet eine königliche Cousine. »Sie glaubten nicht, daß die Presse ein Recht habe, ihre Nase in ihre Privatvereinbarungen zu stecken. Das geht niemand etwas an. Keiner hat ein Recht, eine vollkommen normale, akzeptable, harmlose, alltägliche eheliche Vereinbarung zur Sensation aufzubauschen.«

Aber hier ist natürlich der Interessenskonflikt begründet. Wenn schon das, was Charles und Diana zum Frühstück essen, für den Leser von Interesse ist, wie interessant muß es dann erst sein, zu erfahren, wie sie ihr Eheleben organisieren.

»Die Königin und ihre Berater waren erschrocken über die Berichte über die Ehe«, sagt die Adlige, deren Schwager ein ranghoher Höfling ist. »Einschließlich Dianas Schwager Robert Fellowes. Er hatte überhaupt kein Verständnis für Diana. Er wollte nicht, daß seine Schwägerin alles abwertete, was er schätzte. Man sagte mir, daß er ihr persönlich die Botschaft übermittelt hätte, sie solle sich zusammennehmen. Dem Prinzen von Wales wurde mitgeteilt, er solle dafür sorgen, daß er gesehen würde, wie er mehr Zeit mit ihr verbrächte. Als er das nicht tat, ließ die Königin von (Sir) William Heseltine (ihrem damaligen Privatsekretär) einen Besuch im Buck House vereinbaren, wo sie die beiden nach einer abendlichen Verpflichtung treffen sollten. Sie kamen gegen elf Uhr an. Als er sich weigerte, mehr Zeit mit Diana zu verbringen, las ihm die Königin gehörig die Leviten. Danach waren sie öfter zusammen. Aber im Grunde hatte sich zwischen ihnen nichts geändert.«

Philip Dunne erhielt einen Anruf vom Palast, in dem man ihm mitteilte, er solle aufhören, sich mit Diana zu treffen. Während des Pressewirbels verhielt er sich lobenswert diskret. »Wir trafen uns auf dem Höhepunkt der Pressekampagnen wegen der Prinzessin von Wales«, erzählt Richard Szpiro. »Er rief mich an und bat um ein Treffen – ich weiß nicht mehr, wo. Damals hielt er sich verborgen. Er war untergetaucht. Wir trafen uns. Er war in großartiger Verfassung. Aber nicht ein einziges Mal kam einer von uns auf die Umstände zu sprechen, in denen er sich befand.«

»Ist erst einmal Publicity hergestellt worden, kommt es immer zu schwierigen Situationen«, bemerkt Nigel Dempster, der so etwas wie ein Experte auf diesem Gebiet ist. Falls Diana nicht die Palastkonventionen mißachten wollte – und sie ist keine Rebellin –, blieb ihr keine andere Wahl, als ihre Freundschaft mit dem Bankier zu beenden.

Aber das war nicht das erste Mal, daß die Zeitungen Diana einen Strich durch die Rechnung machten. Auf einer Party zur Feier von Sarah Fergusons bevorstehender Hochzeit im Guard's Polo Club, der damals von Major Ronald Ferguson geleitet wurde, traf Diana einen Verehrer. Charlie Carter war ein bekannter Playboy, höflich und attraktiv, ein verheirateter Finanzier. Sie tanzten die halbe Nacht miteinander. Und wenn sie nicht tanzten, waren sie ins Gespräch vertieft. Irgendwann einmal schlüpften sie, unbemerkt von der Presse, nach draußen, um frische Luft zu schnappen. Sie wurden von einer guten Freundin von mir dabei beobachtet, wie sie angeregt miteinander plauderten. Das löste erneut einen Wirbel in der Presse aus. Dies und die Tatsache, daß Charlie Carter als Vertrauter der Prinzessin grundsätzlich nicht geeignet war, vereitelte jede zukünftige Freundschaft.

Aber Diana war nicht nur erfinderisch, sondern auch ent-

376

schlossen. Sie hatte nicht vor, sich von der Presse jede Möglichkeit ruinieren zu lassen, einen Vertrauten zu finden. Der sicherste Weg für eine Prinzessin, sich der Diskretion zu versichern, war – wie Diana durch Prinzessin Annes Beispiel wußte –, sich einen Vertrauten beim königlichen Personal zu suchen. Anne unterhielt eine enge Freundschaft zu einem ihrer Detectives. Diana tat es ihr gleich.

Sergeant Barry Mannakee war ein stattlicher und attraktiver Mann. Ideal für Diana. Seine Gegenwart würde keinen Klatsch hervorrufen, da er einen triftigen Grund hatte, ständig bei ihr zu sein. Das Leben im Palast »ist wie ein Kaninchengehege, wo jeder weiß, was der andere tut«, sagt die Schwägerin eines hochrangigen Höflings. »Es ist unmöglich, ein Geheimnis für sich zu behalten. Aber sie sind nicht nur klatschsüchtig, sondern auch unglaublich snobistisch. Es herrscht eine strenge und starre Hierarchie, über die hinwegzusehen nur Mitglieder des Königshauses in der Lage sind.

Sergeant Barry Mannakee war kein Gentleman. Allein schon die Tatsache, daß er der Vertraute der Prinzessin von Wales war, genügte, die Höflinge zu dem Schluß kommen zu lassen, daß er sich einen höheren Rang anmaßte«, sagt die Schwägerin des Höflings. »Eine solche Position sollte nur ein Gentleman bekleiden. Die Tatsache, daß sowohl die Prinzessin von Wales als auch die Prinzessin Royal dieses Vorurteil ignoriert hatten, machte ihr Verhalten in den Augen der anderen nicht ehrenwert. Es bedeutete nur, daß sie nicht wußten, wie sie sich zu benehmen hatten. Deshalb fühlten sich diese Snobs genötigt, sie ihrer Begleiter zu berauben.« Beide Detectives wurden rechtzeitig aus dem Royal Protection Department versetzt.

Kürzlich sprach ich mit einem Bekannten der Prinzessin von Wales, einem Finanzier, über dieses Thema. Er schien über mein Verhalten aufrichtig bestürzt zu sein. »Sie sind besser sehr vorsichtig bei dem, was Sie schreiben. Ich will damit nicht sagen, daß Sie etwas von den Mitgliedern des Königshauses zu befürchten hätten. Aber das MI5 ist skrupellos und wird Sie ausradieren, wenn es der Meinung ist, daß Sie an einem Buch schreiben, das die Monarchie diffamiert. Ich weiß, daß Diana eine vertrauliche Beziehung zu dem Detective unterhielt, der bei einem Unfall gestorben ist. Als die maßgeblichen Stellen das (die Beziehung) herausfanden, versetzten sie ihn. Und als sie Wind davon bekamen, daß er sich an die Öffentlichkeit wenden wollte, schmiedeten sie Pläne, um ihn loszuwerden. Das hat Diana mir selbst erzählt. Sie waren sehr froh, daß er in einen richtigen Verkehrsunfall verwickelt wurde.« Mannakee starb im Juli 1987, als eine von einem anderen Polizisten gesteuerte Suzuki mit einem Ford Fiesta zusammenstieß, der von einem Siebzehnjährigen gefahren wurde. »Seit diesem Tag«, fährt der Finanzier fort, »glaubt Diana, das MI5 habe diesen Vorfall opportunistisch dazu benutzt, eine Bedrohung der Monarchie loszuwerden. Sie hat Angst, sie könnten sich einen anderen ihrer Freunde als Ziel aussuchen, den sie ebenfalls als Bedrohung betrachten.«

Ein Mensch, der nie öffentlich über seine Freundschaft zu Diana sprechen würde, ist Hauptmann James Hewitt von den Leibwächtern, der der nächste und der bisher längste Vertraute wurde. Außerdem ist er sehr geeignet für diese Ehre. James Hewitt ist ein Gentleman von Geburt und Sohn eines pensionierten Armeeoffiziers. Seine Frau Shirley leitet eine Reitschule, von der aus man den Fluß Exe überschauen kann. Er kennt die Regeln und hält sich daran.

»Jamie Hewitt trat in Dianas Leben, als er zu den Combermere Barracks in Windsor versetzt wurde«, sagt ein bekannter Mann, Schwiegersohn eines Herzogs. »Diana traf ihn, weil er ausgewählt worden war, ihr das Reiten beizubringen.« Der schneidige Hauptmann ist nicht nur ein ausgezeichneter Reiter, sondern auch ein Vier-Handicap-Polo-Spieler, groß, stämmig, charmant und blond. Außerdem ist er ein »einfacher, unkomplizierter Bursche«, wie ein Freund bestätigt. »Das genaue Gegenteil des Prinzen von Wales. Jamie mag Spaß und lacht gern, aber er ist nicht gerade der Denker der Welt.«

Diana hatte endlich jemanden gefunden, der die nötigen Eigenschaften für einen verträglichen und angemessenen Vertrauten besaß. Er war jung, attraktiv und gesellig, und er war nicht so vornehm, daß er sie in den Schatten stellen würde. Mit der Zeit entwickelten Diana und Jamie Hochachtung füreinander und wurden gute Freunde. Schließlich erkannte sie, daß sie an einem Punkt angelangt waren, wo sie ihm ohne Gefahr ihre tiefsten und persönlichsten Geheimnisse anvertrauen konnte.

Die Erleichterung darüber muß für Diana überwältigend gewesen sein, da sie ein emotional bedürftiger Mensch ist und ohne die Wärme und Anerkennung, die nur ein liebender männlicher Gefährte ihr geben kann, nicht leben kann. Da sie und Charles noch immer getrennte Leben führten, mußte sie sich diese Aufmerksamkeit außerhalb ihrer Ehe suchen.

Die ehelichen Vereinbarungen von Charles und Diana paßten zu ihren unterschiedlichen Lebensstilen. Diana hielt sich die Woche über in London auf, während Charles von Highgrove aus operierte. Am Wochenende fuhr sie mit den Kindern nach Gloucestershire, damit diese ihren Vater sahen. Daran hat sich nichts geändert, obwohl Prinz William jetzt in einem Internat ist. Sie trifft sich mit ihm, seinem Vater und seinem Bruder Harry jeden Freitagnachmittag auf High-grove.

Trotz der Freiheit, die zwischen dem Prinzen und der Prinzessin herrschte, und der von der Königin befohlenen Eintracht, die sie in der Öffentlichkeit zeigten, vertrugen sich Charles und Diana noch immer nicht besser als früher. »Gelegentlich kam es zu schrecklichen Auseinandersetzungen«, erzählt eine königliche Verwandte. »So ist es auch heute noch. Wenn sie nicht gerade in Gesellschaft sind, sind sie außerstande, länger als fünf Minuten zusammenzusein, ohne einander anzuschreien. Und wenn sie sich nicht streiten, schweigen sie sich an. Keine schönen Aussichten.«

Die königliche Verwandte ist nicht davon überzeugt, daß Charles und Diana einander mögen. »Sie sind Persönlichkeiten, die nicht zusammenpassen. Ich glaube nicht, daß sie einander sehr mögen. Ich möchte sogar noch weitergehen und sagen, ich glaube nicht, daß sie einander überhaupt mögen. Aber das sagt nichts über den Wert der beiden aus. Jeder für sich ist ein wirklich wunderbarer Mensch. Aber wenn man sie zusammensteckt, gibt es Kampf.«

Laut dieser Verwandten haben die beiden einander auf eine Weise verletzt, die sie für unverzeihlich halten. Diana hat Charles' Desinteresse an ihr und sein Rückzug aus der Ehe derart tief verwundet, daß sie ihm gegenüber nicht mehr so empfinden kann wie früher. Er hat hingegen das Gefühl, als hätte sie ihm öfter als einmal etwas vorgespielt. Nicht nur, daß sie ihre wahre Persönlichkeit bis nach der Hochzeit verbarg, sie war auch schuld daran, daß er in einem nicht gerade schmeichelhaften und falschen Licht dargestellt wurde.

»Die Presse ließ sich lang und breit darüber aus, wie eifersüchtig er auf ihren Erfolg sei. Das stimmt nicht«, fährt die Verwandte fort. »Anfangs freute er sich sogar darüber. Ich bin der Meinung, es ist doch nur menschlich, daß er ein wenig verschnupft war, als die Presse ihn und die Themen, die ihn interessierten, beiseite schob, nur um zu berichten, welches Kleid Diana trug. Aber er war nicht eifersüchtig auf sie. Die Presse mit ihrer Gewohnheit, alles auf den kleinsten gemeinsamen Nenner zu bringen, ärgerte ihn. Sie (Diana) kannte seine wunden Stellen. Sie ist sehr konkurrenzbewußt und liebt es, im Mittelpunkt der Aufmerksamkeit zu stehen. Sie wußte den Geschmack des Volkes zu treffen, bevor ihm klar wurde, was los war. Er merkte es erst, als sich ihre Beziehung verschlechterte und sie ihn offen zu sabotieren begann. Einmal hielt er eine wichtige Rede. Er hatte Wochen daran gearbeitet, was Diana nur zu gut wußte. Und was tat sie? Sie entschloß sich, ebenfalls eine Rede zu halten – über so sensationelle Themen wie Aids oder Eheberatung. Sie wußte ebensogut wie Sie oder ich, daß sie dadurch sofort auf die Titelblätter kommen würde. Wir alle wissen, daß die Presse eher das Foto eines hübschen Mädchens als das eines Mannes bringt, was einer bezaubernden Frau in den Augen der Öffentlichkeit einen enormen Vorteil gegenüber ihrem männlichen Konkurrenten bringt.«

Rivalität wurde das Schlüsselwort – nicht nur für die Beziehung des Prinzen und der Prinzessin von Wales, sondern auch für das Verhalten ihrer miteinander konkurrierenden Untergebenen. »Es war unmöglich, neutral zu bleiben«, erzählt ein ehemaliges Mitglied des Personals. »Man mußte sich entweder für den einen oder für den anderen entscheiden. Und dann behandelte man das gegnerische Team so mißtrauisch wie einen Feind.«

Das schuf eine unerfreuliche Atmosphäre in den Büros im Buckingham-Palast und im Kensington-Palast, wo sich im Erdgeschoß weitere Büros befanden. »Die Prinzessin von Wales war froh, als 1989 ihre Büros im St.-James-Palast untergebracht wurden«, verrät ein Höfling. »Sie erzählte mir, sie sei es leid, hier zu wohnen.«

Aber der Umzug verbesserte die Atmosphäre in den konkurrierenden Haushalten nicht. »Dem Prinzen gefiel der Stand der Dinge nicht«, bemerkt ein königlicher Cousin. »Er erkannte das Schadenspotential. Sie sollten beide zum Wohl der Krone arbeiten. Sie sollten einander stützen. Aber sie taten es nicht. Wenn die Prinzessin oder ihr Stab den Wettbewerb gewinnen – sprich den Prinzen von Wales besiegen –, können, dann tun sie es, solange sie von der Öffentlichkeit nicht ertappt werden, da alles auf die Öffentlichkeit und deren Meinung von Diana abgestellt ist.«

»Die Prinzessin besitzt für einen Mann wie den Prinzen von Wales eine verhängnisvolle Mischung von Fehlern«, sagt ein Verwandter des Prinzen. »Sie ist eigensinnig, konkurrenzbewußt und dominierend. In seinen Augen kann nur ein Schwächling mit einer solchen Frau leben. Auch er ist eine starke Persönlichkeit und spürt, daß jeder Mann, mit welchem Charakter auch immer, ständig das Gefühl haben würde, über ein Minenfeld zu wandern.«

Zur weiteren Abgrenzung des ehelichen Terrains trugen noch die Kinder bei. Der Kampf darum, welcher Elternteil den größten Einfluß haben sollte, war noch nicht ausgestanden. »Nachdem die Jungen dem Krabbelalter entwachsen waren, war es für die Prinzessin leicht, sie ihrem Vater zu entfremden. Der Prinz von Wales ist ein sehr beschäftigter Mann«, fährt der Verwandte fort. »Er hat wesentlich mehr Arbeit als die Prinzessin. Das fällt nicht direkt auf, weil ein großer Teil der Arbeit des Prinzen nichts mit seinen offiziellen Pflichten zu tun hat. Jemand, der das Court Circular liest, könnte leicht zu dem Schluß kommen, daß er nichts tut, während sie schuftet, weil sie drei öffentliche Verpflichtungen an einem Tag hat und er keine. Aber das heißt nicht, daß er zu Hause im Liegestuhl sitzt. Da ist die Arbeit für das Herzogtum von Cornwall, der Prince's Trust, seine Treffen mit Industriellen und tausend andere Dinge, über die die Öffentlichkeit nie etwas erfährt.

Nun, eine Mutter, die sich über den Einfluß ihres Mannes auf die Kinder ärgert, kann die Dinge ganz leicht so manipulieren, daß der Einfluß des Vaters schwindet. Und genau das tat die Prinzessin von Wales, womit ich nicht sagen will, daß sie es aus Boshaftigkeit tat. Das glaube ich nicht. Sie hatte das Gefühl, daß Mutter zu sein die wichtigste Rolle einer Frau ist. Die Mutter sollte den größten Einfluß auf das Kind haben. Vater zu sein ist für einen Mann nicht so wichtig, und man sollte nicht zulassen, daß er die Mutter in den Schatten stellt. Aber das Motiv ist gleichgültig. Es kommt auf die Wirkung an. Kein Mann, der seine Kinder liebt und ehrliches Interesse an ihnen hat, wie der Prinz von Wales, schätzt es, wenn sie ihm entfremdet werden. Ich bin sicher, daß es nicht gerade förderlich war, ihn zu beschuldigen, ein gleichgültiger Vater zu sein. Er war alles andere als das. Aber wie wehrt man sich in einer solcher Situation?

Manchmal war die Spannung zwischen dem Prinzen und der Prinzessin von Wales so groß, daß er einfach gehen mußte. Deshalb ist er manchmal längere Zeit von den Jungen getrennt gewesen. Weil er gehen mußte. Das war die einzige Möglichkeit, wie er damit fertig werden und mit ihr verheiratet bleiben konnte.«

Die familiären Angelegenheiten hatten sich nicht gebessert, als Hauptmann James Hewitt Einfluß auf die Kinder gewann. »Sie (Diana) bat ihn, den Jungen beim Reiten zu helfen«, berichtet eine berühmte adlige Schönheit. »Sie sind verrückt nach ihm. Er ist lustig, und es gibt nie Spannungen zwischen ihm und ihrer Mutter. Das schafft eine äußerst heitere Atmosphäre, anders als das, was sonst üblicherweise in der

Familie herrscht. Natürlich lieben sie ihren Vater. Er ist ihr Vater und ein sehr freundlicher, besorgter und interessierter Vater dazu. Aber welches Kind liebt nicht den speziellen Freund der Familie, der Spaß, Spiele und Lachen verkörpert?«

Doch Charles hatte sein Comeback. William und Harry besuchten die Wetherby School am Pembroke Square in Notting Hill. Aber zuerst schickte man sie zu Mrs. Mynors in den Kindergarten gleich nebenan. »Die Prinzessin wollte, daß die Jungen bis zu ihrem zwölften Lebensjahr zu Hause blieben. Sie wollte sie nicht mit acht Jahren ins Internat schicken, wie man es mit ihr, dem Prinzen von Wales und all ihren Freunden gemacht hatte. Sie sagte, kleine Kinder brauchen die Mutter. Sie brauchen das häusliche Leben.«

Wären die Kinder nicht ein weiterer Grund für einen Wettbewerb zwischen ihnen gewesen, hätte es sehr gut sein können, daß Prinz William zu Hause geblieben wäre, bis er mit zwölf Jahren bereit war, eine Public School zu besuchen. »Der Prinz von Wales haßt Internate«, erzählt ein Verwandter von ihm. »Er hätte William niemals so früh fortgeschickt, wenn er nicht davon überzeugt gewesen wäre, daß es zu seinem Besten ist.«

Eine andere Bekannte des Königshauses bemerkt: »Diana ist eine gute und liebevolle Mutter. Aber die Probleme in ihrer Ehe haben die Waagschale zu sehr zu ihren Gunsten geneigt. Das war nicht gut für die Jungen.« Also entschied der Prinz, daß William ins Internat kommen sollte. »Diana war nicht erfreut, aber sie hatte diesmal keine andere Wahl. Die Ausbildung des übernächsten Thronfolgers und mutmaßlichen Erben ist keine rein private Angelegenheit. Und mochte sie sich noch so sehr aufregen, diesmal konnte sie ihren Willen nicht durchsetzen.«

Außerdem hatten der Prinz von Wales und die königlichen

Berater ein Argument, gegen das Diana nicht ankam. »Sie sagten, William müsse auf eine ›angemessene‹ Prep School* gehen, sonst würden ihm die guten Public Schools verschlossen bleiben. Bestimmte Preparatory Schools versorgen bestimmte Public Schools mit Schülern. Das führten sie als Grund dafür an, daß er fortgeschickt werden müsse. Aber das war natürlich Unsinn. Selbst wenn er einen IQ von siebzig gehabt hätte und nicht zwei und zwei hätte zusammenzählen können, wäre jede Schule überaus glücklich gewesen, den künftigen König als Schüler aufzunehmen«, fügt die Schwägerin des ranghohen Höflings hinzu.

William wurde ordnungsgemäß angemeldet. Im September 1990 brachten der Prinz und die Prinzessin von Wales ihn zur Ludgrove School in der Nähe von Wokingham in Berkshire. Er wohnt dort als Internatsschüler, bis er in seine Public School aufgenommen wird. Man sprach davon, ihn nach Sedburgh in Cumbria zu schicken. Ich hoffe, daß das nicht der Fall sein wird. Es ist die Jungenschule, die ich bevorzuge. Eine Schule, die ich Freunden empfohlen habe und auf die ich meinen Sohn schicken würde, wenn ich einen hätte. Ich würde es sehr ungern sehen, wenn die Kinder durch die Gegenwart des Prinzen beeinflußt werden würden. Genau das würde geschehen, wenn er diese Schule besucht. Denn was gegenwärtig eine ideale Public School, eine Schule frei vom Modezwang und Snobismus ist, würde für die Söhne der Snobs zu einem Muß werden. Besser ist es, ihn nach Eton zu schicken, das ebenfalls im Gespräch ist, und dem lange der doppelte Makel von Snobismus und Mode anhaftete.

In der Zwischenzeit bleibt Prinz Harry in Wetherby, bis auch er alt genug ist, um nach Ludgrove geschickt zu werden.

---

* Preparatory School: private Vorbereitungsschule (Anm. d. Übers.)

Auch er wird ein Internatsschüler werden, der an den Wochenenden nach Highgrove zurückkehrt, um seine Mutter zu sehen. Diana verläßt London jeden Freitag, um nach Gloucester zu fahren und dort bis Sonntag nachmittag zu bleiben. Prinz Charles hält sich dort die ganze Woche über auf, es sei denn, er hat offizielle Verpflichtungen oder andere Geschäfte in London zu erledigen.

# SCHADENSBEGRENZUNG

Wenn er sich im Kensington-Palast aufhält, schläft Charles in seinem Ankleidezimmer und läßt Diana die Ruhe und Einsamkeit des ehelichen Schlafzimmers genießen. »Sie haben seit Jahren nicht mehr miteinander geschlafen«, erzählt die adlige Schwägerin des Höflings. »Deshalb sagt sie immer, zwei Kinder seien genug und daß sie keines mehr will. Falls sie nicht Königin Marie von Rumänien oder Violet, Herzogin von Rutland, nachahmen will – und sie will es nicht –, ist ihre Familie komplett. Ich hörte von einem seiner Freunde, daß er lieber eine Bootsstange berühren würde, als mit ihr zu schlafen, und daß sie lieber die Bootsstange nehmen würde als ihn.«

Die beiden jüngsten Kinder der Königin Marie von Rumänien, Prinzessin Ileana und Prinz Mircea, wurden von Prinz Barbo Stirbey und nicht von ihrem Ehemann Ferdinand gezeugt, wohingegen es viele Vermutungen gab, wer wohl der Vater von Lady Diana Cooper, der Tochter der Herzogin von Rutland, sein mochte. Die Spekulationen tendierten eher zu Harry Cust als zum Herzog.

Trotz des offensichtlichen Mangels an Zuneigung zwischen dem Prinzen und der Prinzessin von Wales wurde ihre Ehe Ende der achtziger Jahre und Anfang 1991 wieder stabiler. Wäre es ihnen gelungen, ihre Beziehung zu kultivieren, hätte man ihre Ehe für königliche und adlige Verhältnisse als einen großen Erfolg bezeichnen können. Sie hatten zwei reizende

Kinder und ein erfolgreiches »Berufsleben«. Sie erfüllten die öffentlichen, gesellschaftlichen und weltlichen Bedingungen der Ehe so gut, daß einer die Ehre des anderen vermehrt hatte. Es war trotz aller Probleme und Fehler eine dauerhafte Beziehung – gegen Trennung oder Scheidung gefeit und obendrein produktiv. Doch wegen dieser Probleme konnte man die Ehe bestenfalls als begrenzten Erfolg betrachten.

Im Jahre 1991 wurden die Grenzen innerhalb der Ehe beinahe der Öffentlichkeit enthüllt. Wieder einmal zielten die Medien auf diese Ehe. Sie fragten nicht nur nach ihrem Erfolg, sondern auch, ob sie halten würde. 1991 sollte das Jahr werden, in dem Diana ihren ersten ernsthaften Rechenfehler machte seit der Zeit, als sie – schlecht beraten – einem Reporter der Press Association ihren Wunsch gestanden hatte, Charles zu heiraten.

Das Jahr begann völlig ruhig, obwohl denjenigen, die wußten, was hinter den Kulissen tatsächlich vor sich ging, auffiel, daß Diana unbeabsichtigte Hinweise gab. Es ging um die Reaktion der Alliierten auf die irakische Invasion Kuwaits. Diana machte keinen Hehl daraus, daß sie die Ereignisse aufmerksam verfolgte, besonders nachdem alliierte Truppen im Golf zu kämpfen begonnen hatten. Bei einem offiziellen Anlaß sagte sie zum Beispiel, sie habe bis fünf Uhr morgens vor dem Fernseher gesessen. Der Satz wurde häufig zitiert und bestätigte ihren Ruf als Frau, die sich selbstlos um ihre Mitmenschen sorgte.

Diana war zwar ehrlich um das Wohlergehen aller Briten am Golf besorgt, aber nicht selbstlos. »Der Grund, weshalb sie so an den Kämpfen am Golf interessiert war, war, weil ihr Vertrauter, (Interims-)Major James Hewitt, zusammen mit den Männern der ›A‹-Schwadron dorthin versetzt worden war. Er hatte sich ihnen am zweiten Weihnachtsfeiertag angeschlossen, als er seinen Posten bei der britischen Rheinarmee in Deutschland aufgenommen hatte«, berichtet eine bekannte Person der Gesellschaft, Schwiegersohn eines Herzogs und sehr gut mit dem Königshaus bekannt. »Er kämpfte.« Dibbs, wie James Hewitt Diana nannte, erwartete deshalb begierig jede Neuigkeit, die sie über den Konflikt erfahren konnte. Als Hewitt seine Männer in den Kampf gegen die irakische Armee führte, konnte sie ihre Besorgnis nicht verbergen. Sie verbrachte schlaflose Nächte und saß ständig vor dem Fernseher, um sich zu überzeugen, daß er und die Truppen in Sicherheit waren. Als der tapfere Major und seine Männer dreihundert Panzer zerstörten und achttausend Gefangene machten, war sie erleichtert und stolz.

Für Diana war es sehr wichtig, in ständigem Kontakt zu ihrem angehenden Helden zu stehen, sei es durch Briefe oder per Fernsehen. Aber sie war bedauerlicherweise nicht die einzige Blondine, die das tat. Emma Stewardson war Jamie Hewitts offizielle Freundin – und auch sie schrieb und erhielt Briefe. Der eifersüchtigen Miss Stewardson, die es schließlich leid wurde, immer nur das dritte Rad am Wagen zu spielen, ist es zu verdanken, daß Diana »die Schuld dafür zugeschrieben wird, daß sie mit Jamie Hewitt beinah alles zerstört hätte«, sagt eine Freundin.

Emma Stewardson ähnelt der Prinzessin, sie ist nur blasser und unscheinbarer. Sie wohnte in der Nähe des Highgrove House in Gloucester. Emma hat selbst zugegeben, daß sie, als er sie tagsüber allein ließ, Highgrove House im Auge behalten habe. Am späten Nachmittag beobachtete sie, wie er nach einem ausgedehnten Lunch das Haus verließ. Da sie es leid war, nach der blendend schönen Prinzessin die zweite Geige zu spielen, überlegte Emma Stewardson, wie sie sich rächen und durch die Rache bereichern könnte. Im März 1991 verkaufte sie ihre Geschichte an die *News of the World*. »Es war eine harmlose Geschichte«, sagt Judy McGuire, die Starinterviewerin des Blattes. »Wir lieben die Prinzessin.«

Die Geschichte in der *News of the World* machte Diana nervös. »Sie sorgte sich ernsthaft wegen der Konsequenzen«, sagt ein Freund. »Sie konnte sich noch sehr gut daran erinnern, was geschehen war, als die Geschichte mit Philip Dunne herauskam.« Sie wollte keinen Vertrauten aufgeben, der ihr im Lauf der Jahre soviel Trost und Glück geschenkt hatte. »Sie war nicht sicher, was sie tun sollte, um weitere Zeitungsartikel zu verhindern, also unternahm sie nichts«, bemerkt ein Freund.

»Dann schrieb Nigel Dempster zwei beruhigende und gut recherchierte Artikel in seiner Kolumne«, fährt der Freund fort. »Keiner wußte, worüber er schrieb, wenn man nicht mit den Vorgängen vertraut gewesen war – was natürlich nur wenige waren. Aber es machte Diana nervös. Sie wußte ebensogut wie Sie und ich, daß seine Quellen untadelig waren. Er steht mit allem, was Rang und Namen hat, in Verbindung, von Prinzessin Margaret und Prinzessin Michael bis zu Gott weiß wem. Seine Frau (Lady Camilla, einziges Kind des verstorbenen Herzogs von Leeds) ist mit der Königin Elizabeth verwandt. Sie (Diana) wartete unruhig auf die nächste Geschichte. Eine Art Damoklesschwert hing über ihrem Kopf. Es war keine leichte Zeit für sie. Ihre Freundschaft und ihr Ruf standen auf dem Spiel.«

»Ihr Ruf bedeutete ihr etwas. Er bedeutete ihr eine Menge. Die Prinzessin von Wales ist eine Perfektionistin«, sagt eine berühmte Kontaktperson der königlichen Familie. »Wie die meisten Perfektionisten kann sie es nicht ertragen, wenn die Menschen sie anders als perfekt sehen. Sie verbirgt ihre Fehler sorgsam und zeigt eine glatte Fassade.

Sie ist wirklich davon überzeugt, daß der Prinz von Wales sie in diese mißliche Lage gebracht hat. Sie glaubt tatsächlich, die

Entwicklung, die ihre Ehe genommen hat, sei einzig seine Schuld. Ihrer Meinung nach war sie ein bis über beide Ohren verliebtes junges Ding, als er sie heiratete. Er hat sie im Stich gelassen. Er liebte *sie* nicht – nicht umgekehrt. Davon war sie wirklich überzeugt, so überzeugt wie ein Rastafari, der in Kaiser Haile Selassie seinen Gott erblickt.«

Bei dem Versuch, ihre Beziehung und ihren Ruf zu retten, verkalkulierte Diana sich zum ersten Mal seit 1980 ernsthaft. »Ihr dreißigster Geburtstag und zehnter Hochzeitstag im Juli standen bevor«, erzählt eine berühmte Verbindungsperson zur königlichen Familie. »Sie dachte, sie könne dies geschickt ausspielen; ihre Haut retten und gleichzeitig dem Prinzen von Wales eins auswischen.

Sie ging zu weit und hätte beinahe das initiiert, was sie am meisten fürchtete. Man braucht kein Genie zu sein, um sich auszurechnen, daß die Presse verrückt geworden wäre, wenn Diana ihren dreißigsten Geburtstag unbemerkt hätte verstreichen lassen. Das wußte auch der Prinz von Wales. Er wollte, daß sie zur Feier des Geburtstages einen großen Ball gaben. Aber sie sagte nein. Sie war unerbittlich. Nichts konnte sie dazu bringen, ihre Meinung zu ändern. Sosehr er auch an ihre Vernunft appellierte, sie wollte nichts davon hören. Wie Sie zweifellos wissen, ist Diana sehr gerissen. Ich bin fest davon überzeugt, daß sie ihn absichtlich ärgerte. Sie erwartete, daß jeder mit der armen Diana Mitleid haben würde, deren gemeiner und gleichgültiger Mann sie so schlecht behandelte, daß er noch nicht einmal merkte, daß sie einen wichtigen Geburtstag hatte. Meiner Meinung nach konnte man es nicht deutlicher zeigen. Sie manipulierte die öffentliche Meinung, um auf Kosten des Prinzen von Wales Sympathien zu bekommen. Damit konnte sie die Aufmerksamkeit von ihrem Privatleben ablenken und seinem Image einen heimtückischen Stoß versetzen. Ein sehr cleverer Plan, der fast Erfolg gehabt hätte.«

Am 1. Juli 1991, ihrem Geburtstag, konnte sich Diana tatsächlich beim Aufwachen einer günstigen Presse erfreuen, die sie enthusiastisch lobte und ihren Mann kritisierte: »Die Planung dieses Tages war eine Übung in Selbstpromotion«, fährt die berühmte Verbindungsperson zur königlichen Familie fort. Diana hatte eine Einladung von Rainbow House, einem geplanten Kinderhospiz in Walsall, angenommen, an einem Lunch im Savoy-Hotel teilzunehmen, das der Beschaffung von Spenden diente. Der Rockstar Phil Collins sollte dort »Happy Birthday« für sie singen. »Ihr Büro war angewiesen, bekanntzumachen, daß ihr dreißigster Geburtstag als ein Tag wie jeder andere betrachtet werden sollte – eine Bitte, die die Presse ignorieren würde. Das wußte Diana ebensogut, wie Sie und ich es wissen. Aber es sollte ihr Punkte für Bescheidenheit einbringen.« Und so geschah es.

»Aber ihn zu ärgern reichte ihr nicht«, fährt dieselbe Verbindungsperson zur königlichen Familie fort. »Sie wollte der Welt eine Botschaft übermitteln. Die Botschaft, daß es keinen Mann in ihrem Leben gab und daß alle Hinweise auf Jamie Hewitt erfunden waren. Deshalb sagte sie bei jenem Lunch: ›Ich werde meinen Geburtstag heute abend zu Hause mit dem einzigen Mann feiern, den es in meinem Leben gibt: mit Prinz Harry.‹ Denkt man darüber nach, dann war es – außer als Botschaft – völlig unpassend. Und nicht nur das, es war auch geschmacklos. Ich weiß, daß ich nicht die einzige bin, die so denkt.«

Die Frage, was Diana an ihrem dreißigsten Geburtstag tat, wurde nie ganz geklärt. In vornehmen Kreisen kursierten Gerüchte, daß Diana nicht allein gewesen sei, sondern den Abend mit einigen guten Freunden im Kensington-Palast verbracht habe, einschließlich Hauptmann Hewitt, der von seinem Posten in Deutschland beurlaubt worden war. Der

Palast war bei der Aufklärung dieses Geheimnisses nicht besonders hilfreich. Man erklärte, dies sei eine rein private Angelegenheit, und man werde keinen Kommentar abgeben.

Nachdem sie den Sturm gesät hatte, erntete Diana den Wirbelwind, der mit unziemlicher Hast einfiel. »Seine (Prinz Charles) Freunde hatten genug von ihren Manipulationen. Sie hatten etwas dagegen, daß sie immer ihm die Schuld gab. Sie ließen die Geschichte Nigel (Dempster) gegenüber durchsickern. Sie erzählten ihm, daß er (Prinz Charles) vorgehabt habe, einen Ball zu geben, und daß sie dagegen gewesen sei«, sagt die königliche Verbindungsperson. »Nigel veröffentlichte die Geschichte, und Diana verlor einen erheblichen Teil ihrer Sympathisanten, obwohl man sagen muß, daß sie sehr geschickt darin ist, ihr Image zu wahren.«

Ungeachtet der Frage, wer nun das Opfer und wer der Peiniger war, richteten sich durchs Dianas Weigerung, mit Charles Geburtstag zu feiern, die Scheinwerfer wieder auf den Zustand ihrer Ehe. Es war das zweite Mal in vier Jahren, daß die Medien sich an ihrem Lieblingsthema ergötzen konnten: zu spekulieren, ob die Ehe in Schwierigkeiten steckte und wenn ja, ob sie in einer Scheidung enden würde. »Niemanden interessiert, was sie (Diana) privat macht«, sagt die Adlige mit einem Schwager am Hof. »Aber alle interessierte es, wenn sie durch ihre öffentlichen Auftritte den Prinzen von Wales herabsetzte oder (sein Image) auf irgendeine Weise befleckte. Wer ihn kränkt, kränkt den Thron. Diana zu kränken heißt, die königliche Familie und letztendlich die Monarchie zu kränken. Das ist eine Zwickmühle, in der die Königin sich nicht nur bei der Prinzessin von Wales, sondern auch bei anderen befindet. Die königliche Familie muß also jemanden schützen, dessen Verhalten man als eine Kränkung des Thrones verstehen kann.«

Sollte Diana wirklich geglaubt haben, daß sie mit dieser vorsätzlichen Polemik durchkommen würde, dann mußte sie sich eines Besseren belehren lassen. »Die Königin hielt beiden eine Standpauke«, erzählt eine Cousine. »Sie warnte sie davor, die Krone zu gefährden. Sie sind das künftige Königspaar. Ihr Verhalten zählt. Sie gehören nicht zu jenen Mitgliedern der Königsfamilie, deren Possen nichts ausmachen. Die Königin befahl ihnen, sie sollten gemeinsam der Öffentlichkeit eine geeinte Front bieten und sich so verhalten, daß ihr Betragen die Gerüchte Lügen strafte. Sie verbot der Prinzessin, ohne den Prinzen auszugehen, es sei denn, sie käme einer offiziellen Verpflichtung nach oder ginge zu einer Veranstaltung, zu der er sie normalerweise nicht begleitete.«

Diana selbst hat diese Beschränkung ihrer Aktivitäten bestätigt. Bei der Hochzeit ihrer ehemaligen Mitbewohnerin Virginia Pitman mit Henry Clarke im September 1991 erklärte sie, wie sehr sie es bedaure, nicht am Empfang in Chelsea teilnehmen zu können. »Die Königin hat mir verboten, (gesellschaftliche) Dinge ohne meinen Mann zu machen«, sagte sie und fuhr sofort nach dem Gottesdienst nach Hause.

»Aber die Königin unternahm noch weitere Schritte, um sicherzustellen, daß sich ihr Sohn und ihre Schwiegertochter der Öffentlichkeit gegenüber einig zeigten und keinen Skandal hervorriefen. Sie empfahl eine Reihe von Aktivitäten, die zeigen sollten, daß die Ehe nicht in Schwierigkeiten steckte«, sagt die Schwägerin des Höflings. »Sie erklärte auch, sie wünsche in Zukunft keine Wiederholung der Spekulationen. Wie wir alle wissen, ist eine Empfehlung der Königin ein Befehl, den niemand zu mißachten wagt.«

Charles und Diana, die sich nur zu bewußt waren, welchen Schaden sie anrichten konnten, wenn sie den Anweisungen der Königin nicht Folge leisteten, brauchten keine dritte

Aufforderung. Ab sofort traten sie gemeinsam in der Öffentlichkeit auf, selbst bei offiziellen Einladungen, zu denen nur einer von beiden eingeladen worden war. Am Montag, dem 8. Juli 1991, zum Beispiel begleitete Charles Diana in die Royal Albert Hall, wo sie einer Einladung des London Symphony Chorus nachkamen, deren Schirmherrin Diana ist. Sie gingen so liebevoll miteinander um, als wären sie ein frischvermähltes Paar. Bereits fünf Tage vorher hatten sie sich von ihrer besten Seite gezeigt, als sie ein Konzert mit Dinner zur Spendenbeschaffung für Help the Hospices, die Wohltätigkeitsorganisation der Herzogin von Norfolk, im Banqueting House besuchten, zu dem sie beide eingeladen waren.

Menschen in aller Welt schienen darauf zu warten, wie die Geschichte von Charles und Diana weitergehen würde. Und die Medien taten ihnen natürlich nur zu gerne den Gefallen, sie mit Informationen zu versorgen. Das war besser als *Dynasty* oder *Dallas* zu ihren besten Zeiten. Würden sie sich trennen? Waren sie am Ende? Hatten sich ihre Hände in der Öffentlichkeit berührt? Schliefen sie wieder miteinander? Redeten sie überhaupt miteinander? Das und noch mehr fragte man sich. Währenddessen erschienen der Prinz und die Prinzessin Abend für Abend gemeinsam und arbeiteten schwer daran, die Gerüchte über einen Riß in ihrer Ehe Lügen zu strafen, indem sie den Eindruck erweckten, als stünden sie sich plötzlich wieder nahe. Aber keiner von den Eingeweihten wußte auch nur eine Antwort auf all die Fragen.

Da ihr niemand eine konkrete Information liefern konnte, sah sich die Presse gezwungen, Vermutungen über den wahren Zustand der Ehe anzustellen. »Zwischen dem Prinzen und der Prinzessin hatte sich in Wirklichkeit nichts geändert«, erzählt ein Freund. »Der einzige Unterschied war, daß sie einen größeren Wirbel um ihr Zusammensein machten.« Das freute die Presse und den Palast, und die Königin sicherte das Flickwerk doppelt ab. »Sie steckte hinter der Kreuzfahrt, die als ›die zweiten Flitterwochen‹ bezeichnet werden«, bestätigt eine Cousine. »Die Königin nahm alles in die Hand. Sie und König Konstantin (von Griechenland) arrangierten die Fahrt.«

Mallorca wurde als Schauplatz für eine solche Public-Relations-Übung als ungeeignet abgelehnt. »Er (König Konstantin) ist derjenige, der John Latsis dazu brachte, ihm seine Yacht zu leihen.« Die *Alexander* ist die drittgrößte Yacht der Welt. Sie ist wie die *Britannia* ein seetüchtiges Schiff mit allem erdenklichen Luxus. Der einundachtzig Jahre alte Milliardär war nur zu entzückt, seinem König einen Gefallen tun zu können. Er schätzt ihn sehr, wie die meisten griechischen Schiffseigner auch. Latsis ist fest davon überzeugt, daß Konstantin irgendwann einmal zu seiner Krone und in sein Vaterland zurückkehren wird, da die griechische Politik einem zyklischen Muster folgt und praktisch jeder griechische König einmal im Exil gelebt hat.

Da die Kreuzfahrt nicht wirklich die zweiten Flitterwochen seines Cousins Charles und seiner Cousine Diana waren, wurde der König von seiner Königin und seinen kleineren Kindern begleitet. Mit von der Partie waren auch die Prinzen William und Harry, Prinzessin Alexandra (deren Mutter eine geborene Prinzessin Marina von Griechenland war), The Honourable Sir Angus Ogilvy, Lord und Lady Romsey und ihre Kinder, einschließlich ihrer inzwischen verstorbenen Tochter Leonora, und Detective Graham »Smudger« Smith, der sich von der Operation seines Kehlkopfkrebses erholte. Es gab viele Spekulationen, ob der großzügige Mr. Latsis, der für die enorm hohen Unterhaltskosten des Schiffes aufkam, mit an Bord gewesen sei. Die Presse konnte weder eine Bestätigung noch ein Dementi bekommen. Aber einer meiner

Freunde, der für ihn arbeitet, sagt: »Mr. Latsis war nicht an Bord. Er überließ ihnen das Schiff. Die ganze Zeit über.«

Die Kreuzfahrt war ein Erfolg. Und indem man die Gastgeber als Gäste deklarierte, wurde dieser Reise große öffentliche Aufmerksamkeit zuteil. Auch privat war sie erfreulich: »Es war lustig«, sagt jemand, der Verbindung zur königlichen Familie hat. »Sie kreuzten herum. Fuhren nach Griechenland und Sardinien und Menorca. Diana liebt das Meer und die Sonne. Und wie jeder von uns ist sie froh, wenn alles so läuft, wie es ihr gefällt. Und so war es. Wem würde es nicht gefallen, mit einer der größten Yachten der Welt herumzukreuzen? Sie ist ebenso großartig wie die *Britannia* und noch ein wenig großartiger als die *Abdul Azis* (die Yacht des Königs von Saudi-Arabien). Sie (die Yacht) ist zu modern, um wirklich chic zu sein. Sie (Diana) mag Tino und Anne-Marie von Griechenland und ihre Kinder. Sie mag ihre Cousine ›Pud‹ (Prinzessin Alexandra) und ihren Cousin Angus. Sie mag Norton und Penelope und mochte Leonora wirklich gerne (die kleine Tochter der Romseys, die kurz danach an Krebs starb). Sie waren nicht nur Cousins und Cousinen, sondern auch Charles' beste und liebste Freunde. Also war er auch glücklich. Es war eine große, geistesverwandte Gruppe. Die Atmosphäre war sehr entspannt. Jeder ließ es sich gutgehen. Selbst Charles und Diana vertrugen sich. Aber lebte die Liebe wieder auf? Nein, das tat sie nicht.«

Seit damals treten der Prinz und die Prinzessin öfters gemeinsam in der Öffentlichkeit auf. »Es war nicht einfach für sie«, sagt die adlige Schwägerin des ranghohen Höflings. »Sie wären lieber nicht so häufig zusammengewesen. Es ist eine Art Verschwendung königlicher Zeit. Denn wann immer sie gemeinsam eine offizielle Verpflichtung wahrnehmen, bedeutet das, daß einer von ihnen bei irgendeiner anderen guten Sache nicht sein kann. Aber es mag dennoch sein Gutes gehabt haben. Möglicherweise haben sie gelernt, dem anderen gegenüber toleranter zu sein.«

Im Jahre 1992 zeigte sich, wie unangebracht dieser Optimismus war. Obwohl sie sich gemeinsam in der Öffentlichkeit präsentierten und offizielle Reisen in Länder wie Ungarn und Indien unternahmen, war die Kluft zwischen Charles und Diana nicht zu übersehen. Das lag größtenteils an Dianas Verlangen, »an die Öffentlichkeit zu gehen«. Ein bemerkenswerter und bezeichnenderweise öffentlicher Zwischenfall ereignete sich in Indien. Sie zeigte ihrem Mann eine Trophäe. Als er versuchte, sie auf die Wange zu küssen, wandte sie sich ab, wobei ihr nur zu bewußt war, daß die Kameras den Rüffel aufzeichnen würden – was sie auch taten. Ein Foto des zurückgewiesenen und Grimassen schneidenden Prinzen erschien weltweit auf allen Titelseiten, zusammen mit der Nachricht, daß in der Walesschen Ehe noch immer nicht alles stimme, obwohl sich das Paar gemeinsam in der Öffentlichkeit zeigte. Um diesen Punkt noch weiter auszuleuchten, begann Diana, es so einzurichten, daß sie auf Fotos wie eine einsame, verlassene Frau aussah, mit der man Mitgefühl haben mußte. Zwei Fotos belegen das eindrucksvoll. Das eine zeigt die einsame Prinzessin im Taj Mahal, das andere eine ernste und einsame Diana vor den Pyramiden Ägyptens, wo sie im Frühjahr 1992 ohne ihren Mann einen Besuch machte. Im letzteren Fall war ihre List so offensichtlich, daß die *Sunday Times* den Tricks, mit denen sie die öffentliche Meinung beeinflußte, eine volle Seite widmete.

Dianas Manipulation der öffentlichen Meinung war ein Thema, das die *Sunday Times* im Frühjahr 1992 wohl besser als die meisten anderen Zeitungen kommentieren konnte, hatte sie doch die Vorabdruckrechte für Andrew Mortons Lobeshymne erworben, ein Werk, das die dynamische und berechnende Diana als passives, selbstmordgefährdetes

Opfer eines egoistischen Prinzen und seiner gefühllosen Verwandtschaft hinstellt.

Aber bevor jenes Werk erscheinen konnte, wurde das vorliegende Buch veröffentlicht. Wieder einmal richtete sich weltweit das Scheinwerferlicht auf die Walessche Ehe. Hinter den Kulissen kam es zu außergewöhnlichen Schachzügen, mit denen die im Dienste des Prinzen und der Prinzessin von Wales stehenden Presseoffiziere des Buckingham-Palasts versuchten, dieses Werk von den Titelblättern der Weltpresse zu vertreiben und sowohl den Inhalt als auch die Autorin in Mißkredit zu bringen, was ihnen jedoch nicht gelang. Wie ein Fernsehkommentator bemerkte, lesen sich bereits die Seiten mit den Danksagungen wie ein Who's Who der britischen Gesellschaft. Außerdem sind die hier enthaltenen Informationen unangreifbar. Sie stammen von Freunden und Verwandten der beiden und von Höflingen der königlichen Haushaltung. Also brachte der Buckingham-Palast die Ankündigung der Trennung des Herzogs und der Herzogin von York aufs Tapet (das ist keine übersteigerte Spekulation; ich besitze einen Brief des Palastes, der dies bestätigt).

So störend dieses Buch für das Presseamt des Buckingham-Palasts auch gewesen sein mochte, es war nichts im Vergleich zu Mortons Werk. Wenigstens hat dieses Buch das Verdienst, ernsthaft und ausgewogen zu sein und beide Seiten zu beleuchten. Mortons Buch jedoch plädiert so stark zu Dianas Gunsten, daß es sich eher wie eine Werbeschrift als wie ein Sachbuch liest.

Als die Fakten bekannt wurden, stellte sich heraus, daß das Hauptthema des anderen Buchs, die angeblichen Selbstmordversuche, ihnen nicht standhielt. Während James Gilbey behauptete, Diana habe versucht, sich umzubringen, sagte Carolyn Bartholomew, die eine weit engere Freundschaft mit ihr verbindet, daß Diana in all den Jahren, in denen sie mit ihr befreundet ist, nicht ein einziges Mal etwas von Selbstmord erwähnt habe. Ein paar Tage später betrat ein weiteres Mitglied des Gilbey-Clans den Ring. Emma Gilbey fungierte als Sprachrohr ihrer aufgebrachten Familie und protestierte dagegen, daß die Prinzessin von Wales ihren Cousin als »Sündenbock benutzt« habe. Sie sagte, daß Diana, wenn sie schon Enthüllungen zu machen hätte, diese doch gefälligst selbst machen solle.

Trotz der Unhaltbarkeit dieses zentralen Themas bewirkten die Presseberichte eine enorme journalistische Unterstützung und öffentliches Mitgefühl für eine Prinzessin, die von allen Seiten umzingelt zu sein schien. Aber wer einen Moment lang überlegte, mußte bemerken, daß sie überhaupt nicht angegriffen wurde, denn die ganze Berichterstattung fußte auf ihren eigenen Enthüllungen.

Auch der Erzbischof von Canterbury stieg in den Ring und beschuldigte die Presse, die Intimsphäre der Walesschen Ehe zu verletzen. Aber da war der denkende Teil der journalistischen Welt bereits Diana auf der Spur. Sir John Junor von der *Mail on Sunday* und Lynn Barner vom *Independent on Sunday* waren die ersten. Sie fragten sich, ob die scheinbar unschuldige Prinzessin nicht selbst die undichte Stelle, die Quelle der Enthüllungen aus ihrem Privatleben war. Innerhalb weniger Tage hatten sie ihre Antwort. Diana besuchte in aller Öffentlichkeit Carolyn Bartholomew, Mortons Informationsquelle bezüglich der Bulimie (was nicht als Enthüllung bezeichnet werden kann, da es bereits in der ersten Ausgabe dieses Buches zu lesen war). Sie gab den versammelten Fotografen zehn Minuten Zeit, Fotos von ihr vor Carolyn Bartholomews Haustür zu schießen. Am folgenden Tag stand in allen Zeitungen, eine redegewandte Frau hätte ihnen rechtzeitig einen Wink gegeben und sich sogar die Mühe gemacht, ihnen Mrs. Bartholomews Fulhamer Adresse zu verraten.

Als nächstes kam die Identität der geheimnisvollen Anruferin an die Reihe. Der Verdacht fiel auf Diana, aber man zitierte Carolyn Bartholomew, die gesagt haben soll, daß es die Nachbarn gewesen sein müßten, obwohl das keinen Sinn ergibt. Die Presse war noch vor Dianas Ankunft informiert worden, und die Nachbarn hätten erst nach Dianas Ankunft von ihrem Besuch wissen können. »Die Prinzessin von Wales hat Andrew Mortons Frau dazu gebracht, in ihrem Auftrag die Zeitungen anzurufen«, sagte mir ein Höfling. Ich besitze einen Brief des Buckingham-Palasts, der das bestätigt.

Aber weshalb schlug Diana diesen außergewöhnlichen Kurs ein? »Sie war begeistert von dem Wirbel, den sie auslöste«, sagt der Höfling. »Sie sonnte sich im Mitgefühl«, meinte einer ihrer Freunde. »Die Öffentlichkeit ist nach ihren Kindern das wichtigste in ihrem Leben. Sie möchte als starke Persönlichkeit angesehen werden, die kämpfen mußte, um dorthin zu kommen, wo sie jetzt ist.« Weiter wird dies durch die betagte Frau eines Produzenten erhärtet, die Diana ebenso kennt, wie sie fast jeden Filmstar seit Gloria Swansons Zeiten gekannt hat. »Sie hat wohl den erstaunlichsten Sinn für ihr Publikum seit Joan Crawford. Sie sieht sich selbst wirklich in einer besonderen Beziehung zu ihm. Sie spricht oft von *ihrem* Publikum, als wären es nahe Verwandte. Es ist einer der Hauptgründe ihres Daseins. Das Publikum ist ihr Freund und eine Quelle der Motivation und des Trostes. Sie möchte, daß es sie besser kennenlernt. Sie glaubt, es hätte ein Recht darauf, daran teilzuhaben, wie sie sich selbst sieht.«

Aber Diana überzog das Spiel. Sie begann, ihre Karten zu offen zu zeigen. Die Prinzessin von Wales organisierte für jene Freunde, die als ihr Sprachrohr fungiert hatten, ein festliches Dinner in Harry's Bar in Mayfair, einem eleganten Club nur für Mitglieder. Das trug ihr die Mißbilligung verschiedener Kommentatoren ein, einschließlich Sir John Junors, der sie so leicht durchschaute, als sei sie aus Glas.

Zu diesem Zeitpunkt waren Dianas Manipulationen so offensichtlich geworden, daß der Buckingham-Palast aufhörte, Dementis herauszugeben, in denen ihre Verantwortung für den Aufruhr abgestritten wurde. Aber seltsamerweise schien die Öffentlichkeit nicht akzeptieren zu können, daß sie in bezug auf die Spekulationen über ihre Ehe Täter und nicht Opfer war. Jeden Tag beschuldigte die Öffentlichkeit im Radio, im Fernsehen und in den Leserbriefspalten der Zeitungen die Medien, sie hätten sich eingemischt. Jeden Tag, an dem Diana in der Öffentlichkeit erschien, zeigte ihr diese ihr Mitgefühl und ihre Anerkennung. Bei der Garter Ceremony* auf Windsor Castle wurde Diana zum Beispiel mit stürmischem Applaus begrüßt. Das wiederholte sich in den beiden folgenden Tagen während ihrer zwei Ausflüge zum Royal Ascot, als ihr von der breiten Öffentlichkeit die lautesten Hochrufe zuteil wurden. Nur in der Königlichen Loge erhielten die Königin und die anderen Mitglieder der königlichen Familie überhaupt Beifall. Aber selbst dort, in der Hauptbastion der britischen Oberschicht, war es nur ein höflicher Applaus, verglichen mit der stürmischen Begrüßung, die Diana zuteil wurde.

»Worte können nicht ausdrücken, wie verraten sich der Prinz von Wales durch das Verhalten der Prinzessin fühlt«, sagte eine Cousine. »Er ist sehr verletzt und sehr, sehr wütend, wie sie die öffentliche Meinung bloß derart gegen ihn benutzen konnte. Er würde so etwas nie tun. Nicht in einer Million Jahre, selbst bei einem Todfeind nicht. Für ihn ist ein derartiges Verhalten ebenso verachtenswürdig wie unvorstellbar.«

---

* Feier des Hosenbandordens (Anm. d. Übersetzers)

»Die Prinzessin von Wales ist eine hochnäsige, kleine Schauspielkönigin«, sagte ein ehemaliges Mitglied der Königlichen Hofhaltung. »Sie ist nicht besser als einer von diesen Filmstars, die anfangen, ihrer eigenen Publicity zu glauben, und größenwahnsinnig werden. Der einzige Unterschied ist, daß man einen Filmstar feuern kann, aber eine Prinzessin von Wales nicht.«

»Sie glauben nicht, was für eine Atmosphäre in der Königlichen Loge in Ascot herrschte«, sagte ein Mitglied der Königlichen Haushaltung. »Charles und Diana machten die ganze Zeit über finstere Gesichter. Sie saßen zwei volle Tage lang einfach nur herum und wechselten kein einziges Wort miteinander. Nicht eines.«

Damals war es der Königin gelungen, das selbstgefällige Siegeslächeln aus Dianas Gesicht zu wischen. »Es ist vor allem ihr Verdienst, den Schaden gering gehalten zu haben«, sagte eine Cousine. »Sie war sehr besorgt, weil es so offenkundig war, daß die Prinzessin bei all diesen Tricks die Hand im Spiel gehabt hatte. Für sie war es die schlimmste Krise seit der Abdankung. Sie bagatellisiert das Vorgefallene nicht. Sie sieht sehr deutlich, daß das Prestige der Monarchie durch etwas bedroht worden ist, was auf einen Rufmord am Prinzen von Wales hinausläuft. Sie ist verzweifelt wegen der Langzeitwirkung, die das auf Charles' Position und die Krone haben kann, und sie ist außer sich, daß jemand sie so betrügen konnte, wie ihre eigene Schwiegertochter es getan hat. Besonders wütend macht sie Dianas Klage, die Familie habe ihr niemals Unterstützung gewährt. Das ist einfach nicht wahr. Die Königin selbst hat weit mehr als jeder andere für Diana getan; mehr, als sie je für ihre Kinder oder sonst jemanden getan hat. Als Diana frisch verheiratet war, bat die Königin Lady Susan Hussey, ihr das Leben so leicht wie möglich zu machen. Ebenso Oliver Everett. Um Ihnen zu zeigen, was für eine Lüge es ist, zu sagen, Diana hätte nie Unterstützung bekommen: Die Königin intervenierte zweimal zu Dianas Gunsten bei den Zeitungen in der Fleet Street, als der Druck, den die Presse ausübte, zu stark wurde. In einem Land mit einer freien Presse ist das ein außerordentlicher Schritt für eine Monarchin. Die Königin hat das Gefühl, als hätte Diana ihr in aller Öffentlichkeit ins Gesicht geschlagen, und hält sie für eine intrigante, undankbare Person.

Am 12. Juni traf sich die Königin mit Prinz Charles. Sie sprachen über das, was die Prinzessin getan hatte. Die Königin wußte schon seit langem von den ehelichen Schwierigkeiten. Sie vertritt die Ansicht, daß sich beide wie erwachsene und zivilisierte Menschen benehmen sollten. Aber das ist bei einer Persönlichkeit wie der Prinzessin von Wales ein bißchen viel verlangt. Der Herzog von Edinburgh war nicht anwesend. Und wie Sie vielleicht wissen, trifft die Königin niemals eine Familienentscheidung, ohne ihn zu Rate zu ziehen.

Es gab noch ein weiteres Treffen. Es fand drei Tage nach der Garter Ceremony auf Windsor statt. Der Herzog (von Edinburgh) war anwesend, desgleichen der Prinz und die Prinzessin von Wales. Es war das entscheidende Treffen. Diana versuchte so zu tun, als sei sie die geschädigte Partei. Der Herzog ließ sich nicht täuschen und gab ihr unmißverständlich zu verstehen, wieso er wußte, daß sie alles andere als die Unschuld war, die sie zu sein vorgab. Wissen Sie, sie hat immer die Märtyrerin gespielt, und zwar so sehr, daß der Prinz von Wales sie jetzt Diana die Märtyrerin nennt. Der Herzog ist sehr verärgert über die Art, wie Diana die Königin behandelt hat. Er hat großen Respekt vor ihr (der Königin) und kann es nicht ertragen, wenn jemand sie beleidigt. Er sagte Diana mehr oder weniger, daß die ganze Familie ohne sie besser dran wäre. Er sagte, jemand, der unglaubliche

Geschichten über den Ehemann und die angeheiratete Familie herumerzählt, sei nichts anderes als ein Mitglied der Fünften Kolonne*. Man fragte Diana, was sie wolle. Sie antwortete, sie wolle eine rechtskräftige Trennung. Die Königin sagte, sie ziehe es vor, wenn sie der Öffentlichkeit gegenüber Eintracht demonstrieren würden. Hinter den Kulissen könnten sie ihr eigenes Leben führen. Prinz Charles stimmte zu, daß dies am besten sei, und sie brachte beide dazu, es bis Ende des Jahres zu versuchen.

Aber Tatsache ist, daß Diana sie alle in der Hand hat. Ich bin sicher, daß sie bekommt, was sie will. Und das ist eine offizielle Trennung, ihre eigene, offizielle Residenz, ihren eigenen, offiziellen Stab und das Recht, auch weiterhin offizielle Pflichten wahrzunehmen. Die ganzen Vorwürfe gegen den Prinzen von Wales waren nichts als kalkulierte Versuche, das Mitgefühl der Öffentlichkeit zu gewinnen, so daß sie ihn verlassen und trotzdem eine amtierende Prinzessin von Wales bleiben kann. Sie möchte nicht so abgespeist werden wie die Herzogin von York.

Die Familie begreift jetzt, daß unter der süßen Schale eine sehr verschlagene und berechnende junge Frau steckt, und daß sie (Diana) die Macht hat, ihnen großen Schaden zuzufügen. Wenn sie von ihnen nicht bekommt, was sie verlangt, wird sie einfach ein paar neue Kaninchen aus dem Hut zaubern, wie sie es früher gemacht hat. Alle sind sich darüber im klaren, daß die Monarchie weiteren Schlägen wie denen, die sie ihnen kürzlich versetzt hat, nicht standhalten kann.

Sie wird nur bei Prinz Charles bleiben, wenn sie meint, sie müsse es. Ich glaube nicht, daß es dazu kommen wird. Sie hat die Presse auf ihrer Seite. Sie hat die Unterstützung der

---

* Sinnbild für Zersetzungsarbeit aus dem Untergrund (Anm. d. Übers.)

Öffentlichkeit und das allgemeine Mitgefühl. Glauben Sie mir, sie ist eine sehr clevere junge Frau.«

Zweifellos ist die Prinzessin von Wales geschickt darin, sich Unterstützung zu sichern, aber es wäre unklug von ihr, die Raffiniertheit des Hofes zu unterschätzen. Die Monarchie besteht bereits länger, als jeder einzelne von uns lebt. Die kollektive Klugheit der Höflinge übertrifft selbst die eines solchen Public-Relation-Genies wie Diana, die zwei Geschlechtern von Höflingen entstammt. »Es fanden Konferenzen statt, an denen die älteren Mitglieder des prinzlichen Haushalts, wie der Privatsekretär des Prinzen, Commander Richard Aylard, und das leitende Personal der Königin teilnahmen. Sie kamen zu dem Schluß, das Schlimmste, was geschehen könnte, wäre, Diana zu geben, wonach sie verlangt. Tatsächlich will sie einen Konkurrenz-Hof gründen«, sagt ein Höfling. »Ihr größter Wunsch ist eine zivilisierte Vereinbarung, bei der der Prinz und sie getrennte Leben führen, aber offiziell zusammenbleiben. An zweiter Stelle steht für sie eine Scheidung. Ihnen ist endlich klargeworden, was für eine Gefahr Diana darstellt und welchen Schaden sie anrichten kann. Sie sind der Ansicht, daß sie nur so lange eine mächtige Gegenspielerin ist, wie sie von der königlichen Plattform aus handeln kann. Entzieht man ihr diese, so entzieht man ihr den Sauerstoff, der die Flamme ihres Ruhms speist: die offiziellen Verpflichtungen, Staatsereignisse, die Fototermine. Es ist sehr viel besser, sie loszuwerden, als sie an Bord des königlichen Schiffes zu haben, wo sie wie eine ungesicherte Kanone droht, ein Loch in den Rumpf zu schießen und damit das ganze Schiff zu versenken. Sie hat ihnen schließlich die Augen darüber geöffnet, wie geschickt sie in all den Jahren die Presse benutzte.«

Das unheimliche Publicity-Geschick der Prinzessin wurde in der jüngeren Vergangenheit einzig von Elizabeth Taylor erreicht. Für ihren Mann ist es seit langem eine Quelle der Besorgnis. Eine Cousine sagte, er »glaubt, daß man etwas tun soll, weil es das Richtige ist, nicht, weil man dafür Beifall bekommt. Ihr geht es immer nur um die Wirkung. Wenn sie nicht gerade die Freigebige spielt, dann die Prinzessin Blutendes Herz. Ein Beispiel dafür ist, wie sie ihren Besuch bei der kleinen Leonora Knatchbull (Lord und Lady Romseys Tochter) benutzte, die an Leukämie starb. Diana hat sie nur ein einziges Mal besucht. Und siehe da – sie stellte sicher, daß die Presse einen Wink bekam, damit sie berichten konnte, wie sie die Heilige spielte. Vergleichen Sie das mit dem Prinzen von Wales, der wiederholt Besuche (bei der Sterbenskranken) machte. Aber über keinen seiner Besuche wurde berichtet, weil er der Presse keinen Wink gegeben hatte. Sie benutzt die Presse andauernd dazu, dieses wunderbare Image von sich selbst zu projizieren, aber er ist wie die Königin. Er hält nicht viel vom Schauspielern; er hält etwas vom Sein. Seine Ratgeber haben versucht, ihn zu einer Änderung zu bewegen. Sie sehen deutlich, daß er die Public-Relation-Schlacht verliert. Aber für ihn ist es eine Frage der Integrität und der Lauterkeit. Seiner Meinung nach betreiben nur Schwindler und Demagogen Effekthascherei.«

Als der Prinz von Wales noch mit Lady Diana Spencer verlobt war, sagte sein Sekretär Michael Colbourne zu einem Kollegen: »Ich glaube nicht, daß sie ihn liebt. Sie scheint mir eine sehr ehrgeizige junge Frau zu sein.« Diese Ansicht wird jetzt vom Rest der königlichen Familie geteilt. Jede Art guten Willens, den sie Diana gegenüber aufgebracht hatten, ist verschwunden. »Sie hat sich selbst in eine isolierte Position gebracht«, sagt der Höfling. »Für sie (die Familie) ist Klatsch und Tratsch das Letzte an Treulosigkeit und Verrat. Sie haben genauso reagiert, wie jede andere Familie reagieren würde. Wie würden Sie sich vorkommen, wenn jemand aus Ihrer

Familie Ihnen öffentlich einen Dolchstoß versetzen würde? Natürlich würden Sie sich betrogen fühlen. Selbst die ärmlichste Familie im Lande würde nicht zulassen, daß ein Mitglied ihrer Familie dummes Zeug redet und sie alle kritisiert.«

»Prinzessin Margaret war ihre größte Stütze«, sagt die königliche Cousine, »aber das änderte sich über Nacht. Als Mitglied einer königlichen Familie tut man eines nicht – man greift den künftigen König nicht öffentlich an. Das untergräbt das Gefüge der Monarchie. Prinzessin Margaret hat im Namen der Pflicht zu viele Opfer gebracht, um nachsichtig zu reagieren, als Diana Prinz Charles verächtlich machte. Und sie ist wütend darüber, daß Diana ihren Freunden erlaubt hat, die Königin anzugreifen. Königin Elizabeth (die Königinmutter) und der Herzog von Edinburgh denken ebenso. Nicht anders ist es mit der Prinzessin Royal, dem Herzog von York und Prinz Edward. Sie werden Diana höflich behandeln, falls sie ein Mitglied der Familie bleibt. Aber sie werden ihr nie wieder trauen oder sie mögen.«

Diese Mißbilligung beschränkt sich nicht allein auf die königliche Familie. Sir Robert Fellowes, Dianas Schwager und Privatsekretär der Königin, tat kürzlich ihre Behauptung, ihr Telefon würde angezapft, als »paranoide Phantasien« ab. Seine Frau Jane, Dianas Schwester, hat einen heiklen, aber ähnlich prinzipientreuen Seiltanz unternommen. »Ihre Treue gehört ihrem Ehemann, der Krone und dem Sittenkodex von Loyalität und Diskretion«, sagte der Höfling. Trotzdem versuchte sie, Diana eine tröstende Schulter zum Ausweinen zu bieten; sie zu trösten, ohne mit ihr einer Meinung zu sein. Fairerweise muß gesagt werden, daß Diana soviel Takt besaß, vor Jane nicht über ihre Possen zu jubeln. Das hat sie sich für ihre Freunde aufgespart. Aber »ihre Schwester Sarah war ihr eine große Hilfe, ebenso ihr Bruder Charles. Sie haben ihr die

Rolle von Diana, der Märtyrerin, ganz und gar abgekauft«, berichtete die Verwandte des Prinzen. »Ihre Großmutter jedoch ist alles andere als zufrieden mit dem Verlauf, den das Ganze genommen hat. Und ihre Mutter, ebenfalls eine rechtschaffene Frau, war auch nicht gerade erfreut.«

Jetzt muß sich nur noch zeigen, ob Diana sich in die beschränkte Autonomie fügt, die sie bereits als eine bis auf den Namen unabhängige Prinzessin von Wales besitzt, oder ob sie ihrem Eigensinn und ihrer Halsstarrigkeit erlaubt, die Oberhand zu gewinnen. Niemand weiß, wie es ausgehen wird, nicht einmal Diana selbst. Aber es wäre schade, wenn sie es zuließe, daß ihre eigenen Schwächen der Welt eine Prinzessin von Wales rauben, die trotz all ihrer privaten Spielchen und ihres dramatischen Talents immer noch eine der populärsten Frauen des öffentlichen Lebens ist.

Doch was die Ehe betrifft, so ist sie tot. »Es besteht keine Aussicht, daß der Prinz von Wales je wieder zu ihr zurückkehrt«, sagt seine Cousine. »Er verabscheut sie, und was noch wichtiger ist, er traut ihr nicht über den Weg.« Und nach allem, was man hört, möchte auch Diana nicht zu ihm zurückkehren. »Sie glaubt, daß es zu spät ist.«

Was wird die Zukunft bringen? Ein Mitglied der königlichen Hofhaltung drückte es so aus: »Es ist alles in der Schwebe, und das wird wahrscheinlich in absehbarer Zukunft auch so bleiben. Eine Scheidung ist ebenso möglich wie eine Trennung oder eine Schwangerschaft. Es wurde sogar davon gesprochen, daß sie schwanger werden sollte, falls sie bei ihm bleibt. Sie wissen schon – um die Spekulationen darüber zum Schweigen zu bringen, ob die Versöhnung echt ist oder nicht. Es heißt, daß es eine künstliche Befruchtung sein müsse, denn es bestehe keine Möglichkeit, daß sie es auf natürlichem Wege vollbringen. Nichts ist sicher, außer daß die Ehe nur noch dem Namen nach besteht.«

Ironischerweise haben die Enthüllungen im August 1992 geholfen, die Ehe zusammenzuhalten. Damals wurde das angeblich intime, von einem Funkamateur aufgenommene Gespräch zwischen Diana und James Gilbey veröffentlicht. Von der Presse als »Dianagate« angekündigt, entwickelte die Episode eine Glaubwürdigkeit, die die königliche Familie anfangs erschreckte. Der siebzigjährige Cyril Reenan, ein glühender Monarchist und ehemaliger Bankdirektor, der das Band am Neujahrsabend des Jahres 1989 aufnahm, konnte nicht als jemand abgetan werden, der sich da etwas in der Absicht zusammengebraut habe, die Krone zu schädigen. »Eine Panikwelle überschwemmte jeden im Palast«, sagte ein Mitglied der königlichen Haushaltung. »Erst als sie erkannten, daß es ein Glück im Unglück sein könnte, beruhigten sie sich.« Ich habe mir das Band angehört und zweifle nicht daran, daß es sich bei der Frau um Diana handelt. Es ist vom Ton und Inhalt so typisch für sie, daß man förmlich sehen kann, wie sie den Kopf zur Seite neigt oder die Arme verschränkt oder eine der vielen Stellungen einnimmt, die für sie charakteristisch sind, während das Gespräch sich sachlich, aber unbestreitbar in vertrautem Ton entwickelt.

Es besteht für mich gleichfalls kein Zweifel, daß es sich bei dem Mann, mit dem sie spricht, um James Gilbey handelt. Ich habe nicht nur einen Freund, der ihn kennt, dazu gebracht, sich das Band anzuhören, und mir von ihm bestätigen lassen, daß es sich hierbei tatsächlich um den eleganten ehemaligen Autoverkäufer handelt. Eine weitere Bestätigung kam auch von seiner Freundin der letzten beiden Jahre, Lady Alethea Savile, die erklärte, sie habe dem, »was die Zeitungen berichteten, nichts entgegenzusetzen«.

Der Sechsunddreißigjährige ist ein interessanter Mann, groß, dunkel, zur Kahlheit neigend und ansehnlich. Diana kennt Gilbey seit ihrem siebzehnten Lebensjahr, als sie schon miteinander ausgegangen sind. Nach Dianas Heirat verloren sie sich aus den Augen. Ihre Beziehung wurde erst im Jahre 1989 nach einem zufälligen Treffen auf einer Party wiederbelebt. Seitdem sind sie dicke Freunde. Und dieser im Ampleforth erzogene Katholik war Mortons Quelle in bezug auf die Selbstmordgeschichten, die so viel dazu beitrugen, den Prinzen von Wales in Mißkredit zu bringen und eine Welle öffentlichen Mitgefühls für Diana auszulösen. Das allein reichte schon aus, ihm den ewigen Haß der königlichen Familie und der Hofschranzen einzutragen; aber er hat sie noch mit weiteren Gründen versorgt.

»Die Basis ihrer Beziehung ist keine sexuelle, sondern eine emotionale«, sagte einer meiner Freunde, der beide seit ihrer Teenagerzeit kennt. »Die Zuneigung ging mehr von ihm aus. Unbestreitbar gab es zeitweilig eine körperliche Komponente in der Beziehung (was die Bänder bestätigen), aber hauptsächlich bestand sie eher aus Küssen (wie die auf Band aufgezeichneten, die sie einander übers Telefon gaben) und Umarmungen als aus wildem Sex. Sie mag ihn und die Aufmerksamkeit, die er ihr schenkt. Er gehört zu der Sorte von Männern, die sich gerne mit Frauen unterhalten. Er will wissen, wie sie sich fühlen, ob sie traurig oder froh sind. Er stürzt sich in das, was andere Männer als Weibergeschwätz abtun würden. Er ist ein großer (ein Meter neunzig), warmherziger, überaus männlicher Bursche, der gern die kleinen Mädchen aufliest, wenn das Leben zuviel für sie wird. Wenn er auf eine erpicht ist, kann er stundenlang über alltägliche Belanglosigkeiten reden – was sie zum Frühstück hatte, was man füreinander empfindet, was sie mit ihrem Leben anfangen kann –, diese Art Gespräch halt. Er ist ein Gesellschaftsmensch, der nie über so etwas Abstraktes wie Ideen redet. Diana ist genauso. Ihre Konversation beschränkt sich auf sie selbst und ihre Aktivitäten. Dann ist Schluß.«

Das Tonband bestätigt das. Die Unterhaltung dreht sich fast ausschließlich in einer fast schon besessen anmutenden Selbstbespiegelung um Dianas Stimmung während des Tages und um Einzelheiten darüber, welche Kleidung beide anhaben. Es ist ein Gespräch über ihre und Gilbeys Aktivitäten und die seiner Freunde – Tratsch, dem die meisten von uns frönen, wenn wir mit Menschen sprechen, die uns nahe stehen. Sie sind zweifellos Vertraute, aber es besteht kein Zweifel daran, daß jede sexuelle Leidenschaft in ihrer Beziehung allein von ihm ausgeht. Während sie alles, was er ihr bietet, mit sichtlichem Vergnügen aufnimmt, antwortet sie ihm nicht mit gleicher Münze, wenn er ihr sagt, daß er sie liebt. Wenn er sagt: »Ich hatte letzte Nacht einen höchst merkwürdigen Traum über uns. Es war nichts Körperliches, damit hatte es nichts zu tun«, bemerkt sie aufschlußreich: »Das ist etwas anderes.« Das zeigt zwar, daß es in ihrer Beziehung ein körperliches Element gibt, aber es verrät im Zusammenhang mit dem ganzen Gespräch auch, was ich bereits sagte – daß die Beziehung von ihrem Standpunkt aus betrachtet im wesentlichen leidenschaftslos ist.

Aber Gilbey ist nicht der einzige, der auf dem Band eine beunruhigende Enthüllung macht. Diana erklärt: »James Hewitt. Ich habe den Mann von Kopf bis Fuß eingekleidet. Kostete mich eine ganze Menge.« Damit wird die Behauptung glaubwürdig, daß sie dem polospielenden Major nahestand und ihm zärtlich zugetan war. Denn keine Frau nimmt all die Schwierigkeiten und Kosten auf sich, den Kleidungsstil eines Mannes zu verändern, wenn sie sich nicht stark für ihn interessiert. Für den kritischen Zuhörer mag dieses Geständnis darauf hinweisen, daß ihre Beziehung zu Gilbey die platonischere von beiden ist. Denn nur die schamlosesten Flittchen sagen dem Mann, mit dem sie eine Affäre haben, daß sie den Kleidungsstil eines anderen Mannes vollkommen verändert hätten.

Die Bänder zeigen auch, wie recht der Prinz von Wales hat, wenn er behauptet, Diana habe einen Märtyrerkomplex. Sie sagt: »Wenn du so sein willst wie ich, mußt du leiden.« Und es bestätigt, wie stark ihr Konkurrenzdenken ist. Da gibt es verschiedene Hinweise auf Fergie. Trotz Dianas starkem Wohltätigkeitsengagement und ihrer erklärten Freundschaft mit ihrer Schwägerin gelingt es ihr nicht ein einziges Mal, freundlich zu klingen. Sie verhält sich nicht nur neutral, wenn Gilbey abwertend von Fergie spricht, sondern zieht auch selbst über die einzige Frau her, die jemals, wenn auch nur für kurze Zeit, populärer war als sie.

Diana hat eine freundliche Art, und man muß ihr zugestehen, daß sie damit gut ankommt. Aber John Casey, ein Mitglied des Gonville and Caius College in Cambridge, sah tiefer und putzte sie im *Evening Standard* als »spatzenhirnige Egomanin« herunter. Er nahm ihren Glauben, daß die Königinmutter fasziniert von ihr sei und daß die anderen Mitglieder der königlichen Familie genauso von ihr gefesselt seien wie sie selbst, als Beleg für seinen Standpunkt. Und er nahm die äußerst selbstsichere Diana wegen ihres ungerechtfertigten Angriffs auf einen Prälaten ins Gebet. »Der Bischof von Norwich scheint einen schüchternen Versuch gemacht zu haben, der Prinzessin zu schmeicheln – ohne zu erkennen, daß in ihrem Fall eine Schmeichelei niemals die Höhen ihrer Selbstachtung erreichen kann. Er hätte dick auftragen müssen, nicht mit einer Maurerkelle, sondern mit einem Löffelbagger.« Dann erinnerte er an ihre unnötige Aggression gegenüber dem unglücklichen Mann, von dem sie auf dem Band sagt, sie habe ihn »besiegt«. Und das nur, weil er sie dafür bewunderte, wie sie mit den Kranken und Sterbenden umgeht.

Ist das Tonband auch nicht sehr gut für das Bild Dianas als eines bescheidenen Menschen gewesen, so haben doch die Enthüllungen, die darauf zu hören waren, ihrer Popularität gewiß keinen Abbruch getan. Tatsächlich ist sie jetzt so geschickt darin, öffentliches Mitgefühl und Unterstützung für ihre Sache zu erzeugen, daß die übereinstimmende Meinung war: »Armes Mädchen! Sie hat so eine scheußliche Zeit hinter sich. Sie hat es verdient, sich ihr Vergnügen dort zu holen, wo sie es bekommen kann.«

Natürlich könnte man jetzt einwenden, sie hätte dieses Höchstmaß an Beifall auf Kosten ihres Ehemanns erreicht. Das und die Tatsache, daß sie sich dazu der versteckten Unterstützung eben jenes James Gilbey bediente, hat beiden die Feindschaft eines mächtigen Teils der königlichen Hofhaltung eingebracht. Diese Diener der Krone sind der Meinung, daß Gilbey alles andere als einen günstigen Einfluß auf sie hat. Jeder, der sich das Band anhört, kann erkennen, wie dieser Eindruck entsteht. Statt sie zu ermutigen, sich in ihrer Beziehung zur königlichen Familie und zu den Beamten, mit denen sie aufgrund ihrer Stellung in Berührung kommt, um Harmonie zu bemühen, rät er ihr, unangebracht grob und aggressiv zu sein, wo Menschen einfach nur freundlich oder höflich zu ihr sein möchten. Er nennt es »für sich selbst eintreten«, und sie zieht großen Stolz aus ihrem kindischen und peinlichen Verhalten, das ihr schnell die Verachtung der sie bewundernden Öffentlichkeit einbringen würde, wäre es nicht auf die engen Kreise beschränkt, die den Hof umgeben. »Die Mächte im Buck House (Buckingham-Palast) haben versucht, die Freundschaft auseinanderzubringen«, sagte unser gemeinsamer Freund. »Sie versuchten es im Juni und im August (1992), beide Male ohne Erfolg. Sie glauben, daß sie der Vernunft leichter zugänglich ist, wenn er nicht mehr ihren Widerstand gegen Feinde bestärkt, die gar nicht existieren.

Aber sie ist nicht bereit, einen Freund fallenzulassen, der ein so unbezahlbares Werkzeug gewesen ist. Sie werfen ihm vor, er füttere ihre Paranoia, aber gerade das ist es, was sie an ihm mag.« Doch James Gilbey steht wenigstens mit einem Fuß genügend fest auf dem Boden, um zu wissen, daß Diana die Freundschaft nur so lange aufrechterhalten wird, wie es ihr paßt. Das sagt er auf dem Band. Er erwartet eine abrupte Entlassung, falls er eines Tages nicht mehr in ihrer Gunst stehen sollte.

»Die Königin und der Prinz von Wales waren außer sich vor Wut, als das Band veröffentlicht wurde«, sagt ein königlicher Verwandter. »Sie wußten seit fast zwei Jahren von seiner Existenz, haben aber nicht erwartet, daß es einmal veröffentlicht würde. Die Enthüllungen über Sarah York und ihren Finanzberater hatten gerade ihren Höhepunkt erreicht, und sie machten sich Sorgen wegen des Schadens, den es der Monarchie zufügte. Aber beide waren realistisch genug, um zu erkennen, daß ein Silberstreif am Horizont zu sehen war. Es ist der erste Beweis, der der Öffentlichkeit zeigte, daß Diana nicht unbedingt die Göttin ist, für die sie sie hält. Sie spielten das Ganze herunter, denn es paßt ihnen nicht, daß jemand die Treue der Prinzessin von Wales in Frage stellt, solange sie noch ein Mitglied der königlichen Familie ist. Aber es ermöglicht ihnen auch, die richtigen Fragen zu stellen, falls und wann sie es für angebracht halten.«

Vom Standpunkt der Höflinge aus, die jetzt erkennen, wie gefährlich Diana und ihre Freunde in ihrem Trachten nach öffentlichem Beifall sein können, war das Band ein Geschenk des Himmels. »Sie hat sich im Buckingham-Palast mächtige Feinde geschaffen«, sagt ein Höfling. »Es ist kein Zufall, daß das Band gerade jetzt auftauchte. Ihre Feinde drängten darauf, um wieder einmal Licht am Ende des Tunnels zu sehen. Es war eine *quid-pro-quo*-Situation, die Rache für das, was sie und Gilbey durch das Morton-Buch dem Prinzen von Wales angetan hatten. Weder der Prinz noch die Königin haben eine Ahnung, daß einer ihrer eigenen Leute die undichte Stelle war. Sie würden explodieren, wenn sie es herausfinden würden. Verrat ist nicht ihr Stil. Aber was ihre Diener tun, ist natürlich etwas anderes; ich tadle sie nicht dafür. Sie hat es herausgefordert, und sie hat es bekommen. Wenn Sie mich fragen, so hat sie jetzt eine Dosis ihrer eigenen Medizin zu schmecken bekommen.«

Dianas Feinde, die die Teflon-Prinzessin zwangen, den Bodensatz des vergifteten Bechers zu trinken, den sie ihrem Mann bereitet hatte, waren mit dem Ergebnis sehr zufrieden. Sie kam bei der Dianagate-Geschichte zu Schaden, auch wenn es der Öffentlichkeit nicht bewußt ist. Das Fundament ihrer Macht und ihre Verhandlungsbasis wurden durch die Spekulationen untergraben.

Anfangs bestand der Buckingham-Palast unerbittlich darauf, daß es sich bei dem Band um eine Fälschung handle. Aber am Ende des zweiten Tages gab er der Öffentlichkeit den Wink, daß es echt sein könnte, indem er es nicht länger als Falschmeldung von sich wies. Laut der königlichen Verwandten hatte das einen einfachen Grund. »Es ist ihre erste Salve gegen Diana. Sie war erst ein Versuch, weil sie immer noch ein vollgültiges Mitglied der Familie ist. Aber sie begannen, den Weg zu bereiten, um der Öffentlichkeit zu zeigen, daß sie nicht so unschuldig und untadelig ist, wie sie jedermann glauben machen möchte. Doch dabei mußten sie vorsichtig vorgehen. Gerade so weit, daß sie nicht diskreditiert wird, aber weit genug, um sie später, wenn es nötig sein sollte, vom Angesicht der Erde zu fegen.«

Paradoxerweise hatte das zur Folge, daß die Ehe des Prinzen und der Prinzessin von Wales so sicher wurde, wie sie es seit der Zeit, da Diana die Gute zur populärsten Frau der Welt geworden war, nicht mehr gewesen war. Sie hat einen Vorgeschmack darauf bekommen, wie leicht es ist, vermeintliche Heilige als Sünderinnen darzustellen. Selbst vestalische Jungfrauen, denen das bislang unbekannte Kunststück gelang, zwei Kinder zu gebären und doch alle erforderlichen Merkmale der Reinheit zu erhalten, können sich in der Rolle der scharlachroten Hure* wiederfinden.

Bedacht darauf, sich die Achtung der Welt zu erhalten, auch wenn sie nicht in der Lage gewesen war, sich die Achtung der Familie zu bewahren, in die sie eingeheiratet hatte, ist Diana nicht mehr so versessen darauf wie einst, als unabhängiges Mitglied der königlichen Familie zum Schlag auszuholen. Sie hat einen ersten Vorgeschmack davon erhalten, wie es ist, in Verruf zu kommen, und sie würde sich eher den Beschränkungen unterwerfen, die für alle anderen Mitglieder der königlichen Familie gelten, als für einen Preis die Fesseln abzustreifen, wie ihn Sarah York bezahlte. Mag sie sich auch über die königliche Familie und ihre Konventionen beklagen – sie ist nicht im Begriff, bereitwillig ihre Position als Mitglied des Königshauses aufzugeben. Sie wird ihre Unabhängigkeit der Schmeichelei opfern, bis sie das Gefühl hat, daß sie beides zusammen haben kann. Dann erst, wenn überhaupt, wird sie sich von den Fesseln lösen.

In der Zwischenzeit wurde Diana durch die Erkenntnis aufgerüttelt, wie nahe sie daran gewesen war, ihren Ruf zu verlieren. Sie versteht jetzt besser denn je, daß sie nicht ganz so unantastbar ist, wie sie einst glaubte. Es ist schon seltsam, daß Diana diese Lektion als Folge ihres Umgangs mit James Gilbey lernte. Beide untergruben mit ihrer sorgsam ausgesuchten Geschichte und dem gutplazierten Schwindel den

---

* Die in Purpur und Scharlach gekleidete Hure Babylon (Apk. 17) (Anm. d. Übers.)

Ruf des Prinzen, aber dann hätte ihr Götterbote Merkur sie beinahe in dem Grab verscharrt, das sie ihrem Mann gegraben hatten.

Wenigstens hatten sie mehr Glück als der Thronfolger. Obwohl Gilbeys Eltern an die Öffentlichkeit gingen und sein Verhalten tadelten, führt er weiterhin sein angenehmes Oberklassen-Leben, und Diana hat die Liebe der Öffentlichkeit nicht verloren. Der Prinz von Wales jedoch erscheint als das genaue Gegenteil dessen, der er wirklich ist.

# NACHTRAG

## Diana heute

Seit Diana Prinzessin von Wales wurde, spielte sie auf der Bühne der Welt eine unvergleichliche Rolle. Sie wurde zu der Frau, über die am meisten geschrieben und die am häufigsten fotografiert worden ist. Sie ist zweifellos populär und ist zu einem Medienidol geworden, dessen Verhalten man aufmerksam verfolgt.

Das zwanzigjährige Mädchen, das den Prinzen von Wales heiratete, war zwar von dieser Welt, aber verhältnismäßig unerfahren. Seitdem hat sie mehr von der Welt gesehen, als die meisten von uns je sehen werden. Zu den Ländern, die sie besuchte, gehörten Monaco (1982); Australien, Neuseeland und Kanada (1983); Norwegen (1984 – ihre erste Reise allein); Italien, Deutschland, Australien, Fiji, Hawaii und Amerika (1985); Österreich, Kanada, Japan, die Vereinigten Arabischen Emirate, Spanien (1986); Portugal, Frankreich (dreimal), Deutschland, Spanien (1987); Australien, Thailand, Frankreich, Spanien (1988); Amerika, Kuwait, die Vereinigten Arabischen Emirate, Australien, Indonesien, Hongkong, Spanien (1989), Nigeria, Kamerun, Necker Island (das zu den Virgin Islands gehört), Ungarn, Amerika, Japan, Belgien, Spanien (1990), Pakistan, Kanada und noch einmal Spanien, aber zum ersten Mal nicht als Gast des Königs (1991).

Dianas Reisen waren kein einfaches Unterfangen. Jede von ihnen erforderte umfassende Vorbereitungen. Kleider mußten angefertigt oder gekauft, der Stab ausgewählt, Leute getroffen und Geschenke eingekauft werden. Diana ist großzügig (untypisch für ein Mitglied der königlichen Familie) und versucht, ihre Gastgeber nicht mit einem niedlichen Foto von sich selbst in einem Lederrahmen als Zeichen ihrer Hochachtung abzuspeisen. Aber sie ist sich ihrer Berühmtheit bewußt genug, um zu wissen, daß ein solches Foto eine geschätzte Zugabe für den Fototisch eines Gastgebers ist.

Diana hat durch ihre Reisen mehr von der Welt gesehen, als die meisten von uns je sehen werden. Sie hat durch ihre Arbeit außergewöhnlich umfangreiche Kenntnisse darüber erworben, wie andere Menschen leben. Sie bewegt sich zwischen den privilegiertesten Personen der Welt, aber sie sieht auch, wie die Armen leben. Wenige von uns werden jemals eine Leprakolonie besuchen (und den Patienten bereitwillig ohne Handschuhe die Hände schütteln), am Krankenbett eines Erwachsenen oder Kindes sitzen, der oder das an Krebs, Aids, Leukämie, an einem Herzleiden oder an einer anderen lebensgefährlichen Krankheit stirbt. Eine noch geringere Zahl von uns wird jemals erfahren, wie man sich fühlt, wenn der Besuch große Freude und einen zusätzlichen Sinn in das Leben jener bringen kann, die spüren, daß sie glücklicher sterben (oder leben) können, weil sie die Prinzessin von Wales getroffen haben.

Die Fähigkeit, so vielen Menschen ein derartiges Glück, einen Lebenssinn, zu schenken, ist eine großartige und kostbare Gabe. In der Vergangenheit erfreuten sich nur wenige Menschen einer solchen Verehrung und Bewunderung, daß allein schon ihre Gegenwart spürbare Auswirkungen auf andere Menschen hatte. Das ist eine Gabe, die man hegen, und keine Ware, die man abwerten sollte. Es ist Diana hoch anzurechnen, daß sie sensibel, mitfühlend und bewußt genug ist, um diese seltene Gabe weise zu nutzen.

Über die Frage, woran es lag, daß Diana zu dieser modernen

Ikone wurde, könnte man bis in alle Ewigkeit Vermutungen anstellen, ohne je zu einer endgültigen Antwort zu gelangen. Ich persönlich glaube, es liegt daran, daß sie im Grunde ein gütiger, mitfühlender und sympathischer Mensch ist, der die anderen liebt und dem es gefällt, auch geliebt zu werden.

Diana ist nicht vollkommen. Sie kann eitel und egoistisch, eine schwierige Arbeitgeberin, eifersüchtig und besitzergreifend, manipulativ und eigensinnig sein. Sie setzt gern ihren Willen durch, koste es, was es wolle. Aber man kann diese Fehler nicht als das Verhalten eines Ungeheuers bezeichnen. Sie sind normal und natürlich und befinden sich noch innerhalb des Toleranzbereichs der Unvollkommenheit. Sie machen Diana nur noch menschlicher, noch greifbarer für den Durchschnittsmenschen und wirken eher anziehend. Selbst ihr größter Fehler, ihr extremes Konkurrenzdenken, stößt ihre Verehrer nicht ab, obgleich er zu Problemen in ihrer Ehe führte und den Kreis ihrer Freunde einschränkte.

Diana ist heute eine Frau, die auf dem Gipfel ihrer weiblichen Anziehungskraft und ihrer Popularität steht. »Alles in allem gesehen, halte ich sie für eine Streitmacht des Guten«, sagt Jacqueline Lady Killearn. Ich glaube, die meisten von uns werden ihr zustimmen.

Ihr Leben verläuft nach einem befriedigenden Muster. Diana arbeitet vier, manchmal fünf Tage die Woche. Sie leistet einen unschätzbaren Beitrag zum Wohlergehen anderer Menschen und wird dafür mit persönlicher Befriedigung und internationalem Beifall belohnt. Sie nimmt es mit dem königlichen Protokoll nicht so genau. Und sie lehnt niemals eine Verpflichtung ab, nur weil das Datum ungünstig ist. Zum Beispiel opferte sie am Sonntag, dem 1. Dezember 1991, den Abend, um die Dance-for-Live-Gala zur Unterstützung von CRUSAID zu besuchen. Danach ging sie zu einem Empfang im Spencer House. Dadurch konnten wir – das Komitee – den

Kartenpreis von zweihunderfünfzig Pfund Sterling rechtfertigen. Zugegeben, es war ein wunderbarer Abend, und das, was als Arbeit begann, endete als Vergnügen. Dennoch bleibt die Tatsache bestehen, daß sie bereitwillig eine Verpflichtung übernahm, die ungelegen kam, weil es sich um eine Sache handelte, die ihr am Herzen lag. Sie möchte wirklich ihre einmalige Position dazu benutzen, den anderen Menschen das Leben zu erleichtern. Das macht einen Großteil ihrer Attraktivität aus und ist ein Hauptgrund für ihre Anziehungskraft. Ihre angeheiratete Cousine Janet Marquise von Milford Haven faßte es sehr gut zusammen: »Ich denke, sie ist das Beste, was uns – dem Land und der königlichen Familie – passieren konnte. Wo stünden wir ohne sie? Sie hat Großbritannien wieder Geltung verschafft, und zwar im großen Stil. Sie war das Beste, was uns passieren konnte.«

Aber Dianas Leben besteht nicht nur aus Arbeit. Sie hat ein aktives, aber zurückgezogenes Privatleben mit vielen Freunden und Bewunderern und der Unterstützung ihres Vertrauten. Die Medien haben ihre Freundschaft mit Hauptmann James Hewitt ebensowenig beeinträchtigt wie die Freundschaft zwischen Prinz Charles und Camilla Parker Bowles. Auch das ist positiv. Denn alle Menschen brauchen die Kameradschaft eines Freundes, und einem Mitglied des Königshauses geht es da nicht anders als anderen.

Trotz aller Konflikte innerhalb der Familie ist Diana eine hingebungsvolle und liebende Mutter, die von ihren Söhnen angebetet wird. Prinz William ist zäher und ungestümer als Prinz Harry. Er macht seinen Eltern mehr Schwierigkeiten und hat eine weniger friedliche Schulzeit wie sein jüngerer Bruder. »Daher sein ›Unfall‹ in der Schule«, bemerkt die Mutter eines Mitschülers. Sie spielt auf den Zwischenfall an, bei dem der junge Prinz ins Krankenhaus gebracht werden mußte, nachdem ein Freund ihm eine Kopfwunde zugefügt hatte. Aber William bezahlt jetzt den Preis für sein Verhalten. Seine Mutter ermuntert ihn nicht mehr so wie damals, als er noch kleiner war.

»Es macht ihr nichts aus, den Kindern einen Klaps zu geben. William bekommt oft etwas hinter die Ohren«, sagt eine königliche Verwandte. »Er ist sehr eigenwillig und läßt sich nicht gern vorschreiben, was er tun soll. Das lassen sich seine Eltern – besonders seine Mutter – nicht gefallen. Er hat auch Schwierigkeiten mit den Jungen in der Schule. Er sagt ihnen, sie müßten ihm gehorchen wie seiner Großmutter, der Königin. Sie können sich vorstellen, wie das wirkt. Aber er ist trotz allem ein süßer kleiner Junge, wohlerzogen und – nun, ein richtiger kleiner Junge.« Prinz Harry hingegen »hat ein viel sanfteres Wesen. Er macht nie Schwierigkeiten. Er ist Mutters Liebling. Er hat wirklich ein überaus entzückendes Wesen. Er ist artig und zeigt bereits ein wenig Humor. Er wächst zu dem reizendsten Jungen heran, den man sich denken kann.«

Diana verbringt soviel Zeit wie möglich mit den Kindern. Aber mit einem Jungen im Internat, dem anderen in einer Tagesschule, dazu noch einem kompletten Stab, der sich um den Haushalt und die »beruflichen« Belange kümmert, hat sie mehr Freizeit als normalerweise eine berufstätige Mutter. Sie ist noch immer gesundheitsbewußt und achtet noch ebenso gewissenhaft auf sich wie vor ihrer Heirat. Sie trainiert, wann immer sie Zeit hat. Sie achtet darauf, was sie ißt, und begibt sich regelmäßig zur Dickdarmspülung in die Hale Clinic am Park Crescent im Londoner Ärzteviertel Marylebone. Bis jetzt hat sie sich von den konservativeren Medizinern nicht davon abbringen lassen, ihr Verdauungssystem mit fünfundvierzig Liter Flüssigkeit reinigen zu lassen, die bei dieser umstrittenen Behandlungsform gebraucht werden. Noch häufiger läßt sie sich massieren. Einmal in der Woche kommt

Stephen Twigg – ein Masseur, der gerade in Mode ist – in den Kensington-Palast, wo er mindestens eine Stunde lang ihren halbnackten Körper knetet, mit den Fäusten bearbeitet und streichelt. »Sie ist von Natur aus ein sinnlicher Mensch«, sagt ein guter Freund. »Sie hat das Bedürfnis, berührt zu werden, genauso wie sie (andere) berühren muß.« Das ist ein weiteres Geheimnis ihres Erfolges. Wenn sie Fremden begegnet und körperlichen Kontakt zu ihnen aufnimmt, dann erreicht sie diese Menschen nicht nur auf eine Art.

Ihr Ruf als große Schönheit bedeutet Diana soviel wie früher. Sie hat nie vergessen, wie aufregend es war, als sie diesen Ruf trotz ihrer großen Nase erlangte. Jetzt, wo sie es fertiggebracht hatte, die Presse von ihrer Garderobe abzulenken, poliert sie ihr äußeres Erscheinungsbild mit einer Reihe neuer schmeichelhafter Kleider auf, ohne unerwünschte Aufmerksamkeit zu erregen. Der Höhepunkt ihrer Karriere als »Covergirl« war, als sie im Dezember 1991 auf der Titelseite der *Vogue* erschien. »Sie war entzückt«, erzählt eine Freundin – ein Entzücken, das vom Buckingham-Palast nicht geteilt wurde. »Sie waren wütend auf sie. Die zukünftige Königin von England sollte sich nicht auf dem Titelblatt eines Modemagazins tummeln.« Aber die Traditionalisten konnten nichts dagegen tun. Sie erfuhren erst davon, als das Magazin bereits im Handel war. Dianas Verhalten scheint gar nicht so unzeitgemäß zu sein: »*Vogue* ist ein sehr angesehenes und ehrbares Magazin. Es gibt keinen Grund, weshalb die Prinzessin von Wales nicht auf dem Titelblatt erscheinen sollte. Schließlich schadet sie niemandem damit.«

Diana ist sich bewußt, daß es nur ein Leben zu leben gibt, und sie akzeptiert ein Nein nur dann, wenn sie unbedingt muß. Sie hat in jüngster Zeit einen weiteren Rat des Palastes ignoriert. Das wirkte sich auf einen Teil der britischen Industrie nachteilig aus, und es zeigt, daß sie immer noch lernen muß, die Pflicht vor das Vergnügen zu stellen, wenn das nationale Interesse auf dem Spiel steht. Die britische Automobilindustrie steckte lange in Schwierigkeiten, und die königliche Familie achtete darauf, nur britische Wagen zu fahren. Aber Diana liebäugelte schon seit langem mit einem Mercedes-Benz. Kürzlich umging sie die Regel der könglichen Familie, indem sie Mercedes-Benz bat, ihr für einige Zeit einen Wagen zu »leihen«. Diesen fährt sie nun – offenbar zum Nutzen der deutschen Automobilindustrie und zum Nachteil der englischen. Zweifellos werden wir in Zukunft noch mehr von diesen eigensinnigen Aktionen erleben; und zweifellos werden nicht alle davon zu ihren Gunsten sprechen. Aber wir – die Öffentlichkeit – dürfen nie die Tatsache aus den Augen verlieren, daß die andere Seite dieser Fehler ihre Charakterstärke ist. Und diese Stärke kommt zweifellos zu uns allen.

Die Prinzessin von Wales ist zu Recht eine der berühmtesten Frauen der Welt. Und sie genießt ihre Berühmtheit. Wenn nicht eine große Katastrophe eintritt, wird sie für den Rest des Jahrhunderts und bis ins nächste hinein einen festen Platz in unserem Leben einnehmen. Schöne und bezaubernde Frauen, die menschlich sind, wirken interessant. Und dieses Interesse wird aufrechterhalten, wenn die Frau hinter dem lebensprühenden, klar umrissenen Image schwer faßbar bleibt, wie das bei Diana der Fall ist.

Trotz ihres Hochglanz-Images ist sie sorgsam darauf bedacht, wenig von dem Menschen hinter der Fassade zu enthüllen. Sie beschränkt ihre Kommentare auf ein sympathisches Minimum, es sei denn, sie ist mit ihren engsten Freunden zusammen. Sie gibt weder Interviews, noch unternimmt sie andere Dinge, die zuviel von ihr offenbaren würden. Das liegt zum Teil daran, daß sie sich nicht sehr gut ausdrücken kann, aber auch daran, daß sie sich ihrer Grenzen wohl bewußt ist. Ein ehemaliger Mitarbeiter ihres Stabes sagte dazu: »Sie weiß, daß sie ihr öffentliches Image nie gerecht werden kann. Deshalb hält sie den Mund.«

Das Interesse an Diana birgt ein Paradoxon. Hier haben wir einen vollkommen normalen Menschen, ohne besondere Talente, dem die Umstände und seine Persönlichkeit geholfen haben, sich in eine außergewöhnliche Person zu verwandeln. Diana ist der lebende Beweis dafür, daß normale Menschen ein außergewöhnliches Leben führen können, daß eine Person die Möglichkeiten hinter ihren Träumen erkennen kann. Aber was die Geschichte noch interessanter macht, ist das Wissen darum, daß die Träume, als sie wahr wurden, ihren Preis forderten. Niemand entkommt der natürlichen Gerechtigkeit, die mit der einen Hand geben mag, aber gleichzeitig mit der anderen nimmt. Es ist merkwürdig tröstlich, zu wissen, daß niemand vor der Gerechtigkeit geschützt ist, noch nicht einmal die Prinzessin von Wales.

# DIE LETZTEN JAHRE

Im Herbst 1991 gab es für Diana nur noch zwei Alternativen: entweder Trennung, oder doch eine Versöhnung mit dem Prinzen von Wales. Die Beziehung zu James Hewitt hatte sich sehr abgekühlt, vor allem wegen der Berichte darüber in den Medien und einer Warnung von seiten seiner Vorgesetzten in der Armee, er solle einen Skandal, das heißt Diana, besser meiden, denn diese Art von Publicity könne dem Ansehen der Monarchie schaden. Auch Diana, um ihr öffentliches Image besorgt, war sich darüber im klaren, daß die Affäre ein Ende haben mußte, und betrachtete dieses Opfer als das kleinere Übel.
Wie die meisten jungen Frauen wünschte sich auch Diana ein harmonisches und glückliches Privatleben. Es war ein offenes Geheimnis, daß sie noch weitere Kinder wollte, am liebsten zwei Töchter, des familiären Gleichgewichts wegen. Trotz der großen Spannungen zwischen ihr und Charles und der Unvereinbarkeit ihrer Charaktere hätte sie sich wieder mit ihm versöhnt, wenn er fähig gewesen wäre, sich zu ändern, sie zu lieben. Diese Hoffnung war natürlich unrealistisch. Der Prinz von Wales konnte für Diana kein besserer Partner werden als sie für ihn.
Innerlich hin und her gerissen zwischen ihren Wünschen und Hoffnungen, suchte Diana nach einem Weg, sich ihren Status und ihre Privilegien so weit wie möglich zu erhalten, gleichzeitig aber auch ihre Träume zu verwirklichen. Das

bedeutete im Grunde eine Trennung ohne Scheidung, es sei
denn, sie könnte wieder heiraten. Wenn nicht, wollte sie
Königin werden, wenn Charles den Thron bestieg – selbst
wenn sie dann getrennt leben würden.

Diana begab sich auf unbekanntes Gebiet, hatte aber keine
Angst davor, mit Konventionen und Regeln zu brechen, wenn
es ihr die Erfüllung brachte, auf die ihrer Meinung nach jeder
Mensch ein Recht hat. Allerdings brachte ihr die Art, wie sie
die Dinge anging, nicht nur Bewunderung, sondern auch Kritik ein. Da sie wußte, wie nützlich der Druck der Medien
sein konnte, versuchte sie mich dazu zu bewegen, dieses Buch
»Diana, Ein Leben im goldenen Käfig« – es war als offiziell
autorisierte Biographie geplant, deren Erlös ursprünglich drei
meiner karitativen Organisationen, deren Schirmherrin sie
war, zugute kommen sollte – als nichtoffizielle Biographie zu
veröffentlichen, in der sie ihren Ehemann öffentlich anklag-
te und ihm die Schuld für all ihre Probleme gab. Das war
nicht nur unfair, es entsprach auch nicht der Wahrheit, wie
ich wußte. Aus diesem Grund, und nur aus diesem Grund,
bin ich ihrem Wunsch nicht nachgekommen. Deshalb wandte sich Diana an Andrew Morton, dessen Buch »Diana: Ihre
wahre Geschichte« 1992, vier Monate nach Erscheinen von
»Diana, Ein Leben im goldenen Käfig«, auf den Markt kam.*
Beide Bücher erregten großes Aufsehen, aber dennoch wollten die Menschen nicht glauben, daß die Prinzessin von Wales
wirklich so unglücklich war, wie wir es dargestellt hatten.
Damit die Öffentlichkeit wirklich begriff, was mit ihr los war,
arrangierte Diana einen Fototermin vor dem Haus ihrer
Freundin Carolyn Bartholomew. Die Botschaft war klar. Sie
stand hinter Carolyns Aussagen über ihre Eßstörung. Sie
stand hinter Mortons Buch.

* Mortons Biographie ist im Herbst 1997 im Droemer Knaur Verlag als aktualisierte, um Text und Bild erweiterte Neuausgabe erschienen (Band 27079)

Öffentlichkeit und königliche Familie waren gleichermaßen geschockt. Wie konnte Diana sich zu einem Buch bekennen, das die Stellung des Thronerben untergrub? Wußte sie denn nicht, welchen Schaden sie damit anrichtete? Die Antwort ist ja und nein. Diana spürte, daß sie aus dem goldenen Käfig ausbrechen mußte, oder sie würde sterben. Sie machte die Zwänge und Beschränkungen des Hofes für ihre Krankheit verantwortlich und sah auch keinen Grund, warum sie sich die Chance auf eine glückliche Ehe mit einem anderen Mann entgehen lassen sollte, nur weil man bei Hofe meinte, eine Auflösung der Ehe von Prinz und Prinzessin von Wales würde der Monarchie nicht wiedergutzumachenden Schaden zufügen. Sie nahm zwar an, daß eine Trennung dem Ansehen des Prinzen von Wales schaden würde, glaubte aber nicht, daß es das Ansehen der Monarchie beeinträchtigen würde. »Charles ist nicht die Monarchie. Er kann den Platz freimachen, ohne der Institution zu schaden«, sagte sie mehrmals. Das Jahr 1992 über, von der Königin als *annus horribilis* bezeichnet, drängte Diana auf die von ihr gewünschte Trennung. Noch schlimmer machte die ganze Situation, daß Sarah, Herzogin von York, ihren Mann, Prinz Andrew, im März 1992 verließ und der *Mirror* im August kompromittierende Fotos von ihr und ihrem Finanzberater Johnny Bryan veröffentlichte, wie er an einem Swimmingpool in Südfrankreich ihren Fuß küßt. Diana fand es schrecklich, daß ihre Freundin, die Balmoral in Ungnade verließ, sich eine solche Demütigung gefallen lassen mußte. Aber sie war auch froh, daß sie sich nicht an ihren Pakt gehalten hatte, sich zur gleichen Zeit von ihren Männern zu trennen. Die Schwägerinnen glaubten, daß ihre »Feinde« im Buckingham-Palast (die konservativen Höflinge, die im Hintergrund die Fäden zogen) der Presse Informationen über Sarahs Aufenthaltsort zugespielt hatten und die Geschichte eine Warnung an Diana sein sollte, daß auch sie in Mißkredit gebracht werden würde, sollte sie den Schoß der königlichen Familie verlassen. Sie lernte aus Sarahs Erfahrung, was sie zu erwarten hatte und tunlichst vermeiden sollte, wenn sie sich von ihrem Mann trennen würde.

Diana nahm diese Warnung zur Kenntnis, wollte sich aber nicht von ihren Plänen abbringen lassen, sondern verkündete der Welt das ganze Jahr 1992 über immer wieder: *Ich bin unglücklich, und wenn ihr nur ein bißchen Herz habt, dann laßt ihr mich gehen.* Sie benutzte dazu wieder die Medien, indem sie über Freunde Informationen an ihr wohlgesonnene Journalisten durchsickern ließ oder indem sie bei allen offiziellen Anläßen, die sie mit Charles zusammen wahrnahm, ein leidendes Gesicht machte. Ihr Besuch in Korea im Oktober 1992 erregte dadurch allgemeines Aufsehen, der eigentliche Zweck des Besuchs ging in der Flut von Spekulationen über den Zustand ihrer Ehe unter. Im November gaben sich Charles, die Königin und der Herzog von Edinburgh schließlich geschlagen. Diana konnte ihre Trennung haben. Eine Scheidung würde es in absehbarer Zukunft nicht geben.

Diana stammte jedoch nicht umsonst aus einem alten Adelsgeschlecht. Man hatte sie bereits im Juni wissen lassen, daß eine Scheidung irgendwann in der Zukunft unumgänglich sei, wenn sie auf einer Trennung bestand. Sie war sich bewußt, daß nur ein ganz besonderer Mann eine Exprinzessin von Wales heiraten würde. »Wer wird mich mit einem solchen Gepäck schon wollen?« sagte sie oft und beschloß, ihre Stellung zu sichern für den Fall, daß kein entsprechender Kandidat auftauchen sollte. Also verlangte sie, der Premierminister solle im Parlament eine Bekanntmachung verlesen, die die Zusicherung enthielt, daß sie Königin werden würde, sollte Charles den Thron besteigen, solange sie noch getrennt lebten.

Als John Major im Dezember 1992 im House of Commons seine Bekanntmachung verlas, zeigte sich an der Reaktion der Parlamentsmitglieder auf die Nachricht, daß Diana trotz der Trennung Königin werden würde, zum ersten Mal, daß ihre Pläne in der Öffentlichkeit auf Widerstand stießen. Es gab mißbilligende Kommentare, auf die massive Bekundungen des Mißfallens folgten. Die einhellige Meinung war: Wenn sie nicht mit dem Prinzen zusammenleben möchte, kann sie auch nicht erwarten, Königin zu werden.

Diese Reaktion der Öffentlichkeit versetzte Diana einen Schock. Sie war fest überzeugt, daß sie und Charles ein gutes Team auf dem Thron wären, ihre Gewandtheit im Umgang mit Menschen eine ideale Ergänzung seines ernsteren, jedoch weniger einnehmenden Charakters sei. Sie nahm sich diese Enttäuschung, oder die darin enthaltene Zurückweisung, sehr zu Herzen und machte wieder einmal ihren Mann für etwas verantwortlich, was nicht seine Schuld war. »Wenn ich nicht Königin werden kann, warum soll er dann König werden?« meinte sie gegenüber einer Freundin.

Das Jahr 1993 war zweifellos eines der schwierigsten für Diana. Sie fühlte sich einsam, alleingelassen, zurückgewiesen und unsicher. Sie schwankte zwischen Bedauern, daß sie die Trennung erzwungen hatte, und der Hoffnung, sie würde sich dadurch ihr Leben so gestalten können, wie sie es sich wünschte. Sie wollte ihren Status und ihre Privilegien behalten, gleichzeitig aber einen Mann kennenlernen und heiraten, der sie liebevoll umsorgte und ihr einen vergleichbaren Lebensstandard bot.

Die Unsicherheit wurde durch zwei Skandale noch verstärkt. Der erste war »Squidygate« (squidy = Tintenfischchen; A.d.Ü.), ein Bandmitschnitt eines Gesprächs vom Dezember 1989 zwischen James Gilbey und Diana, aus dem eindeutig hervorging, daß sie eine Liebesbeziehung hatten. Und während Diana noch Angst hatte, daß ihr Ruf sich von diesem Schlag nie erholen würde, wurde ein zweites Band veröffentlicht. Dieses sogenannte »Camillagate«-Band war ein deutlich sexuell gefärbtes Geplauder, das nach ihrem vertrauten Geplänkel mit James Gilbey stattgefunden hatte.

Mit dem Gefühl, daß die Dinge nun in Gang kamen, sah Diana etwas erleichterter in die Zukunft. Sie wurde immer noch als Mitglied der königlichen Familie angesehen, übernahm immer noch offizielle Termine, hatte immer noch den von ihr so geschätzten Platz in den »Hofnachrichten«, diesem Programm der königlichen Aktivitäten, das auf großen Bögen gedruckt veröffentlicht wird und einen wichtigen Rang anzeigt. Hinter den Kulissen war man jedoch sehr bemüht, sie langsam »kaltzustellen«. Die alte Garde der Höflinge im Buckingham-Palast, die sie »der Feind« nannte, war der Ansicht, daß sie nur noch ganz wenige offizielle Termine wahrnehmen sollte. Sie zog sonst zuviel Aufmerksamkeit auf sich, stahl den anderen Mitgliedern der königlichen Familie, über deren Auftritte nie in der Presse berichtet wurde, viel zu sehr die Schau. Diana fand selbst, daß sie zuviel Publicity bekam und die Medien mehr über andere Mitglieder des Königshauses wie Prinz Andrew und Prinzessin Anne berichten sollten. Auf der anderen Seite genoß sie diese Verehrung auch sehr und ließ ihr wohlgesonnene Journalisten täglich über ihre Unternehmungen und ihr Befinden informieren, sorgte damit aber genau für die Publicity, die so viele Probleme machte. Dazu kam, daß Diana ihre offiziellen Verpflichtungen, die sie immer als lästig und langweilig empfunden hatte, bevor Penny Thornton ihr zu einer neuen Sicht der Dinge verhalf, jetzt wirklich als notwendig für ihre spirituelle und emotionale Entwicklung betrachtete. Ihr gefiel nicht nur die positive Aufmerksamkeit, die sie persönlich dadurch bekam; sie freute sich auch, daß sie Gutes tun konnte. Wie sollte sie so viel Gutes tun können, wenn man ihr diese offiziellen Verpflichtungen entzog?

Die Antwort stellte sich so unerwartet ein wie alles andere in dieser Phase ihres Lebens. Sie engagierte sich phasenweise sehr stark abseits der Öffentlichkeit, besuchte Kranke, sprach Sterbenden Mut zu, bot Menschen in schwierigen Situationen Unterstützung und Trost an. Wann immer sie jemand begegnete, den sie mochte oder bei dem sie das Gefühl hatte, er brauche ihre Hilfe, ging sie auf ihn zu und intensivierte die Beziehung später durch Briefe, Besuche und sogar gelegentliche Einladungen zum Mittagessen oder zum Tee in ihrem Palast.

Ende 1993 war Diana erschöpft von den Auseinandersetzungen, die die Trennung mit sich gebracht hatte. Seit man wußte, daß sie selbst Morton Informationen für sein Buch geliefert hatte und ihre Integrität in Frage gestellt worden war, hatten große Teile der Medien und des Establishment jeden ihrer Schritte argwöhnisch beobachtet. Da sie die ständigen Unterstellungen schließlich leid war und wußte, daß der Palast sie 1994 »aus dem Terminkalender streichen« (mit anderen Worten, ihr keine offiziellen Verpflichtungen mehr übertragen) wollte, packte sie im Dezember sozusagen den Stier bei den Hörnern und kündigte ihren Rückzug aus dem öffentlichen Leben an. Sie sagte, sie wolle sich mehr auf ihr Privatleben konzentrieren, eine bewußte Irreführung zwar, aber teilweise auch zutreffend, denn sie hatte eine Beziehung zu einem verheirateten Mann begonnen.

Oliver Hoare, damals 48, ein gutaussehender Kunsthändler mit einem exotischen Freundeskreis, war ein alter Freund ihres Noch-Ehemanns. Förderin seiner Karriere in der Anfangszeit war die persische Prinzessin Hamoush Bowler gewesen. Er war mit der reichen Erbin Diane de Waldener verheiratet, deren Mutter, Baronesse de Waldener, eine gute

Freundin der Königinmutter war und häufig den Prinzen von Wales in ihrem Château in Frankreich zu Gast hatte. Diana war von dem gebildeten Mann überaus angetan. Sie hatte sich schon immer zu gutaussehenden, sportlichen Männern hingezogen gefühlt, und Oliver Hoare paßte in dieses Schema. Er war nicht nur ein ebensolcher Fitneßfan wie Diana, sie hatten auch ein anderes, recht ungewöhnliches Interesse gemeinsam. Sie übten sich beide in der Kunst des Schreiens, wobei sie sich in einen schalldichten Raum einschlossen, um die ganzen Aggressionen und Frustrationen herauszuschreien, die sich im Alltag aufgestaut hatten.

Die Beziehung wurde intensiver, und im gleichen Maß wuchsen Dianas Gefühle und ihre Enttäuschung. Sie rief oft zwanzig-, dreißig- und vierzigmal in Hoares Wohnung an, hängte aber jedesmal ein, wenn Diane Hoare abnahm, unterhielt sich jedoch mit Oliver Hoare, wenn er ans Telefon ging. Eine solche Störung ihres Privatlebens tolerieren nur wenige Frauen, und Diane Hoare gehörte nicht zu ihnen. Sie zeigte den lästigen Anrufer bei der Polizei an, die natürlich entsetzt war, als sie die Anrufe zur Prinzessin von Wales zurückverfolgte. Das war nun schon peinlich genug für Diana, viel schlimmer aber war, daß im August 1994 die Zeitungen in allen Details darüber berichteten. »Wie haben sie das herausbekommen?« tobte sie und wies ihr Büro an, sofort zu dementieren, daß sie dieser Anrufer sei, vielmehr nur einige wenige Male angerufen habe. »Es ist eine Verschwörung, um mich in Mißkredit zu bringen«, ließ sie verlauten, was alle bis auf ihre allergrößten Bewunderer als reinen Versuch sahen, das Gesicht zu wahren – was es auch war.

Die Beziehung zu Oliver Hoare überlebte zwar diese Publicity, hatte aber dennoch keine Zukunft. Diana sollte schon bald ihren nächsten beiden Verehrern begegnen: Christopher Whalley, einem gutaussehenden Geschäftsmann, und Will

Carling, dem bulligen Kapitän der englischen Rugby-Mannschaft zu der Zeit. Das Leben begann sich für Diana wieder zum Besseren zu wenden, in mehr als einer Hinsicht. Zunächst einmal kündigte sie an, daß sie wieder offizielle Termine wahrnehmen werde, was der Palast damit honorierte, daß sie gelegentlich wieder repräsentieren durfte.

Das ganze Jahr 1995 über suchte Diana relativ erfolglos nach einem Weg, ihr Leben so zu gestalten, wie sie es sich vorstellte. Christopher Whalley war zwar attraktiv und unterhaltsam, aber war es war keine Beziehung, die zur Ehe führen würde. Ebensowenig ihre Romanze mit Will Carling, der inzwischen die TV-Moderatorin Julia Smith geheiratet hatte. Und sich weiterhin häufig mit Diana traf. Auch was die offizielle Seite ihres Lebens anging, lief es für sie nicht wesentlich besser. Der Palast legte karitativen Organisationen nahe, Diana nicht mehr um ihr Erscheinen zu bitten, und sie begriff langsam, daß sie an den Rand gedrängt wurde. Wenn sie nicht etwas unternahm, und zwar schnell, würde sie vollends von der Weltbühne verschwinden.

Man drängte Diana zwar nicht, in die Scheidung einzuwilligen, aber sie wußte, daß sie in nicht allzu ferner Zukunft damit rechnen mußte. Bei der Aussicht, demnächst nur mehr die unbeachtete Exfrau des Prinzen von Wales zu sein, wurde Diana aktiv, um dem Schicksal, das ihre »Feinde« ihr bereits zugedacht hatten, zu entgehen. Sie ging wieder in die Öffentlichkeit, diesmal nicht über mich oder Andrew Morton, sondern über Martin Bashir, in dem berühmt-berüchtigten Panorama-Interview der BBC. »Da hat Diana sich von ihrer schlechtesten Seite gezeigt«, sagt Rosa Monckton, eine gute Freundin von ihr.

Diana verfolgte zwei Ziele. Sie hoffte eine Scheidung zu verhindern, indem sie die Öffentlichkeit wissen ließ, daß sie sie nicht wollte. Und sie wollte im Bewußtsein der Menschen den Samen dafür legen, daß ihr Sohn William, nicht ihr Noch-Ehemann, der nächste König sein sollte.

Zwar hatte Diana 1992 mit ihrer Einflußnahme über die Medien ihre Ziele erreicht, aber dieses Mal stellte sich der Entschluß, in die Öffentlichkeit zu gehen, als Schuß nach hinten heraus. Nicht nur, weil die Öffentlichkeit sehr gemischt reagierte, sondern weil die Königin jetzt endgültig genug hatte. Elizabeth II schickte sofort einen Brief an Charles und Diana mit der Anweisung, sich scheiden zu lassen.

Die Scheidung im Jahr 1996 war das Beste, was Diana passieren konnte, und mit der Zeit erkannte sie das auch. Zwar wurde ihr der Titel »Königliche Hoheit« aberkannt, aber praktisch blieb sie ein Mitglied der königlichen Familie. Allerdings mußte sie auf den so hochgeschätzten Platz in den Hofnachrichten verzichten. Sie durfte keine offiziellen Verpflichtungen im Namen der königlichen Familie mehr wahrnehmen. Sie durfte ohne die Erlaubnis der Königin das Land nicht mehr verlassen. Ihr Anwalt, Anthony Julius von Mishcon de Raya, holte jedoch einiges für sie heraus: eine Abfindung von 17 Millionen Pfund, ihren bisherigen Wohnsitz, den Kensington-Palast, und ihre Freiheit.

Diana beschloß vernünftigerweise, sich von jetzt an auf die wirklich wichtigen Dinge zu beschränken. Sie gab die Schirmherrschaft von mehr als hundert Wohltätigkeitsvereinen zurück und betreute nur noch sechs. Sie suchte sich die Aufgaben, die ihr wirklich wichtig schienen, wie die Besuche bei Aidskranken, und begann sich langsam ihr gutes Image zurückzuerobern, das in den Jahren, seit ihre Eheprobleme öffentlich bekannt geworden waren, erheblich gelitten hatte. Mit keinen anderen Waffen als ihrer Schönheit, ihrer Begabung für Public Relations, der sie anbetenden Öffentlichkeit und der Entscheidungsfreiheit, die sie durch die Scheidung bekommen hatte, machte sie sich auf in fremde

Länder. Sie flog nach Pakistan, um die Krebsklinik ihrer Freunde Jemima und Imran Khan zu unterstützen. Natürlich bekam ihr Auftritt international eine große Publicity, nicht nur der guten Sache wegen, sondern weil sie in den Haute-couture-Kleidern von Shalwar Kameez so hinreißend aussah. Dieser Erfolg inspirierte sie zu einer zweiten Aktion, der Versteigerung einer ganzen Reihe ihrer Kleider bei Christie's in New York, deren Erlös an Aidsfonds auf beiden Seiten des Atlantik ging. Wieder einmal verließ sie England, um sich für eine Sache zu engagieren, die ihr am Herzen lag. Und holte sich damit einen Teil der Wertschätzung zurück, die sie eingebüßt hatte.

Diana hatte zu dieser Zeit mehr Selbstvertrauen als jemals zuvor. Endlich konnte sie zeigen, was in ihr steckte. Als sie für das Rote Kreuz zuerst nach Angola und dann nach Bosnien ging, hatte sie die Gunst der Öffentlichkeit endgültig zurückerobert. Ihr Ziel war das weltweite Verbot von Landminen. Sie allein erreichte mehr auf dem Weg dahin als die jahrelange, wertvolle Arbeit des Roten Kreuzes. Die Fotos der Prinzessin in Jeans, die, schön wie immer, durch ein Minenfeld geht oder ein Kind umarmt, das ein Bein verloren hat, wurden in praktisch jeder Zeitung der Welt gebracht. Dianas Auftritt machte den Schaden, den diese zerstörerischen Waffen unter unschuldigen Zivilisten anrichten, so deutlich wie keine andere Aktion zuvor, ehe sie sich für die Sache einsetzte.

Diana hatte ihre Aufgabe gefunden, nämlich ihre ungeheure Beliebtheit und ihre Ausstrahlung zum Wohle der Menschheit einzusetzen. Wenn, als Nebeneffekt dieser wertvollen Arbeit, ihre Beliebtheit noch zunahm und sie die Anerkennung bekam, nach der sie sich so sehnte, mißgönnten ihr das nur die wirklich böswilligen Zeitgenossen. Viele ihrer Unternehmungen waren von dem Bedürfnis getragen, Liebe zu bekommen und zu geben, und es gibt wesentlich schlechtere Motive.

Ein Jahr nach ihrer Scheidung schien es, als sollte Diana endlich auch im Privatleben die Erfüllung finden, nach der sie sich so lange gesehnt hatte. Im Sommer nahm sie eine Einladung von Mohamed Al-Fayed an, dem aus Ägypten stammenden Eigentümer von Harrods, zusammen mit seiner Frau Heini und ihren Kindern eine Kreuzfahrt auf ihrer Hochseejacht Jonikal zu machen. Auch William und Harry kamen mit.

Auf dieser Kreuzfahrt begann die Romanze zwischen Diana und Dodi Al-Fayed, Mohamed Al-Fayeds ältestem Sohn aus der Ehe mit Samira Kashoggi. Dodi war 41, geschieden, ein erfolgreicher Filmproduzent. Er sah gut aus, war zuvorkommend, liebevoll und sensibel. Wie Diana hatte auch er sein ganzes Leben nach der wahren Liebe gesucht, nach dem einen Menschen, der für ihn bestimmt war, mit dem er den Rest des Lebens verbringen konnte. Die Suche endete auf dieser Kreuzfahrt, als Dodi und Diana spürten, daß sie sich ineinander verliebt hatten. »Ich kann es gar nicht glauben. Sie ist so wundervoll«, sagte er zu seiner Schwester, während Diana sich auf dem Deck sonnte oder zwischendurch Briefe an die vielen kranken und hilfsbedürftigen »Freunde« schrieb, die sie bei ihren privaten Besuchen in Krankenhäusern kennengelernt hatte.

Diana ihrerseits beschrieb das Zusammensein mit Dodi als Zustand »wunschlosen Glücks«. »Er überschüttet mich mit Liebe und Aufmerksamkeit«, sagte sie. Endlich hatte sie den richtigen Mann gefunden. Einen, der Zeit hatte, ihr zuzuhören, sich mit ihr zu beschäftigen. Ihr die Liebe und Aufmerksamkeit zu geben, nach der sie sich so sehnte. Ihr das Gefühl zu geben, daß sie für ihn das Wichtigste auf der Welt sei.

Als Diana die Jacht verließ und mit ihren Söhnen nach London zurückflog, war sie bis über die Ohren verliebt. Dodi ließ den Kontakt auch nicht abreißen, wenn sie sich nicht sehen konnten, besonders nach einem Liebeswochenende im Hotel Ritz in Paris; und auch nicht, als sie mit Rosa Monckton in Griechenland Ferien machte.

Sofort nach ihrer Rückkehr flog Diana wieder zu Dodi, und sie machten wieder eine Kreuzfahrt auf der »Jonikal«. Sie schlug alle Warnungen in den Wind und ließ die Welt durch die überall lauernden Paparazzi wissen, daß sie und Dodi eine Affäre hatten. Das war etwas ganz Neues bei Diana. Mit Ausnahme der einen Nacht mit Philip Dunne, damals beim Hochzeitsempfang in Worcester, hatte sie immer streng darauf geachtet, daß ihr Liebesleben nicht in die Öffentlichkeit getragen wurde. Das tat sie jetzt nicht mehr, denn ihre Beziehung zu Dodi war zwar ganz neu (obwohl sie sich seit zehn Jahren kannten), aber etwas Ernstes. »Ich bin so gern in dieser Familie, sie kümmern sich wirklich um einander«, sagte Diana und sprach damit einen weiteren Punkt an, warum Dodi so gut zu ihr paßte. Sie waren sich nicht nur vom Charakter und den emotionalen Bedürfnissen her ähnlich, er befriedigte auch ihre Sehnsucht nach einem glücklichen Familienleben, wie sie es weder in ihrer eigenen noch in der königlichen Familie erlebt hatte.

Am Ende waren Diana und Dodi es doch leid, ständig von den Paparazzi beobachtet zu werden. Sie brachen ihre Kreuzfahrt in Cala di Volpe ab, wo der Aga Khan eines der schönsten und exklusivsten Hotels der Welt gebaut hat, fuhren mit dem Mercedes zum Flughafen Olbia, wo sie an Bord eines Privatflugzeuges gingen und nach Paris flogen. Es war Samstag, der 30. August 1997.

Die Paparazzi warteten bereits, als Dodi und Diana in Paris landeten. Sie verfolgten die beiden bis zum Palast des verstorbenen Herzogs und der Herzogin von Windsor, der Mohamed Al-Fayed gehört; er sollte ein Hochzeitsgeschenk für Diana und Dodi werden. Dodi erzählte seinem Stiefonkel, er habe Diana bereits einen Heiratsantrag gemacht, und Diana habe ja gesagt. Am nächsten Tag wollten sie nach England fliegen und die königliche Familie von ihren Plänen unterrichten.

Nachdem Diana ihr zukünftiges Heim besichtigt hatte, zogen sie und Dodi sich in sein Apartment in der Nähe des Eiffelturms zurück. Sie nahmen ein Bad und zogen sich zum Abendessen um, das sie im Ritz, dem weltberühmten Drei-Sterne-Restaurant im Hotel seines Vaters, einnehmen wollten. Es waren jedoch zu viele Leute da, die sie anstarrten, deshalb gingen sie nach oben und ließen sich das Dinner in der Suite servieren, die sie schon wenige Wochen zuvor bewohnt hatten.

Gegen Mitternacht beschlossen Diana und Dodi, wieder in sein Apartment zu fahren. Dodi hatte am Abend bei Repossi einen Verlobungsring abgeholt. Unter ihrem Kopfkissen wartete ein auf einem Silberteller eingraviertes Liebesgedicht auf sie. Dodi war genauso zärtlich und romantisch wie Diana, die ihm Manschettenknöpfe ihres Vaters geschenkt hatte. Um den Paparazzi zu entwischen, gab Dodi seinem Fahrer Anweisung, sich in sein Auto zu setzen, das vor dem Ritz geparkt war. Er und Diana verließen das Hotel durch die Hintertür und stiegen in einen älteren Mercedes, den Henri Paul steuerte, der stellvertretende Sicherheitschef. Der Wagen bog gerade in die Rue Cambon ein, als die Paparazzi merkten, daß sie ausgetrickst worden waren. Sie jagten hinterher und hatten den Wagen an der Place de la Concorde schon fast eingeholt, als Henri Paul bei Rot noch einmal Gas gab, um sie abzuhängen. Der Wagen raste mit über 160 km/h in die Unterführung am Pont de l'Alma. Sekunden später waren

Dodi und Monsieur Paul tot. Kurze Zeit später starb Diana durch innere Blutungen, verursacht durch einen Riß der Lungenschlagader. Der Traum war schon zu Ende, als Diana gerade bewußt geworden war, daß sie jetzt alles besaß, wonach sie sich immer gesehnt hatte. Obwohl sie viel zu jung einen tragischen Tod gestorben ist, obwohl sie ihre zwei Söhne zurücklassen mußte, die sie so sehr geliebt hat, können sie vielleicht doch zwei Gedanken trösten. Sie starb glücklich und erfüllt. Und sie, die ein ganz normaler Mensch mit ganz normalen Eigenschaften, Stärken und Schwächen war, hat die ganze Welt in ihren Bann gezogen. Sie war zur Zeit ihres Todes die berühmteste und beliebteste Frau der Welt. Kein Romanschriftsteller hätte diese Geschichte erfinden können. Ihr Leben war einzigartig. Und Diana auch. Michael Colbourne, der zum Stab des Prinzen von Wales gehört und Diana von Anfang an erlebte, beschreibt sie sehr treffend. »Sie war keine Heilige, aber sie brachte Licht in eine dunkle Welt.« Und es strahlte sehr hell.

Natürlich war Diana ein Mythos, von ihrer Verlobung bis 1992, dem *annus horribilis*. Nun, im Tod, wird man sie ebenso zum Mythos machen wie im Leben. Aber vielleicht sollten die Menschen, die sie so sehr bewunderten, einmal folgendes bedenken: Sie war niemals so beliebt oder so interessant wie in den wenigen Jahren zwischen 1992 und ihrem Tod, als die Welt einen Blick hinter die glamouröse Fassade tun konnte, in das Herz und die Seele des Menschen Diana.

(Das Nachwort wurde übersetzt von Maria Zybak.)

# REGISTER

Abela, Bärbel 352
Adeane, Hon. Edward 174, 186, 193, 195, 239, 271, 275–278, 311 f., 314
Adeane, Sir Michael 275
Adenay, Richard 50
Alexandra, Prinzessin 270, 324, 396 f.
Al-Fayed, Dodi 438 ff.
Al-Fayed, Mohamed 438 ff.
Alford, Marion 344
Alice, Prinzessin, Herzogin von Gloucester 85
Allen, Gertrude 30, 39, 44
Allen, Jenny (spätere Mrs. John Denman) 186
Althorp, Charles Spencer, Viscount 35, 44–48, 58 f., 77, 86, 107, 263, 322, 408 f.
Althorp, Frances s. Shand Kydd, Frances
Althorp, John s. Spencer, John
Amery, Shenda 339
Andrew, Prinz, Herzog von York 92 f., 109 f., 114 f., 126, 200, 268, 331–335, 362, 408, 429, 432
Ann, Königin 88
Annaly, Beverly, Lady 339
Anne, Prinzessin Royal 87, 200, 232, 319, 408, 432
Anne-Marie von Griechenland, Königin 397
Arbeid, Murray 288 f.
Arbiter, Dickie 196, 293
Argyll, Louise, Herzogin von 234
Argyll, Ian, elfter Herzog von 74
Argyll, Margaret, Herzogin von 74
Armstrong-Jones, Lady Sarah 126 f., 269, 362

Arnold, Harry 150
Aylard, Richard 406

Baring, Lavinia 369
Barner, Lynn 400
Barnes, Barbara 267 f., 279, 295, 297, 300 ff.
Barratt, John 150
Barry, Stephen 152, 156, 160, 197, 226, 260 f., 309
Bartholomew, Carolyn 325, 399 ff., 428
Bass, Mercedes 351 f.
Beard, James 137
Beckwith-Smith, Anne 240 f., 310, 369
Bedford, Herzog von 89
Bennett, Dave 328
Berry, Simon 102, 112, 117, 152
Best, Penny s. Thornton, Penny
Best, Simon 334
Blacker, Lulu 363
Blandford, Jamie, Marquis von 363
Blow, Detmar 85
Bolton, Anne 103
Brabourne, Lady Patricia 252
Brabourne, Lord 252
Brewer, Liz 83
Bruce, Evangeline 352
Buchanan-Jardine, James 367
Bush, Barbara 348
Butler von Saffron Walden, Lord 133 f.

Caballé, Montserrat 353 f.
Campden, Sarah, Viscountess 369
Carcaci, Herzog Alexander di 85
Carluiy, Will 434 ff.
Carter, Charlie 376

Cartland, Dame Barbara 32, 50, 74–78, 151 f., 207, 211, 216, 247
Casey, John 413
Chatto, Daniel 126
Churchill, Arabell 88
Clapton, Patti Boyd Harrison 345
Clark, Petula 345
Clarke, Henry 394
Clarke, Mary 47
Cleveland, Herzogin von 88
Coblenz, John 346 ff.
Coddington, Grace 203
Coke, Lady Anne s. Tennant, Lady Anne
Colbourne, Michael 207, 239, 407, 441
Collins, Phil 392
Collinson, Violet 45
Colman, Lady Mary 20
Cornish, Francis 195
Craig-Harvey, Lucinda 99
Crane, Inga 35
Crichton, Lady Cleone 113
Croft, Annabel 68

Dagley, Evelyn 218
Daly, Barbara 15, 213
Dempster, Nigel 187, 390, 393
Dixon, Terry 246
Dorset, James 272
Douro, Marquise von 365
Dunne, Philip 371–376, 439
Dykes-Bower, Stephen 81

Edelstein, Victor 293
Edward, Prinz 92, 126, 200, 362, 408
Edwards, Bob 162
Edward VII. 89
Elizabeth, Königinmutter 24, 149 f., 171, 205, 211, 240, 245, 269, 298, 322, 408
Elizabeth II., Königin 87, 109 f., 132, 150, 162, 172 f., 186, 193,

199 f., 229, 247 f., 255, 257, 266, 269, 280 f., 283 f., 298, 358, 375, 394 ff., 403–405
Emanuel, David 213
Emanuel, Elizabeth 213
Everett, Oliver 195 f., 220, 239 f., 249, 251, 269, 307–310, 403

Fairfax, Rupert 313
Fellowes, Lady Jane (vorm. Lady Jane Spencer) 21, 30, 44, 57 ff., 65, 75–78, 87, 99, 105, 108, 114, 124 f., 128, 202 f., 235, 265, 269, 362, 408
Fellowes, Sir Robert 105, 107 f., 114, 124, 182, 235, 408
Fellowes, Sir William 105
Ferguson, Sheila 139 f.
Fermoy, Edmund, fünfter Baron 24, 34, 188 f.
Fermoy, Francis 28
Fermoy, James, dritter Baron 28
Fermoy, Lady Ruth 24–27, 29, 31 f., 50 ff., 59, 128, 182, 240, 409
Fermoy, Mary 24
Fèrmoy, Maurice, vierter Baron 24 ff., 28 f.
Fisher, Alan 186
Floyd, John 20
Fontaine, Nola 318
Forbes, Theodore 26
Fox, Carol 20
Franz Joseph von Liechtenstein, Prinz 282
Frederick, Prinz von Wales 88
Frescobaldi, Bona, Marchesa di 359
Frescobaldi, Fiametta di 359
Freyberg, Lady 207
Freyberg, Lord 207

Gaselee, Sarah-Jane 183
Geldorf, Bob 235
George IV. 88 f.
George, Susan 138 f.
George V., König 24

George VI., König 23
Gilbey, Emma 400
Gilbey, James 399, 410–418, 431 f.
Gilmour, Alexander (Sandy) 20
Gina von Liechtenstein, Prinzessin 282
Glenconnor, Lady Anne s. Tennant, Lady Anne
Glenconnor, Lord s. Tennant, Hon. Colin
Gloucester, Prinz Richard, Herzog von 234
Gobett, Jan 100
Gracia von Monaco, Prinzessin 203 f., 211
Greig, Laura (spätere Mrs. James Lonsdale) 103, 113, 368 f.
Grenfell, Hon. Katya 373
Grosvenor, Lady Edwina 272
Guinness, Miranda 142
Guinness, Sabrina 141 f.

Haldane, Broderick 25
Hammer, Armand 229, 270, 352
Harewood, Graf 51
Harper, Dale 142 ff.
Harriman, Pamela 352
Harvey, Anna 203, 286, 288
Helvin, Marie 144
Henderson, Clifford 82 f.
Henry (Harry), Prinz 295 f., 299 f., 302, 311, 380, 384 f., 396, 422 f., 438
Heseltine, Sir William 375
Hesketh, Hon. Johnny 122
Hewitt, Hauptmann James 378 f., 383, 388 f., 412, 422, 427
Hoare, Oliver 433 f.
Hodson-Pressinger, Ann 84, 369
Holland, Henry 72
Holland Martin, Ben 365
Hundertmark, Elke 286 f., 290
Hussey, Lady Susan 193 f., 196, 257, 270, 330, 362, 366, 403
Hynd, Ronald 353

James II., König 88
Jeeves, Jamie 343 f.
Jersey, Frances Gräfin von 88
John, Renate 363
Johnson, Basia 347
Juan Carlos, König 218, 358
Junor, John 400, 402

Katarina von Jugoslawien, Prinzessin 214 ff., 225
Kelly, Michael 343
Kent, Herzogin von 287
Keppel, Alice 145
Keswick, Lady Sarah 360 f.
Kewark, Eliza 26, 272 f.
Killearn, Jacqueline, Lady 17, 167, 264
Kimball, Sophie 94, 96, 103, 113, 152, 368
King, Lady 362
King, Lord 362
Knatchbull, Leonora 407
Konstantin von Griechenland, König 270, 396
Kristensen, Anton 83

Lai, Kari 351 f.
Laine, Denny 318
Laine, Jo-Jo 318
Laing, Peter 344
Lambton, Lord 318
Latsis, John 396
Laws, David 82
Legge, Lady Charlotte 75 f.
Lemos, Chrisanthy 354
Lennox, Ken 119
Lewis, Bunty 344
Lewisham, William, Viscount 75
Lichfield, Patrick, Graf von 216
Lindsay, Major Hugh 360
Liney, Viscount 126
Litman, Dr. Gloria 33
Llewellyn, Roddy 318
Lowe, Jean 46
Loyd, Alexandra 71, 368 f.
Lycett-Green, Candida 360

MacCorkindale, Simon 139
McCorquodale, Lady Sarah (vorm. Lady Sarah Spencer) 21, 34, 44, 57 ff., 64, 66, 75–78, 87, 89, 90, 92 f., 95, 99, 105, 107 f., 110, 118, 125, 202, 269, 408 f.
McCorquodale, Neil 118
McGuire, Judy 389
McLean, Lord 184
Macmillan von Ovenden, Katherine, Viscountess 156
Macmillan von Ovenden, Viscount 156
Major, John 431
McNally, Paddy 332
Malcolm, Julia »Lulu« 186
Mannakee, Sergeant Barry 377 f.
Manners, Lady Teresa 91, 148, 244
Margaret, Prinzessin, Gräfin von Snowdon 233 f., 267, 298, 318, 333, 408
Marie Astrid von Luxemburg 185
Marlborough, Consuelo Vanderbilt, Herzogin von 19
Marlborough, Sarah, Herzogin von 72, 88
Marshalsea, Fay 314
Mary, Königin 280 f.
Menzies, Kate 364
Mews, Humphrey 313
Michael, Großherzog 273
Michael von Kent, Prinzessin 123, 201, 229, 269, 287, 302 f.
Milford Haven, George, zweiter Marquis von 273
Milford Haven, Jant, Marquise von 16, 210, 366
Milford Haven, Nadeja (Nada) 273
Millington-Drake, Tristan 79, 84
Missetzis, Nina 213
Montagu of Beaulieu, Lord 78
Morton, Andrew 326, 398 ff., 411, 428, 433
Mosbacher, Georgette 352
Mountbatten, Lady Louis 271

Mountbatten von Burma, Graf 217, 270
Moutafian, Prinzessin Helena 244

Noble, Julia Dodd 365
Nocon, Gene 334
Noor von Jordanien, Königin 365
Norfolk, Herzogin von 348
Norwich, John Julius, Viscount 318

Officer, Paul 190, 192, 262 f.
Ogilvy, Hon. Sir Angus 396 f.
Oldfield, Bruce 289
O'Neill, Desmond 328
O'Neill, Eva 361 f.

Palmer, Lucy 88
Palmer, Sonia 186
Palmer-Tompkinson, Patti 360
Palumbo, Lord 278
Parker, Una-Mary 339
Parker-Bowles, Andrew 145 f., 358
Parker Bowles, Camilla 122, 144 ff., 153, 174, 207 f., 233, 320 f., 327–329, 360, 373, 422
Parsons, Betty 247 f., 272
Paul, Henri 440 f.
Pears, Pauline 186
Pembroke, Graf von 142
Philip, Prinz, Herzog von Edinburgh 109, 132, 142, 150, 172 f., 255, 296, 298, 333, 404 f., 408
Philip von Griechenland 274
Phillips, Captain Mark 319
Phillips, Harold »Bunnie« 271 f.
Pike, Jean 367
Pinker, George 265, 269
Pitman, Virginia 103, 394
Plumptre, Hon. George 101 f., 117, 181, 368
Poplak, Dudley 228 f., 231, 235 ff., 266
Portland, Herzog von 107
Portsmouth, Herzogin von 88
Potts, Claire 186

Pratt, Sarah 20
Pride, Carolyn 103, 368

Ramey, Samuel 353 f.
Ramsey, Lord 270
Randwyck, Baronin Izzy von 68
Reagan, Nancy 211
Reenan, Cyril 410
Reger, Oberst Patrick 16
Renwick, Lady (Homayoun Mazandi) 123
Riddell, Sir John 312 f.
Ridsdale, Elizabeth 61
Ripley, Pida 341 f., 344
Robinson, Mrs. Patrick 100
Romsey, Lady (vorm. Penelope Eastwood) 209, 217, 365, 396 f.
Romsey, Leonora 396 f., 407
Romsey, Lord (vorm. Norton Knatchbull) 217, 365, 396 f., 407
Rothschild, Miriam 228
Roxburghe, Jane, Herzogin 345
Roycroft, David 312 f.
Rudge, Ruth 65, 67
Runcie, Lord, Erzbischof von Canterbury 269
Russell, Elizabeth 97
Russell, Georgiana (spätere Lady Boothby) 134 f.
Russell, Vanessa 68 f.

Sachsen-Coburg, Augusta von 88
Sadat, Anwar 219
Sadat, Jehan 219
Salisbury, Marquise von 228
Samuel, Julia 365
Samuel, Hon. Michael 365
Santa Cruz, Lucia 133 f.
Savile, Alethea 410
Scott, Rory 113
Seth-Smith, Kay 99
Shand, Mark 144
Shand Kydd, Adam 42
Shand Kydd, Angela 70 f.
Shand Kydd, Bill 42

Shand Kydd, Christina 42
Shand Kydd, Frances (vorm. Frances Althorp) 19, 21 f., 24 f., 27, 29, 32, 35–38, 40 f., 43, 46–53, 56–60, 63 f., 71, 93, 165 f., 178 f., 184, 202, 216, 254 f., 265 f., 306, 409
Shand Kydd, Janet 41 ff., 48, 51
Shand Kydd, John 42
Shand Kydd, Peter 40–44, 46, 48, 58, 178, 211, 254 f., 306
Shanley, Kevin 212 f., 226
Sheffield, Divina 137 f.
Shilling, David 289
Sievewright, Alan 353 ff.
Smith, Inspector Graham 314, 396
Smith-Bingham, Kim 332
Snipp, Lily 191
Snowdown, Lord 318 f.
Soames, Camilla 365, 373
Soames, Catherine 365–368
Soames, Hon. Nicholas 367
Soames, Mrs. Rupert 373
Sofia von Spanien, Königin 218, 358
Spencer, Cynthia, Gräfin 22 f.
Spencer, Lady Diana 88
Spencer, Lady Georgiana 89
Spencer, »Jack«, siebter Graf 22 f., 81
Spencer, Lady Jane s. Fellowes, Lady Jane
Spencer, John, achter Graf 19, 21–24, 32, 35–38, 40 f., 44–47, 50, 56–59, 63, 71, 74 ff., 78 ff., 82 ff., 86, 93, 105 f., 108, 255, 266, 306
Spencer, Raine, Gräfin (vorm. Raine Gräfin von Dartmouth) 32, 73–86, 106 ff., 211, 255, 306
Spencer, John 72
Spencer, Lady Sarah s. McCorquodale, Lady Sarah
Stamfordham, Lord 275
Stark, Koo 142
Starzewski, Tomasz 293

Stephenson, Pamela 363
Stewardson, Emma 389
Stonehill, Charles 103
Straubenzee, Willy von 97
Stronach, Brenda 325
Stronach, Ken 261
Szpiro, Richard 371, 376

Taubman, Judy 351 f.
Tavener, Roger 165
Taylor, Anthony 362
Taylor, Elizabeth 15
Te Kanawa, Dame Kiri 215
Tennant, Lady Anne (vorm. Lady
    Anne Coke) 21, 267
Tennant, Hon. Colin (späterer Lord
    Glenconner) 267, 300 f.
Thornton, Penny 334–338, 349, 432
Thornton, Peter 82
Tingey, Philippa 186
Torby, Gräfin 273
Tryon, Lady »Kanga« (vorm. Dale
    Harper) 144, 174, 207 f., 233,
    328 f.
Tryon, Lord Anthony 119, 144, 146
Tryon, Zoe 144
Tuckwell, Bambi (spätere Gräfin
    Harewood) 51
Twigg, Stephen 423 f.

Vacani, Madame Betty 97 f., 112,
    207
van der Post, Laurens 270
van der Post, Sir Laurens 271
Versen, Lady Cleone 16
Vickers, Wendy 191
Villalonga, José Luis de 359

Waite Walker, Kitty 191, 330
Walker, Catherine 293
Wallace, Anna 118–124, 179 f.
Wallace, Schwester Anne 296
Wallace, Ruth 302 f.

Walters, Barbara 351
Ward, Hon. Mrs. Claire 318
Ward, Jane 141
Ward, Tracy 373
Ward-Jackson, Adrian 262, 346 f.
Waterhouse, Major David 365
Waterhouse, Prue 354
Watkins, Laura Jo 136 f.
Watson, Hon. Fiona 140 f.
Wellesley, Lady Jane 135 f.
Wernher, Gina (Georgiona) 272
Wernher, Sir Harold 274
Wernher, Lady Zia 271, 274
West, Hazel 369
Westminster, »Tally«, Herzogin von
    270, 272 f., 366
Weymouth, Viscount 317
Whalley, Christopher 434 f.
Whitaker, James 118 f., 158, 161,
    163, 188 f.
Whitaker, Major Jeremy 97
Whitaker, Philippa 97
Wiggin, Daniel 101 f.
Willcocks, Sir David 215
William, Prinz 265 ff., 269, 279,
    283 f., 295–299, 301 ff., 321,
    379, 384 f., 396, 422 f., 436, 438
Wilson, Victoria 185
Worcester, Marquis von 345, 373
Worcester, Marquise von 345
Work, Frances (Fanny) 27 f.
Work, Frank 27 f.
Worsley, William 112
Wyman, Bill 345

Yersin, Heidi 94
York, Herzogin von (vorm. Sarah
    Ferguson) 292, 331–334, 349,
    364 f., 367, 374, 413, 415, 417,
    429 f.
Young, Richard 329

Zohar, Israel 237 f., 245 f.